Oberbayern

Daniela Schetar

Reise-Taschenbuch

Inhalt

Schnellüberblick 6

Unter weißblauem Himmel 8

Lieblingsorte 10

Reiseinfos, Adressen, Websites

Informationsquellen 14
Wetter und Reisezeit 16
Rundreisen planen 18
Anreise und Verkehrsmittel 20
Übernachten 22
Essen und Trinken 23
Aktivurlaub, Sport und Wellness 26
Feste und Veranstaltungen 30
Reiseinfos von A bis Z 33

Panorama – Daten, Essays, Hintergründe

Steckbrief Oberbayern 38
Geschichte im Überblick 40
Die Alpen – Landschaftsprofil und Umwelt 44
Bruno, ein Problembär in Oberbayern 47
Kartoffeln, Hopfen und Spargel – Agrarregion nördliches Oberbayern 49
Technologieparks und Cluster – Oberbayerns Wirtschaftskraft 52
Die Wittelsbacher – eine Dynastie mit Hang zur Exzentrik 54
Davidstern und weißblaue Raute – Juden in Oberbayern 58
Gottes Lob in Gips – oberbayerisches Rokoko 61
Ein Dichter wie Bayern – Ludwig Thoma 64
Perchten, Maibaum, Leonhardifahrt – lebendiges Brauchtum 67

Bauern- oder Volkstheater?
  Auf bayerischen Bühnen   70
Streifzug durch die oberbayerische Musikszene   73
Bier – Geschichte eines Volksgetränks   76

Unterwegs in Oberbayern

München und Umgebung   80
Vom Mönchskloster zum Millionendorf – München 82
Rund um den Marienplatz   83
Deutsches Museum   89
Zwischen Marienplatz und Siegestor   90
Münchner Kunstareal   93
Olympiagelände   94
Schloss Nymphenburg und Botanischer Garten   95
Rund um München   104

Nördliches Oberbayern   106
Wo Spargel, Hopfen und Kunst gedeihen   108
Pfaffenhofen und Umgebung   108
Wolnzach   109
Schrobenhausen und Sandizell/Ingolstadt   112
Schloss Grünau und die Donauauen   116
Neuburg/Donau   116
Durchs Donau-Urtal an die Altmühl   122
Eichstätt   123
Naturpark Altmühltal   125

Zwischen Starnberger See und Lech   126
Schickeria trifft Natur   128
Starnberger See   129
Osterseen   137
Ammersee   142
Landsberg am Lech   147

Pfaffenwinkel und Blaues Land   152
Pfaffen und Künstler   154
Schongau   154
Rund um Schongau   155
Weilheim   165
Wessobrunn   166

Inhalt

Murnau und der Staffelsee 168
Freilichtmuseum Glentleiten 171

Im Schatten der Zugspitze 172
Hochgebirge zum Greifen nah 174
Garmisch-Partenkirchen 174
Rund um Garmisch-Partenkirchen 180
Mittenwald 182
Rund um Mittenwald 185
Kloster Ettal 189
Schloss Linderhof/Neuschwanstein 190
Oberammergau 191

Vom Tölzer Land bis zum Inn 194
Blaue Pferde, weiße Segel und stille Seen 196
Im Tölzer Land 196
Bad Tölz 196
Rund um Bald Tölz 201
Kochel- und Walchensee 204
Sylvenstein und Rißtal 213
An Tegernsee und Schliersee 214
Tegernsee 214
Südlich vom Tegernsee 219
Schliersee 223
Östlich vom Schliersee 224

Chiemgau 226
Salzstädte, Berge und ein kleines Meer 228
Rosenheim 228
Simssee/Rott am Inn 231
Wasserburg am Inn 232
Am Samerberg 235
Chiemsee 237
Von Prien nach Norden 242
Traunstein und der südliche Chiemsee 245
Südlicher Chiemgau 247

Berchtesgadener Land und Rupertiwinkel 256
Zackige Gipfel und herrische Burgen 258
Bad Reichenhall 258
Berchtesgaden 265
Rund um Berchtesgaden 270
Nationalpark Berchtesgaden 275
Rupertiwinkel 277
Burghausen 278
Rund um Burghausen 282

Register   284
Abbildungsnachweis/Impressum   288

Auf Entdeckungstour

Die Symbolik des Kreuzes in der Herz-Jesu-Kirche   96
Zu Fuß oder per Fahrrad rund um Ingolstadts
   Befestigungsring   116
Im Buchheim Museum der Phantasie   138
Auf dem Prälatenweg – Kirchen, Klöster und eine
   Moschee   160
Träume aus 1001 Nacht – zum Königshaus am
   Schachen   186
Auf den Spuren des Blauen Reiters
   ums Loisachmoor   210
Besuch bei Säcklern, Federkielstickern und
   Hutmachern   220
Auf Kräutersuche mit der
   ›weisen Frau‹ von Aschau   248
Von Bad Reichenhall bis nach Traunstein –
   der Weg des Salzes   262
Obersalzberg – die dunkle Seite des Idylls   272

Karten und Pläne

München   86
Ingolstadt   115
Landsberg am Lech   149
Prälatenweg   163
Garmisch-Partenkirchen   176
Wanderung zum Königshaus am Schachen   188
Bad Tölz   198
Auf den Spuren des Blauen Reiters
   ums Loisachmoor   212
Berchtesgaden   267

► Dieses Symbol im Buch verweist auf die
  Extra-Reisekarte Oberbayern

Schnellüberblick

Nördliches Oberbayern
Oberbayern für Entdecker:
romantische Städtchen wie
Schrobenhausen und Neu-
burg, das von Radwegen
begleitete Altmühl- und
Paartal, das bischöfliche
Eichstätt und die lebhafte
Mode- und Autometropole
Ingolstadt. S. 106

München und Umgebung
Das Millionendorf bietet
hochkarätige Kunst auf,
lockt mit urigen Märkten
und Kneipen und trendi-
gem Szene-Ambiente. In
der Umgebung lohnen
Schloss Schleißheim, der
Dom in Freising und das KZ
Dachau einen Besuch. S. 80

**Zwischen Starnberger See
und Lech**
Um den Starnberger See
radeln, den heiligen Berg
von Andechs besteigen,
durch die Moorlandschaft
der Osterseen wandern,
auf dem Ammersee segeln
oder in Landsberg durchs
Mittelalter bummeln – das
Angebot ist groß! S. 126

**Pfaffenwinkel und
Blaues Land**
Eine Kirche ist schöner als
die andere: Wieskirche,
Steingaden, Altenstadt,
Polling und zwischen all
der in Stuck gegossenen
Frömmigkeit bleibt noch
Zeit fürs Naturidyll zwi-
schen Ammerschlucht und
Staffelsee. S. 152

Vom Tölzer Land bis zum Inn
Das Oberland wie der liebe Gott es schuf: Bad Tölz mit seiner behäbigen Marktstraße, der Tegernsee, eingebettet in Voralpenkulisse, Kloster Benediktbeuern mit aller Herrlichkeit des Rokoko und das dunkle Auge des Kochelsees. S. 194

Berchtesgadener Land und Rupertiwinkel
Schroffe Gipfel von Watzmann, Hohem Göll und Hochkalter wachen über Berchtesgaden, Salz prägt den Kurort Bad Reichenhall bis heute. Im Norden, an der Salzach, steht in Burghausen die längste Burg der Welt. S. 256

Chiemgau
Eine Region, viele Gesichter: Kultur und Sport am Chiemsee mit dem Schloss Herrenchiemsee, Ski- und Wanderfreuden um Ruhpolding und Reit im Winkl sowie Städte wie Wasserburg, die durch den Salzhandel reich wurden. S. 226

Im Schatten der Zugspitze
Bunte Lüftlbilder konkurrieren in Mittenwald, Garmisch-Partenkirchen und Oberammergau mit den schroffen, wild gezackten Spitzen des Karwendels, des Wettersteins und den schönsten König-Ludwig-Schlössern. S. 172

Die Autorin

Mit Daniela Schetar unterwegs
Daniela Schetar lebt in München. Als Reise-
journalistin mit einer lebenslangen Liebe zu
Afrika hat sie viele Reisekilometer und
-monate auf dem Schwarzen Kontinent
zugebracht, bis sie eines Tages entdeckte,
dass das Land vor ihrer Haustür ebenso
spannend und verzaubernd sein kann –
es sei denn, es ist Wochenende und es
herrscht Stau. Seitdem hat sie sich Oberbayern angenähert: wandernd, radfahrend,
kirchenbewundernd, landschaftstrunken
und offen auch für die modernen Akkorde.
Ihre Lieblingsregion, das weniger bekannte
nördliche Oberbayern, möchte sie den
Lesern besonders ans Herz legen.

Unter weißblauem Himmel

Hoch über Hügel und Seen spannt sich ein weißblauer, unendlich weiter Bayernhimmel, von Zwiebelkappen gekrönt wachen Kirchtürme über Bauernhöfe mit Lüftlbildern, satte Kühe dösen auf grünen Weiden, wie Teppiche quellen die Blumen von den Dorfbalkonen, majestätisch stehen die Felszacken des Watzmanns, des Wettersteins und des Karwendels in der Ferne. An Klischees zum südlichsten Regierungsbezirk Bayerns herrscht wahrlich kein Mangel. Aber: Genau so sieht Oberbayern aus. All die Postkartenmotive, all die Kino- und Fernsehfilme von Wilderern, Landärzten und Geierwallys – das Idyll der Bayern findet sich in den Landschaften zwischen Altmühl und Alpen tatsächlich wieder.

Der Zauber von Landschaft und Kultur

Denn es gibt sie wirklich: gstandene Bayern beim Biertrinken in Lederhose, Janker und mit Gamsbart auf dem Hut, junge Mädchen im Dirndl beim Tanz unterm Maibaum, von Zwiebeltürmen gekrönte Rokokokirchen auf sattgrünen Almwiesen, glasklare Seen, in denen sich Schlösser spiegeln, hübsch auf Bergkuppen drapierte Biergärten und immer wieder der Blick auf die Felszacken der Alpen. Als »notorisch wundervoll« empfand Thomas Mann diesen Landstrich, und er war nicht der Einzige: Gabriele Münter und die Künstlergruppe Blauer Reiter in Murnau, Richard Strauss in Garmisch und Julius Exter am Chiemsee – viele Künstler fanden zwischen Lech und Salzach ihre Ruhe und ihre Inspiration.

Oberbayern jenseits der Klischees

Doch Oberbayern kann auch anders: Nicht nur in München, auch in der ›Provinz‹, in Weilheim, Ingolstadt und Landsberg/Lech, machen junge Bands Musik, deren Beats in London und New York begeistern. In Biotech-Laboratorien wie im Münchner Vorort Martinsried oder beim Pharma-Unternehmen LaRoche in Penzberg wird innovativ

8

Zu schön, um wahr zu sein? Nein, alles ganz echt am Lautersee bei Mittenwald

geforscht; Ingolstadt besitzt mit dem Audi-Forum eines der modernsten und attraktivsten Auslieferungscenter für Automobile, und auch das neue europäische Satellitennavigationssystem Galileo wird in Oberbayern entwickelt. Was so viele Unternehmen an den Alpenrand zieht? »Die geschickte Wirtschaftsförderung«, brüstet sich Bayerns ewige Regierungspartei CSU. Doch mindestens ebenso wichtig sind die attraktiven Freizeit- und Sportmöglichkeiten für die hoch qualifizierten Mitarbeiter. Nach der Arbeit oder wochenends ist es nur ein Katzensprung zum Badesee, auf die nächste Mountainbike-Strecke oder zum Startpunkt für den Gleitschirmflug, im Winter sind Loipen und Pisten vor der Haustür bestens präpariert. Nur ein Wermutstropfen kann Neu- und Altbayern manchmal die Laune verderben: Wenn der Föhn den Himmel blank putzt und die Alpen plötzlich vor die Tore Münchens rücken, ist bei vielen Kopfwehgeplagten die gute Laune dahin. Aber auch dafür gibt's ein bayerisches Gegenmittel: ein ruhiger Nachmittag im Biergarten bei Radi, Brez'n

und Bier – morgen ist ja auch noch ein Tag.

Hinter den Kulissen

Dieses manchmal arg mit Folklorekitsch beladene und immer wieder überraschend urtümliche Oberbayern möchte ich Ihnen gerne zeigen, und zwar auch jene Orte, an denen für mich das oberbayerische Herz schlägt: im stillen Kloster von Wessobrunn, umgeben von magischen Bäumen und rauschhaftem Stuck, im Buchheim Museum mit seiner eigenwilligen Sammlung von Kunst und Kunsthandwerk sowie in der ländlichen Idylle der Jachenau. Radeln Sie mit mir um die Festungsmauern von Ingolstadt, wandern Sie auf König Ludwigs Spuren zum Schloss auf dem Schachen, lassen Sie die Symbolik des Kreuzes in Münchens Herz-Jesu-Kirche auf sich wirken, lauschen Sie dem uralten Wissen einer Kräuterfrau. Ich verspreche Ihnen: Oberbayern wird Sie begeistern! Mit seiner fein austarierten Balance zwischen Tradition und Innovation, mit spektakulären Landschaften und mit querköpfigem Charme.

Wie ein urzeitlicher Drache – der Watzmann, S. 268

Blumiger Sommer auf der Fraueninsel, S. 240

Lieblingsorte!

Skandinavische Magie – Landgasthof Osterseen, S. 134

Von der Sonne geküsst – die Jachenau, S. 206

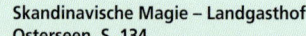

Nicht nur des Spargels wegen –
Schrobenhausen, S. 110

Sundowner in der SASSA Bar über dem
Tegernsee, S. 216

Die Reiseführer von DuMont werden von Autoren geschrieben, die ihr Buch
ständig aktualisieren und daher immer wieder dieselben Orte besuchen. Irgend-
wann entdeckt dabei jede Autorin und jeder Autor seine ganz persönlichen
Lieblingsorte. Städtchen, die abseits des touristischen Mainstreams liegen,
ganz besondere Ausblicke, Plätze, die zum Entspannen einladen, ein Stückchen
ursprünglicher Natur – eben Wohlfühlorte, an die man immer wieder zurückkehren möchte.

Radeln und genießen – zum Aumeister in
München, S. 102

Stuckrausch im Wessobrunner
Fürstentrakt, S. 167

Reiseinfos, Adressen, Websites

Bräuche wie der Tanz um den Maibaum gehören fest zum oberbayerischen Jahreslauf

Informationsquellen

Infos im Internet

www.oberbayern.de

Die Seite des Tourismusverbandes Oberbayern enthält viele nützliche touristische Informationen und weiterführende Links zu den jeweiligen Regionalverbänden. Sie informiert ausführlich über Kultur und Sehenswürdigkeiten, Sport- und Freizeitangebote, bietet einen Unterkunftsnachweis mit Buchungsmöglichkeit sowie Informationen über günstige Pauschalen, Events und Reiseangebote z. B. der Bahn.

www.bayern.de

Die Homepage der bayerischen Staatsregierung informiert über Politik, Wirtschaft, Aktuelles und hält eine Liste von Links zu bayernrelevanten Themen bereit.

www.bayern.by

Tourismus in Bayern mit Unterkünften, Events, Infos zu Sport und Freizeit, Routenplaner etc. Interessant sind die themenbezogenen Seiten, die z. B. auf besonders kinderfreundliche Veranstaltungen oder Bergtouren verweisen, behinderten- oder seniorengerechte Ausflugstipps geben und sich natürlich ausführlich dem Thema Wellness widmen. Hilfreich sind die ins Netz gestellten Stadtpläne.

www.bauernhof-urlaub.com

Homepage der zusammengeschlossenen bayerischen Ferienbauernhöfe mit Online-Buchungsmöglichkeit.

www.alpenverein-muenchen-oberland.de

Informationen über Wanderungen und Hütten, Tourenvorschläge, viele mit Downloadmöglichkeit, sowie zuverlässige Auskunft zum Bergwetter.

www.bergfex.de

Unter dem Menüpunkt Bayern/Oberbayern finden sich Wandervorschläge für den Sommer sowie ausführliche Beschreibungen der Skigebiete für den Winter. Praktisch: Verweise und Links auf benachbarte Wander- und Skiregionen.

www.lawinenwarndienst-bayern.de

Vor Skitouren und Winterwanderungen ein Muss!

www.radlausflug.privat.t-online.de

Diese private Website bietet eine Fülle von Radwandervorschlägen durch Oberbayern, gegliedert nach Schwierigkeitsgraden. Die Beschreibungen enthalten auch Hinweise auf Einkehr- und Bademöglichkeiten und sind in einer Druckversion abrufbar.

www.bavarian-bikertours.de

Die schönsten Motorradrouten, Bikerhotels und Einkehrtipps.

www.food-from-bavaria.de

Bayerische Spezialitäten anschaulich in Wort und Bild erklärt: aus welcher Region, wie und wann gegessen, Geschichte, Zutaten und Herstellung.

www.br-online.de

Die Internetseite des Bayerischen Rundfunks enthält viel Wissenswertes über Land und Leute, Historisches und Modernes, Brauchtum und Traditionen, Literatur, Handwerk und Musik, teils mit Podcast- und Downloadmöglichkeit.

Fremdenverkehrsverbände

In Deutschland

Tourismusverband Oberbayern
Radolfzeller Str. 15
81243 München
Tel. 089 829 21 80
www.oberbayern.de
Zentrale Informationsstelle für alle Regionen Oberbayerns.

In Österreich und der Schweiz

In Österreich und der Schweiz ist Bayern durch Büros der **Deutschen Zentrale für Tourismus (DZT)** vertreten:
Österreich
Mariahilfer Str. 54
A-1070 Wien
Tel. 01 513 27 92, Fax 01 513 27 92 22
www.deutschland-tourismus.de
Schweiz
Talstr. 62
CH-8001 Zürich
Tel. 044 213 22 00, Fax 044 212 01 75
www.deutschland-tourismus.de

Lesetipps

Carl Amery: Leb wohl geliebtes Volk der Bayern, München 1996. Carl Amery zeichnet in seinem mit viel Liebe, aber auch kritischem Blick geschriebenen Buch die bayerische Geschichte spannend und anschaulich nach und zeigt Zusammenhänge auf, die die besondere Entwicklung Bayerns im positiven wie negativen Sinne begünstigt haben.
Lena Christ: Erinnerungen einer Überflüssigen, München 1999. Kindheit und Jugend von Lena Christ waren geprägt von Armut, Lieblosigkeit und Gewalt. Ihre Lebensgeschichte zeigt die Lebensumstände der armen, bäuerlichen Bevölkerung um die Wende vom 19. zum 20. Jh.
Georg Dehio: Handbuch der deutschen Kunstdenkmäler Band IV: München

und Oberbayern, München 2006. Umfassender kann man sich nicht über sehenswerte historische, aber auch moderne Bauten informieren. Ein Kompendium, das keine Frage offen lässt.
Lion Feuchtwanger: Erfolg, Berlin 2007. München in den 1920er-Jahren: Wirtschaftskrise und aufkommender Nationalsozialismus prägen das Stadtleben ebenso wie eine vitale, zu rauschhaften Exzessen neigende Kulturszene. Der Roman ist ein farbiges, intensives Sittenbild Münchens auf dem Weg zu Hitlers Machtergreifung.
Ludwig Ganghofer: Der Jäger von Fall, München 2004. Der Klassiker der oberbayerischen Heimatliteratur und eine Erinnerung an das unter dem Sylvenstein-Speichersee verschwundene Dorf Fall.
Oskar Maria Graf: Das Leben meiner Mutter, München 2009. Die Liebeserklärung des Schriftstellers an seine Mutter ist ein grandioser Familienroman, der schonungslos den harten Alltag einer oberbayerischen Bauernfamilie schildert, aber auch ihre Beharrlichkeit und Kraft.
Renate Just: Krumme Touren, Reisen in die Nähe: Band 1: Chiemgau und Salzkammergut; Band 2: Franken. Alpenvorland. Nördlich von München, München 2003, 2006. Renate Just führt auf Nebenwegen zu unbekannten Schönheiten und erzählt Erstaunliches über die bekannten Highlights. Literatur, Wirtschaftsgeschichte, Kunst, Religion, Brauchtum fügt sie locker plaudernd zu einem ganz neuen Oberbayern-Bild zusammen.
R. W. B. McCormack: Tief in Bayern, München 2008. Ein britischer Ethnologe macht sich auf zur Feldforschung beim Stamm der Bayern. Was er dabei beobachtet und notiert, ist witzig geschrieben und öffnet augenzwinkernd ungeahnte Einblicke in die bayerische Volksseele.

Reiseinfos

Michael Pause: Münchner Hausberge, München 2008. Der Klassiker unter den Wanderführern stellt die schönsten und beliebtesten Wanderrouten in den Bayerischen Alpen vor. Ende der 1970er schrieb Vater Walter die erste Auflage; Sohn Michael setzt die Arbeit nun fort.

Luise Rinser: Die gläsernen Ringe, Frankfurt 2005. Luise Rinsers Erinnerungen an ihre Zeit in Wessobrunn sind von magischem Reiz.

Carmen Rohrbach: Am grünen Fluss, München 2007. Carmen Rohrbach folgt der Isar zu Fuß von ihrer Quelle zur Mündung und beobachtet die Natur, die Menschen und die Landschaft.

Armin Scheider: Das oberbayerische Radlbuch, München 2006. Scheider beschreibt 40 Radtouren unterschiedlicher Schwierigkeitsgrade durch Oberbayern.

Ludwig Thoma: Ein Münchner im Himmel, Stuttgart 2009. Oberbayerische Pflichtlektüre, die als einzige das Verständnis für Charaktereigenschaften wie ›Grant‹ wecken kann.

Michael W. Weithmann: Kleine Geschichte Oberbayerns, Regensburg 2007. Anschaulich beschreibt der Autor die Geschichte Oberbayerns von den Anfängen über die Landesteilungen und das Königreich bis zur Entwicklung zum Hightech-Standort.

Wetter und Reisezeit

Klima

Warme Sommer, lange, aber längst nicht mehr schneesichere Winter und große Temperaturunterschiede zwischen Voralpenland und dem nördlichen Oberbayern kennzeichnen das Klima. Während im Voralpenland und hinauf bis zur Altmühl mitteleuropäisches Kontinentalklima das Wetter mit warmen Sommern, kalten Wintern und regenreichem Frühjahr und Herbst bestimmt, ist die Voralpen- und Alpenregion härteren klimatischen Bedingungen ausgesetzt. Der Winter beginnt in den Bergen früh – schon im November kann der erste Schnee fallen – und dauert bis Ende Mai, gelegentlich sogar bis in den Juni hinein. Mit 1200 mm verzeichnet die Region am Alpenrand relativ hohe Niederschläge; München liegt mit 900 mm etwas darunter. In den Bergen fallen über 2000 mm, teils als Regen, teils als Schnee. Die Schneegrenze, ab der man in den Wintermonaten zwischen Januar und März sicher mit der weißen Pracht rechnen kann, liegt derzeit bei ca. 1600 m.

Oberbayerns Wettergeheimwaffe ist der Föhn, ein von der Alpenkette mit Geschwindigkeiten von bis zu 100 km

Klimadiagramm München

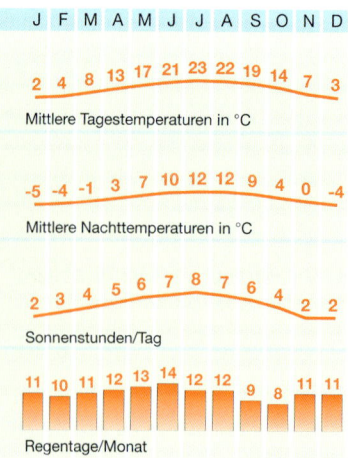

| J | F | M | A | M | J | J | A | S | O | N | D |

Mittlere Tagestemperaturen in °C
2 4 8 13 17 21 23 22 19 14 7 3

Mittlere Nachttemperaturen in °C
-5 -4 -1 3 7 10 12 12 9 4 0 -4

Sonnenstunden/Tag
2 3 4 5 6 7 8 7 6 4 2 2

Regentage/Monat
11 10 11 12 13 14 12 12 9 8 11 11

Schulferien

Oberbayern zählt zu den Lieblingszielen für Familien. Daher sind die Unterkünfte in den Ferienzeiten der deutschen Bundesländer und des Nachbarn Österreich meist gut gebucht; an den Wochenenden kommen die Ausflügler aus München dazu. Dann herrscht auf Straßen, Wanderwegen und an Sehenswürdigkeiten nicht nur großer Auftrieb, sondern auch die Preise liegen deutlich höher als in der ferienfreien Nebensaison.

herabwehender Fallwind, der die Atmosphäre reinigt und für den berühmten glasklaren und weißblauen Schäfchenwolkenhimmel sorgt. Die Berge rücken dann ganz nahe an München heran. Auch Wanderer profitieren von der herrlichen Sicht. Föhnopfer gibt's aber auch: Menschen, denen diese Wetterlage zu schaffen macht, leiden unter starken Kopfschmerzen.

Die beste Zeit für …

… **Städtereisen,** z. B. nach München oder Ingolstadt, ist fast das ganze Jahr über. Nur im oft sehr ungemütlich kalten und nassen November macht ein Stadtbummel nicht unbedingt großen Spaß.

… **Wandern, Fahrradfahren und alle anderen Outdoor-Sportarten** sind Frühjahr, Sommer und Herbst, wobei in den letzten Jahren der Frühsommer regenreicher und wetterunsicherer war als der Herbst.

… **Skifahren, Langlauf und Tourengehen** ist natürlich der Winter, wobei Schneefälle meist erst um Weihnachten einsetzen. Beschneiungsanlagen ersetzen vielerorts den ausbleibenden Schnee.

… **Wellnessreisen:** Indoor-Pools, Saunen, Dampfbäder, Massagen bieten mittlerweile die meisten größeren Hotels an; ein Wellnessurlaub oder Kuraufenthalt lässt sich also das ganze Jahr über unternehmen.

Kleidung und Ausrüstung

Die passende Kleidung ist abhängig von der geplanten Reise und vor allem von der sportlichen Aktivität. Ein grober Fehler wäre es, ohne bergtaugliche und erprobte Ausrüstung – Bergstiefel, Wanderstock, Rucksack mit Getränken und Essen, Sonnenschutz, Regenjacke – auf eine Bergtour zu gehen.

Für die Stadtbesichtigung in München benötigt man keine besondere Kleidung, es sei denn, ein Besuch im Theater oder in einem Edelrestaurant ist geplant. Tracht zu tragen ist in vielen oberbayerischen Regionen selbstverständlich. Bei Nicht-Bayern gilt aber: Weniger ist mehr.

Die meisten Hotels verfügen über Wellnessoasen und Hallenschwimmbäder – also Badesachen einpacken.

Staugefahr

Leider erweisen sich die beiden Zubringerautobahnen ins Oberland an Wochenenden oft als Staufallen. Auf der A 8 zwischen München und Salzburg sind morgens der Irschenberg und die ständig von Baustellen geplagte, zweispurige Strecke ab dem Brunntaldreieck bis zum Chiemsee chronisch verstopft; auf der A 96 in Richtung Garmisch-Partenkirchen heißt es, spätestens am Autobahnende bei Eschenlohe geduldig zu sein und zu warten. Zu Ferienende und abends, wenn die Wochenendausflügler heimkehren, gilt das Gleiche in umgekehrter Richtung.

Rundreisen planen

Das Wichtigste in vier Tagen

Für **München,** dem Ausgangspunkt dieser Rundtour, sollte man sich mindestens einen Tag Zeit nehmen, um das Wichtigste zu sehen. Am folgenden Tag geht es am **Starnberger See** entlang mit einem Stopp im **Buchheim Museum** in den Pfaffenwinkel, wo die zum UNESCO-Welterbe zählende **Wieskirche** mit ekstatischem Barock fasziniert. Ein Abstecher zum Märchen-Königsschloss **Neuschwanstein** führt ins benachbarte Schwaben; dann fährt man bis ins Bilderbuchdorf **Oberammergau** mit seinen farbenfrohen Lüftlmalereien und Ludwigsschloss Nummer zwei, **Linderhof.** Hier oder im nahen **Garmisch-Partenkirchen** endet der zweite Reisetag. Mit einer Fahrt auf Deutschlands höchsten Berg, die **Zugspitze,** beginnt die dritte Etappe. Sie führt anschließend durchs **Blaue Land** um Murnau, wo die Künstler des Blauen Reiters malten, und vorbei am mondänen **Tegernsee** an das ›bayerische Meer‹, den **Chiemsee,** mit seinen zahllosen Sport- und Freizeitmöglich-

keiten und zu einem weiteren Königsschloss Ludwigs II., **Herrenchiemsee.** Salz und Berge könnte das Motto des letzten Tages lauten: die Alte Saline von **Bad Reichenhall,** das Salzbergwerk von **Berchtesgaden** und herrliche Wanderwege entlang der historischen Soleleitung erinnern an die uralte Geschichte des Salzhandels; die Felszacken des Watzmanns und seiner nicht minder imposanten Nachbarberge bilden den Rahmen für den eisblauen **Königssee,** wo diese Tour endet.

Oberbayern intensiv

In 12 bis 14 Tagen, je nach Interesse an weiteren Abstechern, führt die Route durch Oberbayern und erschließt auch dessen weniger bekannten, nördlichen Teil. Ausgangspunkt ist **Ingolstadt,** dessen reizvolle Altstadt von einem wahrhaft mächtigen Festungsgürtel geschützt ist. Heute dienen die Redouten und Kavaliere als Parkgelände mit hohem Freizeitwert. Nordostwärts trifft die Route in **Eichstätt** auf einen der schönsten Abschnitte des **Altmühltals,** folgt den Mäandern des Flusses und wendet sich schließlich nach Süden. **Neuburg an der Donau** mit dem dominanten Pfalzschloss und das idyllische **Schrobenhausen** sind weitere, lohnenswerte Haltepunkte, bevor sich die Tagesetappe dem altehrwürdigen Dom zu **Freising** zuwendet, um schließlich in **München** zu enden.

Die bayerische Landeshauptstadt mit ihren hochkarätigen Museen, der lebhaften Innenstadt, den Schlössern und Parks, Kneipen, Theatern und Restaurants ist in zwei Tagen nicht vollständig erforscht, aber das Wichtigste lässt sich in der Kürze besuchen. Dann

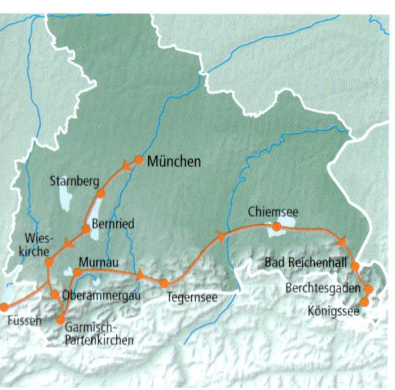

setzt man die Tour dorthin fort, wo auch die Münchner am liebsten ihre Freizeit verbringen: Eine Rundfahrt um den **Starnberger See** schließt den Besuch des Buchheim Museums und – bei Föhn besonders empfehlenswert – der Ilkahöhe mit ihrem Traumpanorama ein. Die Weiterfahrt zum **Ammersee** sollte auf jeden Fall in **Kloster Andechs** unterbrochen werden – nirgendwo ist das (auch alkoholfreie) Bier so süffig, schmeckt der Schweinsbraten so gut wie auf dem ›heiligen Berg‹. **Herrsching** und **Dießen** am Ammersee liegen auf dem weiteren Weg nach **Landsberg.** Eine wunderbar erhaltene Altstadt und die Stromschnellen des Lechs locken zum Spaziergang. Dann geht's auf die letzten Kilometer nach Südosten, wo **Kloster Wessobrunn** mit geradezu beschwipstem Rokoko und einfachen Gästezimmern aufwartet.

Auch **Weilheim** besitzt einen hübschen, historischen Stadtkern, das **Blaue Land** um Murnau und Staffelsee lockt mit Museen und Spaziergängen auf den Spuren der Künstlergruppe Blauer Reiter, aber Spektakuläres bieten am fünften Reisetag Kirchen und Klöster: Barock und Rokoko in der Pfarrkirche von **Rottenbuch** sowie der **Klosterbasilika Steingaden** und als Höhepunkt die **Wieskirche** lassen den Betrachter über die Kunstfertigkeit des 17. und 18. Jh. staunen. Das Königsschloss **Neuschwanstein** konfrontiert die Besucher mit den kindlichen Träumen des Märchenkönigs Ludwig II., bevor man in **Oberammergau** Quartier nimmt und dort die bäuerlichen Lüftlmalereien bewundert. Vielleicht ist noch Zeit für einen Abstecher nach **Schloss Linderhof.**

Eine Berg- und Taltour steht am sechsten Reisetag auf dem Programm. Mit Bahn und Gondel geht's hinauf auf die **Zugspitze,** danach bummelt man durchs hübsche **Partenkirchen** und

fährt ins nahe **Mittenwald,** wo die Lüftlmaler ebenfalls ein kunterbuntes Ortsbild geschaffen haben. Die Felszacken des **Karwendel** sind mit der Seilbahn schnell erklommen – oben locken das ›Fernrohr‹ über den Abgrund und eine herrliche Rundumsicht. Am Südrand des **Walchensees** fährt man nun auf mautpflichtiger Straße durch die **Jachenau,** ein noch nahezu unverfälscht erhaltenes Stück Oberbayern. In **Bad Tölz** ist die Tagesetappe zu Ende.

Lange galt der **Tegernsee** als aufpoliertes Refugium der Schönen und Reichen – heute wirkt vieles in die Jahre gekommen, was dem bayerischen Charme richtig gut tut. Der benachbarte **Schliersee** ist bäuerlicher, und ein Stück weiter, kurz vor **Bayrischzell,** bietet sich die Möglichkeit, den **Wendelstein** mit einer Zahnradbahn zu erklimmen – ein nostalgisches Vergnügen. Ein weiteres, bislang weniger besuchtes Fleckchen ist der **Samerberg** mit den Orten Törwang und Neubeuern. Im behaglichen **Rosenheim** endet der siebte Reisetag.

Noch einmal entfernt sich die Route von den Alpen, um in **Wasserburg** vorbildlich erhaltener, historischer Architektur und einer engagierten Kunstszene nachzuspüren. Über **Schloss Amerang** und **Kloster Seeon**, beide wegen ihrer Architektur und Ausstattung wie ob des kulturellen Programms sehenswert, kehrt man südwärts zurück an den **Chiemsee.**

Mindestens einen Tag Zeit verdient das ›bayerische Meer‹ mit **Frauen-** und **Herreninsel,** dem **Schloss Herrenchiemsee,** einem Abstecher nach **Traunstein,** einem Segelausflug oder einer Tour im Hochseilgarten. Am folgenden Morgen geht's über **Aschau** in das idyllische **Sachrang,** über **Grassau** nach **Reit im Winkl** und über **Ruhpolding** und **Inzell** durch eine der schönsten und beliebtesten Ferienregionen des Chiemgaus. Tagesziel ist das im

Schatten des Watzmanns gelegene **Ramsau** im Berchtesgadener Land.

Der **Königssee** und die Schiffsfahrt nach St. Bartolomä, **Berchtesgadens** Lüftlmalereien und das **Dokumentationszentrum Obersalzberg** sind die Besichtigungspunkte für den vorletzten Reisetag. Es bleibt genügend Zeit, eine kleine Wanderung, z. B. zum Obersee oder durch den Märchenwald zu unternehmen.

Auf den Spuren der Salzhändler führt die letzte Etappe ab dem Salzbergwerk in Berchtesgaden zur Alten Saline in **Bad Reichenhall.** Weiter geht's die Salzach entlang nach **Laufen** mit seinen imposanten Häusern reicher Schiffer, nach **Tittmoning,** wo Salzburg den Salzzoll kassierte, und nach **Burg-**

Anreise und Verkehrsmittel

Mit Autobahnen, Bundes- und Regionalstraßen ist Oberbayern verkehrstechnisch sehr gut ausgebaut. In einigen Regionen muss man beim Befahren privater Straßen eine Maut entrichten. Im Winter können höher gelegene Straßen gesperrt sein oder es herrscht Schneekettenpflicht. Auch mit öffentlichen Verkehrsmitteln lässt sich die Region sehr gut bereisen.

Anreise

... mit dem Flugzeug

Internationales Drehkreuz ist der Flughafen Franz Josef Strauß in Erding bei München. Hierher fliegen die meisten internationalen Fluglinien und viele Chartergesellschaften. Über Ankünfte und Abflüge informiert die Flugauskunft: Tel. 089 97 52 13 13, www.munich-airport.de. Nach München bestehen S-Bahn- und Busverbindungen.

... mit der Bahn

Am Münchner Hauptbahnhof enden oder kreuzen sich Bahnlinien aus allen Nachbarländern bzw. den deutschen Bundesländern. Bahnauskunft erhält man unter Tel. 118 61, im Internet hilft www.bahn.de weiter.

... mit dem Bus

Busse der Deutschen Touring verbinden München mit zahlreichen Städten in den Nachbarländern. Fahrplanauskunft unter www.deutsche-touring.de.

... mit dem Auto

In Oberbayern bzw. München kreuzen sich die Autobahnen in Richtung Stuttgart, Nürnberg, Deggendorf/Regensburg, Salzburg und Kufstein/Innsbruck. In Richtung Bodensee/Schweiz führt ab Kempten die viel befahrene B 12. Zu Ferienbeginn und -ende kann es auf den nach Süden führenden Strecken zu langen Staus kommen.

Verkehrsmittel vor Ort

Bahn

Die Bahnverbindungen zwischen den größeren Städten und auch in kleinere Orte sind sehr gut. Von München kommt man mit der S-Bahn im 20- bis 40-Minuten-Takt an Ammersee und Starnberger See, stündlich verkehren Züge nach Landsberg, Miesbach oder Rosenheim. Die Bahnauskunft informiert unter Tel. 118 61 über Verbindungen, im Internet unter www.bahn.de. Preisgünstig ist das Bayern-Ticket, mit dem bis zu fünf Personen zu einem Pauschalpreis (2009: 28 €) kreuz und quer durch Bayern fahren können (Mo–Fr 9–3, Sa/So 0–3 Uhr des Folgetages). Ein Bayern-Ticket-Single für Einzelreisende kostet um 20 €.

Bus

Busse des Regionalverkehrs Oberbayerns (RVO) verbinden die Städte mit dem Umland und kleinere Orte miteinander. Die regionalen Fahrpläne bekommt man meist in der Touristeninformation, im Internet unter www.rvo-bus.de. Samstags und sonntags ist der Busverkehr meist eingeschränkt.

Auto

Über die Autobahnen München–Salzburg, München–Garmisch und München–Nürnberg sind fast alle oberbayerischen Orte von München aus in einer Fahrtzeit von einer Stunde erreichbar. Das Straßennetz ist gut ausgebaut; im Winter und nach Hochwasser können einige Gebirgsstrecken nur eingeschränkt oder gar nicht befahrbar sein.

Fahrrad

Das Fern- wie Nahwegenetz ist sehr gut ausgebaut und ausgeschildert; in einigen Regionen ist die Fahrradmitnahme in der Bahn vom Tourismusver-

Infos für Biker

Es gibt einige Strecken, die das Herz von Motorradfahrern höher schlagen lassen: Die Kesselbergstraße zwischen Kochel- und Walchensee ist eine davon. Wegen des Biker-Andrangs und der sich häufenden Unfälle herrscht hier am Wochenende Fahrverbot für Motorräder. Zahlreiche Hotels und Restaurants am Wegesrand outen sich mit günstigen Mittagsmenüs und Abstellmöglichkeiten für die Maschine als ›bikerfreundlich‹. Einen Überblick über Routen, Unterkünfte und Einkehrmöglichkeiten gibt www.bavarian-biker tours.de.

band subventioniert und für den Radler gratis. Einen Fahrradverleih findet man in den meisten größeren Orten. Neuester Trend sind Movelos, durch einen Elektromotor betriebene Fahrräder, die viele Gemeinden ihren Gästen gegen Gebühr zur Verfügung stellen (www.movelo.com).

Autofahren/Mietwagen

Alle internationalen Mietwagenunternehmen sind in München und Ingolstadt sowie den Kreis- und Tourismusstädten vertreten. Beim Autofahren sollte man darauf achten, das Tempo den teils sehr kurvenreichen, schmalen Straßen anzupassen. Im Winter sind nur Hauptstraßen geräumt und gestreut. Auch mit sehr langsamen Verkehrsteilnehmern wie Traktoren ist zu rechnen.

Schiff

Die Fahrpläne der im Sommerhalbjahr verkehrenden Schiffe auf den meisten oberbayerischen Seen sind im Internet unter www.seenschifffahrt.de einsehbar. Verbindungen auf dem Chiemsee zeigt www.chiemseeschifffahrt.de.

Übernachten

Der Tourismusverband Oberbayern (Adresse s. S. 15) verschickt Unterkunftsverzeichnisse der jeweiligen touristischen Region. Darin sind Hotels, Pensionen und Privatvermieter bzw. Ferienwohnungen ausführlich, teils auch mit Bild, vorgestellt. Natürlich kann man diese Broschüren auch direkt bei den Informationsbüros bestellen (s. Reiseteil) und die meisten auch im Internet einsehen oder herunterladen (s. auch www.oberbayern.de). Hotels und andere Unterkünfte zeigt übersichtlich die Oberbayernkarte auf http://maps.oberbayern.de an, sobald man auf die Region klickt, in der man übernachten möchte.

Hotels

In den touristischen Orten sowie in den Kreisstädten gibt es Hotels aller Kategorien; der einfachste Standard wird mit zwei, Luxus mit fünf Sternen bewertet. In beliebten Ferienregionen wie z. B. am Chiemsee oder am Tegernsee werben viele Hotels mit Pauschalangeboten, die preiswerter sind als individuelle Tarife. Der Wellnesstrend hat auch die oberbayerischen Hotels erfasst. Fast alle verfügen über

Hotelbewertung

Plattformen, auf denen Nutzer im Internet ihr Ferienhotel bewerten und beurteilen, gibt es mittlerweile viele. Beliebt sind beispielsweise www.holidaycheck.de, www.hrs.de, www.hotel.de, www.trivago.de. Die Kommentare sollte man kritisch lesen, denn gelegentlich neigen die Hotelbesitzer dazu, sich selbst (positiv) zu beurteilen.

ein größeres oder kleineres Spa mit Sauna und Massage.

Pensionen

Pensionen sind eine billigere und häufig auch individuellere Alternative zum Hotel. Oft haben sie nur wenige Gästezimmer; meist gibt's lediglich Frühstück. Der Übergang zum Privatvermieter von Gästezimmern ist fließend.

Ferien auf dem Bauernhof

Für Familien die ideale Alternative zum Hotel: Die Kinder können draußen toben und mit den Streicheltieren spielen; es gibt oft auch ein Freizeitprogramm für die Kleinsten, aber auch für die Eltern, so etwa Kräuterwanderungen oder Radtouren. Die Angebote stehen in einer Broschüre, die beim Tourismusverband Oberbayern (s. S. 15) erhältlich ist, oder auf der Homepage www.bauernhof-urlaub.com.

Ferienwohnungen und Ferienhäuser

In so gut wie jeder Region Oberbayerns kann man Ferienwohnungen mieten, sei es als Einliegerwohnung bei einem Privatvermieter, sei es in einer Wohnanlage. Frei stehende Ferienhäuser zur alleinigen Nutzung sind nicht so leicht zu finden. Berghütten reserviert man über den Alpenverein (www.alpenverein-muenchen-oberland.de). Über das Angebot informieren die regionalen Touristeninformationen. Ein Internetvermittler von Ferienwohnungen ist www.fewo24.de, bei dem für den Kunden keine Gebühren anfallen und wo man mit den Vermietern direkt in Kontakt treten kann. In der Hochsaison sollte man unbedingt langfristig im Voraus buchen. Bei Anmietung eines Ferienhauses oder einer -wohnung ist zu beachten, dass man sich persönlich beim Kuramt anmelden und eine Kurtaxe bezahlen muss.

Jugendherbergen

Die zahlreichen Jugendherbergen sind eine preiswerte Alternative für junge Leute, viele nehmen auch ältere Gäste mit Jugendherbergsausweis auf.

Deutsches Jugendherbergswerk
Landesverband Bayern e. V.
Mauerkircherstraße 5
81679 München
Tel. 089 922 09 80, Fax 089 92 20 98 40
www.jugendherberge.de

Gästekarte

In den meisten Ferienorten bekommen Urlauber von ihrem Hotel eine Gästekarte, mit der sie zahlreiche Ermäßigungen bei Eintritt, Seilbahnen, Schifffahrt oder Bus und Bahn in Anspruch nehmen können. Haben Sie eine Ferienwohnung gemietet, stellt üblicherweise das Touristik- oder Kuramt die Gästekarte aus – dann kostenpflichtig.

Camping

Zeltplätze sind in allen Ferienregionen Oberbayerns vorhanden, viele vermieten auch Stellplätze an Dauercamper. Ein Verzeichnis der Campingplätze lässt sich unter www.oberbayern.de abrufen; in Campingführern (z. B. vom ADAC) werden die Plätze ausführlich beschrieben und bewertet.

Essen und Trinken

Schweinsbrodn und Knödl sind vielleicht das berühmteste, aber sicherlich nicht das einzige oder gar beste Gericht bayerischer Küche. Es steht als Standard auf so gut wie jeder Speisekarte, zusammen mit Leberknödelsuppe, Weißwürsten und Wurstsalat – aber das Repertoire bayerischer Köchinnen und Köche umfasst mehr. In den letzten Jahren hat sich das Angebot mit der Rückbesinnung auf alte Rezepte noch einmal deutlich erweitert.

Rund ums Fleisch

Fleisch ist ein wichtiger Bestandteil ländlicher Kochkunst, in Oberbayern kommt es vorrangig vom Schwein, vom Rind oder vom Reh. Meist wird es mit einer knusprigen Kruste gebraten, gerne mit Kümmel und Wacholder gewürzt. Klassiker ist der **Schweinebraten,** den es mit oder ohne Kruste gibt. Dazu gereicht werden Kartoffel- oder Semmelknödel. Beliebt ist auch die gegarte **Surhaxe,** die gerne mit Sauerkraut und Knödel serviert wird. Rindfleisch liebt der Bayer eher gekocht, als Tellerfleisch mit Meerrettich und Röstkartoffeln oder als saftiges **Gulasch,** in der Saison mit Pfifferlingen verfeinert. **Wild** kommt als Braten oder als Gulasch, häufig mit Pilzen, auf den Tisch. Dazu gereicht werden Schupfnudeln oder die aus Schwaben stammenden Spätzle. Beim Geflügel führt das krosse **Backhendl** die Hitliste an. Eine Delikatesse ist das **Kirchweihganserl**, das es so jung und schmackhaft nur Ende Ok-

Knödelkunde

Knödel sind ein unverzichtbarer Bestandteil bayerischen Genießens und außerdem eine Wissenschaft für sich. Klassiker ist der Kartoffelknödel aus geriebenen und ausgedrückten rohen Kartoffeln, in dessen Mitte ein paar geröstete Brotwürfel gerollt werden. Semmelknödel gibt's in mehreren Varianten: die ›normalen‹ aus alten Semmeln oder Knödelbrot, verfeinert mit Ei, Petersilie und angeschwitzten Zwiebeln. Bei Speckknödeln gesellen sich klein gewürfelter Speck zur Semmelknödelmasse. Brezenknödel werden wie Semmelknödel aber aus Brezenresten zubereitet. Zur Fastenzeit gibt es am Samerberg die Samerberger Fleischknödel, das sind Speckknödel, bei denen braune Bohnen den Speck ersetzen.

tober zur Kirchweih gibt. Beilagen sind Kartoffelknödel und Rotkraut. Innereien wie **Saures Lüngerl** mit Semmelknödel findet der Gast auf jeder guten Speisekarte. Spezieller ist die abgebräunte **Milzwurst** und gar nicht mehr nach jedes Hungrigen Geschmack ist das **Kronfleisch** (gekochtes Zwerchfell vom Rind) – in und um München gilt es als Delikatesse.

Aus Seen und Flüssen

Bei so vielen Flüssen und Seen spielt natürlich auch Fisch eine große Rolle in der bayerischen Küche: **Forellen** oder **Renken** aus der Zucht oder dem nahen Gewässer gibt's auf Volksfesten oder im Biergarten häufig als **Steckerlfisch**, auf einem Stock über Holzkohlenglut gebraten. In Gaststätten und Restaurants bekommt der Gast Forelle meist mit Butter und Kräutern schonend in

Alufolie gegart. Häufig werden Renken und Forellen auch geräuchert serviert – berühmt sind die mit geräucherter Renke belegten **Fischsemmeln** von der Fraueninsel im Chiemsee. Eine besonders feine Delikatesse ist geräucherter **Saibling** – der forellenähnliche Fisch wird mit Sahnemeerrettich gegessen.

Die bayerische Brotzeit

Zur Brotzeit, der Alternative zu den schweren Fleischspeisen, gehört vor allem ein gutes **Bauernbrot** aus Sauerteig, das man mit Wurst- und Käsespezialitäten und sauren Gürkerln belegt. Fein schmecken z. B. Wildschweinsalami oder Geräuchertes, dazu würziger Bergkäse. **Leberkäse** hat nichts mit Leber und Käse zu tun, sondern besteht aus Rind- und Schweinefleisch und viel Fett und wird kalt oder warm gegessen. **Obazda** ist reifer Camembert, mit Butter, gehackten Zwiebeln und viel Paprikapulver zu einer würzigen Paste verrührt. Aus Lioner macht man **Wurstsalat** – mit Zwiebeln und sauren Gurken in Essig-Öl-Marinade ist's ein bayerischer, mit Emmentaler ein schweizerischer. Im Chiemgau gesellen sich anstelle von Käse aufgeschnittene **Brezenknödel** zur Wurst – eine Delikatesse! **Presssack** ist ein mit fein geschnittenem Schweinefleisch und Gewürzen wie etwa Majoran gefüllter Schweinemagen. Für Frische sorgt der **Radi,** ein in feine Spiralen geschnittener und gesalzener weißer Rettich.

Suppen, Gemüse und Beilagen

Die Vorspeise ist fast immer eine Suppe: eine Rinder- bzw. Rinderknochenbrühe mit Leberknödeln, eine

Kartoffel-, Kürbis-, Pilz- oder Brotsuppe. Eher ein Hauptgericht ist der **Pichelsteiner Eintopf,** ein Gemüsetopf mit gelben Rüben, Wirsing, Zwiebeln, Sellerie, Lauch und Petersilie mit gekochtem Rindfleisch. Im Spätsommer und Herbst bereichern **Pfifferlinge** und **Steinpilze** die Speisekarten, meist in Rahmsauce und mit Semmelknödeln serviert, manchmal auch als Beilage zu Fleisch. Unverzichtbarer Begleiter von Geräuchertem, Würsten und Braten ist **Sauerkraut.** Zur Spargelzeit von Mitte April bis Ende Juni konkurrieren die Bauern um Schrobenhausen (s. S. 51) um das Prädikat des besten **Spargels.** In der Region zwischen Ingolstadt und Neuburg/Donau wachsen Oberbayerns beste Kartoffeln. Die Restaurants servieren z. B. mit Pfifferlingen gefüllte **Kartoffelknödel, Reiberdatschi** (geraspelte und in Fett ausgebackene Kartoffeln) und **Schupfnudeln** (Nudeln aus Kartoffelteig, die kurz gekocht und dann knusprig in Fett ausgebraten werden).

Süßes

Wer nach einem deftigen Essen Appetit auf Süßes verspürt, kann z. B. **Rohrnudeln** probieren. Hefeteigknödel werden mit Marmelade gefüllt, dicht an dicht in eine Bratpfanne gestellt und gebacken. Dazu gibt's meist Vanillesauce. Die **Bayerische Creme** oder Crème Bavaroise besteht aus einer mit Vanille aromatisierten Eier-Milch-Creme, die mit viel Schlagsahne vermengt, mit Gelatine verfestigt und pur oder mit Kompott serviert wird. Groß ist die Auswahl an Kuchen, z. B. **Zwetschgendatschi,** Hefeteig mit geviertelten Zwetschgen dicht belegt und vor dem Servieren gezuckert. Die **Prinzregententorte** ist bayerisches Kulturgut. Sie wurde vom Hofkonditor

Rottenhöfer dem Prinzregenten Luitpold gewidmet, die acht Biskuitschichten stehen für die damaligen acht Regierungsbezirke, die im Naschwerk mit Schokoladencreme einander verbunden sind. Beliebt sind auch **Auszogne,** ein rundes Schmalzgebäck aus Brandteig, das mit Zucker bestreut gegessen wird. Um das Prädikat der besten **Windbeutel,** eines mit Sahne und Obst gefüllten Brandteigs, konkurrieren im Voralpenland diverse Konditoreien. Die Windbeutelgräfin in Ruhpolding gilt dabei als die beste. In der Adventszeit verströmt das **Kletzenbrot** seinen verführerischen Duft. Es besteht aus Brotteig mit Trockenfrüchten, Zitronat, Orangeat, Zitronenschale, Lebkuchengewürz und Honig.

Im Bierhimmel

In keinem anderen deutschen Bundesland gibt es so viele Brauereien wie in Bayern – riesengroße wie die Paulaner-Brauerei und ganz kleine wie Dachsbräu in Weilheim. Für Einsteiger in die oberbayerische Bierszene mögen folgende Charakteristika genügen: Es gibt das **Helle,** das etwa einen Alkoholgehalt von 7 % aufweist, das **Weißbier** (das preußische Kuckucksei Kristall- und das urbayerische Hefeweizen) und das **Dunkle** sowie den **Doppelbock** mit einem Alkoholgehalt über 9 % und das ebenfalls kräftigere **Oktoberfestbier.** Die letzten beiden Biersorten werden nur zu bestimmten Zeiten gebraut, zum Oktoberfest oder in der ›Fünften Jahreszeit‹, wie die Fastenzeit zwischen Aschermittwoch und Ostersonntag genannt wird. Um das Fasten erträglicher zu machen, wird in dieser Zeit Starkbier (Doppelbock) getrunken. Mit Limonade gemischt wird aus einem Hellen ein **Radler** und aus dem Hefeweißbier ein **Russ.**

Aktivurlaub, Sport und Wellness

Angeln

Bei den vielen, sauberen und fischreichen Gewässern geht auch dem Hobbyangler ein Fang an den Haken. Voraussetzung ist allerdings, dass er einen staatlichen Fischereischein besitzt und sich zusätzlich vor Ort eine Tages-, Wochen- oder Monatskarte besorgt. Ausländer können einen Jahresgastfischereischein erwerben. Ein bei Profis beliebtes Angelrevier ist der Walchensee (Saibling, Renke), wo vom 1. März bis 30. September vom Ufer wie vom Boot aus geangelt werden kann. Der Gastfischereischein ist für rund 25 € bei der Touristeninformation erhältlich. Die Tageskarte kostet 8 €. Ähnliche Bedingungen gelten auch an den anderen Seen und Flüssen. Informationen zu Angelscheinen und -regionen finden sich auf www.fischerei-oberbayern.de und www.lfvbayern.de.

Ballonfahren

Im Heißluftballon über das Fünfseenland oder die Alpen zu schweben, ist ein eindrucksvolles Erlebnis. Jonathan Ballooning am Chiemsee ist ein erfahrener Veranstalter von kurzen bis mehrtägigen Ballonfahrten (Im Jonathan, Chieming, Tel. 08669 79 09 80, www.jonathan-ballooning.de).

Canyoning

Dank der vielen Klammen und Schluchten ist dieser Trendsport in Oberbayern weit verbreitet. Im Berchtesgadener Land werden Canyoning-Touren z. B. vom Outdoor Center Baumgarten organisiert (Baumgarten 1, Bad Reichen-

hall, Tel. 08651 22 33, www.klettergarten.de). Im Tölzer Land können Abenteuerlustige sich den Outdoor Freaks anvertrauen: Neben Canyoning und vielen anderen adrenalinlastigen Sportarten haben die Münchner auch Wildwasserschwimmen im Programm (Tel. 089 60 01 98 98, www.outdoor-freaks.de).

Fahrradfahren

Mehrere Fernradwege führen durch Oberbayern, darunter der Bodensee-Königssee-Radweg (410 km, www.bodensee-koenigssee-radweg.de), die Romantische Straße (347 km, www.romantischestrasse.de), der Isarradweg (248 km, www.toelzer-land.de) oder die Via Bavarica Tyrolensis (220 km, www.via-bavarica-tyrolensis.com). Zu Ehren des deutschen Papstes Benedikt XVI. gibt es außerdem den Benediktweg (www.benediktweg.info, 224 km) zu den Stätten seines Lebens und Wirkens (s. auch unter www.oberbayern.de unter ›Kunst & Kultur‹). Beliebte Fahrradregion im Norden ist das Altmühltal, wo man dem mäandernden Fluss bis zur Donau folgen kann. Auf den Webseiten der jeweiligen Fremdenverkehrsämter finden sich fast immer auch Hinweise auf Fahrradstrecken in der Region.

Floß- und Plättenfahrten

Beliebt sind die feuchtfröhlichen Floßfahrten auf Loisach und Isar von Wolfratshausen bis Thalkirchen. Meist spielt eine Blaskapelle auf und das kühle Nass von außen wird durch kühles Bier von innen ergänzt (z. B. bei Flößerei

Ski und Rodel gut – wie hier bei Mittenwald

Josef Seitner, Lindenweg 1, Wolfrats-hausen, Tel. 08171 785 18, www.flossfahrt.de). Auf der Alz geht es zwischen Seebruck am Chiemsee und Truchtlaching etwas gemächlicher zu (Georg Niedermeier, Chiemseestr. 12, Seebruck, Tel. 08667 508, www.alzflossfahrt.de). Zwischen Tittmoning und Burghausen schippern in den Sommermonaten Plätten, ehemalige Salztransportschiffe, die Salzach hinauf (www.burghausen.de).

Gleitschirmfliegen

Beliebte Startplätze für Gleitschirmflieger sind z. B. das Brauneck, der Blomberg, der Herzogstand, die Hochries und der Predigtstuhl. Die Thermik ist hier besonders gut und macht lange Flüge möglich. Wer im Tandem mitfliegen möchte, findet bei vielen lokalen Flugschulen erfahrene Piloten mit Tandem-Spezialausbildung. Allgemeine Informationen erteilt der Deutsche Hängegleiterverband (Tel. 08022 967 50, Gmund am Tegernsee, www.dhv.de).

Golf

Oberbayern besitzt zahlreiche hochklassige Greens; eine Auflistung der Golfplätze stellt die Homepage www.oberbayern.de unter ›Freizeitaktivitäten/Golfen‹ bereit. Als Golfregion empfiehlt sich das Fünfseenland, wo man rund um Starnberger See und Ammersee zehn wunderschön und sehr anspruchsvoll angelegte Greens findet (www.sta5.de). Eines der am höchsten gelegenen und landschaftlich schönsten ist das 9-Loch-Green am Obersalzberg (Golfclub Berchtesgaden, Salzbergstraße 33, Berchtesgaden, Tel. 08652 21 00, www.golfclub-berchtes gaden.de). Zwischen Hopfenfeldern können Konditionsstarke im Golfclub Holledau spielen (Weihern 3, Rudelzhausen, Tel. 08756 960 10, www.golf clubholledau.de).

Kanu und Kajak

Ein beliebter, ruhiger Wanderfluss ist die Altmühl, anspruchsvoll und rei-

Hochseilgarten und Flying Fox

Obwohl Oberbayern Sportbegeisterten eine breite Palette an Aktivitäten bieten kann, sind adrenalinsteigernde Trendsportarten auf dem Vormarsch. Hochseilgärten etwa erleben einen wahren Boom. Flugs sind findige Unternehmer dabei, solche Freizeitanlagen zu errichten, so am Chiemsee (www.parkeroutdoor.com) oder am Obersalzberg (www.watzmann-aktiv. de). Um die Berge attraktiver zu machen, setzen einige Gemeinden auf moderne, die Spannung steigernde Elemente. Der auf der Alpspitze eröffnete AlpspiX ist eine Abwandlung des Skywalk über dem amerikanischen Grand Canyon: Zwei 8 m lange Stege schweben als Aussichtsplattform über dem Abgrund! Nicht weit davon entfernt gibt es Pläne, einen Flying Fox zu errichten, eine Art Drahtseilbahn, an der man angeschnallt gen Tal rast. Auch der Wendelstein ist für eine solche Installation im Gespräch.

ßend sind hingegen die Alpenflüsse Loisach, Partnach, Isar, Ammer usw. Organisierte Wildwassertouren können beispielsweise gebucht werden bei der Wildwasserschule Thomas Sprenzel (Alpspitzstr. 16, Garmisch-Partenkirchen, Tel. 08821 14 96, www.sprenzel-sport.de). Zahlreiche Wildwasserschulen starten ihre Touren in Bad Tölz (z. B. Action & Funtours, Karlstr. 7, Gauting, Tel. 089 850 59 04, www.action-fun tours.de). Im Internet informiert www. kanu-info-isar.de über die Isar und ihre Nebenflüsse.

Kur und Wellness

Sole und Moor sind die beiden Pfeiler des oberbayerischen Kurbetriebs. Dank der heilenden Kraft der Sole aus den Tiefen des Berchtesgadener Landes entwickelte sich Bad Reichenhall (s. S. 258) zu einem der bekanntesten Kurorte Deutschlands. Neben Kurkliniken, dem Gradierwerk und Wellnesscentern wie der neuen Rupertitherme können Kurgäste das Angebot des Berchtesgadener Salzbergwerks nutzen und die Kraft der mit Mineralien angereicherten Luft und des Wassers im Heilstollen auf sich wirken lassen (Infos: Berchtesgadener Heilstollen, Bergwerkstraße 85a, Tel. 08652 97 95 35, www.heilstollen-berchtesgaden.de). Die bis zu mehreren Metern dicken Torfmoorschichten des Hochmoors bei Bad Aibling haben den Ruf dieses bereits im 16. Jh. bekannten Kurbades begründet. Moorpackungen umhüllen den Körper mit wohliger Wärme und lindern Gelenkschmerzen. Außerdem sind sie ein bewährtes Schönheitsmittel. Mit Heu zu heilen, hat ebenfalls Tradition, gilt im Wellnessbereich aber erst in den letzten Jahren als Geheimtipp: Viele Wellnesshotels bieten ihren Gästen nun solche Heupackungen an. Infos unter www.oberbayern.de, Menüpunkt ›Wellness pur‹, und www. wellnessregionen.de.

Malen

Über Malkurse auf den Spuren des Blauen Reiters informiert die Touristeninformation in Murnau, Tel. 08841 614 10, www.murnau.de. Workshops organisiert auch das Arthotel Murnau, www.arthotel-murnau.de.

Mountainbike

Neben den ›normalen‹ Fahrradwegen gibt es vor allem in den Alpen auch anspruchsvolle MB-Strecken, die hohe

Ansprüche an Kondition und Können stellen. Die meisten Fremdenverkehrsämter (s. im Reiseteil ab S. 78) haben Karten bzw. Broschüren mit empfehlenswerten MB-Touren in ihrer Region zusammengestellt, viele mit GPS-Daten. Da Wander- und MB-Route häufig identisch sind, sollte man bei allem Fahrvergnügen darauf achten, Wanderer nicht allzu sehr zu verschrecken.

Segeln

Die großen oberbayerischen Seen sind ideale Segelreviere und mit Jachtclubs, Bootsverleih etc. gut ausgestattet. Besonders beliebt sind Starnberger, Ammer- und Chiemsee. Die Seegemeinden haben Infos zu ihrem Angebot auf den Websites zusammengestellt. Links zum jeweiligen Wassersportangebot gibt auch das Portal www.oberbayern.de unter dem Menüpunkt Freizeitaktivitäten.

Wandern

Über die Wanderwege und Klettersteige in Oberbayern informieren detailliert die jeweiligen Tourismusämter; die meisten verkaufen auch empfehlenswerte Wanderführer für ihre Region. Organisierte Wanderungen werden ebenfalls vor Ort angeboten.

Windsurfen und Kitesurfen

Beliebte Surfseen sind der Ammer- und der Walchensee. Auskunft über Surfschulen, Brettverleih, Windverhältnisse und die besten Spots findet man auf den Webseiten der Tourismusverbände (www.ammersee-region.de/surfen, www.walchensee.de/surfen) und unter www.surfreviere.de.

Wintersport

Alpinskifahren, Snowboarden, Langlaufen, Rodeln, Tourengehen und Schneeschuhwandern sind in den bayerischen Voralpen und in den Alpen überall möglich. Die schneesichere Zeit reicht meist von Ende Dezember bis Mitte März. Wenn nicht genug Schnee liegt, wird meist mit Schneekanonen nachgeholfen. Beliebte Skigebiete von München aus sind das Brauneck (Lenggries), das Sudlfeld (Bayrischzell), der Spitzingsee (Schliersee) und die Langlaufloipen um Bad Tölz und in der Jachenau. Auf der Zugspitze fahren diejenigen, die nach dem Ende der Saison nicht genug bekommen bzw. deren Beginn nicht erwarten können, denn auf dem Zugspitzplatt dreht sich das Skikarussell von November bis Mai. Tourengeher und Winterwanderer finden in den Alpen ein dichtes Netz reizvoller Wandertouren, sollten sich aber unbedingt über die aktuelle Lawinenwarnstufe informieren. Informationen und Links zum Wintersport gibt's unter der Internetadresse www.oberbayern.de, Menüpunkt ›Winterträume‹.

Wanderkarten

Die meisten größeren Gemeinden oder Tourismusregionen verteilen kostenloses Kartenmaterial für Wanderungen. Darin sind Wege und Bodenbeschaffenheit meist nur grob skizziert. Wer zu einer richtigen Wanderung aufbricht, besorgt sich dafür besser zuverlässige Wanderkarten beispielsweise vom Kompass Verlag (www.kompass.de) im Maßstab 1:50 000 und 1:25 000, z. B. WK 6 »Alpenwelt Karwendel« oder WK 794 »Berchtesgadener Land«. Für hochalpine Routen empfiehlt sich das Kartenwerk des DAV (www.alpenverein.de).

Feste und Veranstaltungen

»Extra Bavariam non est vita et si est vita non est ita.« – »Außerhalb Bayerns gibt es kein Leben, und wenn doch, dann kein solches.« Dieser Sinnspruch wird Aventinus zugeschrieben und ist nur einer von vielen, die das Bayernland zum Mythos erheben. Mit Leben erfüllen ihn die reichen Traditionen und Volksfeste, die im Zuge der königlich geförderten Rückbesinnung wieder stärkere Beachtung fanden. Ihre Wurzel haben fast alle bayerischen Feste in der Religion – im katholischen Feste- und Heiligenkalender, aber auch im vorchristlichen Brauchtum.

Den Winter verjagen

Die Raunächte, also die zwölf Tage zwischen der Thomasnacht vom 21. auf den 22. Dezember bis Epiphanias vom 5. auf den 6. Januar sind im oberbayerischen Voralpenland eine magische Zeit. Die Geister des Winters müssen verscheucht, die unter dem Schnee schlummernden Samen geweckt werden. Perchten und andere Unholde ziehen durch die Straßen und werden mit Lärm, Peitschenknallen oder Geschenken verjagt bzw. besänftigt. Besonders eindrucksvoll im Berchtesgadener Land und Chiemgau.

Den Frühling begrüßen

Inoffizielles Frühlingsfest in vielen Gemeinden ist Maria Lichtmess am 2. Februar. Die Frauen bringen ihre Kerzen in die Kirche, um sie dort segnen zu lassen. Als Lichtbringer wird auch der hl. Georg angesehen, der mit Georgiritten an Ostern oder an seinem Festtag, dem 23. April, gefeiert wird.

Den Maibaum aufstellen

Am 1. Mai muss er auf dem Dorfplatz stehen, der mit Bändern und Buschen geschmückte Maibaum; dann wird um ihn herum ausgelassen gefeiert – es sei denn, er wurde von der Nachbargemeinde geklaut.

Die Ernte sichern

Der zweite Donnerstag nach Pfingsten gehört den Fronleichnamsprozessionen, die reich geschmückt durch die Orte und durch Wald und Flur ziehen, um gute Ernten zu erbitten. Etwa zur gleichen Zeit, am 21. Juni, gerät das magische Gleichgewicht der Welt zur Sommer-Tagundnachtgleiche aus den Fugen und in den Bergen werden Sonnwendfeuer entzündet, mancherorts auch Feuerräder ins Tal gerollt.

Maria huldigen

Im Jahreslauf gibt es viele Feiertage, an denen vor allem Frauen in Kirchen und Wallfahrtskapellen die Zwiesprache mit Maria suchen. Der 15. August, Mariä Himmelfahrt, ist der höchste Marientag und wird ganz besonders inbrünstig in Altötting begangen. Viele Frauen binden einen Kräuterbuschen aus Wildkräutern, der gesegnet wird und als Schutz vor Krankheit und schlechten Einflüssen am Haus oder im Stall aufgehängt wird.

Die Rinder holen

Der Almabtrieb Mitte bis Ende September hat keinen religiösen Hintergrund; es ist aber nichtsdestotrotz ein farbenfrohes Schauspiel, wenn die üppig geschmückten Rindviecher unter Schellengeläut von ihren Almen ins Tal ziehen.

Die Tiere segnen

Der hl. Leonhard gilt als Schutzpatron der Pferde und des Viehs, und an seinem Festtag am 6. November bzw. an einem Wochenende davor oder danach erweisen ihm die Bauern ihre Verehrung, indem sie auf reich geschmückten Rössern zu einem dem Heiligen geweihten Gotteshaus wallfahren. Die Leonhardifahrt endet mit einer Tiersegnung.

Aufs Christkind warten

In der Adventszeit finden viele malerische Christkindlmärkte statt, unter denen der Markt auf der Chiemseer Fraueninsel als der schönste gilt.

Die Pest besiegen

Das traditionsreichste unter den auf Pestgelübden beruhenden Festspielen ist das Oberammergauer Passionsspiel, das nach einem Pestgelübde alle zehn Jahre zu jeder vollen Dekade (nächster Termin 2010, s. S. 71) aufgeführt wird – und das seit 350 Jahren. Mit der Pest hat auch der Schäfflertanz zu tun, der in München zwischen dem 6. Januar und Aschermittwoch alle sieben Jahre gezeigt wird (nächster Termin 2012). Mit diesem Tanz ermutigten die Schäffler (Fassmacher) die Münchner nach einer Pestepidemie, sich wieder auf die Straße zu trauen.

Oktoberfest

Am vorletzten Septembersamstag beginnt in München ein 16-tägiges Volksfest, das von Jahr zu Jahr immer mehr Touristen aus dem Ausland in die Isarmetropole lockt: das Oktoberfest auf der Theresienwiese.

Das Münchner Oktoberfest ist Magnet für Besucher aus der ganzen Welt

Feste und Märkte im Jahreslauf

Februar
Taubenmarkt: 2. Febr. (Lichtmess) in Wasserburg. Größter Markt dieser Art in Bayern.

April/Ostern
Reiterprozessionen, Georgiritte: besonders malerisch in Traunstein.

Mai/Juni
Maibaumaufstellen: 1. Mai.
Altöttinger Fußwallfahrt: Pfingsten. Wandernd von Regensburg nach Altötting.
Flurprozessionen: Fronleichnam.
Bootsprozession am Staffelsee: Fronleichnam (s. S. 169).
Sonnwend- bzw. Johannisfeuer: um den 24. Juni, überall in den Bergen.

August
Mariä Himmelfahrt: 15. Aug. Besonders inbrünstig in Altötting begangen.
Fischerstechen: um den 15. Aug. Ein u. a. in Dießen/Ammersee praktizierter Brauch, bei dem die Fischer in Booten versuchen, ihre Kontrahenten mit Stangen ins Wasser zu befördern.
Geburtstag Ludwigs II.: 25. Aug. Königstreue gedenken des Geburtstages ihres ›Kini‹ in Berg am Starnberger See, auf dem Schachen und in Oberammergau, wo man auf den Berggipfeln Feuer entzündet.
Fohlenmarkt: Ende Aug. in Rottenbuch.

September
Almabtrieb: Mitte bis Ende Sept.
Münchner Oktoberfest: 2. Septemberhälfte.

November
Leonhardifahrt: 6. Nov., u. a. in Bad Tölz und Kreuth.

Dezember
Christkindlmärkte: Adventszeit, z. B. auf der Fraueninsel oder in Bad Tölz.
Christkindlanschießen: 17.–24. Dez. Jeden Tag wird das Christkind in Berchtesgaden mit Böllerschüssen begrüßt.

Festivals

Es werden von Jahr zu Jahr mehr: historische oder musikalische Events, die vor allem im Sommerhalbjahr Besucher in die oberbayerischen Festspielorte locken sollen. Beim Neuburger Schlossfest ziehen alle zwei Jahre Ritter und Burgfräulein durch die historische Altstadt von Neuburg/Donau und führen den berühmten Steckenreitertanz vor. Spektakulär ist der große Festumzug am zweiten Wochenende Anfang Juli (nächster Termin 2011). Die Kaltenberger Ritterspiele sind wohl eines der bedeutendsten Spektakel in Oberbayern. Im Juli erbebt Burg Kaltenberg unter den schweren Schritten kühner Ritter, unter dem Klirren splitternder Lanzen und unter Gesang und Tanz holder Jungfrauen (s. S. 151). In der zweiten Augusthälfte stürmen Rastafarians aus aller Welt die Gemeinde Übersee am Chiemsee. Mehr als 20 000 Dreadlock-Träger versammeln sich jedes Jahr am Seeufer zum dreitägigen Chiemsee Reggae Summer mit internationalen Bands. Nicht weit entfernt, auf der Herreninsel, erklingt zur gleichen Zeit klassische Musik bei den wunderbar stimmungsvollen Konzerten in Schloss Herrenchiemsee.

Reiseinfos von A bis Z

Apotheken

Welche Apotheken Not- bzw. Nacht-dienst haben, steht in den regionalen Tageszeitungen, auf den an allen Apo-theken angebrachten Aushängen oder unter www.apotheken.de.

Ärztliche Versorgung

Im Krankheitsfall findet man überall einen Arzt oder eine Klinik; die ärztli-che Versorgung ist sehr gut.

Diplomatische Vertretungen

Österreichisches Generalkonsulat
Ismaninger Str. 136
81675 München
Tel. 089 99 81 50, Fax 089 998 15 44
www.oegkmuenchen.de

Schweizerisches Generalkonsulat
Brienner Str. 14
80333 München
Tel. 089 286 62 00, Fax 089 28 05 79 61
www.konsulat-schweiz.de

Feiertage

1. Januar: Neujahr
6. Januar: Heilige Drei Könige
Ende März/Anfang April: Ostern
1. Mai: Tag der Arbeit
Mai/Juni: Christi Himmelfahrt; Pfingst-sonntag/-montag; Fronleichnam (zehn Tage nach Pfingsten)
15. August: Mariä Himmelfahrt
3. Oktober: Tag der deutschen Einheit
1. November: Allerheiligen
25./26. Dezember: Weihnachten

Geld

Mit der EC-/Maestro-Karte kann man in den meisten größeren Geschäften, an Tankstellen und in Restaurants be-zahlen. Viele Unternehmen akzeptie-ren auch die gängigen Kreditkarten.

Gesundheitsvorsorge

Wer im Sommer wandert, sollte sich darüber informieren, ob in der Region eine FSME-Schutzimpfung gegen die von Zecken übertragene Hirnhautent-zündung zu empfehlen ist. Wanderer und Wintersportler sollten auf guten Sonnenschutz achten, da die Gebirgs-sonne deutlich kräftiger ist.

Internet

Außerhalb der Ballungsräume sind viele Regionen Oberbayerns tiefste In-ternetprovinz. Grund: Die Anbindung mit dem schnellen Breitbahnnetz zieht sich schleppend dahin oder wird von den Anbietern mangels Lukrativität überhaupt nicht vorgenommen. Viele Oberlandgemeinden kämpfen mittler-weile mit Unterschriftenaktionen um gleichberechtigten Zugang zum www.

Karten und Pläne

Die meisten Straßenkarten von Ober-bayern sparen den nördlichen Teil, also die Region von München bis an die Alt-mühl, aus. Die empfehlenswerteste Straßenkarte für das gesamte, also auch das nördliche Oberbayern ist die »Generalkarte Extra Bayern Süd« (1:200 000). Das umfangreichste Wanderkartennetz stammt aus dem Hause Kompass (s. S. 29). Empfehlenswert sind außerdem die Wanderkarten aus dem Alpen-Verlag München (1:50 000, teils auch kleinerer Maßstab). Sie enthalten eine Fülle an Zusatzinformationen zu den Freizeitmöglichkeiten. Stadtpläne sind bei den Touristeninformationen (s. Reiseteil) kostenlos erhältlich.

Kinder

Oberbayern ist ein kinderfreundliches Ferienland; Streichelzoos, Märchenparks, Spaßbäder etc. sind so gut wie überall zu finden. Wer gerne wandert oder Radtouren unternimmt, sollte darauf achten, die Ausdauer seiner Sprösslinge nicht zu überschätzen. Kinderfreundliche Wanderungen haben die meisten Fremdenverkehrsregionen in eigenen Broschüren zusammengefasst. Die Mitarbeiter in den Informationsbüros geben gerne Tipps und Auskunft. Das Sammeln von Wanderna-

deln macht den Kindern besonders viel Spaß und spornt den Ehrgeiz an. Die erfolgreichen Gipfelstürme werden in den Wanderpass (gibt's bei der Touristeninformation) eingetragen, und für eine bestimmte Anzahl Einträge gibt's die Nadel in Silber oder Gold (z. B. in Aschau am Chiemsee, www.chiem see.bayern-online.de).

Notruf

Polizei: Tel. 110
Feuerwehr/Rettungswagen: Tel. 112
Bergrettung: Tel. 112
Pannendienst (ADAC): Tel. 01 80 222 22 22, mobil 22 22 22

Öffnungszeiten

Geschäfte: Kaufhäuser und Supermärkte in größeren Städten werktags durchgehend von 9/10 bis 20 Uhr, kleinere Geschäfte und Supermärkte in kleineren Orten meist bis 18.30 Uhr, Sa

Reisekosten und Spartipps

Im ›reichen‹ Oberbayern können Preise für Hotel, Essengehen oder Lebensmittel noch etwas über dem Preisniveau im übrigen Deutschland liegen. Während der Messezeiten erhöhen Messestädte wie Ingolstadt und München die Hotelpreise. Man fährt stets günstiger, wenn man ein Pauschalangebot bucht, das neben der Unterkunft vielleicht noch Halbpension beinhaltet. Mit einer ›Dreiviertelpension‹ bekommt der Gast zu einem meist nur leicht erhöhten Halbpensionspreis zusätzlich einen nachmittäglichen Imbiss, der das Mittagessen durchaus ersetzen kann.

Für den Eintritt in Museen, Schlösser, Spaßbäder oder andere Freizeitattraktionen ist mit Preisen zwischen 2 und 10 € zu rechnen. Oft gibt es günstige Familientickets. Schüler, Studenten und Rentner bekommen nach Vorlage eines Ausweises eine Ermäßigung; die Eintrittspreise für Kinder betragen etwa die Hälfte eines Erwachsenentickets.

Ermäßigungen bzw. Gratiseintritt erhalten Besitzer der Oberbayern-Card (www.oberbayern-card.de) bei über 100 Attraktionen. Sie kostet für 48 Stunden 28 € (Jugendliche 17 €), Kinder unter sechs Jahren bekommen eine kostenlose Karte. Ermäßigungen erhalten auch Besitzer einer Gästekarte (s. S. 23).

bis 12/13 Uhr; gelegentlich gibt es noch eine Mittagspause von 13 bis 14.30 Uhr.
Post: keine einheitlichen Öffnungszeiten, Kernzeit meist Mo–Fr 9–18, Sa 9–12 Uhr.
Banken: keine einheitlichen Öffnungszeiten, Kernzeit meist Mo–Fr 9–13, 14–16 Uhr.
Museen: keine einheitlichen Öffnungszeiten, Mo geschlossen.

Reisende mit Handicap

Club Behinderter und ihrer Freunde
Johann-Fichte-Str. 12
80805 München
Tel. 089 356 88 08, Fax 089 359 65 00
www.cbf-muenchen.de
Mo, Mi, Fr 9–13, Di, Do 9–17 Uhr
Hier bekommt man Broschüren mit empfehlenswerten, weil behindertengerechten Kinos, Theatern und Restaurants in München. Regelmäßig organisiert der Club Ausflugsfahrten in die Region.

Sicherheit

Oberbayern ist ein sicheres Reiseland mit Kriminalitätsstatistiken, um die es andere Regionen beneiden. In Großstädten sollte man dennoch auf Geld und Wertsachen achten. Wenn Alkohol im Spiel ist, kann es auf Volksfesten gelegentlich zu Raufereien kommen, die Einheimische meist untereinander austragen. Frauen sollten in der Umgebung solcher Veranstaltungen nachts besser nicht allein unterwegs sein.

Telefonieren

In den wenigen verbliebenen Telefonzellen oder Telefonsäulen kann man mit Telefonkarte telefonieren, die es mit unterschiedlichem Guthaben bei Postämtern und in Schreibwarenläden gibt. Der Empfang per Handy kann in abgelegenen Gebirgsregionen eingeschränkt sein.

Souvenirs

Wer aus Oberbayern etwas Bleibendes und Hochwertiges mitnehmen möchte, kann sich ein Dirndl bzw. eine Lederhose schneidern lassen oder sie in guten Trachtenhäusern von der Stange kaufen. Praktisch und nicht nur zum Trachten-Outfit passend sind gestrickte Trachtenjanker. Ebenfalls beliebt sind Holzschnitzereien: Die größte Auswahl gibt es rund um Oberammergau. Eigenwillig und hübsch ist die Berchtesgadener War', feine, bemalte Spanschachteln. Schöne Keramikwaren kann man in den Städtchen des Oberlandes erwerben.

Honig, Öl, Käse, Speck, Schnaps, Bier – jede Region hat ihre eigenen Spezialitäten. Wer in der Spargelsaison von April bis Juni durchs nördliche Oberbayern reist, kann hier den feinsten Spargel der Welt kaufen.

Zeitungen und Zeitschriften

Größte überregionale Tageszeitung ist die »Süddeutsche Zeitung« mit Regionalbeilagen für mehrere oberbayerische Landkreise. Vor allem auf dem Land hat der CSU-nahe »Münchner Merkur« viele Leser. Die bekannteste Bavarica-Zeitschrift ist »Charivari« mit Beiträgen zu Geschichte, Kunst und Kultur. Wo und wann in München etwas los oder was angesagt ist, beschreibt das Stadtmagazin »goMünchen« (www.gomuenchen.com).

Panorama – Daten, Essays, Hintergründe

Stillleben mit Marterl – am Samerberg

Steckbrief Oberbayern

Lage und Fläche: Oberbayern, der südöstlichste Regierungsbezirk Bayerns,
grenzt im Süden und Osten an Österreich. Mit 17 530 km^2 nimmt es etwa
ein Viertel Bayerns ein und ist zugleich
sein flächengrößter Bezirk.
Verwaltungssitz: München
Einwohner: 4,3 Mio., Ausländeranteil
in Oberbayern 13 % (in Bayern 9,5 %)

Geografie und Natur

Gemeinhin assoziiert man mit Oberbayern den Raum der nördlichen Alpenkette, das daran anschließende
Voralpenland und die Schotterebene
um München. Doch der Regierungsbezirk reicht noch fast 100 km weiter
nach Norden. Er erstreckt sich so von
den hochalpinen Dreitausendern über
die in der Eiszeit entstandene Moränenlandschaft des Voralpenlandes und
das waldreiche Münchner Umland bis
zu den tertiären Hügeln des Hopfen-
anbaugebietes Hallertau und nach
Norden bis zum Tal der Donau und zur
Frankenalb entlang der Altmühl.

Die Flüsse sind seit Jahrtausenden
wichtige Verkehrswege: Von Süden
nach Norden trugen Lech, Isar, Inn und
Salzach Wasser, Flöße und Waren aus
dem Alpenraum der Donau entgegen.
Der größte oberbayerische See, auch
›Bayerisches Meer‹ genannt, ist der
80 km^2 große Chiemsee im südöstlichen Teil Oberbayerns, dem Chiemgau.

6,5 % der Landesfläche stehen unter Naturschutz, 16,1 % sind als Land-
schaftsschutzgebiete ausgewiesen.

Geschichte und Kultur

Auf Kelten und Römer folgten ab dem
5. Jh. ostgermanische Volksgruppen,
die Bajuwaren. Ihr Fürstengeschlecht
der Agilofinger herrschte bis zum 9. Jh.

und wurde nach einem karolingischen
Interregnum von den Luitpoldingern
abgelöst. Ende des 12. Jh. ging die
bayerische Königswürde auf die Wittelsbacher über. Der bereits von Kelten
und Römern betriebene Salzhandel
machte Städte wie Traunstein und Laufen reich und führte 1156 zur Gründung Münchens. Mitte des 13. bis Ende
des 15. Jh. schwächten die durch Nach-
folgestreitigkeiten ausgelösten Bayerischen Landesteilungen das Reich. Im
17. Jh. stand Bayern als Mitglied der
Katholischen Liga im Dreißigjährigen
Krieg gegen die Lutherische Union.
Auf die Zerstörungen des Krieges
folgte mit Kurfürst Max II. Emanuel im
17./18. Jh. eine Ära des Absolutismus.
Als Mäzen und Förderer der Künste
entfachte der Kurfürst beim Wiederaufbau von Kirchen, Klöstern und
Schlössern ein Feuerwerk des Barock.

Mit der Straffung der Verwaltung
und der Säkularisierung der Klöster
wandelte Graf Montgelas Bayern Anfang des 19. Jh. in einen modernen
Staat um. Unter König Ludwig I. erlebte der Klassizismus in der ersten
Hälfte des 19. Jh. vor allem in München
seine Blüte. 1864 begann die Regierungszeit des ›Märchenkönigs‹ Ludwig II., an den in erster Linie spektakuläre Schlossbauten erinnern. 1918 be-
siegelte die Novemberrevolution unter

Kurt Eisner das Ende der Monarchie. Architektonisch prägend war die Diktatur des Nationalsozialismus besonders in München als ›Hauptstadt der Bewegung‹ und in Garmisch-Partenkirchen, dem Austragungsort der Winterolympiade 1936.

Politik

Bayern wählte jahrzehntelang zuverlässig schwarz und dies galt auch für Oberbayern. Bis 2008 war die CSU unangefochtener Platzhirsch – nun muss sie in einer Koalition mit der FDP regieren. Im 68-köpfigen, oberbayerischen Bezirkstag hat die CSU 28 Sitze errungen, die FDP stellt sieben Abgeordnete. Bayerischer Ministerpräsident und CSU-Vorsitzender ist Horst Seehofer. Auch bei der Bundestagswahl von 2009 musste die CSU herbe Stimmeneinbußen hinnehmen – sie erreichte nur 42,5 % der Zweitstimmen in Bayern.

Wirtschaft und Tourismus

Bei der Ökonomie steht Oberbayern vor allen anderen Regierungsbezirken. Mit 174 Mio. Euro erwirtschaftet es 42 % des gesamtbayerischen Bruttoinlandsproduktes. Etwas mehr als zwei Drittel der Wertschöpfung entfallen auf den Dienstleistungssektor, ein knappes Drittel auf das produzierende Gewerbe. Die Land- und Forstwirtschaft hat einen mageren Anteil von knapp 1 %. Mit 4,3 % liegt die Arbeitslosigkeit etwas unter der Gesamtbayerns (4,7 %). Der Tourismus ist ein wichtiges wirtschaftliches Zugpferd. Besonders gefördert werden die Forschungszweige Biotechnologie und Raumfahrttechnik. München gehört zu den weltweit wichtigsten Hightech-Standorten.

Sprache und Religion

Das Oberbairische gehört zum mittelbairischen Dialekt, wie ihn auch die Nachbarn in Niederbayern sprechen. Eine Sonderstellung nimmt das Münchnerische als Mischung aus Hochdeutsch und ›gepflegtem‹ Bairisch ein. 70 % der Oberbayern sind katholisch, 17 % gehören der evangelischen Kirche an.

Bevölkerung

Auch wenn sich die Bayern gerne für ein ganz besonders homogenes Völkchen halten – die Realität sieht anders aus. Bereits die als Stammväter angesehenen Bajuwaren, aus Böhmen stammende germanische Gruppen, die um das 5. Jh. ins Alpenvorland einwanderten, waren kein einheitliches Volk. Im heutigen Oberbayern trafen sie auf eine romanische und romanisierte keltische Bevölkerung, die im Laufe der Zeit in den Bajuwaren aufging. Damit beginnt die Geschichte der Bayern. Nach dem Zweiten Weltkrieg nahm Oberbayern mehrere hunderttausend Flüchtlinge aus dem Sudetenland auf, deren Integration erstaunlich problemlos verlief, Bayern verdankte den zusätzlichen Arbeitskräften sogar einen großen wirtschaftlichen Impuls. Seit Mitte der 1950er-Jahre war Oberbayern Ziel von Migranten vornehmlich aus Italien und Jugoslawien, später auch aus der Türkei. Seither gehören Ristorantes und Dalmatia-Grills selbst in der Provinz ebenso selbstverständlich zum Straßenbild wie Döner-Buden. Kulinarisch bereitet die Integration wenig Probleme, kulturell werden christlich sozialisierte Einwanderer wohl einfacher akzeptiert als muslimische Mitbürger.

Vor- und Frühgeschichte (10 000–500 v. Chr.)

Vor 10 000 v. Chr.
Die Region zwischen Alpen und Donau war durch die Eiszeiten für die Menschen als Lebensraum ungeeignet. Deshalb stammen die ältesten hominiden Spuren aus der Mittelsteinzeit.

5000 v. Chr.
Funde in Berghöhlen, z. B. an der Kampenwand, belegen, dass die jungsteinzeitlichen Menschen in mittleren Höhenlagen der Alpen unter Nutzung von Steinwerkzeugen gejagt und gefischt haben.

500 v. Chr.
Keltische Stämme wandern ein: Ihre Sprache ist in Namen wie Inn, Isar, Amper und Prien überliefert.

Römische Zeit (15 v. Chr.–500 n. Chr.)

15 v. Chr.
Die beiden Stiefsöhne des römischen Kaisers Augustus erobern die Keltenregion nördlich der Alpen und nennen sie Raetia. Nordliche Grenzlinie ist die Donau.

1.–3. Jh.
Gründung von Militär- bzw. Handelssiedlungen und Ausbau der Fern- und Handelsstraßen, darunter die Via Claudia Augusta über die Alpen und Verona nach Rom.

4. Jh.
Mit der Völkerwanderung dringen germanische Volksgruppen ein; die romanisierte und größtenteils christianisierte Bevölkerung zieht sich in die Alpentäler zurück.

5. Jh.
Rom gibt Raetien auf. Erstmals taucht der Volksname Bajuwaren in der Geschichtsschreibung auf.

Merowinger und Karolinger (6. Jh.–895)

6.–8. Jh.
Die Bayern sind unter dem Dach des merowingischen Fränkischen Reiches in einem Herzogtum organisiert, angeführt vom Fürstengeschlecht der Agilofinger. In die Zeit zwischen 6. und 8. Jh. fällt die schriftliche Fassung des bayerischen Stammesrechts, das als Lex Baiuvariorum bis Ende des 12. Jh. gültig bleibt.

6./7. Jh.
Erste irische Missionare kommen nach Bayern. 738 begründet Bonifatius die Bistümer Salzburg, Freising, Passau und Regensburg. Die Agilofinger stiften Klöster, darunter Herren- und Frauenchiemsee.

788
Karl der Große setzt Tassilo III. ab, Bayern gelangt als Provinz zum Karolingischen Reich.

817–895
Ludwig der Deutsche, Enkel Karls des Großen, nimmt den Titel ›König von Bayern‹ an und regiert von Regensburg aus das Ostfränkische

Reich. Die Ungarn-(Hunnen-)Einfälle schwächen die Herrschaft der Karolinger in Bayern; 895 übernehmen die Luitpoldinger mit Markgraf Luitpold die Macht.

Bayern im Mittelalter (907–16. Jh.)

907   Luitpolds Sohn Arnulf begründet das Jüngere Stammesherzogtum Bayern. Kurze Zeit später muss es sich den Königen von Sachsen beugen.

11./12. Jh.   Die Salier übernehmen 1027 die bayerische Königswürde und geben sie 1070 an die Welfen ab. Deren berühmtester König, Heinrich der Löwe, entzieht den Freisinger Bischöfen die Einnahmen aus dem Salzhandel und gründet 1158 München. 1180 geht die Königswürde auf die Wittelsbacher über.

13. Jh.   Unter Ludwig dem Kelheimer (1183–1231) fällt die Pfalz an Bayern. Weil das Wittelsbacher Erbrecht allen Söhnen eines Herzogs gleiche Erbteile zugesteht, wird Bayern zur Befriedigung der Ansprüche 1255 in der Ersten bayerischen Landesteilung in die Herzogtümer Niederbayern und Oberbayern geteilt.

1314   Die Kurfürsten wählen Ludwig IV. von Wittelsbach (1281/82–1347) zum deutschen König. 1328 lässt sich ›Ludwig der Bayer‹ zum Kaiser des Heiligen Römischen Reiches krönen. München wird Reichshauptstadt und mit repräsentativen Bauten geschmückt. Nach Ludwigs Tod erfolgt 1392 die Dritte bayerische Landesteilung.

14./15. Jh.   Erst Herzog Albrecht IV. der Weise (1467–1508) hebt die Zersplitterung der Gebiete auf und bestimmt mit dem Gesetz der Primogenitur zukünftig den jeweils ältesten Sohn zum Alleinherrscher.

15./16. Jh.   Albrecht V. verweist 1571 alle Lutheraner des Landes, holt Jesuiten nach München und fördert die Künste. Unter seiner Herrschaft entstehen die ersten bayerischen Kunstmuseen.

Dreißigjähriger Krieg und Absolutismus (17./18. Jh.)

17. Jh.   Die Lutheranische Union um den Wittelsbacher Herzog Friedrich von der Pfalz und die Katholische Liga um Herzog Maximilian I. ziehen Bayern in den Dreißigjährigen Krieg. 1648 beendet der Westfälische Friede den Krieg.

1679   Mit Kurfürst Max II. Emanuel (1662–1726) beginnt die Ära des Absolutismus in Bayern. Der Fürst orientiert sich am Vorbild Ludwigs XIV. von Frankreich. Schloss Schleißheim bei München soll Max Emanuels Versailles werden.

1704	Nach der Niederlage im Spanischen Erbfolgekrieg besetzt Österreich Bayern. Die Bauern rebellieren gegen die Besatzer. Max II. Emanuel betätigt sich nach seiner Rückkehr aus niederländischer Verbannung in Wittelsbacher Tradition als Kunstmäzen und -sammler.
1726–1744	1726 folgt Karl Albrecht (1697–1745) auf Max II. Emanuel. Er wird König von Böhmen und als Karl VII. schließlich römisch-deutscher Kaiser und zum Gegenspieler Maria Theresias. Nach der Kaiserkrönung 1742 marschiert Österreich erneut in Bayern ein. Karl Albrechts Ära ist mit der Blüte des bayerischen Rokoko verbunden.

Das Königreich der Bayern (1745–1918/1919)

2. Hälfte des 18. Jh.	Max III. Joseph (1727–1777) beschert Bayern als Kurfürst (ab 1745) eine friedliche und künstlerisch reiche Epoche mit einem fulminanten Ausklang der Rokokokunst. Mit seinem Tod stirbt die altbayerische Wittelsbacher Linie aus. Joseph von Pfalz-Zweibrücken (1756–1825) wird Kurfürst von Pfalz-Bayern.
Anfang des 19. Jh.	Unterstützt durch Graf Maximilian Josef Montgelas leitet Max IV. Joseph eine Ära der Modernisierung und Säkularisierung ein. 1803 löst er Klöster auf und säkularisiert kirchlichen Grundbesitz. 1806 erklärt der Kurfürst Bayern zum Königreich. 1808 wird die erste bayerische Verfassung verabschiedet.
1825–1848	In der Regierungszeit König Ludwigs I. (1786–1868) erlebt der Klassizismus seine höchste Blüte.
1848/1849	Neben der März-Revolution erhitzt die angeblich spanische Tänzerin Lola Montez die bayerischen Gemüter. König Ludwig I. muss schließlich wegen seiner Liaison mit Lola Montez 1848 abdanken. Sein Nachfolger, Maximilian II. (1811–1864), bleibt wegen der monumentalen Maximilianstraße zu München im Gedächtnis.
1864–1886	Knapp 19-jährig übernimmt Ludwig II. (1845–1886) den bayerischen Thron. 1870 kommt Bayern zum Deutschen Reich. Ludwig beschäftigt sich mit dem Bau seiner Schlösser (u. a. Neuschwanstein, Herrenchiemsee) und der Förderung Richard Wagners. 1886 wird er für geistesgestört erklärt und abgesetzt. Wenige Tage später ertrinkt er unter mysteriösen Umständen im Starnberger See.
19./20. Jh.	Da der designierte Thronerbe König Otto geisteskrank ist, übernimmt Prinzregent Luitpold (1821–1912) die Regierungsgeschäfte. Als letzter König der Wittelsbacher Linie regiert Ludwig III. (1845–1921) bis zur Revolution 1918, vor der er nach Salzburg flieht.

1918/1919	Am 7. November 1918 stürzt die von Kurt Eisner angeführte Novemberrevolution die Monarchie. Bayern wird Freier Volksstaat. Die Regierung stützt sich auf die von den einzelnen Berufsständen und Bevölkerungsgruppen gewählten ›Räte‹. Am 21. Februar 1919 ermordet Graf von Arco auf Valley Kurt Eisner, in München formiert sich die ›Münchner Räterepublik‹.

Weimarer Republik und Nationalsozialismus (1923–1945)

1923	Am 9. November scheitert Adolf Hitlers erster Putschversuch.
1933	Nach der Machtergreifung durch die Nationalsozialisten wird Franz Xaver Ritter von Epp Reichsstatthalter, Heinrich Himmler zunächst Münchner Polizeipräsident. Das erste KZ des NS-Regimes wird im oberbayerischen Dachau errichtet. Hitler erwählt den Obersalzberg bei Berchtesgaden zum zweiten Regierungssitz neben Berlin.
1935/1936	Hitler erklärt München zur ›Hauptstadt der Bewegung‹. In Garmisch-Partenkirchen finden die Olympischen Winterspiele statt. Georg Elsers Attentatsversuch auf Adolf Hitler im Bürgerbräukeller scheitert.
1942/1943	In München formiert sich die ›Weiße Rose‹, eine studentische Widerstandsgruppe um die Geschwister Hans und Sophie Scholl. Ihre Mitglieder werden verraten, zum Tode verurteilt und hingerichtet.
1945	Mehrere Todesmärsche, bei denen die SS Tausende KZ-Häftlinge aus den Lagern nach Süden treibt, führen durch Oberbayern.

Das moderne Oberbayern (1946 bis heute)

1946	Nach dem Ende des Zweiten Weltkriegs ist Bayern Teil der amerikanischen Besatzungszone. Die Wahlen zur verfassunggebenden Versammlung wie auch die ersten Landtagswahlen gewinnt die CSU (ehem. Bayerische Volkspartei) mit absoluter Mehrheit. Eine neue Verfassung wird verabschiedet, Bayern zum Freistaat erklärt.
1978–1988	Franz Josef Strauß ist bayerischer Ministerpräsident.
2003	Unter dem Parteivorsitzenden und Ministerpräsidenten Edmund Stoiber gewinnt die CSU die Zwei-Drittel-Mehrheit im Landtag.
2008	Bei den Landtagswahlen verliert die CSU die absolute Mehrheit und muss mit der FDP koalieren. Ministerpräsident wird Horst Seehofer.
2009	Die Bundestagswahlen bringen der CSU mit 42,5 % der Stimmen erneut ein für ihre Verhältnisse katastrophales Ergebnis.

Die Alpen – Landschaftsprofil und Umwelt

Seit rund 35 Mio. Jahren bildet die Alpenkette in all ihrer schroffen Herrlichkeit die Bilderbuchkulisse fürs Voralpenland. Statisch war diese Landschaft nie, doch heute sind die Veränderungen alarmierend: Werden die gleißend-weißen Schneekappen und Gletscher nun dem Klimawandel zum Opfer fallen? Werden die Bergwälder verschwinden und Erdmännchen in die Baue der Murmeltiere einziehen? Die Gefahr besteht.

Erdgeschichtlich gesehen sind die Alpen ein relativ junges Gebirge: Ihre Anfänge liegen im Trias vor 200 Mio. Jahren, als Oberbayern von Meer bedeckt war, in dem sich Fische und Krebse tummelten und Muscheln gediehen. Im Kalkstein der Alpen lassen sich heute noch zahlreiche Fossilien finden.

Die im Meer gebildeten Ablagerungen verdichteten sich zu Gestein, das gegen Ende der Kreidezeit vor etwa 135 Mio. Jahren gefaltet, zusammengeschoben und gehoben wurde. Zugleich begannen die Kräfte der Erosion ihr Werk. Die Faltungen fanden vor etwa 35 Mio. Jahren ein Ende; der Prozess der Hebung dauert mit etwa 1 mm pro Jahr bis heute an.

Wo rohe Kräfte walten

Etwa vor 2 Mio. Jahren begannen die Eiszeiten die Landschaft nahezu des gesamten Oberbayern zu formen. Viermal drangen Gletscherzungen von den Bergen ins Vorland hinein, am weitesten reichte der Isargletscher, der das heutige ›Fünfseenland‹ ausbildete.

Die Berge stehen, aber das ›ewige Eis‹ der Gletscher schmilzt dahin

In den Alpen schliffen die Gletscher tiefe U-förmige Täler und Kessel aus; beim Abschmelzen hinterließen sie im Voralpenland aufgeschobene Moränenhügel und ausgefräste Senken, die sich mit Wasser füllten und heute als vielgestaltige Seen die Voralpenlandschaft schmücken. Um München herum, aber auch im Inn-Salzach-Gebiet lagerten die Gletscher Geröll ab und schufen weite Schotterebenen. Sogar die fruchtbare, von Löss- und Sandböden geprägte Region nördlich der Landeshauptstadt bis etwa zur Donau hin dankt ihre Entstehung dieser Periode. Winde trugen Gesteinsmaterial der Moränenhügel weiter und schufen eine Lössschicht, auf der ursprünglich dichte Wälder gediehen. Die letzte Eiszeit endete um 10 000 v. Chr.

Die Letzten ihrer Art

Heute gliedert sich die oberbayerische Alpenkette in die hochalpinen, aus Kalkstein und Dolomit aufgebauten Massive des Wettersteins mit Deutschlands höchstem Berg, der Zugspitze (2964 m), des westlich anschließenden Karwendels mit der Karwendelspitze sowie der Berchtesgadener Alpen im Südosten. Vorgelagert sind diesem Kamm die Voralpen mit Gipfeln um die 2000 m: Ammergebirge, Estergebirge, Benediktenwand, Mangfallgebirge und Chiemgauer Alpen. Von den in den Eiszeiten bis zu 1000 m dicken Gletschern, die tiefe Täler ins Gestein frästen, sind in den bayerischen Alpen nur früh erhalten: drei auf der Zugspitze und in den Berchtesgadener Alpen je einer am Watzmann (unterhalb der Ostwand) und am Hochkalter (Blaueis). Letzterer ist der nördlichste und am niedrigsten gelegene Gletscher der Alpen.

Todgeweihte Riesen

Der globale Klimawandel hat auch Auswirkungen auf das Hochgebirge. Gletscherbildung ist wegen der Erwärmung erst in Höhen über 3000 m möglich, für die deutsche Alpenkette also ausgeschlossen. Damit sind Oberbayerns Gletscher Zeugen aus der Vergan-

45

genheit, die vorhandenen Eiskappen nach heutigem Kenntnisstand todgeweiht. Der Umfang des Höllentalferner (Ferner ist das bayerische Wort für Gletscher) an der Zugspitze hat sich in den letzten 100 Jahren auf die Hälfte seines ursprünglichen Umfangs verringert und er ist deutlich dünner geworden. Auch der Südliche und der Nördliche Schneeferner auf dem Zugspitzplatt haben an Mächtigkeit verloren. Sie sind bis maximal 20 m stark und bedecken eine Fläche von rund 45 ha. Dass er nicht noch weiter abgeschmolzen ist, verdankt der Nördliche Schneeferner dem *snow farming:* Schnee von anderen Stellen wird aufgehäuft, um den Wintersport möglichst lange zu gewährleisten, im Sommer werden Teile mit Plastikplanen abgedeckt, um die Schmelze zu bremsen. Der Gletscher wird ›künstlich ernährt‹.

Regen statt Schnee

Klimaforscher haben für die Voralpen ein Modell errechnet, nach dem im Jahr 2020 die Temperatur im Winter um drei Grad höher sein wird als heute. Die Folge wäre ein Anstieg der Schneegrenze; es würde weniger schneien und mehr regnen, eine Horrorvision nicht nur für Wintersportler und Ferienorte. Die Folgen für Natur und Mensch wären gigantisch, denn der Schnee ist ein natürlicher Wasserspeicher, der die reichen Niederschläge

des Winters wohldosiert mit der Schmelze im Frühjahr und Frühsommer an Bäche und Flüsse abgibt. Würde das Wasser als Regen ungehindert zu Tal fließen, wären Überschwemmungen im Winter und Trockenheit im Sommer die Folge.

Wärmekollaps in den Alpen

Auch für Flora und Fauna der Alpen hat die Erwärmung Folgen. Einzelne, an die Kälte angepasste Pflanzen wie das Leimkraut könnten vor der Wärme in höhere Lagen ziehen oder letztendlich verschwinden. Bei Tieren wie dem Siebenschläfer und dem Murmeltier verkürzen die warmen Temperaturen den Winterschlaf. Die Folge: Das Nahrungsangebot reicht nicht aus für die längere Wachphase, die Tiere leiden Hunger. Andererseits siedeln sich neue Pflanzenfamilien und Tiergattungen an. Besucher aus südlicheren Regionen wie der schillernde Bienenfresser werden immer häufiger gesichtet. Die nachhaltigsten Folgen für Mensch und Umwelt bringt die Zerstörung des Bergwaldes mit sich. Fichten leiden unter Wärme, Trockenheit und Borkenkäferbefall. Fährt ein Sturm in einen derart geschwächten Wald, ist mit ihm auch der Schutz vor Lawinen oder Murenabgängen vernichtet.

Angesichts der absehbaren Entwicklung und ihrer Folgen erstaunt es, dass die vermeintlichen Erfordernisse des Fremdenverkehrs in vielen Gemeinden weit über jenen des Umweltschutzes stehen. Garmisch-Partenkirchen beispielsweise ließ als Austragungsort der Ski-WM 2011 rund 18 ha Bergwald für neue Pisten und Liftanlagen roden. Denn der nächste Winter kommt bestimmt!

Der Klimawandel im Internet
www.bayerische-gletscher.de zeigt in Wort und Bild die Veränderungen der fünf oberbayerischen Gletscher über die letzten Jahrhunderte.

Bruno, ein Problembär in Oberbayern

170 Jahre nach dem Abschuss des letzten bayerischen Braunbären bei Ruhpolding tauchte 2006 in Oberbayern wieder ein Bär auf – und wurde ebenfalls erschossen. Trotz gegenteiliger Beteuerungen sind einige der früheren Alpenbewohner nicht willkommen, während man sich bei anderen um eine Wiedereinführung bemüht.

Der Mai 2006 sollte als Schicksalsmonat in die oberbayerischen Annalen eingehen – schicksalhaft für einen Braunbären mit dem wissenschaftlichen Namen JJ1, der allgemein aber nur Bruno genannt wurde, schicksalhaft auch für das Bärenansiedlungsprogramm, auf das bayerische Naturschützer bis dahin gehofft hatten. Denn schließlich waren Braunbären nach Italien und Österreich zurückgekehrt – warum also nicht auch nach Bayern!

Als der aus Italien gen Norden wandernde Bruno Oberbayern immer näher kam, frohlockte der damalige bayerische Umweltminister Werner Schnappauf (CSU): »Der Braunbär ist in Bayern willkommen.« Bruno nahm offensichtlich Kurs aufs bayerische Ammergebirge, nach Schnappaufs Meinung ein geradezu idealer Lebensraum für das Raubtier. Wenige Tage später hatte Bruno Schafe gerissen, Bienenstöcke ausgeräumt und war Menschen am Walchensee und im Raum Garmisch bedenklich nahe gekommen. Der erste Braunbär in Bayern nach 170 Jahren wurde von Minister Schnappauf nun als »Problembär« tituliert und mit karelischen Hunden gejagt. Schließlich gab Schnappauf, der von seiner ersten Bären-Begeisterung nichts mehr wissen wollte, das Tier zum Abschuss frei. Am 26. Juni wurde Bruno gestellt und erschossen.

Wo der Steinadler nistet …

Zwischen Mai und Oktober können Vogelliebhaber auf den Touren, die der Nationalpark Berchtesgaden anbietet, Steinadler und andere Raubvögel beobachten. Die Teilnehmer treffen sich an der Infostelle in Hintersee, um mit einem erfahrenen Führer ins Klausbachtal aufzubrechen, wo einige der Adlerpaare des Nationalparks nisten. Ein gutes Fernglas ist dabei eine wertvolle Hilfe. Infos gibt's auf www.national park-berchtesgaden.de.

Kulturlandschaft kontra Raubtier

Die Aufregung darüber war auf allen Seiten groß und mündete in einen Bären-Managementplan des Umweltministeriums, in dem das Vorgehen im Falle zukünftiger Bärenbesuche geregelt ist. Über die Wiederansiedlung von Raubtieren sind Naturschützer und Landwirte naturgemäß kontroverser Meinung. Am Beispiel ›Bruno‹ meldeten sich allerorten Fachleute zu Wort und diskutierten diverse Varianten und Möglichkeiten. Womöglich ist folgende Ansicht des Wildtier-Verhaltensforschers Hans-Peter Sorger die vernünftigste, die er im Bayerischen Fernsehen kundtat: »Bayern hat überwiegend eine Kulturlandschaft mit angelegten Wiesen und Seen und dazu viele Touristen. Das ist kein Gebiet für Bären.« So wird die Staatsregierung nach Brunos Landsturm wohl auch zukünftig darauf verzichten, sich gezielt Bären ins Land zu holen. Zwei Bärenbeauftragte sollen zu- und durchwandernde Bären beobachten, beurteilen und Maßnahmen ergreifen.

Hans-Peter Sorgers Aussage zeigt, so herrlich intakt und unberührt die oberbayerischen Naturlandschaften wirken – sie sind es nicht. Über 2500 Jahre Besiedelung haben ihre Spuren hinterlassen; von der Ackerbaufläche im Talgrund bis zu den hoch gelegenen Almwiesen ist das Land intensiv genutzt. Oberbayerns einziger Nationalpark, Berchtesgaden im Südosten, wurde 1978 gegründet und umfasst Hochgebirgslandschaft mit einer Fläche von 210 km².

Wiederauferstehung des Steinbocks

Der Bär kommt nicht zurück, einige andere ausgestorbene Wildtiere konnten hingegen erfolgreich wieder eingeführt werden: Dazu gehört der Steinbock. Dank Zucht und Wiederansiedlung leben heute vier Herden mit insgesamt mehreren hundert Tieren in den bayerischen Alpen, eine davon an der Benediktenwand. Auch der Steinadler, Herrscher über die höchsten Gipfel, war vom Aussterben bedroht. Heute hat sich der Bestand mit rund 50 Paaren erholt. Die Hoffnungen, ein Seeadlerpärchen könnte sich 2008 im Achendelta am Chiemsee heimisch niederlassen, haben sich nicht erfüllt. Die beiden turtelten, bauten ein Nest und waren dann spurlos verschwunden.

Und was wurde aus Braunbär Bruno? Er bewohnt nun eine Glasvitrine im Münchner Museum Mensch und Natur, wo er gerade einen Bienenstock plündert.

Kartoffeln, Hopfen und Spargel – Agrarregion nördliches Oberbayern

Moorlandschaften und dichte Wälder prägten das nördliche Oberbayern bis Ende des 18. Jh. Wo heute Hopfenstangen den Straßen zum Horizont folgen, bot die einst unwegsame Landschaft Bauern wie Gesetzlosen Schutz.

Im Namen Hallertau für die Landschaft zwischen Freising, Ingolstadt und Kelheim ist die ehemalige Schutzfunktion überliefert: Er setzt sich zusammen aus den altbairischen Wörtern *Hart* für Mischwald, *Au* für Wiesen und *Hall*, abgeleitet von *helan* (›verbergen‹). Dass sich hier nicht nur die friedliche Bevölkerung vor den Einfällen der Ungarn und anderer Kriegshorden verbarg, sondern sich auch mancherlei Gesindel versteckte, könnte man aus dem Namen ebenfalls ableiten. Die Böden waren zwar fruchtbar, aber Rodung und Besiedelung blieben aus, abgesehen von wenigen, begünstigten Regionen im Umkreis der Klöster.

Kurfürstliches Moos

Erst Ende des 18. Jh. richtete Kurfürst Karl Theodor (Regierungszeit 1777–1799) seine Aufmerksamkeit auf die nichtkultivierten Landschaften Bayerns. Die landwirtschaftlichen Erträge sollten gesteigert werden und weiteren Wohlstand bringen. Dazu wurden in des Kurfürsten Heimat, der Pfalz, Siedler mit besonderen Privilegien gelockt: Für die harte Arbeit der Bodenkultivierung waren sie anders als der

Hopfenstangen, so weit das Auge reicht – in der Hallertau

Haus im Moos
Das Freilichtmuseum Haus im Moos dokumentiert die Urbarmachung des Donaumooses im 18. Jh. und erläutert das besondere ökologische System der Moorlandschaft. Im Freigelände sind eine Wisentherde und eine Biberfamilie zu Hause (Kleinhohenhenried 108, Karlshud, Tel. 08454 952 05, www.haus-im-moos.de).

Rest der Landwirte von der Leibeigenschaft und 30 Jahre lang von allen Abgaben befreit.

So wurden im 20 000 ha großen Gebiet zwischen Ingolstadt und Neuburg Kanäle von über 400 km Länge gegraben, die das Donaumoos entwässerten. Parallel dazu verliefen neu angelegte Fahrwege, an denen sich Straßendörfer entwickelten, die nach ihrem Gönner Karlskron oder Karlshud hießen. Diese Siedlungsstruktur prägt das Donaumoos bis heute, wenngleich die meisten alten Fachwerkhäuschen inzwischen modernen Bauten gewichen sind. Landwirtschaftlich war das Siedlungsprojekt kein Erfolg: Die mit dem viel zu hohen Wasserspiegel kämpfenden Bauern verlegten sich aufs Körbeflechten und zogen als fahrende Händler umher. Das gelobte Land hatte den meisten Familien noch größeres Elend und Armut gebracht, allerdings auch die Freiheit. 1808 wurde die Leibeigenschaft in Bayern schließlich abgeschafft. Erst im 20. Jh. fand man die richtige Kulturpflanze für den Sumpf, die Saatkartoffel.

Heute leiden die Bauern im Moos unter den Folgen der Trockenlegung. Durch die Entwässerung dringt Luft in den Torfboden ein und ermöglicht die Ausbreitung von Organismen, die den Torf zersetzen. Pro Jahr wird die Torfschicht so 2 cm dünner, sie speichert weniger Wasser, Überschwemmungen sind die Folge. Die Landwirte haben die Anbauflächen reduziert und setzen nun auf Renaturierung und sanften Tourismus.

Grünes Gold

Nachweislich, so beschreibt es die Brauerei Weihenstephan aus Freising, existierte bereits 768 ein Hopfengarten in der Hallertau; in den Büchern des vom hl. Korbinian gegründeten Klosters Weihenstephan ist er als »zehntpflichtig« verzeichnet. Die Hallertau grenzt östlich an das Donaumoos und ist heute mit 14 000 ha das größte geschlossene Hopfenanbaugebiet der Welt. Ihre Erfolgsgeschichte begann in etwa mit der Aufhebung der Leibeigenschaft, denn von da an konnten die Bauern pflanzen und ernten, was sie wollten. Der fürs Bierbrauen unabdingbare Hopfenanbau war zu jener Zeit um Nürnberg konzentriert. Nun begannen die Bauern nördlich von München die Wälder zu roden und Stockgärten anzulegen, an denen die aus Asien stammende Pflanze mit einer Geschwindigkeit von bis zu 70 cm am Tag emporklettern konnte. Von 75 t Anfang des 19. Jh. wurde die Produktion bis zur Mitte des Jahrhunderts auf das Fünfzigfache gesteigert. Da die Hopfenernte sehr arbeitsintensiv ist, kamen jedes Jahr im Herbst bis zu 200 000 Saisonarbeiter aus den strukturschwachen Gebieten Bayerns wie der Oberpfalz aber auch aus dem Donaumoos in die Hallertau. Mitte der 1950er-Jahre änderte sich die Situation schlagartig: Dank des Wirtschaftswachstums gab es keine Saisonarbeiter mehr und die Hopfenbauern waren gezwungen, die Ernte zu mechanisieren. Pflückmaschinen ersetzten die menschliche Arbeitskraft. Der ›Eiserne Pflücker‹ war damals die teuerste landwirtschaftliche Maschine der Welt.

Heute produziert die Hallertau jährlich 25 000 t Hopfen. Pro Liter Bier benötigt man ein Gramm, folglich reicht allein der Ertrag im nördlichen Oberbayern für 25 Mrd. Liter Bier – so viel können nicht einmal Bayern trinken. Daher gehen 70 % des Hopfens in den Export. Da die Weltmarktpreise ständig schwanken, sinken die Zahl der Betriebe und die Anbaufläche; viele Bauern betreiben den Hopfenanbau nur noch im Nebenerwerb.

Königliches Gemüse

Dort wo um Schrobenhausen im April und Mai silbrige Planen die Felder bedecken, ist Spargelland. Teile der Hallertau eignen sich wegen ihrer sandigen Böden für den Spargelanbau, der um Schrobenhausen schon seit Jahrhunderten für den Eigenbedarf betrieben wird. Um aus der Region Bayerns

größtes zusammenhängendes Anbaugebiet zu machen, bedurfte es allerdings eines ›Zuagroasten‹. 1912 kam Christian Schadt aus Groß-Gerau nach Schrobenhausen und begann den gewerbsmäßigen Spargelanbau. Erst in den 1920er-Jahren bekam er Konkurrenz von anderen Großbetrieben. Heute werden rund 600 ha Spargelfläche bewirtschaftet – mit steigender Tendenz. Da Spargelstechen immer noch Handarbeit ist, kommen zur Ernte Saisonarbeiter zum Einsatz, was Jahr für Jahr für politische Aufregung sorgt. Die Landwirte arbeiten traditionell mit Erntehelfern aus Osteuropa – die Gemeinden wiederum würden gerne die Sozialkassen belastenden Hartz-IV-Empfänger zumindest für kurze Zeit auf die Spargeläcker bringen. Meist gewinnen die Bauern.

Der Spargel schwimmt heute als Gesundgemüse auf einer Erfolgswelle; immer mehr Betriebe widmen sich im Haupt- oder Nebenerwerb dem Anbau. Einige haben den Beginn der Spargelsaison mit Bodenheizungen sogar vorverlegt. Denn am Ende der Saison zu Johannis (24. Juni) ist im katholischen Bayern nicht zu rütteln.

Gefragtes Gemüse auf dem Münchner Viktualienmarkt: Schrobenhausener Spargel

Technologieparks und Cluster – Oberbayerns Wirtschaftskraft

Oberbayern ist u. a. durch den Raumfahrtkonzern EADS startklar für die Zukunft

Nicht Kohlegruben und Schlackehalden, sondern die sterilen Hallen biotechnologischer Forschungsstätten und die dezenten Produktionsanlagen von Raumfahrtunternehmen tragen Oberbayerns wirtschaftlichen Erfolg.

Neben Baden-Württemberg ist Bayern das wirtschaftlich erfolgreichste Bundesland, im innerbayerischen Ranking nimmt Oberbayern sogar die führende Position ein. Längst haben Dienstleistung und Industrie die traditionellen Wirtschaftszweige Land- und Forstwirtschaft verdrängt. Das sah nach dem Zweiten Weltkrieg anders aus: Bayern zählte 1945 zu den Bundesländern mit der höchsten Arbeitslosigkeit und der geringsten Wertschöpfung, wichtigstes ökonomisches Standbein war die Land-

wirtschaft. Hinzu kam die extreme Belastung durch die Flüchtlinge. Der bayerische Staat hatte den Zuzug von 2 Mio. Sudetendeutschen zu verkraften, von denen sich viele in Oberbayern niederließen. Seither fand, betrieben von der nahezu durchgängig regierenden CSU, eine dramatische Umschichtung der Wirtschaft statt. Vor allem in den 1970er- und -80er-Jahren verlief die Entwicklung rasant, das Bruttoinlandsprodukt (BIP) wuchs in dieser Zeit um 122 %.

Im Fokus: München

Das südliche Bayern ist Standort von Betrieben und Forschungsinstituten der ›Zukunftstechnologien‹; dazu gesellen sich zahlreiche Versicherungen und Banken, die München zum zweiten Finanzplatz Deutschlands nach Frankfurt machen. Zahlreiche Unternehmen der Medienbranche haben ihren Sitz in München genommen. Die Stadt ist einer der wichtigsten Hightech-Standorte weltweit mit einer viertel Million Beschäftigten. Unter Federführung des Max-Planck-Instituts in Martinsried südwestlich von München erlebte die Biotechnologie ab 1995 einen enormen Gründungsboom. Über

ber sagte – auf den Weg gebracht hat er einiges. So 2006 die ›Bayerische Cluster-Offensive‹, bei der 45 Mio. Euro über einen Zeitraum von fünf Jahren für den Aufbau von Clustern, also Netzwerken, in verschiedenen Wirtschaftsbereichen aufgebracht werden sollen, unterstützt von weiteren 30 Mio. für die beteiligten Universitäten. Der Hintergrund: Besonders mittelständische Betriebe sollen Kontakt und Zusammenarbeit zu verwandten

20 000 Menschen arbeiten und forschen mittlerweile in mehr als 400 Life-Science-Unternehmen. Dank der EADS, der European Aeronautic Space and Defense Company, ist München außerdem Standort des zweitgrößten Luft– und Raumfahrtunternehmens weltweit. Das Deutsche Luft- und Raumfahrtzentrum in Oberpfaffenhofen bei München ist Hauptsitz des neuen europäischen Satelliten-Navigationssystems »Galileo«.

Stoibers Baby

Edmund Stoiber, bayerischer Ministerpräsident von 1993 bis 2007, war die treibende Kraft hinter Bayerns Sprung in die Zukunft. Seit seinem Amtsantritt schwirrten seinen Untertanen Begriffe wie Zukunftstechnologie, Cluster oder Exzellenzinitiative um die Ohren. So albern vieles klang und wirkte, was Stoi-

Branchen und Forschungsinstituten suchen und ihre Dienstleistungen und Produkte optimieren und besser vermarkten. Was einem einzelnen mittelständischen Betrieb nur schwer gelingt – zusammen mit Instituten ein Forschungsprojekt zur Verbesserung eines Werkstoffes auf die Beine zu stellen oder Absatzmärkte im Ausland zu finden – soll der Cluster möglich machen. Insgesamt 6000 Betriebe arbeiten in den bayernweit 19 Clustern zusammen. Nach der zweijährigen Anlaufphase verfasste das Fraunhofer-Institut ein durchaus positives Zwischengutachten und empfahl die Verlängerung des Programms bis 2013.

Zu guter Letzt spielt auch der Tourismus eine wichtige Rolle: Oberbayern besitzt fast 40 % aller bayerischen Gästebetten. Der Trend zum Urlaub in dieser Region weist trotz rückläufiger Zahlen in anderen Bundesländern ungebrochen nach oben.

Die Wittelsbacher – eine Dynastie mit Hang zur Exzentrik

Ludwig II., König von Bayern, Verehrer Richard Wagners und Erbauer der oberbayerischen Märchenschlösser, ist wohl der bekannteste, aber nicht der einzige Vertreter der Wittelsbacher, einem der ältesten Adelshäuser Europas.

Das Geschlecht der Wittelsbacher herrschte von 1180 bis 1918 über Bayern. Von wem genau es abstammt, ist historisch nicht verbürgt. Vor 1180 sind die Quellen ungenau. Die Familie gibt einer von Freiherr Otto von Dungern verfassten Genealogie von 1931 den Vorzug, in der dieser das Adelshaus auf Graf Otto I. von Scheyern und das Jahr 1000 zurückführte.

Den Aufstieg vom Grafen von Scheyern zum Herzog über Bayern verdankte Otto IV. (1117–1183) seinem Gegenspieler und Gründer Münchens, Heinrich dem Löwen. Der Welfe hatte Stauferkaiser Friedrich I. so dreist herausgefordert, dass dieser ihn 1180 ächten ließ und ihm seine Besitzungen nahm. Das Herzogtum Bayern erhielt Otto IV., der sich von da an Herzog Otto I. von Wittelsbach nannte und offizieller Stammvater der Dynastie wurde. Dessen Sohn Ludwig I., genannt der Kelheimer, wurde 1214 zudem zum Pfalzgraf bei Rhein berufen. Von da an waren Bayern und die spätere Kurpfalz unter dem Dach des Hauses Wittelsbach vereint, wenn dieses sich auch 1329 in eine bayerische und eine pfälzische Herzogslinie spaltete.

Teile und herrsche oder heirate und vermehre

Die Wittelsbacher hatten wie andere Fürstenfamilien jener Zeit eine große dynastische Schwachstelle: Die Erbfolge war nicht geregelt. Dies war lange Zeit auch gar nicht nötig gewesen, weil angesichts der hohen Kindersterblichkeit meist nur ein männlicher Nachkomme überlebte. Welcher der Söhne was erhielt, wurde von den Konkurrenten entweder friedlich oder im Streit bestimmt. Auf Ludwig I. folgte sein Sohn Otto II. Dessen Söhne Heinrich XIII. (1235–1290) und Ludwig II. (1229–1294) teilten den Besitz 1255 in Ober- und Niederbayern und vollzogen damit die Erste bayerische Landesteilung. In den folgenden Jahrhunderten gingen Teilungen wie Zugewinne durch Heirat, Krieg oder Erbe munter weiter, zwischenzeitlich gab es vier Herzogtümer in Bayern, eine Zeitlang unterstanden auch Holland (Herzogtum Straubing-Holland, 1351–1425) sowie Tirol und Brandenburg (Herzogtum Oberbayern-Tirol und Brandenburg, 1351–1371) Wittelsbacher Herzögen. Erst 1506 regelte Herzog Albrecht IV. von Bayern-München die Erbfolge im Sinne der Primogenitur und einte das Land. 1623 gewann Maximilian I. die Kurfürstenwürde für Bayern.

Schloss Neuschwanstein: Ausflug in die verträumte Welt Ludwigs II.

Wir sind König

Anfang des 19. Jh. gelang Wittelsbacher Herzögen und Kurfürsten ein weiterer Karrieresprung: Sie wurden König. Als der bayerische Kurfürst Karl Theodor 1799 ohne Nachkommen starb, rückte Maximilian IV. von Pfalz-Zweibrücken (1756–1825) als nächster Verwandter nach. Er entstammte einer Linie aus dem deutsch-französischen Grenzgebiet jenseits des Rheins, war in Frankreich aufgewachsen und sprach besser Französisch als Deutsch. Maximilians gute Kontakte zum Nachbarn und seine Unterstützung für Napoleon machten sich bezahlt: 1806 erklärte Napoleon Bayern zum Königreich; der Kurfürst wurde König Maximilian I. Dass er in seiner Regierungszeit 1805 bis 1813 ganz nach französischem Vorbild das Land säkularisierte bzw. dies seinen Superminister, den Grafen von Montgelas, tun ließ, nahmen die Bayern nur Montgelas übel. ›König Max‹ war und ist bis heute beim Volk eine der beliebtesten Herrschergestalten der jüngeren bayerischen Geschichte.

Und was die Säkularisierung anging: Sohn Ludwig machte das Meiste rückgängig und ließ die frommen Orden wieder ins Land.

Eine verhängnisvolle Affäre

Ludwig (1786–1868), geboren in Straßburg, gestorben in Nizza, scheint ebenfalls enge Bindungen zu Frankreich gehabt zu haben. Noch intensiver aber war die Hinwendung des Königs, der 1825 als Ludwig I. den Thron bestieg, zu den antiken Stätten Griechenlands und Italiens. Seine Architekten Leo von Klenze und Friedrich Gärtner setzten die klassischen Ideale ihres Herrschers in unzähligen Bauten in München, aber auch bei Regensburg und Kelheim um. Dramatische Folgen für König und Reich hatte eine Audienz: Als die 25-jährige Lola Montez, als Elizabeth Rosanna Gilbert in Irland geboren, 1846 vorsprach und um seine Genehmigung für einen Auftritt im Nationaltheater nachsuchte, war es um

In keinem Souvenirshop mehr zu haben – antike ›Kini‹-Krüge

den 60-jährigen Ludwig geschehen. Er kaufte ihr eine Villa, ließ sie für die Schönheitsgalerie in Schloss Nymphenburg porträtieren, setzte durch, dass sie einen bayerischen Pass und einen Adelstitel erhielt. Wie der humanistisch gebildete Monarch einer mittelmäßigen Varietétänzerin verfallen konnte, verstanden weder seine Minister noch seine Untertanen. Für die Münchner Bevölkerung war dies Anlass zur Rebellion. Das Kabinett trat aus Protest zurück und vor Lolas Villa kam es zu gewalttätigen Demonstrationen. Ludwig musste seine Geliebte, verbannen, holte sie zurück, schickte sie erneut fort und dankte 1848 schließlich zugunsten seines Sohnes Maximilian II. ab, der sich vor allem als Förderer bayerischen Brauchtums einen Namen machte und ansonsten unter der Last der Krone litt.

Überbordende Fantasie

Ähnlich sollte es auch dem nächsten Wittelsbacher auf dem Bayernthron ergehen: Ludwig II. (1845–1886) wurde 1864 nach dem Tod Maximilians II. im Alter von 19 Jahren König. In Erinnerung blieben von den Jahren seiner Herrschaft die Extravaganzen des jungen Mannes, seine hingebungsvolle Verehrung für Richard Wagner und dessen Musik, die der Komponist schonungslos auszubeuten wusste, seine Sucht, immer neue, prunkvolle Schlösser nach Motiven der mittelalterlich-Wagnerschen Sagenwelt zu bauen, seine Flucht in Natur und Einsamkeit vor der kalten Realität bayerischer und deutscher Politik und seine immer exzessiver gelebte Homosexualität, die kaum noch zu verschleiern war. Am 11. Juni 1886 wurde der König durch den Arzt Dr. Bernhard von Gudden in

»Ein König wird beseitigt« …
… ist Wasser auf den Mühlen der ›Kini‹-Verehrer: In seinem umfangreichen Werk (München 2008) attestiert der Psychiater Heinz Häfner Ludwig II. zwar Sozialphobie und Bauwut, hält ihn aber nach ausführlicher Sichtung auch bislang unbekannten Materials für psychisch gesund.

einem zweifelhaften Gutachten für geisteskrank und regierungsunfähig erklärt. Zwei Tage später waren beide tot, ertrunken im flachen Wasser des Starnberger Sees vor Schloss Berg. War der ›Kini‹, wie ihn seine Bayern noch heute nennen, wirklich verrückt oder wurde er Opfer einer Intrige, die wohl auf Initiative seines Onkels und Nachfolgers Luitpold in enger Zusammenarbeit mit Ludwigs Ministern gestartet worden war, um Luitpold an die Macht zu bringen? Bis heute beschäftigt diese Frage die Stammtische im Oberland.

Ludwigs rechtmäßiger Nachfolger war sein jüngerer Bruder Otto, der als Otto I. antrat, de facto aber regierungsunfähig war, denn er war tatsächlich geisteskrank. Die Regierungsgeschäfte übernahm Onkel Luitpold, der Prinzregent, auch er nach den beiden entrückten Königen beim Volk überaus beliebt. Mit dessen Tod 1912 war die Ära der großen Wittelsbacher letztlich vorbei. Ludwig III. erarbeitete sich in den sechs Jahren, die ihm als König noch verbleiben sollten, dank seines landwirtschaftlichen Engagements den Spitznamen ›Millibauer‹, also Milchbauer. Vor der Novemberrevolution in München floh Ludwig III. am 7. November 1918 schließlich nach Österreich – es war das Ende der Monarchie in Bayern.

Davidstern und weißblaue Raute – Juden in Oberbayern

Am 9. November 2006 wurde in München die neue Hauptsynagoge der israelitischen Kultusgemeinde, Ohel Jakob, eröffnet. Nach Jahren der Improvisation gibt es wieder ein jüdisches Zentrum in Oberbayern.

Der Bau der ersten Synagoge im Raum München wurde einigen Quellen zufolge kurze Zeit nach der Stadtgründung im Jahr 1210 genehmigt. Sie sollte im »Judengässlein« errichtet werden. Als historisch verbrieft gilt die Existenz eines »Abraham der Municher« für das Jahr 1229. Bereits 1285 folgte das erste Pogrom, bei dem 67 Juden den Tod fanden, weil sie angeblich einen Ritualmord an einem christlichen Knaben begangen bzw. gebilligt hatten. Ähnlich lesen sich auch die jüdischen Chroniken aus Städten wie Ingolstadt, Eichstätt, Burghausen oder Landsberg am Lech. Um das 13. Jh. sind in allen damals größeren Städten Oberbayerns jüdische Gemeinden, aber auch Pogrome verbrieft.

Neue Ära im modernen Gebäude: das Jüdische Zentrum in München

Suche nach Sündenböcken

Die Herrscher schrieben vor, wo Juden wohnen durften, und sie gewährten ihnen Judenschutzregale. Das bedeutete: Gegen Zahlung von Geld durften Juden sich niederlassen und Handel treiben. Da sie zunächst den Status von ›Freien‹ hatten, blieb ihnen sowohl die Mitgliedschaft in Handwerkszünften als auch jede landwirtschaftliche Tätigkeit verwehrt. In vielen Städten mussten Juden besondere Kleidung – einen gelben, an das Obergewand gehefteten Ring oder gelbe Stoffstreifen im Schleier – tragen, damit Religionszugehörigkeit und Status für jeden erkennbar waren. Bald bürgerte sich ein, dass der König das Judenschutzregal an seine Landesfürsten verkaufte.

Viele Juden zahlten dann doppelt – an den König und an den Herzog. 1342 führte Kaiser Ludwig der Bayer den Goldenen Opferpfennig als Kopfsteuer für Juden über zwölf Jahre ein.

Von Handwerk und Landwirtschaft ausgeschlossen, verlegten sich die Juden auf Wissenschaft, Handel und Geldverleih. Einige gewannen dadurch wirtschaftliche Macht über ihre Landesherren: 1314 verpfändeten die bayerischen Herzöge die gesamte Stadt München an einen Geldverleiher aus Augsburg. Um derlei lästige finanzielle Verpflichtungen wieder loszuwerden, inszenierte man immer wieder Pogrome, verjagte die jüdischen Mitbürger oder brachte sie um. An vorgeblichen Anlässen fehlte es nicht: Mal hieß es, Juden hätten eine Hostie entweiht, dann ein Kind ermordet, um dessen Blut zu trinken. Auch die großen Pestepidemien gingen mit Judenpogromen einher. 1442 mussten auf Geheiß Herzog Albrechts III. alle Juden Oberbayern verlassen. Knapp 100 Jahre später verjagte Herzog Albrecht IV. die Menschen jüdischen Glaubens aus ganz Bayern.

Raus aufs Land

Zwischen dem 15./16. und dem 18. Jh. sind Zeugnisse jüdischen Lebens in Bayern nur spärlich vorhanden und stammen fast alle aus der Oberpfalz und Schwaben. In Oberbayern hatten die Juden die Städte verlassen. Viele wanderten in andere Länder aus, einige ließen sich auf dem Land nieder. Im 17./18. Jh. kannte die bayerische Landbevölkerung Juden in erster Linie als fahrende Händler, die Waren aus der Stadt auf dem Land verkauften. Einige fungierten als ›Schmuser‹, als Vermittler von Verträgen, Geschäften und

Ehen. Als Händler und Verhandlungsführer gebraucht, als Mitbürger aber nicht anerkannt, lebten die Landjuden in zumeist ärmlichen Verhältnissen am Rande der Dorfgemeinschaft. Sobald sich die Bedingungen in den Städten besserten, versuchten die meisten Landjuden, nach München, Ingolstadt, Eichstätt oder Landsberg zurückzukehren.

Mehr Rechte

1813 regelte ein Beamter von König Maximilian I. den Rechtsstatus der jüdischen Mitbürger in Bayern neu. Das ›Judenedikt‹ sicherte den 30 000 im Königreich lebenden Juden Religionsfreiheit zu und gab ihnen die Möglichkeit, Bürgerrechte und Grundbesitz zu erwerben. Ein darin ebenfalls enthaltener Juden-Matrikel legte allerdings fest, dass sich die Zahl der Juden im Königreich nicht erhöhen dürfe. So waren junge Menschen gezwungen, Bayern zu verlassen, wenn sie eine Familie gründen wollten. 1848 bekamen die bayerischen Juden aktives und passives Wahlrecht und 1871 wurde ihnen nach der Gründung des Deutschen Reiches die Gleichberechtigung zugestanden.

In München gründete sich 1815 die Israelitische Kultusgemeinde, die 1826 die erste Synagoge seit der Zerstörung des mittelalterlichen Bethauses am damaligen Stadtrand errichtete. Die Genehmigung hierfür war allerdings weniger einer neuen Judenfreundlichkeit zuzuschreiben als der Tatsache, dass die Gemeinde in ihren übers Stadtgebiet verteilten »Winkelzusammenkünften« schlecht zu kontrollieren war. Als Aufwertung ihres Glaubens und ihrer Position im Stadtleben empfanden die jüdischen Münchner hingegen, dass Ludwig II. der Gemeinde ein

halbes Jahrhundert später ein repräsentatives Grundstück im Stadtzentrum zur Verfügung stellte, wo 1877 feierlich die neue Hauptsynagoge eingeweiht wurde. Anfang des 20. Jh. lebten über 10 000 jüdische Mitbürger in der Stadt, darunter zahlreiche Literaten und Intellektuelle wie Lion Feuchtwanger, Erich Mühsam oder Max Reinhardt. Auch in Eichstätt, Ingolstadt und anderen oberbayerischen Städten gab es wieder jüdisches Leben.

Vernichtung und Neubeginn

Oberbayern erwies sich mit München, der ›Hauptstadt der Bewegung‹, als Vorreiter des NS-Vernichtungsfeldzugs gegen Juden. 1933 wurde vor den Toren Münchens das Konzentrationslager Dachau errichtet. Schon im Juni 1938 ließ Joseph Goebbels die Münchner Hauptsynagoge zerstören, ohne damit Proteste auszulösen. Bis 1936 war die jüdische Gemeinde in München durch Flucht auf knapp die Hälfte geschrumpft; von den verbliebenen 6000 Juden wurden 3000 in Konzentrationslager deportiert. 1945 zählte die Gemeinde 430 überlebende Mitglieder.

Dass sich diese Zahl schnell vervielfachte – 1946 waren es bereits wieder 2800 – lag unter anderen an Münchens Funktion als Auffanglager für *displaced persons,* also Überlebende der Konzentrationslager und Flüchtlinge aus Osteuropa. 1947 war die Synagoge in der Reichenbachstraße wieder hergestellt. Mit dem Bau der neuen Hauptsynagoge, des Kulturzentrums und des Jüdischen Museums in München erhielt die Israelitische Kultusgemeinde 2006 endlich wieder einen kulturell-religiösen Mittelpunkt.

Gottes Lob in Gips – oberbayerisches Rokoko

Keine Stilepoche kam dem Hang nach praller Buntheit und theatralischem Auftritt so entgegen wie das Rokoko. In Frankreich erfunden, verschmolz es in Bayern mit der Volkskunst und fügte sich im Schwung von Giebeln, Fassaden und Zwiebelkappen an Kirchen, Kapellen und Schlössern bruchlos in den Rhythmus des hügeligen Voralpenlandes ein.

Woher kam diese himmelhoch jauchzende Dekorationslust? Welche Stimmung prägte das 17. und 18. Jh. in Bayern? Der Dreißigjährige Krieg war vorbei, der Handel florierte wieder und Fürsten und Klöster wollten der Welt und ihren Untertanen zeigen, dass es bergauf ging. Ganz speziell im katholischen Oberbayern feierte man auch den endgültigen Sieg der Katholiken über die Lutheraner. Das Rokoko war die Gegenbewegung zur Askese des protestantischen Glaubens.

Illusion in Stuck

In Frankreich markierte das Aufkommen des Rokoko das Ende des Absolutismus Ludwigs XIV. Luftige Palazzi und verspieltes Mobiliar waren gefragt; alles Schwere, Düstere des Barock verschwand unter der heiteren Leichtigkeit der schwellenden Rocaillen, also Muscheln, Wellen und Girlanden, die dem Rokoko ihren Namen gaben. Im ländlichen Altbayern erfasste

die Rokokomode vor allem Kirchen und Klöster. Ihre Gestaltungskraft verwandelte den Kirchenraum in ein *theatrum sacrum:* Die Gläubigen betraten eine sakrale Sphäre mit überbordenden theatralischen Effekten – über ihnen öffnete sich die Decke zum illusionistischen Himmelsfresko, ein unsichtbarer Sog, gewoben aus Lichteffekten und Farben, zog sie vors Allerheiligste. Ecken, Kanten, Säulen waren zugunsten eines einheitlichen Raums verschwunden. Diese Illusion zu erreichen, war nicht immer einfach, denn meist arbeiteten die Künstler an bereits vorhandenen Gotteshäusern, viele geprägt vom Formenkanon der Gotik: einem Langhaus mit durch Säulen abgetrennten Kirchenschiffen, einem deutlich abgesetzten Chor, einer von Rippenbögen gestützten Decke. Gips war da ein ideales Material: Er kaschierte Übergänge, überwucherte Kanten, verbarg Ecken mit verschlungenem Geäst und sinnlichen Putten.

Pralles Leben

Kunstwissenschaftler erklären den großen Erfolg des Rokoko in Bayern damit, dass dieser Stil sich ideal dazu eignete, einerseits das ländliche Bedürfnis nach farbenfroher, praller Dekoration zu stillen und andererseits auch imstande war, Elemente der Volkskunst aufzunehmen. Beim Betrachten der ornamentalen Flut an

Wänden und Decken, der ins Groteske überzogenen Heiligenfiguren und der überprallen Putten kann man sich des Eindrucks nicht erwehren, dass die Baumeister bei ihrer Arbeit hie und da derb-bäuerlich scherzten – und dass sie gelegentlich ganz und gar Unchristliches in die Kirchen schmuggelten. Warum sonst malte Johann Baptist Baader aus Lechmühlen, genannt Lechhansl, in der Wessobrunner Pfarrkirche St. Johann Baptist (s. S. 168) in sein Deckenfresko ein Büblein, dessen zerrissene Hose einen Blick auf seine Blöße freigab? Bei der Restaurierung erhielt das Kind dann prompt eine Windel.

Stars des Rokoko

Wie die bayerischen Handwerker an die französische Mode kamen, ist historisch dokumentiert. Kurfürst Max II. Emanuel schickte seinen Baumeister François de Cuvilliés (1695–1768) 1720 zum Studium nach Frankreich. Damit begann im städtischen Bereich der Siegeszug des Rokoko, das bayerische Künstler wie Johann Michael Fischer, Dominikus Zimmermann oder die Brüder Egid Quirin und Cosmas Damian Asam dann auch in Architektur, Plastik und Fresko ländlicher Klöster und Kirchen umsetzten. Diese Namen sowie die Familien Schmuzer und Feichtmayr aus Wessobrunn tauchen bei allen wichtigen Bauvorhaben des 18. Jh. auf.

Kloster Wessobrunn kommt dabei eine besondere Rolle zu. Nicht nur, weil es mit dem Tassilosaal einen der schönsten Rokokoräume Oberbayerns besitzt. Es war Sitz einer wahren ›Künstlerkolonie‹: In den Klosterorten Gaispoint, Haid und Forst wuchsen Generationen begnadeter Mauerkünstler heran, die in Wessobrunn und an allen Kirchen und Klöstern im Umkreis arbeiteten. Namen wie Feichtmayr, Schmuzer, Üblher, Zöpf sind nur die bekanntesten von geschätzten 600 aus dieser Gegend stammenden Mitgliedern dieser Künstlergemeinschaft.

Magere Erde, hohe Kunst

Woher kam die Spezialisierung im Umkreis des Klosters? Eine besondere Förderung des Maurer- und Stuckatorenhandwerks durch die Benediktiner lässt sich, glaubt man den Quellen, nicht nachweisen. Tatsache ist allerdings, dass der gesamte Pfaffenwinkel, vor allem aber die Region um Wessobrunn, keine fruchtbaren Böden besitzt, und so mussten die Bauern auf ein zusätzliches Handwerk ausweichen, wollten sie überleben. In Wessobrunn waren dies Mauern und Stuckieren, andernorts wie in Weilheim die Schnitzerei. Maurer und Stuckateure waren Wanderarbeiter. Im Frühjahr verließen sie ihre Dörfer, um an Bauprojekten zu arbeiten. Im Winter, wenn Feuchtigkeit und Kälte das Stuckieren unmöglich machten, kehrten sie zurück, studierten aus der Fremde mitgebrachte Drucke mit neuen Architektur- und Ornamentformen, übten, gaben ihr Können an die Söhne weiter und zogen im Frühjahr wieder davon.

Die Ära des Rokoko war kurz und mündete nach einem halben Jahrhundert in eine Gegenbewegung: den starren Klassizismus. In der Politik war es vorbei mit der Förderung der Klöster. Die Säkularisierung beraubte Anfang des 19. Jh. ganze Dorfgemeinschaften ihres Einkommens. Viele Künstler mussten zur Landwirtschaft und damit in die Armut zurückkehren.

Rokokojuwel – die Wieskirche

Ein Dichter wie Bayern – Ludwig Thoma

Ludwig Thoma hätte Bayerns größter Dichter sein können, doch dann fing er auf seine alten Tage an, auf höchst üble Weise gegen Juden und die Weimarer Republik zu polemisieren.

Dass der ehemalige Redakteur des »Simplicissimus« die Reichshauptstadt Berlin als eine »Mischung von galizischem Judennest und New Yorker Verbrecherviertel« bezeichnete – und das war nur einer von vielen Ausfällen, die sich der 50-jährige und erfolgsverwöhnte Thoma unter Pseudonym im »Miesbacher Anzeiger« leistete –, wurde der breiten Öffentlichkeit erst 1989 bekannt. Bis dahin war das Bild von Ludwig Thoma so blank wie ein weißblauer Himmel unter Föhneinfluss. Kein bayerisches Kind, dass sich nicht über dessen »Lausbubengeschichten« gefreut und mit klammheimlicher Lust und gelegentlichem Wiedererkennen eigener Schulerlebnisse darin geschmökert hätte. Kein Münchner, der im Hofbräuhaus nicht automatisch nach dem Dienstmann aus »Ein Münchner im Himmel« g'schaut hätt', der laut Thoma lieber hier beim Bier sitzt, anstatt im Himmel »zu frohlocken«. Thomas Themen waren Bayern und seine querköpfigen Charaktere. Als erster Autor, auch das machte seinen Erfolg aus, ließ er seine Protagonisten Bairisch reden, und er setzte den angeblichen und in der Rea-

Bayerischer Dichter mit ›Schlagseite‹ – Bronze-Thoma in Rottach-Egern am Tegernsee

lität tatsächlich vorhandenen Gemütszuständen der Bayern wie z. B. dem ›Grant‹ literarische Denkmäler. Dass er seine letzte Ruhe neben Ludwig Ganghofer unter einem paradebayerischen schmiedeeisernen Kreuz auf dem Friedhof von Miesbach am Tegernsee gefunden hat, passt zu dem barocken Bayern, das er porträtierte.

Glücklicher Förstersbub

Ludwig Thoma wird am 21. Januar 1867 in Oberammergau geboren. Bis zum Alter von sieben Jahren lebt der kleine Ludwig im einsam gelegenen Försterhaus in Vorderriß, wo Ludwigs Vater als Oberförster königstreu dient. Eine ärmliche, aber idyllische Kindheit, sogar der ›Kini‹, Ludwig II., kommt zu Besuch, wie Thoma später andächtig berichtet. Dann stirbt der Vater, und die sieben Kinder werden auf die Verwandtschaft aufgeteilt. Ludwig landet in der Pfalz, wehrt sich, wird aufsässig, fliegt von der Schule. Er durchläuft fünf Lehrinstitute, bevor ihm schließlich das Abitur gelingt – Lausbubengeschichten.

Der junge Mann will Förster werden, studiert aber dann Jura und praktiziert als Anwalt in Dachau. Seine Klienten und deren Fälle inspirieren ihn zu »Agricola«, einer Ethnografie der Bajuwaren frei nach Tacitus' »Germania«. Gesprochen wird Bairisch und dieser Kunstgriff sichert Thoma Aufmerksamkeit und Anerkennung.

Erfolg, Jagd und Weib

1900 wird der Herr Anwalt Redakteur des »Simplicissimus«, längst verdient er sehr viel Geld mit seiner derb-bayerischen, zupackenden Art und seinen genauen Millieustudien. In den folgenden Jahren erscheinen die »Lokalbahn« (1901), die »Lausbubengeschichten« (1905) und »Tante Frieda« (1907). 1905 heiratet er die philippinische Tänzerin Maria Trinidad de la Rosa und leistet sich 1908 ein großes Anwesen am Tegernsee, das Haus ›Auf der Tuften‹ bei Rottach-Egern. Der Erfolg beschert Thoma viele Freunde, man geht zur Jagd, feiert, doch bald beginnt der Autor sich, des lauten Lebens überdrüssig, immer weiter zurückzuziehen. Die Ehe scheitert und Thomas Stil verändert sich. 1911 zeichnet er in dem Roman »Der Wittiber« ein herbes, sozialkritisches Bild des Bauernalltags.

Gespaltene Seele

Ludwig Thoma zieht, wie viele seiner Landsleute, als Freiwilliger in den Ersten Weltkrieg, landet als Sanitäter in Galizien, erkrankt an der Ruhr und wird für dienstuntauglich erklärt. Die Kapitulation, so meinen viele Interpreten seines Werkes, verbittert ihn. Zugleich begegnet ihm eine neue Liebe, die Halbjüdin Maidi Liebermann. Die verheiratete Frau kann sich zwischen Ehe und Liebe nicht entscheiden, Thoma schreibt ihr Hunderte von Liebesbriefen, während er zugleich, unter Pseudonym, antijüdische Hetzartikel im »Miesbacher Anzeiger« publiziert. Sie droht, ihn deswegen zu verlassen; er versichert, kein Antisemit zu sein. 1921 stirbt Ludwig Thoma an Magenkrebs, hinterlässt einen Großteil seines Besitzes der geliebten Frau.

Idyll für Nordlichter

Ludwig Thoma gehörte zu den wenigen Schriftstellern, denen bereits zu

Unverwüstliches Motiv: »Ein Münchner im Himmel« auf dem Oktoberfest

Lebzeiten Erfolg beschieden war. Kurioserweise erfreuten sich seine ersten Werke vor allem in Norddeutschland großer Beliebtheit und dies trotz der Dialoge in tiefstem Bairisch. In den heimatseligen 1960er-Jahren erlebt das Werk Thomas eine Renaissance: Viele seiner Stücke und Romane werden verfilmt – die »Lausbubengeschichten« beispielsweise und das »Königlich-Bayerische Amtsgericht«, das als Serie heute noch durch das Programm des Bayerischen Rundfunks geistert. Ein Dauerbrenner ist die Umsetzung der Satire »Ein Münchner im Himmel« als Bilderbuch und Zeichentrickfilm durch Gertraud und Walter Reiners. Ludwig Thoma wurde bei dessen Erscheinen 1911 noch mit einer Geldstrafe belegt, weil sich die Bayerische Staatsregierung darin verunglimpft fühlte.

Ludwig Thoma mögen?

Ein widersprüchliches Bild, das Ludwig Thoma hinterlässt. 1906 wird er wegen eines Simplicissimus-Gedichtes wider die Scheinmoral zu sechs Wochen Gefängnis verurteilt, 1920 beschimpft er die Reichsregierung als »Ansammlung von Saujuden«. 1930 verewigt ihn Lion Feuchtwanger in seinem Roman »Erfolg« als Mitläufer Dr. Matthäi mit »kleinen bösartigen Augen in dem zerhackten, fetten Schädel«. 1942 genügen Zitate des Dichters auf einem Flugblatt, um Menschen ins Gefängnis zu bringen: Else Gebel, Zellengenossin von Sophie Scholl, wird von den Nazis aus diesem Grund verhaftet.

Die Erkenntnis, der bayerischste aller bayerischen Schriftsteller sei zumindest die letzten Jahre seines Lebens ein verblendeter Nationaler, Judenhasser und übler Hetzer gewesen, hat Ludwig Thomas Bild in der Öffentlichkeit schwer beschädigt und dem Autor ein zweites, hässliches Gesicht verliehen. Die Stadt München verzichtet seit dem Jahr 1990 auf die Verleihung der Ludwig-Thoma-Medaille an bayerische Autoren; auf seriösen Theaterbühnen werden seine Stücke nur noch selten gegeben.

Perchten, Maibaum, Leonhardifahrt – lebendiges Brauchtum

Das alte Brauchtum erlebt in Oberbayern mit immer prachtvoller begangenen Trachtenwallfahrten, Pfingstritten und Winteraustreibungen eine Renaissance – und das nicht nur um der Touristen willlen.

Seit einiger Zeit ist in Oberbayern eine Rückbesinnung aufs Brauchtum und die Tracht zu spüren. In den Kirchenfesten werden Jahrtausende alte prächristliche Traditionen entdeckt; Winteraustreibungen und Kräuterbuschen-Weihen gehören wieder selbstverständlich zum ländlichen Jahreszyklus, und Lostage, bestimmte Tage im Jahreslauf, an denen Wetterprognosen und Vorhersagen über den Ernteertrag getroffen werden können, sind längst nicht mehr nur den Alten ein Begriff.

Auskehr

Am 21. Dezember, mit der Wintersonnenwende, beginnt ein neuer Jahreszyklus, deshalb werden in diesen Nächten Haus und Hof von bösen Einflüssen befreit, indem man das Anwesen mit Wacholderzweigen ausräuchert und mit Weihwasser segnet. Mit Peitschenknallen, Schnalzen genannt, wird ein Heidenlärm gemacht. Dieser Brauch ist besonders im Rupertiwinkel, also in der Region um Laufen, Waging und Saaldorf, erhalten. Junge Männer tre-

Damit der Winter weicht, werden die furchterregenden Perchten mit Gaben bestochen

ten zwischen Weihnachten und Fasching in Gruppen zum Schnalzen an und versuchen, mit dem *Schnalzergoaßl,* einer Peitsche mit kurzem Griff und 3,25 m langem, mit Pech geschwärztem Seil in einem durch den Aufdreher vorgegebenen Rhythmus zu schlagen. Neben dem Lärm, der Unholde vertreiben soll, hat dieser Brauch noch eine weitere Funktion: Er soll die unter der langsam schwindenden Schneedecke schlummernde Saat wecken.

Im Berchtesgadener Land kommt diese Rolle den Perchten zu: Unheimliche Gestalten in weißen Hemden, Gesicht und Hände mit Ruß geschwärzt, Fellmützen mit Kuhhörnern auf dem Kopf, jagen um die Häuser und fordern Einlass. Wehe, wenn die Bauern um Bad Reichenhall, Nonn und Karlstein nicht öffnen und die Schiachperchten nicht mit Wurst, Käse, Bier und anderen Kulinaria beschenken – dann trifft sie der Zorn der bösen Geister und verhagelt ihnen Glück und Ernte. Die Percht ist übrigens in den Märchen der Brüder Grimm als Frau Holle und im Namen Berchtesgaden, Perchtes Garten, vertreten – passend für eine so schneereiche Region.

Ein Stück weiter westlich, im Werdenfelser Land um Garmisch, toben sich an den Faschingstagen die Maschkera aus: Es sind nach altem Brauch kostümierte Gestalten, die in bestimmte Rollen schlüpfen: Die Schellenrührer haben ihre Namen den kreisenden Bewegungen zu verdanken, mit denen sie versuchen, die an ihrem Rücken angebrachten Schellen zum Klingen zu bringen. Der Mensch hinter der Holzlarve (Maske) darf nicht erkannt werden. Deshalb schlüpfen die Männer gerne in Frauenlarven. Und sie bewegen sich ganz anders als im Alltag: Der Maschkera stampft und raunzt, eine Mischung aus Juchzern, Falsettstimme und Kehllauten.

Frühling lässt sein weißblaues Band ...

St. Georg mit dem Drachen ist ein wichtiger Bauernheiliger, und seinen

Bequem haben es die Frauen bei der Leonhardifahrt in den bemalten Truhenwagen

Namenstag begehen viele bayerische Gemeinden mit einer Reiterprozession, dem Georgiritt. Dass der Termin vom 23. April auf den Ostermontag rutschte, wird St. Georg verzeihen. Der berühmteste unter den oberbayerischen Georgiritten findet in Traunstein statt.

Ende April sollten die Vorbereitungen zum Aufstellen des Maibaums beendet sein. Die Männer müssen dann höllisch auf ihren Baum aufpassen, denn Maibaumklau und Auslösung der ›Geisel‹ durch große Mengen Bier sind ein beliebter Zeitvertreib. Ist ein Baum einmal geklaut und man kann ihn nicht wieder freikaufen, muss ein neuer Stamm ordentlich *geschäpst* (entrindet) und *geschnürt* (mit weißblauer Farbe bemalt) werden. Erst dann können ihn die kräftigsten jungen Burschen eines Dorfes am 1. Mai aufstellen. Wichtig: Auf der Spitze des Maibaums darf der Wipfelbusch nicht fehlen und ein schön geflochtener Kranz soll ihn ganz oben schmücken. Wer beim Aufrichten des phallischen Symbols Unanständiges denkt, ist selbst schuld.

Wendezeit

Mit dem 21. Juni endet die Zeit der immer länger werdenden Tage, die Sommersonnenwende wird gefeiert. Zeiten des Umbruchs und der Veränderung sind im ländlichen Glauben auch stets Zeiten, in denen man sich vor der jenseitigen Welt schützen muss: Am 21. zur Tag- und Nachtgleiche und drei Tage später an Johannis werden Sonnwend- oder Johannisfeuer entzündet und Feuerräder vom Berg ins Tal gerollt.

Höchster Festtag der Marienverehrer, und das sind wohl fast alle Ober-

Feste und Bräuche im Internet
www2.brauchwiki.de: Die im Aufbau befindliche Seite vom Bayerischen Landesverein für Heimatpflege enthält ausführliche Informationen zum Brauchtum im Jahreslauf.
www.oberbayern-fruehling.de (und **-herbst.de**) stellt ausführlich das Brauchtum in der jeweiligen Jahreszeit vor.

bayern, ist Mariä Himmelfahrt am 15. August. In Wallfahrten ziehen die Menschen allerorten zur Marienkirche oder -kapelle, um dort die Kräuterbüschl segnen zu lassen, die die Frauen gesammelt haben. Die geweihten *Buschen* werden ins Haus oder in den Stall gehängt, zum Schutz für Mensch und Vieh. Für die Frauen beginnt mit dem 15. August der *Frauendreißiger*, die 30 Tage währende Zeit höchster Fruchtbarkeit; in dieser Zeit gesammelten Kräutern wird besondere Wirkkraft zugesprochen.

Gesundheit fürs Vieh

Am Ende des Jahreslaufs wird das Vieh gesegnet. Zur Leonhardifahrt am 6. November versammeln sich in Bad Tölz die Männer auf ihren geschmückten Rössern, während die Frauen in prächtigen Truhenwagen sitzend zur Kapelle des hl. Leonhard ziehen. Die steht übrigens an der Stelle, an der früher ein heiliger Baum von Bittstellern mit Hufeisen und anderem Reit- und Viehgerät behängt wurde, um Gesundheit für das Vieh zu erbitten. Diesen Wunsch richten die Gläubigen nun an den hl. Leonhard.

Was ist bayerisches Volkstheater? Das regelmäßig mit Schwänken im Fernsehen auftretende Chiemseer Volkstheater? Die von Laiendarstellern aufgeführte Oberammergauer Passion? Oder das ambitionierte Münchner Volkstheater? Dialekt und derbe Scherze allein genügen jedenfalls nicht als Kriterien fürs Volksschauspiel.

Seine Wurzeln hat das Volksschauspiel in der Abgrenzung zum ›Hoftheater‹ des 17. Jh. Im Volksstück konnte das Groteske überzeichnet, der Inhalt durch Verwendung des Dialekts bo-

den Oberbayerns eine weitere Wurzel des Volkstheaters orten. In Oberammergau wird die erste Aufführung der Passion Christi aufs Jahr 1634 datiert, als die Bewohner gelobten, alle zehn Jahre den Leidensweg Christi zu spielen, sollte die Pest keine weiteren Opfer mehr fordern. Das Passionsspiel wird seit nunmehr 380 Jahren, natürlich mit kriegsbedingten Unterbrechungen und in unterschiedlichen Textfassungen, wiederholt. Längst hat es sich zu einem internationalen Event gemausert, wird aber nach wie vor von Oberammergauer Laien dargestellt. Wenn ein Jahr vor der nächsten Auf-

Bauern- oder Volkstheater? Auf bayerischen Bühnen

denständiger dargestellt werden. Als ›Stegreifstück‹ hatte es zunächst keinen schriftlich gefassten Text, sondern es wurde, wie häufig auch bei den auf Brauchtumsfesten gezeigten Theaterstücken, improvisiert. Aus dieser zumeist komödiantischen Form entwickelten sich das heutige, auf Witz und Humor zielende Bauerntheater, aber auch dramatische Volksstücke wie die eines Franz Xaver Kroetz.

Haarige Angelegenheit

Vielleicht kann man in den seit Jahrhunderten aufgeführten Passions- und Laienspielen der bäuerlichen Gemein-

Oberammergauer Passionsspiele modern

führung endlich feststeht, wer welche Rolle übernehmen darf, gilt in Oberammergau die am Festspielhaus plakatierte Direktive des Passionsspielleiters, zur Zeit und wohl bis auf Weiteres Christian Stückl, an seine Darsteller: Ab Aschermittwoch müssen Haare und Bärte ungebremst wachsen.

Vorhang auf fürs Bauerntheater

Die Tradition, in der Umgebung angesiedelte Geschichten, zumeist Komödien mit in Mundart sprechenden Schauspielern auf die Bühne zu bringen, begann Ende des 19. Jh. Der aufkommende Fremdenverkehr erschien Konrad Dreher und Xaver Terofal aus

Schliersee so Erfolg versprechend, dass Terofal, der als Schauspieler und Gastwirt zu Vermögen gekommen war, in Schliersee ein Haus erwarb. Darin schuf er zusammen mit Dreher nach Plänen von Gabriel von Seidl und mit einem vom Künstler entworfenen Vorhang ein Theater, das höchsten technischen Ansprüchen entsprach. 1892 feierte man die ausverkaufte Eröffnung mit Benno Raucheneggers »Jägerblut«. Die 450 Plätze des Schlierseeer Bauerntheaters blieben auch in den folgenden Jahrzehnten stets voll besetzt.

1892 gilt auch als Gründungsjahr für das Bauerntheater Partenkirchen, das seine Wurzeln aber noch weiter, auf die 1869 gegründete Theatergesellschaft Klamm zurückführt. Auch bei den Partenkirchern spielt der Bühnenvorhang eine besondere Rolle. Einen höfischen Künstler wie Gabriel von Seidl konnte man zwar nicht gewinnen, dafür aber den bekannten Lüftlmaler Heinrich Bickel. Gastspielreisen wie von den Schlierseeern sind nicht bekannt, die Truppe blieb im heimischen Partenkirchen, wo deren Erben noch heute im historischen Theatersaal des Gasthofs zum Rassen auftreten.

Das Volkstheater lebt

1983 eröffnete das Münchner Volkstheater, Ergebnis einer Initiative von Kulturschaffenden vornehmlich aus dem Dunstkreis des Bayerischen Staatsschauspiels, die dem lange verfemten Volksstück eine Chance geben wollten. Der Intendant Jörg-Dieter Haas bestückte das Haus mit einer Riege prominenter Volksschauspieler wie Gustl Bayrhammer und Beppo Brem, und die Eröffnung bestritt das von Ruth Drexel inszenierte Tiroler Drama »Glaube und Heimat« von Karl Schönherr. Die Reaktionen waren gespalten: »Kongenial« jubelten die meisten Münchner, die Welt urteilte abfällig mit »Münchner Komödienstadel«.

In den 27 Jahren seines Bestehens hat sich das Gesicht des Volksstücks, wie es das Münchner Volkstheater versteht, deutlich gewandelt und verjüngt. Von 1988 bis 2002 dauerte die Intendanz des Urgesteins Ruth Drexel, die dem Haus Auslastung, aber nicht unbedingt Innovation bescherte. Dann übernahm Oberammergaus Festspielleiter Christian Stückl. Unter ihm wurde Volkstheater zur Avantgarde, die das Publikum begeistert annahm. Sogar Franz von Kobells Theaterklassiker »Der Brandner Kaspar und das ewig' Leben« modellierte Stückl in seinem Sinne um und schuf eine Fassung, die »das Zeug zum Kult« hat, wie die »Abendzeitung« jubelte.

Dass Theater, Film und Literatur in Bayern mehr sein können als Folklore, haben Solitäre wie Herbert Achternbusch oder Franz-Xaver Kroetz immer wieder bewiesen. Heute arbeitet in Bayern und vor allem im idyllenlastigen Oberbayern eine Reihe von jungen, begabten Künstlern, die ihre Heimat ohne die Scheuklappen der Folklore sehen und zeigen. Der in Oberammergau geborene Theater-Tausendsassa Christian Stückl ist einer von ihnen und findet sein Pendant im Senkrechtstarter Marcus H. Rosenmüller aus Hausham bei Miesbach: Mit dem Spielfilm »Wer früher stirbt, ist länger tot« machte dieser 2006 Furore und dreht seither einen ›Heimatfilm‹ nach dem anderen. Die Leichtigkeit im Umgang mit typisch bayerischen Sujets könnte den in Folklore erstarrten Bauerntheatern ein Vorbild sein. Oberbayern kann auch ohne Dirndl und Lederhose sehr gut unterhalten.

Streifzug durch die oberbayerische Musikszene

Treibende Bläser, stampfender Beat – auch so lässt sich ein Landler spielen. Zwischen dem Kiem Pauli und Brass-Banda liegen zwar Welten, aber oft der gleiche Rhythmus.

Die Grundform alpenländischer Volksmusik ist der Landler, ein meist im Dreivierteltakt vorgetragenes Tanzmusikstück. Dabei vollführen die Tanzpaare komplizierte Figuren; manchmal wird dazu auch geplattelt, das heißt, die Männer schlagen sich auf Schenkel und Schuhsohlen und stampfen mit den Füßen auf. Der Landler ist auch Grundlage für die Stubnmusi: Die gesungenen Gstanzln oder Schnaderhüpfln sind Vierzeiler mit lustigem oder ernstem, gelegentlich auch politischem Inhalt. Häufig werden sie wie auch die Instrumentalbegleitung (Diatonisches Akkordeon, Hackbrett, Zi-

ther) improvisiert; beim Gesang unterscheidet man Zweigesang (Hauptstimme und zweite Stimme eine Terz darüber) oder Dreigesang (zusätzliche Tenor- oder Bassbegleitung). Manchmal endet ein Musikstück mit einem kunstvollen, mehrstimmigen Jodler.

Live im Radio

Den Sprung von der heimischen Stubnmusi oder Auftritten im Gasthof zu einer überregional gehörten Musikform gelang der bayerischen Volksmusik in der ersten Hälfte des 20. Jh.: Am 29./30. März 1930 fand unter der Leitung des Musikers und Liedgutsammlers Kiem Pauli und des Musikwissenschaftlers und 1943 hingerichteten Widerstandskämpfers Prof. Kurt Huber in Egern am Tegernsee das

›Erste Oberbayerische Preissingen‹ statt. Im Vorfeld hatten Huber und Kiem unzählige Volkssänger aufgesucht, sich traditionelle und moderne Weisen vorspielen lassen, sie dokumentiert, ausgewählt und verworfen. Sie legten strenge Maßstäbe an die Originalität der Stücke und vieles, was landauf, landab gesungen wurde, genügte ihren Ansprüchen nicht. So klagte Kiem: »Wenn man den österreichischen Liederreichtum kennt, so kommt man sich bei uns ganz arm vor. Hier in der Lenggrieser Gegend findet man hauptsächlich Wildschützenlieder; wenn einer erschossen worden ist, ganz gleich, ob Jäger oder Wildschütz, dann dichten sie ein Lied und singen es dann nach einer alten Melodie!« Schließlich wurden Musikgruppen und Sänger zum Preissingen geladen, dessen Schlussveranstaltung live im Radio übertragen wurde. Dies und die Sammelarbeit im Vorfeld führte zu einer Wiederbelebung der Volksmusik.

Volksmusik mit Humor

Heute gibt es mehrere Strömungen: das Pseudo-Volkslied à la Marianne & Michael; das traditionelle Volkslied von den Rehm Buam, dem Eibl Sepp oder von Ruperti Blech; eine Art Fusion-Musik der jüngeren Generation, wie sie die mit irischen Anklängen spielende Gruppe Fraunhofer Saitenmusik vertritt, sowie eine Mischung aus traditioneller Musik und Kabarett mit bissigen Texten, die sich aktuellen Themen widmen. Berühmt dafür ist die Familie Well, die die Biermösl Blosn (die Well-Brüder Christoph, Hans und Michael, oft mit Gerhard Polt) und die Wellküren (die Well-Schwestern Moni, Burgi und Bärbi) hervorgebracht hat. Der »Spiegel« nannte das Programm der Well-Damen »Sex and the Country«.

Aus Weilheim in die Welt

Was machen drei Weilheimer, wenn sie sich treffen? – Sie gründen eine Band! In Weilheim mag diesen Witz niemand mehr hören, aber in den vielen Presseberichten über das Weilheimer Musikphänomen taucht er regelmäßig auf: Auf 20 000 Einwohner kamen in den besten Zeiten rund 13 Bands, deren Mitglieder sich aus einer Szene von rund 30 Musikern rekrutierten. Die Weilheimer Bands spielen gegen jeden

Landler mal anders – LaBrassBanda spielt auf

folkloristischen Strich. Indietronics nennt man diese sehr relaxte Art von Musik, die akustische Elemente mit elektronischen Klangteppichen mixt. Stilistisch sind die jungen Leute stets in Bewegung und offen für alles Neue.

Dreh- und Angelpunkt der Szene sind die Brüder Markus und Micha Acher, die Gründer von The Notwist, wo außerdem Martin Messerschmidt (inzwischen ausgeschieden) und Martin Gretschmann mitspielten. Letzteren kennt man aber auch als Console, als der er sich hemmungslos seinen elektronischen Spielereien hingibt, während die Acher-Brüder sowohl beim Tied + Tickled Trio (Jazz/Elektronik) als auch bei den New Orleans Dixie Stompers von Vater Acher mitspielen. Man könnte dieses Netzwerk beliebig fortsetzen … Die aktuelle CD von The Notwist heißt übrigens »The Devil, You + me« und wird wie der Vorgänger »Neon Golden« von der Musikkritik als Meisterwerk gefeiert.

Chiemgauer Geheimtipp

2007 galten die fünf Chiemgauer von LaBrassBanda noch als Geheimtipp. Da tourte die Bläserkombo mit Uralt-Mopeds und einem Traktor durchs Land und spielte, was ihr gerade einfiel, denn das Motto lautete: »Ned zvui ausmachn und wenn doch, dann mach mas spontan anders.« Inzwischen ist die Motorisierung der Band in Form eines Feuerwehrautos vorangeschritten und auch einige andere Provisorien sind einer etwas weniger spontanen Arbeitsweise gewichen. Was die Wirkung der Musik nicht schmälert: Wie beim ersten öffentlichen Auftritt in Rosenheim hat die mit Tuba, Posaune, Trompete, Doppelbass und Schlagzeug besetzte Band bei so gut wie jedem Pu-

Musik im Internet
www.saengerundmusikanten.de – bayerische Volksmusik und ihre Protagonisten
www.fraunhoferwirtshaus.de – nicht nur zu den Volksmusiktagen spannendes Programm
www.biermoesl-blosn.de
www.wellkueren.de
www.notwist.com
www.labrassbanda.com

blikum immer den gleichen Effekt – ein unwiderstehliches Zucken in Armen und Beinen, das in wilde Tänze mündet. Etikettiert wird diese Musik wahlweise als Bayerischer Gypsy Brass, Balkan Funk Brass oder Alpen Jazz Techno – jeder spürt sie anders.

Preiswürdiger Alpentechno

2008 lobte die Münchner Traditionswirtschaft Fraunhofer erstmals einen ›Volksmusikpreis‹ aus, um den sich Vertreter der ›Neuen Volksmusik‹ wie eben LaBrassBanda oder die aus Oberammergau stammenden Alpentechno-Band Kofelgschroa zusammen mit einer Vielzahl von Künstlern aus Österreich, Deutschland und der Schweiz bewarben. 2008 gewann Zwirbeldirn, ein kabarettistisches Quartett aus drei Damen und einem Herrn aus München-Giesing, 2009 waren es Die Strottern aus Wien. Die Fraunhofer Volksmusiktage Ende Januar/Anfang Februar haben sich binnen zweier Jahre zu einer der wichtigsten Volksmusikveranstaltungen im Alpenraum gemausert und enden traditionell mit einem Tanzfrühschoppen, bei dem die Biermösl Blosn aufspielt.

Bier – Geschichte eines Volksgetränks

Obwohl sich die Bayern erst spät zum Bier bekannten, halten sie nun umso treuer daran fest. Dennoch: Von den rund 1500 bayerischen Brauereien, die es in den 1970er-Jahren gegeben hat, sind heute nur noch rund 600 übrig.

Die ›neuzeitliche‹ Geschichte des Bieres beginnt mit der Lex Alemannorum von Herzog Lantfrit von Schwaben im Jahr 719. Die Leibeigenen wurden darin aufgefordert, eine Biersteuer, ›Biergelte‹, an ihre Herrschaft zu entrichten. Bier war zu jener Zeit ein Volksgetränk, dem der Ruch heidnischer Kulte anhaftete. Wermut, Wacholder, Salbei und andere Wildkräuter sollten als Beimischung den Geschmack verbessern oder aber, wie die christliche Ober- schicht mutmaßte, dem Trank magische Kräfte verleihen. Die weltlichen wie kirchlichen Herren tranken derweil in römischer Tradition Wein.

Geldmaschine

Hundert Jahre später erhob man Bier zum ›Heilgetränk‹, das mit der Zutat Hopfen ausschließlich Klosterbraue- reien brauen durften. Damit Mönche und Nonnen nicht über die Stränge schlugen, wurde ersteren täglich fünf Pfund Bier, den Damen drei Pfund als geistiges Getränk zugebilligt. Dieses zugeteilte Maß verlieh der bayerischen Maß, also einem Liter, ihren Namen.

1040 übertrug das Bistum Freising bei München dem Kloster Weihenste-

Bayerns flüssige Lebensfreude sollte in anständigen Maßen genossen werden

phan das Recht, Bier zu brauen und auszuschenken. Um diese Zeit kam wohl auch Hopfen regelmäßig zum Einsatz – zunächst nicht als Würze, sondern wegen seiner antibakteriellen Wirkung als Konservierungsmittel. Die Klöster waren verpflichtet, ihr Bier an Pilger und Bettler umsonst abzugeben, fingen aber schon bald mit dem gewerbsmäßigen Ausschank und Verkauf an – Bier wurde ein Grundpfeiler wirtschaftlichen Erfolgs. Welche Rolle die Klöster in Bayern spielten, schlägt sich noch heute in beliebten bayerischen Biersorten wie Augustiner, Paulaner oder Franziskaner nieder.

Brauen statt keltern

Ein Wendepunkt in der Geschichte des Bieres war der Erlass Herzog Wilhelms IV. anlässlich des Ingolstädter Ständetages am 23. April 1516. Dieser regelte die Zutaten: Ins Bier durften von nun an nur Gerstenmalz, Hopfen und Wasser. Seither streiten Landshut und Ingolstadt erbittert darüber, wo das erste ›Reinheitsgebot‹ ausgesprochen wurde. Tatsächlich hatte Herzog Georg der Reiche für sein Teilherzogtum Bayern-Landshut 1493 bereits das Gleiche festgelegt, dabei aber nur nachgemacht, was Vetter Albrecht IV. von Bayern-München 1487 verordnet hatte. Gräbt man noch etwas tiefer, stößt man auf den Münchner Stadtrat und einen Erlass von 1447, der regelte, das Bier »nur allein von gersten, hopfen und wasser und sonst nichts darein oder darunter« bestehen dürfe.

Trotz aller Reinheitsbemühungen, blieb das Bier zunächst zweite Wahl; Wein war das bevorzugte Getränk, auch in Bayern. Schuld am Siegeszug des Bieres sei der Dreißigjährige Krieg gewesen, meinen Bierforscher. Die ma-

Mein Tipp

Hausbrauerei
Seit 120 Jahren wird im Münchner Unions-Bräu Bier gebraut, seit geraumer Zeit ausschließlich mit Hopfen und Malz aus biologischem Anbau. In den urigen Gaststuben gibt's zum süffigen Hausbier deftige, bayerische Kost und Jazzmusik. Brauereiführungen werden auf Anfrage organisiert (Einsteinstr. 42, Tel. 089 47 76 77, www.unionsbraeu.de).

rodierenden Truppen hätten die damals in Süddeutschland reichlich vorhandenen Weinberge zerstört; das Volk verlangte nach Ersatz. Bereits 1591 hatte Herzog Wilhelm V. – der Klosterbrauereien überdrüssig – in München sein eigenes Hofbräuhaus erbaut und für sich und den Hofstaat Bier brauen lassen. Ab 1610 ließ er es auch verkaufen.

Der Rest der Biergeschichte ist eine des immerwährenden Erfolgs, wenngleich Globalisierung und Konzentration natürlich auch auf dem Biermarkt Folgen zeitigen. Viele Kleinbetriebe mussten aufgeben und wurden von internationalen Konzernen geschluckt. In Bayern verlief die Entwicklung nicht ganz so dramatisch wie anderswo: Hier ist der Pro-Kopf-Verbrauch einerseits fast doppelt so hoch wie im übrigen Deutschland (170 Liter gegen 108 Liter im Jahr), andererseits ist eine große Loyalität zur ›Privatbrauerei‹ und deren ganz spezieller Biersorte nach wie vor vorhanden und stützt die Familienunternehmen.

Unterwegs in Oberbayern

Oberbayern ist Seenland – hier der Chiemsee bei Gstadt

München und Umgebung

Highlight!

München: Architekturdenkmäler von Mittelalter bis Postmoderne, hochkarätige Kunst- und Wissenschaftsmuseen, eine lebhafte Theaterlandschaft und die unbegrenzten Freizeitmöglichkeiten vor der Haustür prägen das ›Millionendorf‹. S. 82

Auf Entdeckungstour

Die Symbolik des Kreuzes in der Herz-Jesu-Kirche: Architekten und Ausstatter des wohl kühnsten Kirchenneubaus einer bayerischen katholischen Gemeinde haben die Passion Christi gestalterisch umgesetzt und ein Gesamtkunstwerk geschaffen. 27 S. 96

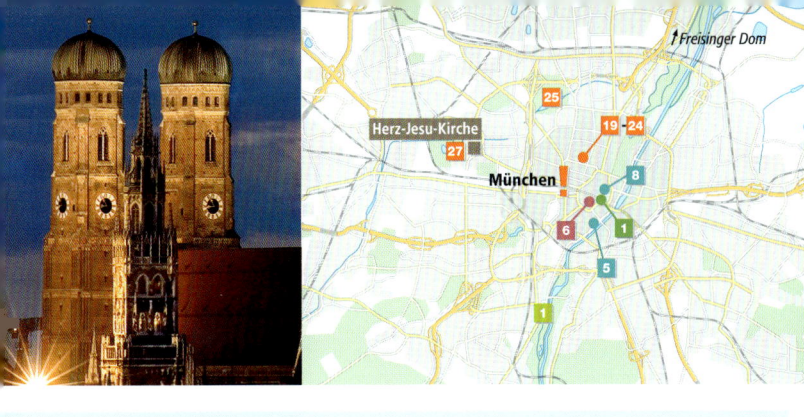

↑ Freisinger Dom

Herz-Jesu-Kirche

München

Kultur & Sehenswertes

Münchner Kunstareal: Museen satt und auf engstem Raum – Malerei und Skulptur in drei Pinakotheken und der Sammlung Brandhorst, Antike Kunst in Glyptothek und Antikensammlung, Impressionisten und der Blaue Reiter im Lenbachhaus. **19**–**24** S. 93

Freisinger Dom Mariä Geburt: Der romanische Kern der Basilika schmückt sich mit Asamschem Stuck, dazu gibt es einen herrlichen Panoramablick. S. 105

Aktiv & Kreativ

Zeltdachklettern: Angeseilt ist man auf dem denkmalgeschützten Zeltdach im Olympiagelände unterwegs. **25** S. 94

Naturbad Maria Einsiedel: Das Freibad im Süden Münchens ist Kult im Sommer; eine Mutprobe ist das Schwimmen im eisigen Kanal. **1** S. 100

Genießen & Atmosphäre

Viktualienmarkt: Einkaufen, Schlemmen, im Biergarten sitzen, Freunde treffen – der Markt hinter dem Marienplatz ist Münchens eigentliche ›gute Stube‹. **1** S. 89

Prinz Myshkin: Wie wohlschmeckend und vielseitig vegetarische Küche sein kann, beweist dieses Restaurant mit seiner frischen, internationalen Küche in sparsam und geschmackvoll dekorierten Räumen. **6** S. 99

Abends & Nachts

Baader Café: Seit 20 Jahren und ohne Altersflecken ist dieses Café Treff der alternativen Szene. Für Spätaufsteher: Frühstück gibt's bis 16 Uhr! **5** S. 101

Atomic Café: Der Münchner Liveclub mit Musik quer durch alle Genres genießt einen internationalen Ruf. **8** S. 101

81

Vom Mönchskloster zum Millionendorf – München!

Die bayerische Landeshauptstadt kann einerseits recht provinziell wirken, ist aber zugleich die Hightech-Metropole des Südens: München (1,2 Mio. Einw.) ist eine dynamische, moderne Großstadt mit wunderbar erhaltener bzw. restaurierter historischer Bausubstanz im Zentrum. Ein kulturelles Highlight ist das Kunstareal, in dem der Besucher von der griechischen Antike bis Andy Warhol durch spektakuläre Museen spazieren kann. Im nördlichen Umland besitzt München mit Schloss Schleißheim und der Basilika zu Freising weitere hochkarätige Attraktionen; mit der KZ-Gedenkstätte Dachau aber auch ein Mahnmal für die Menschenverachtung des Nationalsozialismus.

Infobox

Reisekarte: ▶ E–H 5–9

Infos
Tourismusamt München: Sendlinger Str. 1, 80331 München, Tel. 089 233 03 00, www.muenchen-tourist.de (nur Postadresse).
Touristeninformationen mit Publikumsverkehr gibt es am Marienplatz (Mo–Fr 10–20, Sa 10–16, während des Christkindlmarktes auch So 12–18 Uhr) und am Hauptbahnhof (Bahnhofsplatz 2, April–Okt. Mo–Sa 9–20, So 10–18, Nov.–März Mo–Sa 9.30–18.30, So und feiertags 10–18 Uhr). Hilfe bei der Zimmersuche, Stadtpläne, Events usw.

Internet
www.muenchen.de: Auf der Homepage der Stadt finden sich alle wichtigen touristischen Informationen wie Hotels, Restaurants, Ausgehtipps, Sehenswürdigkeiten mit weiterführenden Links, Kinoprogramm oder Veranstaltungshinweise.

Internetcafé/WLAN
Internetcafés und WLAN-Hotspots auf www.muenchen.de. Zentraler WLAN-Zugang bei rail & mail, Bahnhof Info DB Lounge im ersten Stock des Hauptbahnhofs.

Anreise und Weiterkommen
Flugzeug: Der internationale **Flughafen Franz Josef Strauß** liegt nordöstlich der Stadt. Es bestehen Bus- und S-Bahn-Verbindungen zum Hauptbahnhof (Fahrtdauer ca. 40 Min.). Informationen über Abflüge und Ankünfte unter www.flughafen-muenchen.de.
Bahn: Vom Hauptbahnhof (Bahnhofsplatz) und den beiden Bahnhöfen Ostbahnhof im Osten und Pasinger Bahnhof im Westen fahren sowohl regionale als auch nationale und internationale Züge (Auskunft unter www.bahn.de oder Tel. 118 61).
Bus: Busse des Regionalverkehrs Oberbayern (RVO) starten vom neuen Busbahnhof an der Hackerbrücke. Fahrtzeiten und Preise unter www.rvo-bus.de oder bei Regionalverkehr Oberbayern, Hirtenstraße 24, 80335 München, Tel. 089 55 16 40, Fax 089 55 16 41 99.

Dass München gerne als »Dorf« tituliert wird, verdankt es dem angeblich so gemächlichen Lebensstil seiner Bewohner, die, glaubt man der Werbung, ihre Freizeit am liebsten im Biergarten verbringen. Weitere Münchner Sehnsuchtsorte sind der Englische Garten und die Isar: Wie ein grüner Lindwurm durchzieht der Fluss die Stadt von Südwesten nach Nordosten, gesäumt von Flussauen und weitläufigen Parkanlagen, ein Paradies für Hundebesitzer, Jogger, Radfahrer, Nacktbader und Würstlgriller.

Rund um den Marienplatz

Münchens ›gute Stube‹, der **Marienplatz** `1` mit dem Alten und dem Neuen Rathaus, schlägt einen Bogen von den frühen Anfängen der Stadt bis ins 20. Jh. Denn hier gleich um die Ecke befindet sich jenes **Petersbergl** `2`, an dem die städtische Geschichte mit den Mönchen begann.

St. Peter

Rindermarkt 1, www.erzbistum-muenchen.de, Kirche: 7.30–19, Mi 7.30–12, 17–19 Uhr, Turmbesteigung: Mo–Fr 9–18.30, Sa/So 10–18.30, im Winter –17.30 Uhr

Heute krönt die zwischen 1278 und 1294 erbaute Kirche St. Peter die kleine Erhebung des Petersbergl. Im Kern romanisch und gotisch wurde sie wiederholt umgebaut und präsentiert heute die wichtigen bayerischen Stilepochen. Beispielhaft treffen sie am barocken Hochaltar von Nikolaus Stuber (1730) aufeinander. Gekrönt ist er von einem gotischen Petrus aus der Hand von Erasmus Grasser (1517), ihm hat Egid Quirin Asam 1732 vier Kirchenväter beigestellt, deren Bewegtheit schon ins beginnende Rokoko verweist. Der 92 m hohe Kirchturm des ›Alten Peter‹ ist von einer Renaissance-Kappe gekrönt und über 306 Stufen zu besteigen. Von oben betrachtet wirkt die Altstadt mit den bunten Markisen und Schirmen des Viktualienmarktes, den Zinnen der beiden Rathäuser und den Türmen der Frauenkirche wie eine Puppenstube.

Neues und Altes Rathaus

Glockenspiel am Neuen Rathaus: tgl. 11 und 12, im Sommer auch um 17 Uhr; Spielzeugmuseum im Alten Rathaus: www.spielzeugmuseum-muenchen.de, tgl. 10–17.30 Uhr

Auch wenn die Düfte des Marktes sehr verlockend sind, sollte man noch ein bisschen durch Münchner Geschichte wandern: Die Längsseite des Marienplatzes beherrscht das neugotische **Neue Rathaus** (1867–1908) mit dem berühmten Glockenspiel, auf dem Wilhelm V. und Renata von Lothringen als bunt bemalte, bewegliche Kupferfiguren 1568 Hochzeit halten und zu ihren Ehren Turniere veranstaltet werden, während die Schäffler, also die Fassmacher, gegen die Pest antanzen. Mit 43 Glocken gehört es zu den größten Glockenspielen Europas. Rechter Hand verweisen Zinnen und Turm des **Alten Rathauses** auf die Gotik: Ab dem 14. Jh. wurde daran gebaut, vollendet hat es der Dombaumeister Jörg von Halsbach im 15. Jh. Die ehemaligen Ratsräume besetzt nun ein Spielzeugmuseum. Eine besondere Sehenswürdigkeit birgt der Ratssaal, in dem heute noch Empfänge und Bankette stattfinden: Die von Erasmus Grasser 1480 geschnitzten **Moriskentänzer** (Originale im Stadtmuseum, S. 88, hier Kopien) stellen wohl die Protagonisten eines mittelalterlichen Tanzspiels dar, von dem man heute nicht allzu viel weiß. Fahrende Tänzer aus dem Orient oder verkleidete Schausteller?

Dom Zu Unserer Lieben Frau `3`

Frauenplatz 12, www.muenchner-dom.de, Kirche 7–19, Do –20.30, Fr –18 Uhr, Turmbesichtigung: April–Okt. Mo–Sa 10–17 Uhr. Bis 2011 sind Teile der Fassade und der Türme wegen Sanierung hinter Gerüsten verborgen.

Ein Bummel durch die Fußgängerzone, die Kaufinger Straße, vorbei an Kaufhäusern und Bekleidungsgeschäften führt zum Liebfrauendom, meist Frauenkirche genannt, einer machtvoll wirkenden Kirche in der eng bebauten Innenstadt. Fast schmucklos ist die Ziegelfassade mit den beiden 99 und 100 m hohen Türmen, die, ganz untypisch für die Gotik, Zwiebelkappen abschließen. So herrisch das Gotteshaus von außen wirkt, so schlicht und majestätisch ist es im Innern. 22 achteckige Säulen stützen das elegante Sternrippengewölbe, alle Linien streben himmelwärts. Und von der Stelle, an der der Teufel angeblich seinen Fußabdruck hinterließ (›Teufelstritt‹), ist tatsächlich kein einziges Fenster zu erkennen, obwohl das Mittelschiff von Licht durchflutet ist. Kaiser Ludwig der Bayer wurde in der Gruft beigesetzt und ihm zu Ehren 1622 im Dom ein marmornes Grabdenkmal errichtet. Wunderbar sind die aus dem 16. Jh. stammenden Glasfenster im Chor; hier finden sich auch wieder Figuren von Erasmus Grasser und eine Schutzmantelmadonna von Jan Pollack (1510). Der Blick auf die City von oben ist in der Frauenkirche ohne Schweiß zu haben: Ein Lift im südlichen Turm bringt Besucher zur Aussichtsplattform.

St. Michael `4` und Karlstor `5`

St. Michael: Maxburgstr. 1, www.st-michael-muenchen.de, Sa–Do 9–21, Fr 10–21, Gruft: Mo–Fr 9.30–16.30, Sa 9.30–14.30 Uhr

Ein Stück weiter die Fußgängerzone nach Westen wird die Kaufinger zur Neuhauser Straße. Hier steht mit der **Michaelskirche** ein Meisterwerk der Renaissance und zugleich Stein gewordenes Symbol für die Gegenreformation, denn die Oberbayern stemmten sich mit aller Macht gegen die Thesen Luthers. 1597 geweiht, besitzt das Gotteshaus das zweitgrößte Tonnengewölbe nach der Peterskirche in Rom. Die Fassade schmücken Ahnherren des Stifters Wilhelm V., darunter am Giebel auch die nichtchristlichen Agilofinger-Herzöge Otto, Theodo und Theodovalde sowie der erste christliche Herzog, Tassilo. Innen ist alles elegante, fast gleißende Helle und in der Fürstengruft ruht neben dem Stifter und anderen Wittelsbachern Ludwig II.

Drei Stadttore sind vom spätmittelalterlichen Mauerring erhalten, eines davon, das **Karlstor,** schließt die Fußgängerzone zum verkehrsreichen Karlsplatz hin ab. 1302 wurde es erstmals erwähnt und besaß damals neben den beiden vorkragenden Seitentürmen auch noch einen Hauptturm, der Mitte des 19. Jh. abgerissen wurde.

Sendlinger Tor `6` und Asamkirche `7`

Asamkirche: Sendlinger Str. 34, www.erzbistum-muenchen.de, tgl. 8–19, zu den Gottesdiensten Sa 18 und So 10 Uhr nicht zugänglich

Das zweite, das **Sendlinger Tor,** ist einen rund zehnminütigen Spaziergang entlang der Herzog-Wilhelm-Straße entfernt, die ziemlich genau dem Verlauf der abgerissenen Stadtmauer folgt. Auch dieses mit Efeu bewachsene Stadttor stammt vom Beginn des 14. Jh. und besaß ursprünglich einen Torturm. Hier beginnt die von Boutiquen und kleineren Geschäften ge-

Höher als die charakteristischen Zwiebeltürme der Frauenkirche darf in Münchens Innenstadt kein Gebäude sein

München

Sehenswert

1. Marienplatz
2. Petersbergl
3. Dom Zu Unserer Lieben Frau (Frauenkirche)
4. St. Michael
5. Karlstor
6. Sendlinger Tor
7. Asamhaus und -kirche
8. Stadtmuseum
9. Jüdisches Zentrum Jakobsplatz
10. Schrannenhalle
11. Isartor
12. Deutsches Museum
13. Alter Hof
14. Nationaltheater
15. Residenz
16. Feldherrnhalle
17. Siegestor
18. Englischer Garten
19. Alte Pinakothek
20. Neue Pinakothek
21. Pinakothek der Moderne
22. Sammlung Brandhorst
23. Glyptothek
24. Lenbachhaus
25. Olympiagelände
26. Schloss Nymphenburg und Botanischer Garten
27. Herz-Jesu-Kirche

Übernachten

1. anna hotel
2. Advokat
3. Hauser
4. Englischer Garten
5. Haus International
6. A&O Hackerbrücke
7. Campingplatz Thalkirchen
8. The Tent

Essen & Trinken

1. Schuhbeck's in den Südtiroler Stuben
2. Spatenhaus
3. Dukatz

Fortsetzung s. S. 88

München

4 Hofbräuhaus
5 Unions-Bräu
6 Prinz Myshkin
7 Aumeister
8 Osterwaldgarten
9 Hirschgarten

Alle Ziele außerhalb des
Stadtzentrums s. Pläne
3 und 4 auf der Extra-
Reisekarte Oberbayern

Einkaufen
1 Viktualienmarkt
2 Africa & House
3 Elly Seidl
4 servus.heimat
5 Die Fünf Höfe

Aktiv & Kreativ
1 Naturbad Maria Einsiedel
2 Max-Emanuel

Abends & Nachts
1 Max&Moritz
2 baby!
3 Harry Klein
4 Faun
5 Baader Café
6 Lisboa Bar
7 Bergwolf
8 Atomic Café
9 Unterfahrt

säumte Sendlinger Straße, die zum Marienplatz zurückführt und von einem Kleinod des Hochbarock, dem Ensemble **Asamhaus** und **Asamkirche**, geschmückt ist. Eigentlich ist das Gotteshaus St. Johann Nepomuk geweiht, aber der Name der Stifter und Erbauer, der Brüder Egid Quirin und Cosmas Damian Asam (s. S. 63), für die Kirche hat sich im Volksmund durchgesetzt. Die Brüder Asam, bayerische Meister des Hochbarock und beginnenden Rokoko, erbauten 1735 ein Wohnhaus, kauften dann das angrenzende Grundstück und setzten in Verhandlungen mit Bischof und Kurfürst durch, ihr privates Kircherl errichten zu dürfen. So zierlich es geriet, es wurde umso reicher ausgestattet: Allein die Fassade mit ihren mächtigen Säulen, die aus künstlichem Fels emporwächst und in einem barocken Turmaufsatz ausläuft, ist gänzlich unbescheiden. Im Innern schaffen illusionistische Gemälde von Cosmas Damian sowie Stuckwerk und Skulpturen von Egid Quirin in dem nur 28 auf 9 m messenden Raum den Eindruck majestätischer Größe. Am Asamhaus nebenan freut sich das Auge am kunstvollen Stuckwerk der Fassade.

Stadtmuseum **8**

St.-Jakobs-Platz 1, Tel. 23 32 23 70, www.stadtmuseum-online.de, Di–So 10–18 Uhr

Die Originale der Moriskentänzer (s. S. 83) sind im Stadtmuseum zu besichtigen, des Weiteren ein anschauliches und maßstabsgetreues Modell der Stadt im 15. Jh., eine internationale Puppensammlung, ein Musikinstrumente- und ein Modemuseum. Unbedingt sehenswert ist die Dauerausstellung ›Typisch München‹, die Historisches salopp erklärt und mit Klischees und Vorurteilen spielt. Im Innenhof des Museums kann man unter Kastanien sitzend Erfrischungen und kulinarische Köstlichkeiten des Stadtcafés genießen.

Jüdisches Zentrum Jakobsplatz **9**

Synagoge Ohel Jakob: St.-Jakobs-Platz 18, Anmeldung zu öffentlichen Führungen Tel. 089 202 40 01 00, Termine unter www.ikg-m.de; Jüdisches Museum München: St.-Jakobs-Platz 16, www.juedisches-museum-muenchen.de, Di–So 10–18 Uhr

Dem Stadtmuseum gegenüber wurde 2006 Münchens neues Jüdisches Kulturzentrum mit Museum, Hauptsynagoge, Kulturzentrum, Kindergarten und Begegnungsstätte (Architekten Wandel Hoefer Lorch) eingeweiht. Der mit Travertinplatten verkleidete Quader der Synagoge symbolisiert den ›Tempel‹, die über ihn hinausragende, fragile Struktur aus einem Fachwerkgerüst aus Stahlblech ist Symbol des

›Zeltes‹. Mit Glasplatten und einem feinen Metallnetz verkleidet sorgt das Zelt für besondere Lichtakzente im Innern. Die Bauten setzen einen interessanten städtebaulichen Akzent ins historische Zentrum, werden von vielen Münchnern aber als wuchtig und abweisend empfunden. Das Museum zeigt in einer Dauerausstellung Installationen zum jüdischen Leben in München (s. auch S. 58).

Viktualienmarkt **1** und Isartor **11** mit Karl-Valentin-Musäum

Karl-Valentin-Musäum: Tel. 089 290 41 21, www.valentin-musaeum.de, Fr–Di 11.01–17.29, So ab 10.01 Uhr

Die Zukunft der **Schrannenhalle** **10** ist ungewiss. Die 1853 errichtete Eisen-Glas-Konstruktion war ursprünglich zur Lagerung des Getreides gedacht, 430 m lang und ein technisches Meisterwerk; doch bereits 1914 wurde sie überflüssig, abmontiert und eingemottet. 2005 wurden Teile der ›Schranne‹ wieder aufgebaut und als Einkaufsparadies mit Unterhaltungsprogramm eröffnet, doch die Geschäfte liefen schlecht. Wie es nach der Insolvenz weitergeht, steht in den Sternen.

Gleich nebenan wird's dann richtig münchnerisch auf dem **Viktualienmarkt:** Erst seit 1807 werden hier Getreide, Obst, Gemüse und Spezereien verkauft, davor hielt man auf dem Marienplatz Markt. Kräuter, eingelegte Gurken und exotische Früchte duften um die Wette, und bei schönem Wetter finden im Biergarten ›Zugroaste‹ und Münchner bierselig zueinander. Die sechs Bronzebrunnen auf dem Markt erinnern an bekannte Münchner Volksschauspieler, so z. B. an das Duo Karl Valentin und Liesl Karlstadt.

An der **Heiliggeistkirche** (im 15. Jh. gegründet, im 17. Jh. barockisiert) vorbei geht's nun ins Tal und zum dritten Münchner Stadttor, dem **Isartor:** 1294 errichtet und 1337 mit dem Hauptturm bewehrt, sollte es, baufällig geworden, im 19. Jh. abgerissen werden, konnte aber dann nach Plänen von Friedrich von Gärtner wieder rekonstruiert werden.

Im Südturm des Isartors residiert das **Karl-Valentin-Musäum** mit einem Sammelsurium skurriler Exponate wie z. B. dem Nagel, an dem Valentin seinen ungeliebten Beruf aufhängte. Ganz oben im **Turmstüberl** gibt's Weißwürste und Leberkäs, aber auch Kaffee und Kuchen und dazu mit der ehemaligen MTV-Moderatorin Frau Petra Perle sicherlich eine der schrillsten Wirtinnen Oberbayerns.

Deutsches Museum **12**

Museumsinsel 1, Tel. 089 217 91, www.deutsches-museum.de, 9–17 Uhr

1925 wurde mit dem **Deutschen Museum** auf der Isarinsel südöstlich des Zentrums nicht nur das damals weltgrößte Technische Museum eingeweiht, sondern auch ein neuartiges Museumskonzept präsentiert, das man heute mit dem Schlagwort ›interaktiv‹ bezeichnen würde. Der in München geborene Ingenieur Oskar von Miller (1855–1934), Vater dieser Idee, wollte ein »Museum zum Anfassen«, in dem die Besucher anhand von Experimenten und Vorführungen lernen können und unterhalten werden. Und so wird noch heute mehrmals täglich der Faradaysche Käfig von Hochspannungsblitzen umzuckt, können Besucher durch menschliche Zellen spazieren, den Sternenhimmel über sich rotieren sehen, im Bergwerk das Gruseln lernen und mit einem der vielen Knöpfe irgendein Experiment in Gang setzen. Über 18 000 Objekte werden hier und in den beiden Außenstellen Verkehrs-

Der Marienplatz mit dem Neuen Rathaus ist Treffpunkt und gute Stube Münchens

zentrum (Theresienhöhe) und Flugwerft Schleißheim (s. S. 104) gezeigt. Sie alle an einem Besuchstag sehen zu wollen, ist unmöglich.

Zwischen Marienplatz und Siegestor

Wo sich heute im **Alten Hof** 13 mittelalterliche Bausubstanz und moderne Architektur vorbildlich ergänzen, residierten bis zum 16. Jh. die bayerischen Herzöge in ihrer Alten Veste. Doch waren sie nicht die ersten: Bereits in der Bronzezeit um 1500 v. Chr. siedelten hier, am Hochufer der Isar, Menschen. Die älteste Datierung des Alten Hofs stammt aus dem 12. Jh.; was heute sichtbar ist – Torturm, Affenturm und Burgstock –, wurde im 15. Jh. errichtet, als die Wittelsbacher bereits an der Neuveste, der Residenz, bauten. Der herzögliche Hühnerstall östlich der Alten Veste wurde 1589 abgerissen und an seiner Stelle ein Bräuhaus errichtet. Im 17. Jh. zog es ans Platzl um, und da steht es, tausendfach besungen, bis heute: Das **Hofbräuhaus** 4 gehört zwar zum Münchner Pflichtprogramm, man sollte sich den Besuch aber besser für den Abend aufsparen, wenn man die Absicht hat, noch etwas von der Stadt zu sehen. Manch einem Gast ergeht's nämlich wie dem ›Münchner im Himmel‹, der als Himmelsbote Aloisius mit göttlichen Anweisungen zur bayerischen Regierung geschickt wurde, unterwegs einen Zwischenstopp in seiner Stammwirtschaft, dem Hofbräuhaus, einlegte und dort noch heute vor seinem Bier sitzt. Die Folgen dieses verantwortungslosen Tuns spüren die Bayern an der uninspirierten Politik ihrer Landesregierung. Also lieber auf später verschieben und nach Norden zur Maximilianstraße spazieren. Sie sollte Mitte des 19. Jh. auf Wunsch König Maximilians II. die Residenz mit der Isar und dem dort in Sichtachse geplanten Prunkbau des Maximilianeums verbinden. Nach Entwürfen des Architekten Friedrich Bürklein entstand eine einheitliche Bebauung in historisierendem, teils auch neomaurischem Stil. Nobelboutiquen und -hotels haben

sich in diesem eleganten Ambiente eingerichtet. Den Abschluss zum Max-Josephs-Platz und zur Residenz hin bildet Münchens Opernhaus, das **Nationaltheater** 14, 1818 errichtet und nach einem Brand durch Leo von Klenze 1823 wieder aufgebaut.

Münchner Residenz 15

Residenzstr. 1, Tel. 089 29 06 71, www.schloesser.bayern.de; Residenzmuseum und Schatzkammer: April–Mitte Okt. 9–18 Uhr, sonst 10–17 Uhr; Cuvilliéstheater: April–Juli, Mo–Sa 14–18, So 9–18 Uhr, Aug.–Mitte Sept. tgl. 9–18, sonst Mo–Sa 14–17, So 10–17 Uhr

An der Residenz 17 wurde ab dem ausgehenden 14. Jh. bis ins 19. Jh. gebaut. Ihre prächtige Ausgestaltung verdankt sie Wilhelm V. und Maximilian I., die ihren besten Renaissance-Baumeister, Hans Simon Reifenstuel, und für die Innenausstattung Peter de Witt, auch unter dem Namen Candid bekannt, im 16. Jh. all ihre Talente entfalten ließen. Im 18. Jh. entwarf François de Cuvilliés für Kurfürst Max III. Joseph das nach dem Architekten benannte Rokokotheater. Schließlich wurde im 19. Jh. Hofbaumeister Leo von Klenze tätig und errichtete für Ludwig I., den leidenschaftlichen Verehrer alles Anti-

Mein Tipp

Münchens schönste Einkaufspassage

Flanieren unter den Hängenden Gärten, nach Puristischem stöbern bei Muji, Espresso trinken im Armani-Store oder thailändisch snacken im **Kaimug:** Die **Fünf Höfe** 5 zwischen Theatiner-, Maffei- und Kardinal-Faulhaber-Straße präsentieren sich in eleganter, zeitloser Architektur und voller angesagter Läden wie Virmani, Camper oder ligne roset. Das Kulturprogramm verantwortet die Hypo-Kunsthalle mit sensationellen Ausstellungen (www.hypo-kunsthalle.de, Tel. 089 22 44 12).

ken, eine klassizistische Fassade zum Max-Josephs-Platz. Seit 1923 dient das Wittelsbacher Schloss als Museum: Antiquarium, die Reichen Zimmer, das Miniaturenkabinett, Königsbauappartements, Silberkammern und der Kaisersaal sind Teil des Residenzmuseums. Für die Besichtigung der Schatzkammer und des Cuvilliés-Theaters wird gesondert Eintritt erhoben.

An der Ludwigstraße entlang

Die **Feldherrnhalle** 16 bildet den Beginn der repräsentativen und überaus formellen Ludwigstraße. Die Halle wurde nach Vorbild der Florentiner Loggia dei Lanzi zum Ruhme der bayerischen Armee 1844 errichtet (Architekt Friedrich von Gärtner) und war 1923 Schauplatz des misslungenen Putschversuchs von Adolf Hitler. Echter italienischer Barock zeichnet weiche, sinnliche Linien an die gelb leuchtenden Theatinerkirche schräg gegenüber; im Innern weist François de Cuvilliés' Stuckausstattung bereits ins lichte Reich des Rokoko. Die Ludwigstraße konzipierte Leo von Klenze nach König Ludwigs I. Vorstellungen als streng symmetrisches, weder durch Grün noch durch Denkmäler gestörtes Ensemble. Ganz hat es zum Glück nicht geklappt, sonst hätten die Studenten der hier angesiedelten Ludwig-Maximilians-Universität wenig Freude rund um ihre Alma Mater. Springbrunnen und Bäume schlichen sich ins Gesamtkunstwerk und an oder unter diesen lässt es sich zwischen Vorlesungen hervorragend pausieren. Den Abschluss der 1000 m langen Straße bildet das **Siegestor** 17, 1849 ebenfalls zum Ruhme der Armee erbaut. Auf ihm hält die Patrona Bavariae, Bavaria mit einem Löwengespann, mit strengem Blick Wacht über die Leopoldstraße. Die Verlängerung der Ludwigstraße ist mit ihren Pappeln, den vielen Straßen-

cafés, Läden und Kneipen zugleich ein lebhafter Kontrast.

Englischer Garten 18

Östlich der Ludwig- bzw. Leopoldstraße lockt der im 18. Jh. entlang der Isar angelegte Englische Garten bei schönem Wetter Spaziergänger, Sonnenanbeter, Hundehalter, Sportler und Fahrradfahrer an seine Wiesen, Teiche und Bäche. Bereits 1808 wurde er der Öffentlichkeit zugänglich gemacht. Im südlichen, innenstadtnahen Teil zieren mehrere Bauten das Grün, so der dem römischen Pantheon nachempfundene Monopteros (1836), ein japanisches Teehaus (1972 anlässlich der Olympischen Spiele eingeweiht), der Chinesische Turm (1790) mit dem beliebtesten Biergarten Schwabings und einem zauberhaften Jugendstil-Kinderkarussell und das Rumfordhaus (1790, ehemals Offizierscasino). Im südlichen Teil befindet sich entlang des Schwabinger Baches jene Wiese, auf der man sich seit 1982 offiziell nackt sonnen darf. Seitdem macht es allerdings immer weniger Leuten Spaß, ihre Blöße Sonne und Gaffern zu exponieren. Da waren die 1970er-Jahre, als eigens abgestellte Polizisten die Nudisten durch den Englischen Garten jagten, doch viel lustiger.

Insgesamt ist der Englische Garten zwischen Prinzregentenstraße im Süden und Oberföhring im Norden rund 5 km lang; der nördliche Teil jenseits des Mittleren Ringes ist ruhiger und naturbelassener, hier kann man sogar noch vor Hasen und Rehen erschrecken. Ganz am nördlichen Ende lockt das **Wirtshaus Aumeister** 7 (1810) mit Biergarten und bayerischem Restaurant an den Wochenenden Heerscharen von Ausflüglern unter seine alten Kastanien (s. Lieblingsort S. 102).

Münchner Kunstareal

Alte Pinakothek 19

Barer Str. 27, Tel. 089 23 80 52 16,
www.alte-pinakothek.de, Di 10–20,
Mi–So 10–18 Uhr
1836 nach Plänen Leo von Klenzes errichtet, zeigt die Sammlung 700 Werke
alter Meister zwischen dem 14. und
18. Jh., darunter Albrecht Dürers »Vier
Apostel« (1526), Leonardo da Vincis
»Maria mit dem Kind« (1473), Rem-
brandts »Heilige Familie« (1633) und
Giovanni Battista Tiepolos »Anbetung
der Könige« (1753).

Neue Pinakothek 20

Barer Str. 29, Tel. 089 23 80 51 95,
www.neue-pinakothek.de, Mi 10–20,
Do–Mo 10–18 Uhr
Sie präsentiert über 3000 Werke euro-
päischer Malerei und Skulptur des
19. Jh. in einem 1981 nach Plänen des
Architekten Alexander von Branca errichteten Museumsneubau. Carl Rott-
manns griechische Landschaften (Mitte des 19. Jh.) hängen neben Carl Spitz-

wegs »Der arme Poet« (1839) und Lovis Corinths »Selbstbildnis« (1924).

Pinakothek der Moderne 21

Barer Str. 40, Tel. 089 23 80 53 60,
www.pinakothek-der-moderne.de,
Di, Mi, Fr–So 10–18, Do 10–20 Uhr
Hier schließt die Ausstellung pro-
grammatisch das Spektrum des Kunst-
schaffens mit dem 20. und 21. Jh. ab
und zeigt Werke aus den Bereichen
Kunst, Design, Architektur und Foto-
grafie von namhaften Künstlern wie
Salvador Dalí, Pablo Picasso, Georg Ba-
selitz, Andy Warhol und Joseph Beuys.
Architekt Stephan Braunfels schuf für
die vier Sammlungen hohe, lichtdurch-
flutete Räume um eine zentrale Rotunde.

Sammlung Brandhorst 22

Türkenstr. 19, Tel. 089 239 05 13 25,
www.museum-brandhorst.de, Di, Mi,
Fr–So 10–18, Do 10–20 Uhr
In einem auffälligen, mit vielfarbigen
Keramiktäfelchen verblendeten Muse-
umsbau präsentiert der jüngste Zu-

Trommeln unterm Monopteros – im Englischen Garten

wachs im Kunstareal die Sammlung von Udo und Annette Brandhorst. Ihr Schwerpunkt liegt auf der Kunst des 20. und 21. Jh. und umfasst Werke von Künstlern wie Andy Warhol, Cy Twombly und Damien Hirst.

Am Königsplatz

Glyptothek: Königsplatz 3, Tel. 089 28 61 00, www.antike-am-koenigs platz.mwn.de, Di–Mi, Fr–So 10–17, Do 10–20 Uhr; Lenbachhaus, Luisenstr. 33, Tel. 089 23 33 20 00, www.lenbachhaus.de

Die **Glyptothek** 23 am Königsplatz gehört zwar nicht zum Kunstareal, ist aber nur einen kurzen Spaziergang entfernt und bereichert den Kunstparcours mit einer äußerst sehenswerten Sammlung antiker Plastiken. Der Königsplatz selbst, von Leo von Klenze für seinen König Ludwig I. geplant, wurde später zum beliebtesten Exerzierplatz der Nazis. 1862 komplettierte Klenze den Königsplatz mit den Pro-

---

Mein Tipp

Zeltdachklettern

Wer das Olympiagelände aus einer ungewöhnlichen Perspektive erleben möchte, dem seien die Zeltdachtouren empfohlen (Tel. 089 30 67 24 14, www. olympiapark-muenchen.de, April–Okt. tgl. 14.30 Uhr, Treffpunkt am Stadioneingang-Nord, Teilnehmer werden mit Seilen und Karabinern gesichert). Wer die zweistündige Tour mit einer rasanten Fahrt an einem 200 m langen Stahlseil hängend quer über die Arena beschließen möchte, der bucht die Zeltdachtour mit Flying Fox (Do–Fr 15.30, Sa–So 10.30 Uhr).

---

pyläen, einem dorischen Vorbildern nachempfundenen Tor nach Norden, das jeden Sommer als Bühne für Open-Air-Veranstaltungen dient. Hinter den Propyläen wartet noch ein Highlight für Freunde klassizistischer Architektur und expressionistischer Kunst, das **Lenbachhaus** 24. Der Münchner Malerfürst Franz von Lenbach (1836–1904) ließ sich diese toskanische Villa 1891 von Gabriel von Seidl erbauen. Darin sind seine prunkvollen Privaträume zu besichtigen, vor allem aber eine exquisite Sammlung von Werken der Künstlergruppe Blauer Reiter (s. S. 210), von Gabriele Münter, Alexej Jawlensky, Franz Marc und Wassily Kandinsky (bis 2012 wegen Renovierung geschl.).

Olympiagelände 25

Noch heute gilt das 75 000 m^2 messende Zeltdach aus Stahl und Acryl, das Architekt Frei Otto für das Münchner Büro Behnisch & Partner anlässlich der Olympischen Sommerspiele 1972 entwarf, als architektonisches Meisterstück. Es verbindet die Stadien und Sportstätten auf dem ehemaligen Zeppelin-Landeplatz Oberwiesenfels mit einer zeitlosen Leichtigkeit und Eleganz miteinander. Längst ist das Gelände nicht nur ein Sportareal, sondern ein beliebter Freizeitpark, der seine Hügel und Berge der Tatsache verdankt, dass hier der weggeräumte Kriegsschutt aufgehäuft wurde. Vom 290 m hohen Olympiaturm bzw. von der 190 m hoch gelegenen Aussichtsplattform blickt man bei Föhn auf das typische München-Panorama und glaubt die Alpen zum Greifen nah. Nach Norden beherrscht die futuristische Glaskonstruktion des neuen Auslieferungszentrums ›BMW-Welt‹ den Ausblick; am Horizont ist an den Farben des »Schwimmreifens«, wie die Allianz-Arena abfällig genannt wird, zu erkennen, welcher Fußballclub gerade darin spielt. Rot für Bayern-München, Blau für die Löwen von 1860 München.

Schloss Nymphenburg 26 und Botanischer Garten

Schloss, Marstall und Porzellan-sammlung: Tel. 089 17 90 80, www. schloesser.bayern.de, tgl. 9–18 Uhr; Botanischer Garten: Menzinger Str. 65, www.botmuc.de, Tel. 089 17 86 13 10, Dez.–Jan. 9–16.30, Febr./März/ Okt. 9–17, April/Sept. 9–18, Mai–Aug. 9–19 Uhr

Über hundert Jahre versuchten sich die besten Baumeister der Epoche ab 1663 an der Schlossanlage **Nymphenburg,** der Wittelsbacher Sommerresidenz. Dass aus einer Ansammlung von Einzelbauten eine der weitläufigsten und geschlossensten Schlossanlagen Europas werden konnte, ist u. a. Joseph Effner und François de Cuvilliés zu danken. Wunderbare Gemälde und Fresken von Johann Baptist Zimmermann sind im Innern, so im berühmten Steinernen Saal, zu besichtigen. Legendär ist die Schönheitsgalerie Ludwigs I., für die ab 1823 Ludwig Stieler 35 hübsche Münchnerinnen porträtierte, darunter Ludwigs Flamme Lola Montez. Im Südtrakt zeigt das **Marstallmuseum** eine Auswahl prunkvoller Kutschen, während sich die Porzellansammlung Bäuml im Schlossrondell dem feinen Nymphenburger Porzellan verschrieben hat.

Im 18. Jh. entstanden die Pavillons und Schlösschen im weitläufigen Park, so das zierliche Jagdschloss Amalienburg (1739), die Badenburg mit beheizbarem Wasserbecken (1719), die romantische Magdalenenklause, eine künstliche Ruine mit Muscheldekor (1725), und die Pagodenburg (1719)

mit fernöstlicher Ausstattung. Durch eine Pforte in der nördlichen Mauer des Schlossparks gleich hinter der Magdalenenklause gelangt man in den **Neuen Botanischen Garten.** Die 20 Hektar große Gartenanlage hält zahlreiche botanische Attraktionen bereit, so z. B. eine Farnschlucht, einen im Mai wunderschön blühenden Rhododronhain und ein Alpinum. Außerdem gibt es dekorative Beete mit Zier- und Nutzpflanzen und mehrere Gewächshäuser, die von der Flora der Wüste bis zu den Lianen des Regenwaldes durch alle Pflanzengesellschaften unseres Globus führen.

Übernachten

Zur Messe werden die Übernachtungspreise erhöht – und natürlich zum Oktoberfest, zu dem man kurzfristig meist kein Zimmer zu bekommen ist.

Gestylt und zentral – **anna hotel** 1 : Schützenstr. 11, Tel. 089 59 99 40, www.annahotel.de, 72 Zi., DZ 205–260 €. Kühle Eleganz, moderne Einrichtung und zentrale Toplage zwischen Bahnhof und Stachus sind die Pluspunkte des Hotels, zu dem ein beliebtes Restaurant mit euro-asiatischer Küche gehört.

Minimalismus – **Advokat** 2 : Baaderstr. 1, Tel. 089 21 63 10, www.hotel-advokat.de, 54 Zi., DZ um 160 €. Im Herzen des Gärtnerplatzviertels, also absolut ›angesagt‹, liegt dieses Designhotel mit zwar kleinen, aber sehr geschmackvoll gestalteten Zimmern in warmen Beige- und Brauntönen.

Bodenständig – **Hauser** 3 : Schellingstr. 11, Tel. 089 286 67 50, www.hotel-hauser.de, 33 Zi., DZ um 150 €. Familiär geführtes Hotel direkt an der Uni mit Dampfbad und Sauna.

Nostalgisch – **Englischer Garten** 4 : Liebergesellstr. 8, Tel. 089 383 94 10,

Auf Entdeckungstour

Die Symbolik des Kreuzes in der Herz-Jesu-Kirche

Architekten und Ausstatter des wohl kühnsten Kirchenneubaus einer katholischen Gemeinde haben die Passion Christi in verschiedenen Formen umgesetzt und ein Gesamtkunstwerk geschaffen.

Planung: Lachnerstr. 8, Tel. 089 130 67 50, www.herzjesu-muenchen.de, tgl. 8–19 Uhr, Führungen nach tel. Vereinbarung; Okt.–Juli So 19 Uhr ›Offene Tore in Herz Jesu‹ mit besinnlichen Texten und Musik. Über Konzerttermine informiert die Homepage.

Zeit: 5 Min. bis 1 Std.

Anfahrt: U 1, Haltestelle Rotkreuzplatz, oder Tram 12, Haltestelle Neuhausen

Wenn sonntags an warmen Abenden die monumentalen und doch zugleich so filigran wirkenden Glastore der **Pfarrkirche Herz Jesu 27** geöffnet werden, ist die Wirkung dieses außerordentlichen Baus am intensivsten. Er besteht aus zwei Quadern: dem aus Glas errichteten, äußeren Kubus mit den blauen Toren und einem aus Ahornlammellen aufgebauten, inneren Kubus, den ein schlichtes Kruzifix schmückt. 14 m hoch und aus blauen Glasplättchen zusammengesetzt, sind die offenen Torflügel eine blauschimmernde Einladung zum Betreten des Gotteshauses. Im Spiel des Lichts, das durch Glas und Lamellen gesteuert wird, entsteht eine geradezu magische Atmosphäre. »Kommt alle zu mir, die ihr euch plagt und schwere Lasten zu tragen habt: Ich werde euch Ruhe verschaffen« (Mt 11, 28) – dieser Text aus dem Matthäusevangelium schwebt als unsichtbares Motto über den offenen Toren und den ausgebreiteten Armen Jesu am Kreuz.

Kühner Entwurf

Der Symbolik des Baus liegt die Passion Christi zugrunde. Das Kreuz, die Nägel, die Wundmale, Tod und Auferstehung sind in den Details präsent. Als nichtchristlicher Besucher mag man sich von diesem Rückgriff auf Leid und Schmerz irritiert fühlen – für katholische wie evangelische Gläubige sind Christi Tod und Auferstehung Kernstück ihrer Religion. Doch jeder, ob christlich gläubig oder nicht, kann in diesem Gotteshaus eine ästhetisch faszinierende und sehr überzeugende Umsetzung dieses zentralen Themas sehen, erspüren und nachvollziehen.

Am 26. November 1994 vernichtete ein Brand die seit Ende des 19. Jh. bestehende und in den 1950er-Jahren nach Kriegszerstörung neu aufgebaute Pfarrkirche Herz Jesu. 1995 schrieb die Gemeinde einen Architekturwettbewerb aus, den das Münchner Büro Allmann Sattler Wappner gewann. Der Entwurf sah zwei ineinandergepasste Quader mit den Außenmaßen 48 m Länge, 20 m Breite und 16 m Höhe vor; der Campanile wurde frei stehend als Stahlgerüst konzipiert. So ungewöhnlich wie die strengen rechtwinkeligen Formen sind auch die Materialien: Die Außenhülle setzt sich aus den beiden blauen Glasportalen, die die gesamte Breite einnehmen, und 14 Glasbahnen auf jeder Längsseite zusammen, die zum Altar hin immer weniger lichtdurchlässig sind. Der innere Quader besteht aus Ahornholzlamellen, die je nach gewünschtem Lichteffekt verstellt werden können und so mehr oder weniger durch die Glashülle dringendes Licht einlassen. Durch diese Technik sind geradezu theatralische Beleuchtungseffekte möglich, die sich auf den Altar und die dahinterliegende Querwand konzentrieren. Diese verhüllt ein aus goldfarbigen Tombakstäben – Tombak ist eine Messinglegierung – gewebter Vorhang.

Aus dem gleichen Material und ein filigranes Kreuz bildend ist der Rahmen des Marienbildes, das den Besucher gleich beim Betreten der Kirche unter der Orgelempore empfängt: Das Gemälde, um 1500 in der Werkstatt von Jan Polack entstanden, wirkt im klaren Umfeld der Kirche ebenso stimmig, als hinge es in einem gotischen Bau. An diesem Ort der Marienverehrung brennen meist ein paar Kerzen.

Symbole dechiffrieren

Wenn die Sonne richtig steht, ist das erste Kreuz schon zu sehen, bevor man die Kirche betritt. In nur leicht dunklerem Blau erstreckt es sich über die gesamte Breite und Höhe der blauen Tore. Beim Näherkommen erkennt man ein Muster auf den blauen Glasplättchen. Die aus Nägeln gebildeten und auf das Glas aufgedruckten Symbole sind Buchstaben eines Alphabets, das der britische Künstler Alexander Beleschenko in Anlehnung an die Keilschrift der Sumerer entworfen hat. Beleschenkos imaginäre Buchstaben formen Textzeilen aus dem Johannesevangelium.

Wer Herz Jesu nicht am Sonntagabend, dem Tag der Offenen Tore, besucht, betritt die Kirche durch kleine, ins Glas eingepasste Türen und steht im Kreuzgang zwischen Glas und Holzfläche, der in 14 Leuchtkästen mit Schwarz-Weiß-Fotografien vom Alltag auf der Jerusalemer ›Via Dolorosa‹ einmal um das Gotteshaus herum führt (Matthias Wähner, Kunstakademieprofessor in München). Der Kirchenraum ist von hellen, warmen Holztönen getragen. Einziger Schmuck ist der goldene Vorhang des auf sakrale Räume spezialisierten Bad Wörishofener Künstlerpaars Lutzenberger & Lutzenberger an der Altarrückwand, in dem sich je nach Lichteinfall mal deutlich, mal schwächer ein Kreuz abhebt, das mit jenem der Glastore korrespondiert. Das dritte Kreuz muss man ›ergehen‹: Die fünf Wundmale Christi, die es bilden, sind fünf tiefe, hell erleuchtete Kammern im Boden, zwei links und rechts der ersten Stuhlreihe, zwei näher nebeneinanderliegende unter der Orgelempore und das ›Herz Jesu‹ im Mittelgang. Urheber dieser Installation sind die beiden Künstler Marc Weiss und Martin de Mattia, die unter dem Namen M+M firmieren.

Genuss für die Ohren

Im Jahr 2003 wurde die Orgel geweiht und auch sie ist natürlich im ikonografischen Kanon der Kirche mit einem verborgenen Kreuz geschmückt. Leider viel zu selten finden in diesem ästhetisch so harmonischen und zugleich ungewöhnlichem Raum Konzerte statt. Wenn Orgel und Chor den Quader mit Musik erfüllen, enthüllt er ein weiteres Geheimnis: Seine wunderbare Akustik.

Das Marienbild unter der Orgelempore wird ebenfalls von einem Kreuz umrahmt

www.hotelenglischergarten.de, 12 Zi., DZ 75–130 €. Das kleine, charmante Mittelklassehotel liegt direkt am Englischen Garten und besitzt einfache und Komfortzimmer, zusätzliche Appartements gibt's in der Dependance zu mieten.

Funktional – **Haus International** 5 : Elisabethstr. 87, Tel. 089 12 00 60, www.haus-international.de, 180 Zi., DZ mit Du/WC 78 €, Mehrbettzi. 25 €/Person. Eine Art bessere Jugendherberge, zentrumsnah und deshalb außerordentlich beliebt bei München-Besuchern aller Altersstufen, vor allem bei Schüler- und Studentengruppen. Deshalb geht's gelegentlich hoch her. Es gibt EZ, DZ und Mehrbettzimmer, mit oder ohne WC/Bad.

Preiswert und hell – **A&O Hackerbrücke** 6 : Arnulfstr. 102, Tel. 089 45 23 57 57 00, www.aohostels.com, 93 Zi., DZ ab 40 €. Das moderne und zentral beim Hauptbahnhof gelegene Jugendgästehaus hat freundlich eingerichtete Zimmer unterschiedlicher Kategorien.

Luftig – **Campingplatz Thalkirchen** 7 : Zentralländstr. 49, Tel. 089 723 17 07, www.camping.muenchen.de, mit U 3 bis Thalkirchen, dann weiter mit Stadt-Bus 135 (ca. 15 Min. vom Marienplatz), Mitte März–Okt., Zelt um 4 €, Person 5 €, Auto 4,50 €. Ruhig im Grün an der Isar gelegen ist der Platz für 300 Zelte und 150 Wohnmobile.

Kommunikativ – **The Tent** 8 : Kapuzinerhölzl, In den Kirschen 30, Tel. 089 141 43 00, www.the-tent.com, Juni–Okt., Schlafplatz um 7,50 €. Das ist wohl Münchens beliebteste Unterkunft für junge Leute aus aller Welt: ein Riesenzelt mit Riesenschlaflager.

Essen & Trinken

Restaurants gibt's wie Sand am Meer, darunter unendlich viele Italiener. Wer

München in der warmen Jahreszeit besucht, sollte unbedingt einen Abend im Biergarten verbringen.

Bayerisch und Schuhbeck – **Schuhbeck's in den Südtiroler Stuben** 1 : Am Platzl 6/8, Tel. 089 216 69 00, www.schuhbeck.de, Mo ab 18, Di–Sa 12–14.30, ab 18 Uhr, Menü ab 78 €. Starkoch Schuhbeck bringt frischen Wind ins traditionelle Ambiente des alten Gasthofs. Südtirol und Bayern vermählen sich in leichten, dennoch herzhaften Kreationen.

Bayerisch-gediegen – **Spatenhaus** 2 : Residenzstr. 12, Tel. 089 290 70 60, www.kuffler-gastronomie.de, EG tgl. 9.30–0.30, OG tgl. 11.30–1 Uhr, Hauptgerichte ab 15 €. Die Traditionsadresse nach dem Opernbesuch. Auch wenn's immer voll ist und oft hektisch, die bayerische Küche ist sehr gut. Zu empfehlen sind Tafelspitzsülze oder Wurstsalat mit Regensburgern.

Französisch und genial – **Dukatz** 3 : Maffeistr. 3 a, Tel. 089 710 40 73 73, www.dukatz.de, Mo–Sa 12–14.30 und 18.30–22.30 Uhr, Hauptgerichte ab 16 €. Französische, feine Küche von ausgesuchter Qualität, präsentiert von sehr aufmerksamem Personal. Im Bistrot im Erdgeschoss gibt es Snacks.

Urbayerisch – **Hofbräuhaus** 4 : Platzl 9, Tel. 089 29 01 36 10, www.hofbraeuhaus.de, tgl. 9–23.30 Uhr, Hauptgerichte um 13 €. Ein Muss in München, sogar für Münchner; die wählen allerdings lieber einen Tisch im schattigen Biergarten als in der Schwemme, wo Japaner mit Italienern schunkeln.

Bio-Bier – **Unions-Bräu** 5 : s. S. 77

Vegetarisch-schick – **Prinz Myshkin** 6 : Hackenstr. 2, Tel. 089 26 55 96, www.prinzmyshkin.com, tgl. 11–0.30 Uhr, Hauptgerichte ab 12 €. Absolut zentrale Lage, dezent-moderne Einrichtung und seit Jahren gleichbleibend gute, vegetarische Küche, zu deren Klassikern ein himmlisches Kartoffel-Zucchini-Trüffelgratin gehört, machen den Prinz zu einem der beliebtesten Treffpunkte zwischen Marienplatz und Sendlinger Tor.

Asiatische Garküche – **Kaimug:** Theatinerstr. 15, Tel. 089 20 60 33 25, Mo–Sa, Hauptgerichte um 7 €. Die Thai-Garküche in den **Fünf Höfen** 5 ist fast immer überlaufen – die Gerichte (auch zum Mitnehmen) sind superköstlich und schmecken nach Fernweh.

Biergärten

Radeln und genießen – **Aumeister** 7: s. Lieblingsort S. 102.

Für Schwabinger – **Osterwaldgarten** 8: Keferstr. 12, Tel. www.osterwald garten.de, Mo–So 10–23 Uhr, Hauptgerichte um 15 €. Idyllisch am Englischen Garten gelegen mit kleinem Biergarten, urigem Gasthaus und stets frischer bayerischer Küche.

Für die Familie – **Hirschgarten** 9: Hirschgarten 1, www.hirschgarten.de, tgl. 11–24 Uhr, Hauptgerichte um 12 €. Einer der beliebtesten Biergärten der Münchner und mit 8000 Plätzen riesengroß. Wie sich's für einen richtigen Biergarten gehört, ist nur Getränkekonsum Pflicht; das Essen kann man selbst mitbringen.

Einkaufen

Lebensmittel – **Viktualienmarkt** 1: s. S. 89, Mo–Fr 9–20, Sa 9–15 Uhr.

Exotisches – **Africa & House** 2: Hohenzollernstr. 50, www.africahouse. de. Mehr als ein Laden: Hier finden auch häufig Lesungen und Musikabende zum Thema Afrika statt. Wunderschön, aber auch kostspielig sind Schmuck, Skulpturen und Accessoires aus Afrika.

Süßes – **Elly Seidl** 3: Am Kosttor 2, www.ellyseidl.com. Seit 1918 Pralinés aus Meisterhand.

Originelle Souvenirs – **servus.heimat** 4: Brunnstr. 3, www.servusheimat. com. Bayerische Souvenirs können ganz schön schrill und hip sein …

Einkaufspassage – **Die Fünf Höfe** 5: s. Mein Tipp S. 91.

Aktiv & Kreativ

Fahrräder – **Call a Bike:** Tel. 0898 07 00 05 22 55 22, www.callabike-interaktiv. de, 8 Cent/Min., max. 9 €/Tag. Einmal angemeldet, bekommt man per Telefon den Code fürs Fahrrad und kann losfahren und es wieder abstellen, wo man will.

Baden – **Naturbad Maria Einsiedel** 1: Zentralländstr. 28, www.swm.de, tgl. 9–18, an heißen Tagen bis 20 Uhr. Unter den vielen städtischen Schwimmbädern ist dieses im Süden gelegene Freibad Kult. Hier garantieren nicht Chemie, sondern Algen die Sauberkeit. Außerdem für Mutige: Schwimmen im Isarkanal – brrrr!

Tanzen – **Max-Emanuel** 2: Adalbertstr. 33, Tel. 089 271 51 58, Programm unter www.max-emanuel-brauerei.de. Ob Salsa, Rock 'n' Roll oder Swing: Hier kreisen die Hüften jeden Abend zu einem anderen Sound.

Zeltdachklettern – **Olympiagelände** 25: s. Mein Tipp S. 94.

Abends & Nachts

Treffpunkt für den frühen Abend sind die Lokale im **Glockenbachviertel,** wo man zwischen Gärtnerplatz und Hans-Sachs-Straße essen oder einfach nur etwas trinken kann. Später zieht die Szene in die Clubs und Diskotheken wie **Max&Moritz** 1, **baby!** 2 oder **Harry Klein** 3 um, die sich im Stadtzentrum um Sonnenstraße und Maximiliansplatz konzentrieren. Die ehemals ›größte Partymeile Europas‹, das hinter dem Ostbahnhof liegende **Opti-molgelände,** ist ein alter Hut.

Stimmung unter Stuck – **Faun 4** : Hans-Sachs-Str. 17, http://faun.mycosmos.biz, Mo–Fr 10–1, Sa/So 9–1 Uhr. Eine Rarität unter all den schick gestylten Glocken-bach-Locations ist das barocke Ecklokal mit dunklem Holz und großen Fens-tern. Bei Schweinebraten und süffigem Augustiner sitzt man bis in die Nacht in bester Stimmung zusammen.

Unermüdliche Szene – **Baader Café 5** : Baaderstr. 47, www.baadercafe.de, So–Do 10–1, Fr/Sa10–2 Uhr. Seit 1985 ein Hort der Möchtegern-Philosophen, Newcomer-Autoren und der Szene, die sich immer wieder erneuert. Bis 16 Uhr gibt's Frühstück, danach geht man zu Bier oder Wein über, nachts gibt's ge-legentlich einen DJ, und Marys Kuchen sind nach wie vor der Geheimtipp in der Stadt.

Saudade – **Lisboa Bar 6** : Breisacher Str. 22, www.lisboa-bar.de, Mo–Do 17–1, Fr/Sa 17–3, So 10–24 Uhr. Mün-chens ältester Portugiese lässt in Haid-hausen Fernwehstimmung aufkom-men. Hier bekommt man köstliche Fischspezialitäten, scharfe Würste, schweren Wein und bunte Drinks.

Angesagt – **Bergwolf 7** : Fraunho-ferstr. 11, Mo–Do 12–15, 18–F, Fr 12–15, 18–4, Sa 12–4, So 17–22 Uhr. Warum sollte man sich in eine Schlange stellen, um in einer winzigen, düsteren Imbiss-bude über dem U-Bahnhof Currywurst zu essen? Weil das alle tun!

Zum Tanzen – **Atomic Café 8** : Neu-turmstr. 5, www.atomic.de, Di–Do 22–3, Fr/Sa –5, freier Eintritt bis 23 Uhr (ohne Konzert). Die Adresse für die junge Livemusik-Szene, hier werden Entdeckungen gemacht und manchmal spielen auch Große einen privaten Gig.

Für Jazzfans – **Unterfahrt 9** : Ein-steinstr. 42, www.unterfahrt.de, tgl. 19.30–1, Konzertbeginn 21 Uhr. Hier kämpft Münchens Jazzszene gegen das Kneipensterben an, das inzwischen die meisten anderen Jazzlokale weg-gefegt hat. Super Programm, super Stimmung.

Infos & Termine

Infos
S. Infobox S. 82.

Verkehr
Innerstädtischer Verkehr: In der Stadt verkehren U-Bahnen, Straßenbahnen und Busse; das weit verzweigte S-Bahn-Netz verbindet München mit dem Umland und nahen Ausflugszie-len (Auskunft zu Abfahrtszeiten und Tarifen unter www.mvvmuenchen.de).

Termine
Biennale/SpielArt: Abseits der etab-lierten Bühnen finden in München im Wechsel zwei der wichtigsten europäi-schen Kulturfestivals statt: In geraden Jahren die Biennale mit Musikurauf-führungen zeitgenössischer Komposi-tionen (April/Mai, www.muenchener biennale.de), in ungeraden Jahren das Theaterfestival SpielArt (Nov./Dez., www.spielart.org) mit spannenden Gastspielen und Neuproduktionen in-ternationaler Theaterkompanien.

Oktoberfest: vom vorletzten Sa im Sept. 2 Wochen. Schausteller, Karus-sells, Achterbahnen und Bierzelte lo-cken Millionen Vergnügungssüchtiger auf die Theresienwiese.

Tollwood: zweimal im Jahr, im Dez. auf der Theresienwiese, im Juni im Olym-piapark, jeweils 4 Wochen. Jahrmarkt, Theater, Konzerte, Kunstaktionen und jede Menge Stände mit Ethno-Kitsch, Klamotten und Kunsthandwerk in ei-ner Zeltstadt, mit kulinarischer ›Welt-reise‹. Auskunft über Programm und genaue Termine: www.tollwood.de.

Lieblingsort

Radeln und genießen – zum Aumeister 7

Eine Radtour quer durch den Englischen Garten ist die perfekte Einstimmung auf den Aumeister: Dort lässt man sich an Biertischen unter Kastanien nieder, packt die mitgebrachte Brotzeit aus (das Tischtuch nicht vergessen!), lässt die Kinder auf den Spielplatz und genehmigt sich eine spritzige Radlermaß. Mein Tipp, wenn mehr als 3000 Münchner auf diese Idee verfallen sind und kein Platz mehr zu ergattern ist: Gleich daneben, im Restaurant Aumeister, sitzt man auch unter Kastanien, nur etwas edler und mit feiner bayerischer Küche (Sondermeierstr. 1, www.aumeister. de, tgl. 10–22 Uhr, Hauptgerichte im Restaurant um 15 €).

Rund um München

KZ-Gedenkstätte Dachau

▶ F 7, Großraum B 1

*Alte Römerstr. 75, Tel. 081 31
66 99 70, www.kz-gedenkstaette-
dachau.de, Di–So 9–17 Uhr, zu erreichen mit der S-Bahn von München*
Rund 17 km nordwestlich von München liegt Dachau, dessen Name weltweit als Synonym für den Terror der
Naziherrschaft gilt. Heinrich Himmler
ordnete 1933 die Einrichtung des Konzentrationslagers Dachau an, in dem
zunächst Oppositionelle, nach der
Reichspogromnacht dann die ersten
10 000 Juden interniert wurden. Insgesamt verbrachten 200 000 Häftlinge
die Nazi- bzw. Kriegsjahre in den Bara-
cken des Konzentrationslagers, 32 000,
so lautet die offizielle Zahl, überlebten
Hunger, Arbeit, Folter und medizini-
sche Experimente nicht. Die Gedenkstätte auf dem Gelände des ehemaligen KZs wurde Anfang 2000 grundlegend umgestaltet: Bunker und Wirt-
schaftsgebäude wurden für Besucher
zugänglich gemacht. Mit Ausstellungen dokumentiert die Gedenkstätte
Einzelaspekte und Geschichte des Konzentrationslagers und der Naziherrschaft.

Schloss Schleißheim und Flugwerft ▶ F 8, Großraum C 1

*Altes Schloss, Lustheim und Neues
Schloss: Max-Emanuel-Platz 1, Oberschleißheim, Tel. 089 315 87 20, www.
schloesser-schleissheim.de, April–Sept.
Di–So 9–18, Okt.–März Di–So 10–
16 Uhr; Flugwerft: Effnerstr. 18,
Oberschleißheim, Tel. 089 315 71 40,
www.deutsches-museum.de,*
*tgl. 9–17 Uhr, zu erreichen mit der
S-Bahn von München*
Als Oberschleißheim nördlich von
München noch ein wildes Sumpf- und
Waldgebiet war, beschloss Herzog
Wilhelm V. (1548–1626) dort Ende des
16. Jh. eine kleine Einsiedelei zu errichten, in die er sich ungestört zurückziehen konnte. Hundert Jahre später verwandelte der ›Blaue Kurfürst‹
und Bewunderer des französischen
Absolutismus, Max II. Emanuel, die
Wildnis in einen barocken Park und
setzte dem schlichten **Alten Schloss**
sein **Neues Schloss** gegenüber. Von
1702 bis 1726 dauerten die Bauarbeiten, an denen Enrico Zuccalli und Joseph Effner maßgeblich beteiligt wa
ren. Allein 330 m ist die streng geglie-
derte Fassade lang, im Innern arbeitete
Johann Baptist Zimmermann als Stu-
kateur, Joseph Effner schuf mit dem
Treppenhaus einen Prototyp barocker
Repräsentationsaufgänge. Den Park
pflanzte der französische Gartenarchi-
tekt Dominique Girard. Max II. Emanuel wohnte während der Bauarbeiten im **Schlösschen Lustheim,** das Enrico Zuccalli ihm bereits 1688 errichtet
hatte. Perfekt positioniert steht es in
der Sichtachse des Neuen Schlosses
und ist mit diesem durch einen Kanal
verbunden. Den Umzug erlebte der
Kurfürst allerdings nicht mehr, er starb
vor der Fertigstellung der Innenausstattung. Im Neuen Schloss ist eine
Gemäldegalerie italienischer und flä-
mischer Meister des 17. Jh. zu sehen,
Schloss Lustheim beherbergt eine
Sammlung Meißener Porzellans und
das Alte Schloss widmet sich Skulpturen und Bildern aus aller Welt zum
Thema christliche Symbolik.
Nur einen kurzen Spaziergang entfernt geht's dann um alles, was fliegt:
In den historischen Hallen der ehema-
ligen **Flugwerft Schleißheim** zeigt das
Deutsche Museum (s. S. 89) historisches

und modernes Fluggerät. Spannend ist die Gläserne Werkstatt, in der man zusehen kann, wie aufwendig die Maschinen restauriert werden. Auf dem alten Flugplatz herrscht immer noch Flugbetrieb: Sportmaschinen und gelegentlich sogar die ›Tante Ju‹ (JU-52) oder ein Zeppelin setzen zu Start bzw. Landung an.

Freising ▶ G 6

Die charmante Kleinstadt im Schatten des Münchner Flughafens wird von zwei Hügeln überragt: Den einen krönt der **Dom Mariä Geburt,** eine der ältesten Kirchen Oberbayerns, den anderen die Brauerei Weihenstephan, angeblich die älteste Braustätte der Welt. 739 gründete der hl. Korbinian das Bistum Freising, dessen Einflussbereich bis nach Südtirol reichte. In der Auseinandersetzung mit Herzog Heinrich dem Löwen zogen die Bischöfe 1158 den Kürzeren (s. S. 41). Vielleicht wäre sonst Freising und nicht München zum Millionendorf herangewachsen.

Dom Mariä Geburt und Diözesanmuseum

Dom: Mo–Do 8–12, 14–17 (Winter), Mo–Do 14–18 (Sommer), Fr nur nachmittags, Sa/So 8–18 Uhr; Museum: Domberg 21, www. dioezesanmuseum-freising.de, Di–So 10–17 Uhr

Die im 12. Jh. errichtete, romanische **Basilika** wurde Anfang des 18. Jh. von Cosmas Damian und Egid Quirin Asam in Weiß und Gold barockisiert; das Gemälde »Apokalyptisches Weib« von Peter Paul Rubens ist nur als Kopie ausgestellt – das Original befindet sich in der Alten Pinakothek in München (s. S. 93). 24 Säulen stützen die Decke der unter dem Hauptschiff erhaltenen, 1160 erbauten romanischen Krypta,

deren Mittelpunkt der Reliquienschrein des hl. Korbinian bildet. Bizarr wirkt die »Bestiensäule«, auf der Menschen und apokalyptische Ungeheuer miteinander kämpfen. Die daran anschließende Maximilianskapelle zeigt Vater Hans Georg Asams Kunstfertigkeit: Er malte die Decke 1710 mit Fresken aus.

Im **Diözesanmuseum,** das als größte Sammlung kirchlicher Kunst in Deutschland gilt, sind Teile des Freisinger Domschatzes, wertvolle Krippen, Flügelaltäre und Votivbilder zu sehen. Wenn Föhn herrscht, ist der Aussichtspunkt zwischen Dom und Museum besonders spektakulär: Über die Schotterebene um München und die Landeshauptstadt reicht der Blick bis an den Alpenriegel!

Essen & Trinken

Deftig und gut – **Bräustüberl Weihenstephan:** Weihenstephaner Berg 10, Tel. 08161 130 04, www.braeustueberl-weihenstephan.de, tgl. 10–24 Uhr, Hauptgerichte um 10–12 €. Runter vom Domberg und rauf auf den Bierberg. Im Bräustüberl gibt's natürlich Bier aus der Brauerei Weihenstephan und dazu gute Hausmannskost von bayerischen Weiden und Äckern.

Kruzifix von Enghausen

▶ H 5

Das älteste lebensgroße Kruzifix der Welt hängt in der kleinen **Dorfkirche von Enghausen,** 27 km nordöstlich von Freising. Bei Restaurierungsarbeiten wurde seine Entstehung auf das Jahr 890 datiert. Auch ohne Superlative: Dieser Christus ist von anrührender Schlichtheit und ungeheurer Intensität.

Nördliches Oberbayern

Highlight!

Ingolstadt: Der klassizistische Festungsgürtel und die historische Altstadt mit mittelalterlichen Häusern und Rokokokirchen machen Ingolstadt zu einem Kleinod im Norden Oberbayerns. S. 112

Auf Entdeckungstour

Zu Fuß oder per Fahrrad rund um Ingolstadts Festungsring: Mit militärtechnischer Raffinesse wurde Ingolstadt im 19. Jh. befestigt; nun erobern Knöterich und Löwenzahn ihr altes Terrain zurück und schaffen ein idyllisches Stück Natur. S. 116

Kultur & Sehenswertes

Hopfenmuseum Wolnzach: Welch Überraschung, wie spannend man sich der Kultur- und Wirtschaftsgeschichte des Hopfens annähern kann! S. 109

Willibaldsburg: In der Renaissanceburg in Eichstätt residiert das Jura-Museum mit Exponaten aus Vor- und Frühgeschichte. Stellt sich die Frage: Was für ein Dino war Juravenator starki? S. 124

Aktiv & Kreativ

Auf den Spuren von Dr. Frankenstein: Wer nachts in den Altstadtgassen von Ingolstadt dem Treiben des Doktors nachspürt, darf sich ruhig ein wenig gruseln. S. 119

Fossiliensteinbruch Blumenberg: Wer Fossilien sucht und ordentlich hämmert, findet beim Steineklopfen im Schiefer womöglich einen Archaeopteryx. S. 125

Genießen & Atmosphäre

Schloss Hohenkammer: Kulinarische Kapriolen für anspruchsvolle Feinschmecker – und im Biergarten gibt's Bodenständiges. S. 109

Ölbaum: In der mediterranen Oase von Ingolstadt weckt alles – von der Musik über die Einrichtung bis hin zum köstlichen Essen – Fernwehgefühle. S. 119

Gasthof Krone: Fränkisch-oberbayerische Spezialitäten serviert das urige Gasthaus am Eichstätter Domplatz. S. 125

Abends & Nachts

suxul: An den Wochenenden präsentieren im Ingolstädter Musik-Club DJs die Trends der internationalen Musikszene – sehr angesagt! S. 120

Birdland: An Deutschlands berühmtestem Jazzclub in Neuburg a. d. Donau führt kein Weg vorbei. S. 121

Wo Spargel, Hopfen und Kunst gedeihen

Dass die Region zwischen der bayerischen Landeshauptstadt und dem Altmühltal zu Oberbayern zählt, mag man kaum vermuten. Alles Typische fehlt: die hohen Berge, die grünen Almen, Lüftlmalereien an den Bauernhöfen. Hallertau, Dachauer Moos und Altmühltal sind Landschaften von spröder, stiller Schönheit. Hopfen, Spargel und Audi sind die Schlagworte, mit denen die Gegend gemeinhin charakterisiert wird. Doch ist das wirklich alles? Weit gefehlt! Wert-

vollste Gemäldesammlungen erwarten den Besucher in Neuburg, Flussauenwildnis an Altmühl und Donau, Romantik in mittelalterlichen Städtchen wie Schrobenhausen und herrliche wie imposante Architekturkunst im quirligen, urbanen Zentrum des Nordens, Ingolstadt.

Pfaffenhofen ▶ E/F 5/6

Das idyllische Pfaffenhofen an der Ilm ist die erste Station im nördlichen Oberbayern: Ende des 12. Jh. gegründet und Anfang des 15. Jh. zur Stadt erklärt, zeigt es bis heute mit seinem lang gestreckten **Marktplatz** historisches Flair. Bunte Giebelhäuser säumen den Markt zwischen dem neugotischen **Rathaus** und der **Kirche St. Johann Baptist:** Im 15. Jh. erbaut, wurde sie im 17. Jh. durch einen der Wessobrunner Schmuzer-Familie, Matthias II, mit elegantem Stuck zurückhaltend geschmückt. Auffällig ist ihr spätgotischer, 75 m hoher Turm.

Rund um Pfaffenhofen

Abtei Scheyern ▶ E/F 6

Wenige Kilometer nach Südwesten durch reizvolle, sanft-hügelige Landschaft sind es von hier zur **Benediktinerabtei Scheyern:** Hier stand ursprünglich die Stammburg der Wittelsbacher, damals noch Grafen von Scheyern (s. S. 54). 1119 verfügte Otto V. die Umwidmung der Burg zum

Kloster. Bis 1253 wurden die Wittelsbacher Fürsten in der Johanneskirche (zugänglich vom Kreuzgang des Klosters) beigesetzt. Der wuchtige, in Teilen noch romanische Turm der Pfarrkirche Mariä Himmelfahrt und des Heiligen Kreuzes beherrscht die neoromanische Fassade von Kirche und Klosterbauten; im Inneren umrahmt Wessobrunner Stuck (Ignaz Finsterwalder) Fresken vom Anfang des 20. Jh. Besonders verehrt wird in der Heiligkreuzkapelle das **Scheyerner Kreuz,** ein byzantinisches Reliquiar, das einen Splitter vom Kreuz Jesu birgt.

Da ein Kloster seine Brüder auch ernähren muss, ist Scheyern in vielen Bereichen wirtschaftlich aktiv: Die Benediktiner brauen seit 1119 ihr eigenes Bier der Marke Kloster, sie unterhalten eine Metzgerei mit eigener Schlachterei sowie Wurstherstellung und sind auch in der Landwirtschaft engagiert. Die Klosterprodukte kommen im Biergarten und Bräustüberl der **Klosterstub'n** frisch auf den Tisch.

Essen & Trinken

Edel und apart – **Schloss Hohenkammer:** Schlossstr. 25, Hohenkammer, www.schlosshohenkammer.de, Di–Fr 18–24, Sa/So 12–15, 18–24 Uhr, Hauptgerichte um 20 €. Lammrücken mit Zucchiniblüten oder Spargelrisotto – im Restaurant des Wasserschlosses südlich von Pfaffenhofen kocht das Team des Münchner Feinkostpapstes Käfer; im Biergarten bekommt man aber auch preiswerte bayerische Schmankerl.

Herzhaft – **Klosterstub'n:** Schyrenplatz 1, Scheyern, Tel. 08441 278 90, www.kloster-scheyern.de, tgl. 10–23 Uhr, im Winter Mi–So, Hauptgerichte um 10 €. Kalbstafelspitz, Bauernente und natürlich Schweinebraten munden hervorragend.

Infos

Städtisches Fremdenverkehrsamt: Hauptplatz 47, 85276 Pfaffenhofen, Tel. 08441 49 15 11, www.pfaffenhofen.de.

Wolnzach ▶ F 5

Ein Abstecher nach Nordosten ist Freunden des Hopfenanbaus zu empfehlen – Wolnzach ist Mittelpunkt der Hallertau, der größten zusammenhängenden Hopfenanbauregion der Welt (s. S. 49), und besitzt ein vorbildliches **Museum:** Die typischen, schräg gestellten und mit Drähten verbundenen Hopfensäulen beherrschen die Hügelwelt rund um Wolnzach, und sie stützen das weit vorkragende Flachdach des Museumsneubaus, an dem natürlich auch Hopfen rankt. Im Innern erleben die Besucher einen Gang durch die Geschichte des Hopfenanbaus und durch den Produktionsprozess von der Pflanze bis zum Bier (Elsenheimerstr. 2, www.hopfenmuseum.de, Di–So 10–17 Uhr).

Sehenswert ist übrigens auch das 1878 erbaute **Wolnzacher Rathaus:** Wo heute der Bürgermeister die Geschicke des Ortes lenkt, wurde früher Hopfen gelagert.

Essen & Trinken

Gemütlich – **Schlossbräukellerei Au-Hallertau:** Schlossbräugasse 4, Au-Hallertau, Tel. 087 52 98 22, Di–Do ab 17, Sa/So ab 10 Uhr, Hauptgerichte um 10 €. 10 km südöstlich von Wolnzach, auf dem Schlossberg in Au in der Hallertau, würzt der frische Hopfen das in der Schlossbrauerei gebraute Bier. Im Bräukeller oder im Biergarten gibt es die dazu passende reichhaltige Kost.

Lieblingsort

**Nicht nur des Spargels wegen –
Schrobenhausen** ▶ D/E 5
Schrobenhausen ist einfach zau-
berhaft: Das historische Städtchen
ist noch rundum von der im 15. Jh.
erbauten alten Stadtmauer und
zwölf der ursprünglich 24 wehrhaften Türme umgeben. Im Zentrum
spreizt sich die Stadtpfarrkirche
St. Jakob unter ihrem im 15. Jh.
mit achteckigem Aufsatz bekrön-
ten Turm. Viele hübsche Häuser,
manche wie das Hebammenhaus
an die Stadtmauer gelehnt, sind zu
entdecken. Und die Straßennamen
– Metzger-, Nagelschmied- oder
Tuchmachergasse – erzählen ihre
eigene Geschichte. Im Mai und Juni
kommt zum atmosphärischen Genuss noch der kulinarische, denn
dann wird der Spargel gestochen!
(Museum im Pflegschloss, Lenbach-
museum und Europäisches Spargel-
museum: Mai/Juni tgl. 10–17,
Juli–April, Mi, Sa, So 14–16 Uhr;
alle Museen auf www.schroben
hausen.de.)

Schrobenhausen und Sandizell

Schrobenhausen s. S. 110

Sandizell ▶ D 5

Das **Wasserschloss Sandizell** westlich von Schrobenhausen wurde Mitte des 18. Jh. erbaut und wird bis heute von den gleichnamigen Grafen bewohnt (nicht zu besichtigen). Gleich nebenan, in der **Pfarrkirche St. Peter,** kann der Besucher ein Meisterstück bayerischer Kunstfertigkeit des Spätbarock bzw. frühen Roko0ko bewundern. Die Kirche ist ein achteckiger Zentralbau um den 1747 von Egid Quirin Asam geschaffenen Hochaltar. Er ist der prunkvolle Mittelpunkt einer durch Fresken, Stuck und Seitenaltäre erzeugten Raumillusion, in der die Grenzen zwischen realer und künstlerischer Welt verwischen.

Essen & Trinken

Alteingesessen und beliebt – **Zum Schimmelwirt:** Aichacher Str. 21, Schrobenhausen, Tel. 08252 76 09, Mo–Fr, So 9–23, April–Juni auch Sa 9–23 Uhr, Hauptgerichte um 10 €. Traditionsreiche bayerische Gastwirtschaft mit guter Küche. Neben Spargel sind Forellen aus dem hauseigenen Teich eine Spezialität. Die bayerische Brotzeit ist ebenfalls zu empfehlen.

Aktiv & Kreativ

Radwandern – **Paartal-Wanderweg:** Der rund 37 km lange Paartal-Wanderweg erschließt zu Fuß oder per Rad die romantische Auenlandschaft entlang der Paar. Ausgangspunkt sind Aichach im Süden bzw. Gut Schenkenau bei Hohenwart im Norden. Biber, Störche, zahllose Libellenarten, Große Brachvögel und Kiebitze können in den Auen beobachtet werden. Zu den seltenen und unter Naturschutz stehenden Pflanzen zählen Wasserbewohner wie Seekanne und Wasserfeder, Rohrkolben und Sumpf-Dreizack. Eine genaue Streckenbeschreibung enthält der Wanderführer »Der Paartal-Wanderweg«, Vlg. Benedikt Bickel, Infos außerdem unter www.paartal.com.

Ingolstadt! ▶ E/F 3/4

Mit 120 000 Einwohnern ist Ingolstadt nach München Oberbayerns zweitgrößte Stadt und ein bedeutender, Wirtschaftsstandort. Entsprechend ›sachlich‹ ist das Entree: Erdölraffinerie und Audi-Werke begrüßen den von der Autobahn kommenden Besucher. Doch die Stadt an der Donau blickt auf eine lange Siedlungsgeschichte zurück. Bereits 806 wurde sie erstmals urkundlich erwähnt, Bayerns älteste Universität steht hier, Feldherr Tilly starb in ihren Mauern, Dr. Frankenstein streifte in der Stadt umher, die besten Künstler des Barock und des Rokoko schmückten sie und Hofarchitekt von Klenze befestigte sie mit einem raffinierten Verteidigungssystem (s. S. 116).

Am Theaterplatz

Den Klenzeschen Bastionen (s. S. 116) verdankt Ingolstadt seine nahezu intakte Altstadt, denn Neubauprojekte wurden außerhalb des Verteidigungsrings in Angriff genommen. Ein guter Ausgangspunkt für den Stadtrundgang ist der **Theaterplatz** **1** mit Parkmöglichkeit in der Tiefgarage unter dem modernen Theaterbau. Den Platz beherrschen die alte und die neue Fürstenresidenz, der wuchtige, im Fundament aufs 13. Jh. zurückgehende **Herzogskasten** 2 und das **Neue Schloss** 3 ihm gegenüber. Der vierstöckige Herzogskasten mit seinem getreppten Giebel wurde 1565 zur Schranne (Getreidemarkt) umgebaut und beherbergt heute die Stadtbibliothek.

Das Neue Schloss entstand ab 1418 in der Regierungszeit Herzog Ludwigs des Gebarteten; bis ins 19. Jh. wurden daran Umbauten vorgenommen. Mit seinen Ecktürmen übertrifft es den alten Herzogskasten an Wucht und Wehrhaftigkeit. So bildet es denn auch einen idealen Rahmen für das darin untergebrachte **Bayerische Armeemuseum** mit Exponaten aus verschiedenen Kriegen und einer Sammlung von Zinnfiguren (Paradeplatz 4, www.bayerisches-armeemuseum.de, Di–So 8.45–17 Uhr). Der Erste Weltkrieg wird auf der gegenüberliegenden Donauseite im **Reduit Tilly** 15 (s. S. 117) dokumentiert.

Häuser Ickstatt, Fleißer und Tilly

Dokumentationsstätte Marieluise Fleißer: Kupferstr. 8, www.ingol stadt.de/stadtmuseum, So 11–17 Uhr
Vom Paradeplatz vor dem Schloss führt die Ludwigstraße durch das Herz der Ingolstädter Altstadt. Zarter Stuck und Fresken schmücken Süddeutschlands höchste Barockfassade am **Haus** des Reformers **Johann Adam Freiherr von Ickstatt** 4 (1702–1776), der von 1746 bis 1776 die Hohe Schule leitete und das bayerische Schulwesen reformierte. Seit 1573 gibt es das Haus in der Kupferstraße 8, das **Fleißerhaus** 5. Hier wurde 1901 die Schriftstellerin und Dramatikerin Marieluise Fleißer geboren (gest. 1974), mit deren provokativem Werk sich die Ingolstädter lange Zeit schwer taten. Schließlich wurde dann aber doch eine Dokumentationsstätte für die unbequeme Tochter eingerichtet (1997), die ihrer Heimatstadt in Werken wie »Pioniere in Ingolstadt« und »Feuer in Ingolstadt« literarische Denkmäler setzte. Am **Tillyhaus** 6 erinnert eine Inschrift daran, dass hier 1632 Graf von Tilly, der die Katholische Liga gegen die Schweden geführt hatte, seinen Verletzungen erlag.

Bürgerkirche Maria de Victoria 7

Gleich um die Ecke dann einer der Höhepunkte in Ingolstadt, die Bürgerkirche Maria de Victoria der Gebrüder Asam. Die roséfarbene Fassade mit ihrem zarten Stuckwerk ist ein Vorgeschmack auf den künstlerischen Hochgenuss im Innern: Cosmas Damian Asam schuf 1734 mit dem Deckenfresko ein Meisterwerk illusionistischer Malerei. Es zeigt die Rettung der Menschheit durch Gottes Gnade. Eingerahmt ist es von Stuckwerk seines Bruders Egid Quirin. Den intensivsten Eindruck von diesem Kunstwerk bekommt man sicherlich anlässlich eines der Orgelkonzerte, die regelmäßig in der Kirche veranstaltet werden.

Vom Liebfrauenmünster 8 zum Kreuztor 9

Wenige Schritte weiter überragt das gotische **Liebfrauenmünster** die Häuser der Altstadt. Sein Satteldach ist fast ebenso hoch wie die beiden eigenwillig über Eck gestellten Türme. Ab 1275 wurde an der Franziskanerkirche gebaut, im 15. Jh. wurde sie dann fertiggestellt, später kamen einzelne Kapellen hinzu. 1572 erhielt sie zum 100-jährigen Jubiläum der Hohen Schule den von Hans Mielich angefertigten Hochaltar. Weil das im 19. Jh. abgebrochene Kloster und die Kirche eng mit der Hohen Schule verknüpft waren, sind in der Kirche auch zahlreiche Grabsteine von Hochschulprofessoren zu finden. Schnurgerade führt die Kreuzstraße

Ingolstadt

Sehenswert
1 Theaterplatz
2 Herzogskasten
3 Neues Schloss
4 Ickstatt-Haus
5 Fleißerhaus
6 Tillyhaus
7 Bürgerkirche Maria de Victoria
8 Liebfrauenmünster
9 Kreuztor
10 Alte Anatomie
11 Taschentorturm
12 Hohe Schule
13 Altes Rathaus
14 Turm Triva
15 Reduit Tilly
16 Turm Baur
17 Museum für Konkrete Kunst
18 Astronomiepark
19 Künettegraben
20 Kavalier Hepp
21 Kavalier Heydeck
22 Kavalier Dallwigk

Übernachten
1 Rappensberger
2 Bayerischer Hof
3 BB Hotel
4 Jugendherberge

Essen & Trinken
1 Weissbräuhaus zum Herrnbräu
2 Ölbaum
3 Le Café
4 Neue Galerie ›Das Mo‹
5 Biergarten am Künettegraben

Einkaufen
1 Ingolstadt Village

Aktiv & Kreativ
1 Dr. Frankensteins Mystery Tour
2 Audi-Stadt

Abends & Nachts
1 suxul club
2 Eiskeller

vom Kirchenplatz auf das wehrhafte **Kreuztor** zu, im 14./15. Jh. mit spitzen Türmen und Zinnen aus Ziegeln erbaut und heute Wahrzeichen von Ingolstadt.

Alte Anatomie 10

Deutsches Medizinhistorisches Museum: Anatomiestr. 18–20, www.dmm-ingolstadt.de, Di–So 10–17 Uhr; Heilpflanzengarten: April–Okt. durchgehend geöffnet
Brunnhaus- und Neugasse folgen dem Verlauf der Stadtmauer von geduckten Häuschen gesäumt zur Alten Anatomie, 1723 als Exercitien Gepäu, als Versuchs- und Sezieranstalt, der medizinischen Fakultät in stolzem Barock erbaut. Wo Mary Shelleys Roman nach Dr. Victor Frankenstein sein Monster zusammensetzte, lädt heute das **Deutsche Medizinhistorische Museum** zu einem Spaziergang durch die Medizingeschichte ein. Im Heilpflanzengarten der Anatomie wachsen Heilkräuter aus aller Herren Länder; für Menschen mit Handicaps wurde ein Duft- und Tastgarten angelegt.

Hohe Schule und Rathausplatz

Am 1390 erbauten **Taschentorturm** 11 vorbei geht's nun zur äußerlich recht unspektakulären **Hohen Schule** 12, Bayerns ältester Universität. Hier unterrichteten so angesehene Wissenschaftler wie Luthers Gegenspieler Dr. Johannes Eck, Peter und Philip Apian (Mathematiker und Kartograf), der Astronom Christoph Scheiner und der Arzt und Schwarzkünstler Dr. Jörg Faustus, der durch Goethe zu später Berühmtheit kam und 1528 aus Ingolstadt ausgewiesen wurde: »Dem warsager soll befohlen werden dass er zu der stat auszieh und seinen pfennig anderswo verzere«, heißt es in einem Protokoll des Stadtrats. Ein Stück weiter rahmen das **Neue** und das **Alte Rathaus** 13 den Rathausplatz. Architekt Gabriel von Seidl, der sich in vielen oberbayerischen Orten um den Erhalt und die nicht immer originalgetreue Rekonstruktion historischer Bauten verdient gemacht hat, fasste 1882/1883 drei aus dem 15./16. Jh. stammende Häuser am ehemaligen Salzmarkt zu einem Neubau im Stil der

Neorenaissance zusammen. Die Arkaden entlang der Moritzstraße und die überwölbten Räume im Erdgeschoss stammen noch aus der Ursprungszeit.

Übernachten

Komfortabel-elegant – **Rappensberger** **1**: Harderstr. 3, Tel. 0841 31 40, www. rappensberger.de, 75 Zi., DZ ab 100 €.

Das Traditionshotel (mit beliebten Restaurant/Tiefgarage) im Stadtzentrum besteht aus einem historischen Kern und einem modernen Anbau. Die hellen, geschmackvoll gestalteten Zimmer bieten allen Komfort.

Familiär – **Bayerischer Hof** **2**: Münzbergstr. 12, Tel. 0841 93 40 60, www. bayerischer-hof-ingolstadt.de, 34 Zi., DZ um 85 €. Die familiär geführte Hotel im Zentrum bietet einfach, aber

Auf Entdeckungstour

Zu Fuß oder per Fahrrad rund um Ingolstadts Befestigungsring

Ingolstadts Festungsring wurde im 19. Jh. nach dem ›neupreußischen System‹ angelegt und besteht aus Bastionen, Türmen und großen Freiflächen, die sich die Natur seit Ende der militärischen Nutzung mal wild, mal gestalterisch gelenkt zurückerobert hat: Heute ist dieser die Stadt einrahmende grüne Gürtel, das Glacis, Freizeitrevier und Kunsterlebnis zugleich.

Zeit: ohne Museumsbesuche zu Fuß 1,5 Std., mit dem Fahrrad 45 Min.

Planung: Museum für Konkrete Kunst, Tränktorstr. 6, Di–So 10–17 Uhr; Stadtmuseum, Auf der Schanz 45, Di–Fr 9–17, Sa/So 10–17 Uhr; Biergarten am Künettegraben, im Sommer bei schönem Wetter geöffnet

Start: Schlosslände mit Neuem Schloss

1827 beauftragte König Ludwig I. Oberst Michael von Streiter mit dem Ausbau der Landesfestung Ingolstadt. Das Projekt sah eine Reihe von Wehrbauten vor, die eine Kanonade der Stadt verhindern und ausreichend Raum für den Aufmarsch von großen Truppenverbänden schaffen sollten. Ab 1837 war Hofarchitekt Leo von Klenze an der klassizistischen Ausformung maßgeblich beteiligt.

Strategiespiele und Spielplätze

Ausgangspunkt der Tour ist das **Neue Schloss** **3**. Von der Schlosslände führt die Fußgängerbrücke Donausteg ans Südufer in den Klenzepark: **Turm Triva** **14** und **Turm Baur** **16** bewachen die Flanken der lang gestreckten Brückenkopfbefestigung, in deren Zentrum das **Reduit Tilly** **15** einen zur Donau hin geöffneten Halbkreis mit 36 Geschützkasematten formt. Der Brückenkopf diente der Verteidigung des Übergangs über den Fluss; das Reduit mit seinen unterirdisch angelegten Kasematten war als Rückzugsort für die Truppe geplant. Wirklich gekämpft wurde hier allerdings nie.

Die einstige Industriebrache zwischen den Festungen wurde für die Bundesgartenschau 1992 attraktiv gestaltet; die von Klenze geprägten Bastionen in Museen umgewandelt: Im Reduit Tilly befindet sich die Ausstellung zum Ersten Weltkrieg des **Bayerischen Armeemuseums** (s. S. 113). Beleuchtet werden nicht nur das Kriegsgeschehen, sondern auch die Vorgeschichte und die Konsequenzen für die Bevölkerung, so Hunger, Seuchen, aber auch das durch die Abwesenheit der Männer zwangsläufig sich wandelnde Selbstverständnis der Frauen. In den Turm Triva soll demnächst ein Polizeimuseum einziehen. Für Kinder ein Muss: der Regenbogen-

spielplatz mit tollen Klettermöglichkeiten rund um ein ›gestrandetes Schiff‹.

Musealer Ritterschlag für eine Kaserne

Nun geht's über den Donausteg zurück und am Nordufer der Donau entlang zum **Museum für Konkrete Kunst** **17**. Dem lang gestreckten Bau, einer Kaserne aus dem 18. Jh., ist eine kleine Grünanlage vorgelagert, die Plastiken von Künstlern schmücken. Der Blick über die Donau zum Reduit Tilly ist eindrucksvoll; ein Blick ins Museum mit seiner spannenden Sammlung konkreter Kunst nicht minder. Kernstück der 1992 eröffneten, ambitionierten Schau ist die Sammlung Eugen Gomriger. Nicht nur bedeutende Vertreter der Konkreten Kunst wie Max Bill, François Molleret oder Christian Megert werden vorgestellt, sondern auch Designer und Designobjekte.

Der hübsch gestaltete Uferweg unterhalb der Schlosslände führt unter der Konrad-Adenauer-Brücke hindurch. Dahinter vermittelt der **Astronomiepark** **18** eine Vorstellung von der Größe unseres Sonnensystems. Den Mittelpunkt und damit die Stelle der Sonne nimmt eine Ringkugel-Sonnenuhr ein, deren Größe der des Tagesgestirns im Verhältnis zu seinen Planeten entspricht. Vier um sie gruppierte Granitstelen symbolisieren die inneren Planeten Merkur, Venus, Erde und Mars. Diese umgeben in entsprechender Entfernung die äußeren Planeten. Die Sonnenuhr zeigt die astronomische Ortszeit sowie die Zeiten weiterer ausgewählter Städte an.

Wildnis erobert Militärarchitektur

Der Weg unterquert nun nach rechts die Schlossländeund führt ins Grün des Glacis. Darunter versteht man die Freifläche vor dem inneren Verteidigungs-ring, einen aufgeschütteten Erdwall, der zum Feind hin abfällt. Das ganze grün überwucherte Areal war eine vegetationslose Brache, die nur einem Zweck diente: den Verteidigern der ›Landesfestung‹ freie Sicht auf den anrückenden Feind zu ermöglichen. Erst Ende des 19. Jh. wurde das Glacis bepflanzt. An einigen Stellen ist noch der Verlauf des ehemaligen Wassergrabens, des **Künettegrabens** 19, erkennbar. Kunst im öffentlichen Raum, Großskulpturen, schaffen Kontraste zum Umfeld: Gleich zu Beginn Gerhard Jaeckels geometrische Edelstahlskulptur »B 43«, ein Stück weiter H. D. Schraders knallrote Zackentore, die er »4eck und 4eck« nannte. Wie vielfältig die Militärarchitektur genutzt werden kann, belegt die **Fronte 79,** das Haus der Jugend. Unter einer Fronte versteht der Militärarchitekt den vorspringenden Abschnitt einer Wallanlage. Dieser hier wurde zu einem Jugendkultur- und Freizeitzentrum ausgebaut. Die großen asphaltierten Flächen eignen sich ganz wunderbar für die Blader, und wenn die Bands beim Proben ihre Verstärker zu laut drehen, stört das hier draußen höchstens Kaninchen und Mäuse. Auch eine beliebte Wirtschaft darf im Grün nicht fehlen: Im **Biergarten am Künettegraben** 5 ist Zeit für eine erste Pause!

Kavaliere im grünen Gewand

Das Naherholungsgebiet, das die Ingolstädter Glacis nennen, endet an der Friedhofsstraße, an der man nach rechts schauend einen schönen Blick aufs Kreuztor erhaschen kann. Die eigentliche Glacis-Anlage umschließt aber die ganze Stadt, und wer ihr weiter durchs Grün folgt, stößt auf markante Bauten wie das **Kavalier Hepp** 20 mit dem **Ingolstädter Stadtmu-**

seum. Ein Kavalier hat militärtechnisch gesehen wenig Charmantes; es ist vielmehr eine Geschützstellung in erhöhter Position. Doch anstelle von Geschützen und Mannschaften beherbergt das Kavalier eine sehenswerte Sammlung zur Ingolstädter Stadtgeschichte. Dessen bedeutendstes Exponat ist ein Bernsteincollier aus über 3000 Perlen. Es stammt aus der Bronzezeit (1. Jt. v. Chr.) und wurde in einem Tongefäß auf dem heutigen Audi-Gelände bei Grabungen entdeckt. Der Bereich um das Museum zählt zu den ›regelmäßigen Fronten‹, entlang derer im Gegensatz zum Künettegraben das System von Kavalieren und Fronten noch deutlich erkennbar ist. Die noch erhaltenen Befestigungsanlagen bilden aus der Luft betrachtet einen Stern, bei dem sich vorgeschobene und zurückgenommene Stellungen abwechseln. Ruinen und Gebäudeteile lugen unter wucherndem Grün hervor; dazwischen liegen der Volksfestplatz, Spiel- und Bolzplätze.

Urwald in der Stadt

Im östlichen Bereich des Glacis ist die Gestaltung der Grünanlage noch im Aufbau. Vorbei am restaurierten **Kavalier Heydeck** 21 erreicht man das **Kavalier Dallwigk** 22, das auf seine Umgestaltung wartet. Jahrzehntelang diente dieser Teil der Ingolstädter Befestigung als Industriegelände, dann lag er brach und zurzeit wird im Stadtrat um ein neues Nutzungskonzept gerungen. Trotzdem ist auch dieser Abschnitt interessant, denn gerade hier hat sich abseits menschlicher Eingriffe ein artenreiches Biotop mit urwaldähnlicher Vegetation, über 45 Vogelarten und scheuen Bewohnern wie Zwergfledermäusen entwickelt. Der Esplanade folgend stößt die Rundtour wieder auf Donau und Schlosslände.

freundlich eingerichtete Zimmer zu günstigen Preisen.

Farbenfroh – **BB Hotel** `3`: Schollstr. 4, Tel. 0841 955 60, www.hotelbb.com, 72 Zi., DZ um 60 €. Helle, intensive Farben, modernes Design und Komfort zeichnen die Häuser dieser Hotelkette aus. Die Zimmer sind nicht sehr groß, aber ausreichend. Familien können in Zimmern mit zwei Ebenen nächtigen.

Historisch – **Jugendherberge** `4`: Friedhofstr. 4, Tel. 0841 305 12 80, www.jugendherberge.de/jh/ingolstadt, Übernachtung um 17 €. Junges Wohnen im Kavalier Zweibrücken, eine der originellsten Jugendherbergen Bayerns.

Essen & Trinken

Ambitioniert – **Rappensberger** `1`: im gleichnamigen Hotel, tgl. 12–14, 18–22 Uhr, Hauptgerichte um 16 €. Das elegante Restaurant mit gehobener bayerischer und internationaler Küche hat sich der Slow-Food-Bewegung angeschlossen und serviert Spezialitäten wie Duett vom Altmühltaler Forellen- und Saiblingsfilet. Lobenswert: Jedes Hauptgericht kann man auch als kleine Portion bestellen. Ein Geheimtipp ist der lauschige Innenhof.

Schmackhaft – **Weissbräuhaus zum Herrnbräu** `1`: Dollstr. 3, Tel. 0841 328 90, tgl. 9–24 Uhr, Hauptgerichte um 10 €. Altbayerische Küche in einem der urigsten Gasthäuser mit schattigem Innenhof.

Mediterran – **Ölbaum** `2`: Bei der Schleifmühle 34, Tel. 0841 931 25 75, www.im-oelbaum.de, tgl. 18–24 Uhr Hauptgerichte um 10 €. Mediterrane Küche in lichtem Ambiente, u. a. Bauernsalat, Lammspieße und eingelegte Oliven, Couscous und Falafel, dazu Weltmusik.

Trendy – **Le Café** `3`: Schrannenstr. 1, Tel. 0841 322 61, www.le-cafe-in.de,

Mo–Mi 7.30–1, Do/Fr bis 2, Sa/So 9–2 Uhr, Hauptgerichte um 10 €. Café, Bistro, Mittags- und Abendtisch – Le Café ist der Platz in Ingolstadts Zentrum, in dem man Freunde trifft.

Kunst und Szene – **Neue Galerie ›Das Mo‹** `4`: Bergbräustr. 7, Tel. 0841 339 60, Sommer tgl. 11–2, Winter Mo–Fr 17–2, Sa/So ab 11 Uhr, Hauptgerichte um 8 €. Biergarten, Kneipe und Galerie mit bayerischer und Multikulti-Küche. Wer kein Fußballfan ist, sollte das Mo meiden, wenn Bundesliga- oder Länderspiele auf der Großleinwand übertragen werden.

Schattig – **Biergarten am Künettegraben** `5`: Jahnstr., Tel. 0151 52 55 69 96, Mai–Sept.ab 11.30 Uhr, Hauptgerichte um 6 €. Entspannung pur im Grün des Glacis unweit des Freibads bei bayerischer, deftiger und sehr preiswerter Küche und Bier vom Herrnbräu.

Einkaufen

Gesund – **Museumsshop Alte Anatomie** `10`: s. S. 114. Im Museumsshop gibt es Literatur über Kräuter und Heilpflanzen sowie Poster und Plakate.

Outlet – **Ingolstadt Village** `1`: Gewerbepark Nordost. Eines der größten Outlet-Center Deutschlands. Aktueller Überblick über Anfahrt, Shops und Angebote unter www.ingolstadt-village.com.

Aktiv & Kreativ

Gruselig – **Dr. Frankensteins Mystery Tour** `1`: Tel. 0841 95 19 99 61, www.frankenstein.in, Mai–Okt. meist Fr 21.30 Uhr. Auf den Spuren Frankensteins durchs nächtliche Ingolstadt.

Auto und Kultur – **Audi-Stadt** `2`: Ettinger Str., Tel. 0800 283 44 44, www.audi.de, museum mobile 9–18 Uhr.

Audi garniert seine moderne Auslieferung mit Museum, Kino, Restaurant, Shop, Erlebnisführungen und einem umfangreichen Kulturprogramm von Lesung bis Konzert.

Abends & Nachts

Szene – **suxul Club** **1**: Theresienstr. 31, Tel. 0841 370 72 31, www.suxul.com, Fr/Sa 22–5 Uhr, sonst variable Öffnungszeiten je nach Programm. Trends und DJs aus allen Ecken Europas.
Eng – **Eiskeller** **2**: Jesuitenstr. 17, Tel. 0841 931 17 29, www.club-eiskeller.com, Fr/Sa 23–5 Uhr. Der Club ist klein und zu den beliebten Themenpartys meist brechend voll – wer nicht rechtzeitig da ist, riskiert lange Wartezeiten.

Infos

Tourist-Information: Rathausplatz 2, 85049 Ingolstadt, Tel. 0841 305 30 30, www.ingolstadt-tourismus.de.

Bus/Nahverkehr: Fahrplan- und Tarifauskunft bei INVG-Mobilitätszentrale, Dollstr. 7, Tel. 0841 93 41 80, www.invg.de.
Bahn: Bahnhof, Bahnhofstr. 8, Tel. 118 61. Der Bahnhof liegt im Süden außerhalb der Altstadt. IC-Verbindung nach München und Nürnberg.

Schloss Grünau und die Donauauen ▶ D/E 4

Aueninformationszentrum:
Mi–Fr 9–12, 13–18, Sa/So 10–18 Uhr
Ein dichter Auenwald säumt die Donau auf dem Teilstück zwischen Ingolstadt und Neuburg. Ursprünglich wurde er durch die Hochwasser der Donau über-

flutet und von ihnen genährt; seit der Flussbegradigung Ende des 19. Jh., die die Donau von Staustufe zu Staustufe zwingt, fehlten die Fluten und der Wald drohte zu vertrocknen. Seit 2008 läuft nun ein Renaturierungsprojekt, das die Aue mit ökologischen Flutungen über ein verzweigtes Netz aus Bächen und Kanälen wiederherstellen soll. Schon bald, so hofft man, werden wieder Biber im Auwald heimisch sein, werden Orchideen im Baumschatten blühen und Silberweiden ihre filigranen Zweige über die Bachläufe schwingen. Forschungszentrum und Infostelle des Projekts ist das Wittelsbacher **Wasserschloss Grünau** (22 km westl. von Ingolstadt). In der Renaissance-Anlage, deren Wassergräben längst vertrocknet sind, erfahren Besucher viel Interessantes über den Lebensraum Auenwald und dessen Renaturierung.

Neuburg/Donau ▶ D 4

Ein Stück die Donau flussaufwärts drängen sich Schloss, Bürger- und Adelshäuser sowie Kirchen auf dem Altstadtberg. Seit der Latène-Zeit (5.–1. Jh. v. Chr.) ist hier eine Siedlung verbürgt. Große Bedeutung bekam die Stadt aber erst, als Neuburg zur Hauptstadt der von Kaiser Maximilian I. ausgerufenen Jungen Pfalz wurde. Graf Ottheinrich (1502–1555) erwies sich als großer Förderer der Künste und eifriger Bauherr und erklärte 1542 den evangelischen Glauben zum alleinig richtigen. 1777 erfolgte die Wiedervereinigung mit Bayern, nachdem die Neuburger Linie ausgestorben war.

Durch die Altstadt

Imposant ist schon der erste Eindruck des hoch über der Donau thronenden, turmbewehrten Schlosses, der Kirchtürme dahinter und der geschlossenen Häuserzeile – ein kompaktes Gebilde, schier uneinnehmbar. Die Kompaktheit begegnet dem Besucher auch beim Bummel durch die Gassen, wo sich ein Haus aus Renaissance und Barock ans andere reiht, so entlang der Herrenstraße und der parallel dazu verlaufenden und zum Karlsplatz führenden Amalienstraße. Hier stehen z. B. die **Münze** (Nr. A 36/37) auf Fundamenten des um 1200 errichteten Stadtturms und das **Obere Tor** (Nr. A 32), im 14. Jh. erbaut und 1541 unter Ottheinrich erweitert. Das prächtige **Weveldhaus** (Nr. A 19, von 1517) dient heute als Heimatmuseum, in den Gewölben der **Fürstenherberge** (Nr. A 52, von 1713), später als ›Alte Apotheke‹ genutzt, ist mit dem Birdland einer der besten Jazzclubs in Deutschland (s. Tipp) zu Hause. Schräg gegenüber und bereits am Karlsplatz (Nr. A 17), ist hinter der verspielten Rokokofassade der **Katholischen Bürgerkongregation** von 1732 ein wundervoller, barocker Bibliothekssaal erhalten (meist nur während der Konzertveranstaltungen zugänglich). Die Renaissance prägt das **Rathaus** (Nr. A 12) mit seiner imposanten Freitreppe.

Hofkirche, Schloss und Gemäldegalerie

Bayerische Staatsgalerie Flämische Barockmalerei: www.pinakothek.de, Ausstellung Das Fürstentum Pfalz-Neuburg April–Sept. Di–So 9–18, im Winter Di–So 10–16 Uhr

Den Abschluss des Karlsplatzes zum Nordwesten hin bilden Hofkirche und Schloss. Die **Hofkirche** war eine romanische, später gotisierte Kirche der Benediktinerinnen und wurde von Pfalzgraf Ottheinrich in eine evangelische Pfarrkirche umgewandelt. 1617 wurden Pfalz und Kirche wieder katholisch. Hochrenaissance und Barock, vor-

Mein Tipp

Jazz im Keller – Birdland

Das Birdland gilt als einer der renommiertesten Clubs in Deutschland. Von September bis Mai wird freitags und manchmal samstags gejammt, was die alten Gewölbe halten. Schwerpunkte sind Modern Jazz und Mainstream. Der Club produziert auch Live-CDs und organisiert mit dem Neuburger Ruderclub im Juli ein Open Air an der Donau. Höhepunkte sind nicht nur die Auftritte internationaler Stars, sondern auch die Sessions der hauseigenen Birdland Jazz Band (Am Karlsplatz A 52, Tel. 08431 412 33, www.birdland.de, Juni–Aug. Sommerpause).

rangig aus Händen italienischer Künstler, schaffen einen majestätischen, in Weiß und Gold strahlenden Kirchenraum.

Zwischen 1530 und 1545 entstand der **Ottheinrichsbau,** der westliche Teil des Schlosses zum Karlsplatz hin; etwa gleichzeitig wurde der **Neue Bau** fertig, der den Karlsplatz nach Nordosten über dem ›Nadelöhr‹, einem Tor der Stadtbefestigung, abschließt. Nach Osten waren Befestigung und Burg schon im 15. Jh. errichtet und wurden im 17. Jh. erneut überbaut. Anders als die umgewidmete Hofkirche hat die **Schlosskapelle** von 1537 im Tordurchgang des Ottheinrichsbaus ihre ursprünglich beabsichtigte lutherische Schlichtheit erhalten. Das 1543 vollendete Gotteshaus ist der älteste protestantische Kirchenraum Deutschlands. Ihr einziger Schmuck ist der 1542 von Martin Hering aus Rotmarmor gehauene Altar sowie – eine Überraschung angesichts des eher bildfeindlichen Protestantismus – eine über und über mit Fresken bemalte Decke, die Luthers Lehre illustriert (Freskant Hans Bocksberger). Der Durchgang mündet in den Innenhof, dessen Wände mit Renaissance-Malereien geschmückt sind. Im Schloss residiert die **Bayerische Staatsgalerie Flämische Barockmalerei** mit Werken u. a. von Peter Paul Rubens und Jan van Breughel. Der kunstsinnige Graf Wolfgang Wilhelm (1578–1653) schaffte es außerdem, den allseits begehrten Meister Rubens für seine kleine Pfalz zu begeistern. Das »Jüngste Gericht« und den »Engelssturz« malte Rubens eigens für Neuburg.

Übernachten, Essen

Idyllisch und individuell – **Hotel am Fluss:** Ingolstädter Str. 2, Tel. 08431 676 80, www.hotel-am-fluss.com, 22 Zi., DZ um 100 €, Pasta um 8 €. Modernes, geschmackvoll gestyltes und persönlich geführtes Haus an der Donau mit idyllischem kleinen Garten. Auf der Karte stehen leichte Kleinigkeiten wie Mozzarella und Pasta. Besser Zimmer nach hinten nehmen!
Bodenständig – **Gasthaus zur Blauen Traube:** Amalienstr. A 49, Tel. 08431 83 92, www.Zur-Blauen-Traube.de, 9 Zi., DZ um 45 €, Hauptgerichte um 10 €. Schon seit Jahrhunderten wird hier in der Oberen Stadt Gastfreundschaft großgeschrieben. Freundlich eingerichtete Gasträume und Fremdenzimmer sowie die gute, bayerische Küche machen den Aufenthalt angenehm.

Infos & Termine

Tourist-Information: Ottheinrichplatz A 118, 86633 Neuburg an der Donau, Tel. 08431 552 40, www.neuburg-donau.de.

Bahnhof: Bahnhofstraße, Tel. 118 61. Bahnverbindung über Ingolstadt nach München.

Donauschwimmen: Die Riesengaudi für Hartgesottene findet am letzten Januarsamstag statt. Mitmachen kann jeder über 15 Jahre (www.donauschwimmen.de).
Neuburger Schlossfest: Anfang Juli in ungeraden Jahren. Alle zwei Jahre ziehen Ritter und Burgfräulein durch die historische Altstadt und unterhalten die Zuschauer mit dem Stockenreitertanz.

Durchs Donau-Urtal an die Altmühl ▶ C/D 3

Ein schöner Weg für eine Fahrradtour, aber auch nett mit dem Auto zu befahren: Die Donau, die heute im Süden der Altmühl und weitgehend parallel zu ihr Oberbayern durchströmt, wandte sich noch vor rund 100 000 Jahren, während der Riss-Eiszeit, westlich von Neuburg nach Norden und strebte über Wellheim dem jetzigen Bett der Altmühl zu, in dem sie dann weiter nach Osten floss. Dieses Donau-Urtal und jetzige Trockental lässt die alten Schlingen und Schleifen der Donau noch deutlich erkennen: An den steilen, äußeren Hängen des Bettes sind Felstürme aus Doleritgestein Zeugnisse der dort stärker wirkenden Erosionskräfte, in den inneren, nur sanft ansteigenden Beugen liegen Felder und Dörfer.

Mittelpunkt der Region ist **Wellheim** mit dem Galgenberg, einem isolierten Hügel, den die Donau zur Insel ausarbeitete und den die hier herrschenden Grafengeschlechter tatsächlich für Hinrichtungen nutzten. Mächtige Burgruinen stehen auf den bewaldeten Hängen, darunter ducken sich hübsche Bauernhöfe um ländliche Marktplätze und Kirchen. In **Konstein**, nördlich von Wellheim, lockt der **Klettergarten** am Dohlenfelsen Anfänger und Profis mit Wegen der Schwierigkeitsgrade II–VII und dem Kinderkletterfelsen Asterix und Obelix im lichten Wald (Infos zu Wellheim unter www.altmuehltal.de/wellheim). Das Urtal mündet bei Dollnstein und seinem ebenfalls bei Kletterern beliebten **Burgsteinfelsen** ins Altmühltal. Von dort sind es noch wenige Kilometer an der heftig mäandernden Altmühl entlang bis Eichstätt.

Eichstätt ▸ D 2/3

Wie Neuburg empfängt auch Eichstätt (13 000 Einw.) den Besucher mit einer gewissen fürstlichen Arroganz, mit sei-

ner kantigen Burg, die schon von Weitem übers Altmühltal grüßt, und dem Altstadtkern jenseits des Flusses, den die Spitztürme des Doms überragen. Nur war hier nicht weltliche, sondern kirchliche Macht konzentriert. Vom 741 durch den Angelsachsen Willibald gegründeten Benediktinerkloster bis zum Erzbistum Eichstätt mit der einzigen katholischen Universität Deutschlands führte die Entwicklung der Stadt über viele Stationen; stets aber blieb sie ein Hort geistiger Besinnung.

Dom St. Willibald und Residenzplatz

Den **Dom St. Willibald** (13./14. Jh.) prägt die Hochgotik, elegant zu Stein geronnen im Hauptportal mit Mariens Tod und Himmelfahrt im Tympanon sowie im Kreuzgang mit einem Mortarium mit filigranem Netzgewölbe und der berühmten Schönen Säule von 1489. Die Gebeine des Klostergründers, des hl. Willibald, ruhen in einer Urne im Westchor, wo sein von Loy He-

Stadtnah und doch wild – mit dem Boot auf der Altmühl

ring 1514 geschaffenes Denkmal als Meisterwerk der Gotik gilt. Bunte Glasfenster von Hans Holbein d. Ä. rahmen den neugotischen Hochaltar, auf dem die vier Bistumsgründer, neben Willibald seine in Bayern hoch verehrte Schwester Walburga, Bruder Wunibald und Vater Richard um eine Maria mit dem Kinde versammelt sind.

Die **Fürstbischöfliche Residenz** (Gabriel de Gabrieli ab 1700) und der ebenfalls von Gabrieli konzipierte, barocke **Residenzplatz** um die Mariensäule sowie das **Bischöfliche Palais** (Gabrieli 1736) bilden einen einheitlichen, barocken Raum südlich und östlich des Doms.

Vom Marktplatz zu Notre Dame

Nördlich der Kirche erstreckt sich das weltliche Eichstätt um den lebhaften **Marktplatz:** Den barocken Willibaldsbrunnen schmückt eine Heiligenfigur aus der Hand Hans Krumpers (1628), um ihn herum Häuser aus dem 17./18. Jh. und das hübsche Rathaus, dessen 1444 erbauter Turm verspielt von Biedermeier eingerahmt wird.

Östlich der Altstadt und außerhalb des teils noch erhaltenen Mauerrings residiert die Informationsstelle des Naturparks Altmühltal in der ebenfalls von Gabrieli 1719 bis 1721 errichteten, ehemaligen **Klosterkirche Notre Dame de Sacre Cœur.** Im zarten Stuckschmuck kündigen sich hier bereits erste Anklänge des Rokoko an; im Innern öffnen Fresken von Johann G. Bergmüller die Zentralkuppel zum Himmel. Schautafeln und Fotografien erläutern in der säkularisierten Kirche den Naturraum Altmühltal.

Für den Kontrast zwischen Historie und Moderne steht in Eichstätt der transparente Bau der **Zentralbibliothek,** zu erreichen über die Universitätsallee nach Süden zur Altmühl. Das Münchner Architekturbüro Behnisch

& Partner zeichnet für das 1987 errichtete preisgekrönte Gebäude verantwortlich.

Willibaldsburg

Jura-Museum/Museum für Vor- und Frühgeschichte: April–Sept. Di–So 9–18, im Winter 10–16 Uhr
Zwischen dem 14. und dem 18. Jh. zogen es die Eichstätter Bischöfe vor, in der Willibaldsburg jenseits der Altmühl zu residieren. Im 17. Jh. wurde die mittelalterliche Feste im Stil der Renaissance umgebaut; um die Wende des 16./17. Jh. ließen die Bischöfe auch den wunderschönen Garten pflanzen, der als Hortus Eystettensis wegen der vielen exotischen Pflanzen große Berühmtheit erlangte. Noch heute faszinieren die akkurat angeordneten Beete und Pflanzen unterhalb der Burg. Das Jura-Museum besitzt die in der Nähe gefundene Versteinerung des Urvogels Archaeopteryx und neben zahlreichen anderen Zeugnissen der Urzeit aus dem Solnhofener Jura eine wissenschaftliche Sensation: Den 1998 in der Frankenalb entdeckten Abdruck einer noch unbekannten Dino-Art, Juravenator starki. Im ebenfalls im Schloss untergebrachten Museum für Vor- und Frühgeschichte kann man einem Mammutskelett, einem Höhlenbären, Nachbildungen von Gräbern aus der Hallstattzeit und dem römischen Erbe nachspüren.

Übernachten

Rustikal und komfortabel – **Gasthof Ratskeller:** Kardinal-Preysing-Platz 8, Tel. 08421 90 12 58, www.ratskellereichstaett.de, 21 Zi., DZ um 60 €. Gleich neben Notre Dame bietet dieser historische Gasthof im ehemaligen Kloster ansprechend möblierte Zimmer verschiedener Kategorien.

Essen & Trinken

Regional – **Gasthof Krone:** Domplatz 3, Tel. 08421 44 06, Do–Di 10–23 Uhr, Hauptgerichte um 11 €. Uriger Gasthof im Zentrum mit schönem Biergarten; hier gibt's Fränkisches, so z. B. Rehmaultaschen.

Gesellig – **Café im Paradeis:** Marktplatz 9, Tel. 08421 33 13, tgl. 8–24 Uhr, Hauptgerichte um 9 €. Das hübsche Café am Marktplatz serviert auch kleine Mahlzeiten mit fränkischem Einschlag, so Krautschupfnudeln mit Bratwurst.

Aktiv & Kreativ

Pedalritter – **Radltreff:** Pfahlstr. 51, Tel. 08421 58 92. Fahrradverleih, Reparatur.

Paddeltour – **Kanuuh:** Wolfgang Chmella, Am Graben 22, Tel. 08421 93 58 55, www.kanuuh.de. Geführte Touren und Bootsverleih.

Infos

Tourist-Information: Domplatz 8, 85072 Eichstätt, Tel. 08421 908 00, www.eichstaett.de.

Bahnhof Eichstätt: Bahnhofstr. 6, 5 km südwestl., Tel. 118 61. Zubringerbahn nach Eichstätt-Stadt, Bahnhofsplatz 17; Bahn nach Ingolstadt.

Naturpark Altmühltal ▶ E/F 2/3

Die Altmühl entspringt beim fränkischen Rothenburg ob der Tauber und mündet 165 km weiter bei Kelheim in die Donau. Da der Fluss kaum Gefälle

Mein Tipp

Steineklopfen im Fossiliensteinbruch ▶ D 2
Am Blumenberg nordwestlich von Eichstätt (Abzweigung beim Kloster Rebdorf ca. 3 km) heißt es, mit Hammer und Meißel nach Versteinerungen zu suchen. Dazu benötigt man möglichst eine Schutzbrille gegen den Staub, eine Lupe und viel Feingefühl. Das Gestein wird in Platten abgehoben, diese wiederum vorsichtig abgeklopft, um die manchmal unter einer dünnen Kalkschicht versteckten Versteinerungen sichtbar zu machen (tgl. 9.30–18 Uhr, Eintritt, Werkzeugverleih).

hat, können auch Anfänger auf ihm gefahrlos Kanu fahren; parallel verläuft ein schöner Radweg sowie der **Altmühltal-Panorama-Wanderweg** (www.altmuehltalpanoramaweg.de). An den schroffen Felsformationen finden Anfänger wie Geübte Kletterrouten aller Schwierigkeitsgrade. Kulturell Interessierte werden sich über die Rekonstruktionsarbeiten am Deutschen Limes freuen, der 2005 zum UNESCO-Welterbe erklärt wurde und auf einem Teilstück (bei Weißenburg) durchs Altmühltal verläuft (www.deutscher-limes.de).

Infos

Informationszentrum Naturpark Altmühltal: Notre Dame 1, 85072 Eichstätt, Tel. 08421 987 60, www.naturpark-altmuehltal.de. Infos auch zu Sport- und Freizeitmöglichkeiten im Altmühltal.

Zwischen Starnberger See und Lech

Highlight!

Dießen: Hoch über dem Ort das Marienmünster, darunter eine lauschige Altstadt, die sich bis zum Seeufer erstreckt. Dießen ist nicht zuletzt dank seiner malerischen Lage der Anlaufpunkt für Künstler und Kunsthandwerker am Ammersee. S. 145

Auf Entdeckungstour

Im Buchheim Museum der Phantasie: Das ungewöhnliche, immer wieder überraschende Museum mit einer herausragenden Sammlung expressionistischer Kunst ist Lothar Günther Buchheims Vermächtnis und die Visitenkarte eines faszinierenden Exzentrikers. S. 138

Kultur & Sehenswertes

Roseninsel: Wenn Ludwig II. sich hier mit Cousine Sisi traf, dann munkelten die Untertanen. Ein wunderschönes Inselchen für ein Stelldichein! S. 141

Landsberg am Lech: Historisch mit Pfiff präsentiert sich die Lechstadt – zwischen Stadtmauern und Fluss schmiegt sich eine reizvolle, lebhafte Altstadt. S. 147

Aktiv & Kreativ

Golf: Mit Blick über See und das majestätische Alpenpanorama laden gleich drei Plätze um den Starnberger See zum Einputten. S. 128

Radtour: Die Rundfahrt um den Starnberger See ist eine Genießertour zu Biergärten, Strandbädern und Kunstmuseen. S. 129

Genießen & Atmosphäre

Zum Hoffischer Sebald: Rustikaler Genuss in Ammerland – Holzbänke, Bier und Renkensemmel. S. 136

Mühlfelder Brauhaus: Ideal für den Sonntagsausflug mit der Familie nach Herrsching – die Kinder haben ihren Spaß und das Essen schmeckt richtig bayerisch. S. 143

Abends & Nachts

Beach Club: Typisch Starnberg? Vor der Tür stapeln sich die Cabrios, drinnen wird mit vielen sehr hübschen Mädchen und sehr teuren Drinks gefeiert, im Sommer auch am See. S. 132

Licca Lounge: In Landsberg die Nummer Eins bei Nachtschwärmern – an den Wochenenden sorgen DJs für durchtanzte Nächte. S. 150

Schickeria trifft Natur

Sanftes Hügelland umrahmt große und kleine Seen, in deren Wasser sich mondäne Villen, verspielte Schlösschen und urige Bauerndörfer spiegeln. Libellen tanzen über Sumpfröhricht, in dem Kormorane und Seeschwalben Deckung suchen. Wasser, nämlich das des ungestümen Lech, prägt auch das mittelalterliche Landsberg mit seiner jungen Szene.

Das Fünfseenland im Südwesten Münchens zeigt viele verschiedene Gesichter. Die Kräfte der Eiszeit haben die Moränenlandschaft mit ihren glasklaren Seen geformt und sie mit sanften Hügelketten eingerahmt – ein Voralpenidyll! Die Kräfte des Kapitals haben dieses Idyll schließlich vereinnahmt und es zu einer der teuersten Wohngegenden Deutschlands gemacht. Zu Beginn des 20. Jh. lebten hier Literaten und Künstler, heute die frisch eingekauften Stars des FC Bayern. Das tut der Schönheit der Landschaft keinen Abbruch, verleiht der Region aber zugleich ein gewisses Neureichen-Flair. Was aber nur selten stört, denn das Panorama auf der Ilkahöhe, die Magie des Dießener Marienmünsters, die mittelalterliche Puppenstube Landsberg überdecken das Aufschneiderische mühelos.

Infobox

Reisekarte: ▶ B–E 9–11

Infos
Tourismusverband Starnberger Fünf-Seen-Land: Wittelsbacherstr. 2c, 82319 Starnberg, Tel. 08151 906 00, www.sta5.de.

Internet
www.sta5.de ist die Homepage der im Fünfseenland zusammengeschlossenen Gemeinden.
www.fuenfseenland.de ist eine regionale Info-Plattform mit vielen News und Hinweisen auf Veranstaltungen.
www.fuenfseen.de ist eine Marketingseite mit umfangreichen Hotel- und Restauranteinträgen.

Schifffahrt
Fahrpläne der Schifflinien auf Starnberger- und Ammersee findet man auf www.bayerische-seenschifffahrt.de.

Aktiv
Neben allen Arten des Wassersports bietet der Starnberger See optimale Bedingungen für **Golf** – allein am See gibt es drei Anlagen:
Golfplatz Iffeldorf: im Süden, www.golf-iffeldorf.de, 18-Loch, PAR 72.
Gut Rieden: im Norden, www.gut-rieden.de, 18- Loch, PAR 73.
Golf-Club Tutzing: bei Tutzing über dem Westufer, www.golfclub-tutzing.de, 18-Loch, PAR 72. Vielleicht der schönste Golfplatz Bayerns.
Am Ammersee bieten viele **Segelschulen und -verleihe** ihre Dienste an:
Ammersee-Segelschule: Seestr. 28, Dießen, Tel. 08807 84 15, www.ammersee-segelschule.de. Segeln lernen u. a. auf einem historischen Zweimaster.
Segelschule Marx: Seestr. 17, Utting: Tel. 08806 77 04, www.segelschule marx.de. Auch Kurse zum Motorbootführerschein.

Starnberger See

▶ E 9–11

›Badewanne der Münchner‹ ist nur einer der Spitznamen, mit denen der Starnberger See belegt wird. Lang und schmal räkelt er sich in der aus eiszeitlichen Moränen geformten Hügellandschaft vor dem majestätischen Panorama der Alpengipfel, die an Föhntagen zum Greifen nah erscheinen. Mit 57 km² Fläche und einer maximalen Tiefe von über 120 m zählt der Starnberger See zu den wasserreichsten Seen Deutschlands. Seinen Abfluss bildet nach Norden das Flüsschen Würm, die sechs Zuflüsse liegen unterirdisch. Die Schönheit dieser Voralpenlandschaft zog bereits früh die bessere Gesellschaft an seine Ufer; die Liste der prominenten Anwohner ist lang und noch heute sind Villen und Schlösser in Privatbesitz und nicht zu besichtigen. Privatbesitz sind auch große Teile des Ufers, weniger Privilegierte können an den ausgewiesenen Erholungsgebieten ins kühle Nass springen.

Starnberg ▶ E 9/10

Kein romantischer Badeort, sondern eine geschäftige und recht modern verbaute Kreisstadt erwartet den Gast. Dabei hat Starnberg durchaus alte Wurzeln: Bereits römische Junker siedelten hier, wie die Fundamente einer Villa Rustica bei Leutstetten belegen. Im 13. Jh. wurde Starnberg als Fischerdorf Auchheim zu Füßen einer Burg erstmals urkundlich erwähnt. Im 16. Jh. tagte bereits ein Seegericht. Einen radikalen Umschwung brachte 1851 die Aufnahme der Dampfschifffahrt und drei Jahre später die der Bahnlinie Starnberg–München. Mün-

Mit dem Rad um den See

Die 50 km lange Tour um den Starnberger See verläuft zum größten Teil auf verkehrsberuhigten oder für den Autoverkehr gesperrten Straßen und Wegen. Unterwegs ausreichend Zeit für Badepausen und Biergartenbesuche einplanen! Beschreibung der Tour unter www.bayregio-starnberger-see.de/tipps/radtour-starnberger-see.php.

chens bessere Gesellschaft engagierte die angesagtesten Architekten für ein Domizil am See. Leider hat der Entwicklungsboom als eleganter Außenposten Münchens nicht viele dieser Gebäude übrig gelassen.

Bahnhof

Historisch wird's aber dann doch noch an der Seepromenade, wo Friedrich Bürklein 1854 einen Bahnhof baute, an dem die königliche Familie anreiste, wenn sie nach Schloss Berg wollte. Entsprechend repräsentativ ist die Architektur.

Museum Starnberger See

Possenhofener Str. 5, www.museum-starnberger-see.de, Di–So 10–17 Uhr
Nördlich der Eisenbahnlinie präsentiert das Museum Starnberger See im Lochmannhaus seine Sammlung in den historischen Räumen eines Starnberger Bauernhofs, dessen Bausubstanz auf das Jahr 1693 zurückgeht, und im modernen Anbau des Neuen Hauses. Interessant sind die neu konzipierten Ausstellungen zu Themen wie ›Villenkultur und Massentourismus‹ oder zu den Wittelsbachern und ihrem Verhältnis zum Starnberger See. Zu den Exponaten zählen u. a. die ›Delphin‹, das Prunkschiff Königs Ludwig I., sowie ein Modell der ›Bucentaur‹, auf der König und Adel im 17. Jh. rauschende

Feste feierten und die das »schwimmende Schloss« genannt wurde.

Schloss und Kirche St. Joseph

Ein Muränenhügel im westlichen Stadtbereich trägt Schloss und Kirche St. Joseph. Die **Burg** wurde seit dem 13. Jh. mehrmals umgebaut, einmal brannte sie ab und zeigt sich nun von Mauer und Burggraben umgeben als eindrucksvolle Renaissance-Anlage. Heute residieren darin die Finanzbehörden. Die **Kirche St. Joseph** im Gewand des 18. Jh. ist außen betont schlicht und innen mit einem imposanten Hochaltar von Ignaz Günther (1766–1768) geschmückt, von ihm stammt wahrscheinlich auch die Kanzel. Als Stuckateur betätigte sich sehr zurückhaltend Franz Xaver Feichtmayr aus Wessobrunn.

Historische Seefahrt

Zurück in Richtung See und nach Osten steht am Luitpoldweg auf dem Gelände des Starnberger Jachtclubs der **Bucentaur-Stadel,** ein 1803 erbautes Bootshaus für das Lieblingsschiff von König Max I. Gleich nebenan befindet sich das **Alte Schiffsmeisterhaus** von 1724. Ein einziges Schiff der ehemaligen höfischen Flotte der Wittelsbacher, die ›Delphin‹, ist noch erhalten und wird im Museum Starnberger See (s. S. 129) gezeigt.

Leutstetten ▶ E 9

Drei gute Gründe gibt es, Leutstetten im Würmtal (4 km nördlich von Starnberg) zu besuchen: Die erst 2002 entdeckten Reste eines römischen Gutshofes, der **Villa Rustica,** aus dem 2. Jh. n. Chr. zeigen römischen Wohn-

Blitzblaue ›Badewanne der Münchner‹ – der Starnberger See, hier bei Tutzing

komfort. Die Überreste einer Fußboden- und Wandheizung, die mit Hohlziegeln befeuert wurde, sind noch deutlich zu erkennen. Ein römischer Hausschlüssel und luxuriöses Tongeschirr wurden aus dem Brunnen des Anwesens geborgen. Gezeigt wird auch die Kopie eines römischen Grabsteins, dessen Original im Leutstettener **Kirchlein St. Alto** eingemauert ist. Im spätgotischen Gotteshaus gibt es außerdem ein 1643 entstandenes Votivbild dreier heiliger Jungfrauen zu sehen, die als Gberpet, Ainpet und Firpet bezeichnet werden. Ihre Verehrung geht wohl auf vorchristliche Kulte zurück, in denen die drei Göttinnen als weise Nornen bzw. als Bethen, wie sie vom Volksmund genannt werden, heilsame Quellen bewachten. Tatsächlich entspringen bei Leutstetten

mehrere Quellen, deren Wasser früher als heilsam galt.

Übernachten

Moderner Komfort – **Vier Jahreszeiten:** Münchner Str. 17, Tel. 08151 447 00, www.hotel-vier-jahreszeiten.de, 130 Zi., DZ ab 140 €. Das moderne Haus am Ortseingang eignet sich ideal als Ausgangspunkt für Stadtbesichtigung und Seetour (s. S. 129). Die Zimmer sind in elegantem Design eingerichtet; eine englische Bar schafft eine entspannte Atmosphäre; Wellnessbereich auf dem Dach mit Sauna und Dampfbad.

Historisches Ambiente – **Fischerhaus:** Achheimstr. 1, Tel. 08151 905 50, www.hotel-fischerhaus-starnberg.de, 11 Zi., DZ ab 140 €. Das zentral gelegene Hotel in einem schönen alten Haus besitzt modern ausgestattete Zimmer, ein gemütliches Café und eine sehr familiäre Atmosphäre. Die Seepromenade ist nur wenige Schritte entfernt.

Essen & Trinken

Regionale Küche – **Starnberger Alm:** Schlossbergstr. 24, Tel. 08151 275 55, Di–So ab 17.30, So auch 12–15 Uhr, Hauptgerichte um 15 €. In Almhüttenatmosphäre kommt feine bayerisch-schwäbische Küche auf den Holztisch, also Maultaschen, Spätzle, Braten, aber auch zartes Renkenfilet.

Fischspezialist – **Dechant's Fisch-Laden:** Hauptstr. 20, Tel. 08151 121 06, www.dechants-fischladen.de, Di–Do 10–19, Fr 10–24, Sa 10–14 Uhr, Hauptgerichte um 12 €. Winziges Restaurant neben dem Fischgeschäft; Spezialitäten sind die fangfrischen Waren von nebenan.

Bayerischer Klassiker – **Schlossgaststätte Leutstetten:** Altostr. 11, Tel. 08151 81 56, Mo–Fr ab 17, Sa/So ab 10

Uhr, Hauptgerichte ab 12 €. Ob im Wirtshaus oder im Biergarten – das Essen ist bayerisch, aber von feiner Qualität, das Ambiente einfach schön und die Gaststätte oft auch Ziel prominenter Bayern, worunter auch Fußballer fallen.

Szenetreff – **absofort bar:** Brunnangerstr. 2, Tel. 08151 20 44, www.speisecafe.de, tgl. 9–1 Uhr, Hauptgerichte um 8 €. Auf der Speisekarte stehen die üblichen Verdächtigen, Burger, Tacos, gefüllte Weinblätter etc. Was dieses Lokal auszeichnet, ist erstens sein schneller Service und zweitens eine umfangreiche Frühstückskarte, nach der bis 18 Uhr serviert wird. Da machen selbst Münchner große Augen.

Abends & Nachts

Themenpartys – **Beach Club:** Strandbadstr. 15, www.bc1-starnberg.de, Fr/Sa ab 22 Uhr. Beliebte Disco mit wechselnden DJs, im Sommer auch im Freien.

Infos

S. Infobox S. 128.

S-Bahn: vom Bahnhof Starnberg Verbindung nach München.
Bayerische Seenschifffahrt: Tel. 08151 120 23, www.bayerische-seenschifffahrt.de. Die Schiffe fahren eine kleine nördliche, eine südliche und eine große Rundfahrt. Startzeiten zwischen April und Mitte Okt. etwa alle 1,5 Std., Tickets gibt's auf dem Schiff.

Am Ostufer nach Süden

Berg ▶ E 10
Von Starnberg ist Berg, ein hübscher Villenort am Seeufer, an der Seepro-

menade entlang in einem einstündigen, angenehmen Spaziergang zu erreichen. Bayerischen Royalisten und ›Kini‹-Verehrern jedweder Herkunft bedeutet Berg aber viel mehr als nur Sommerfrische. Denn eben dort, wo ein schlichtes **Holzkreuz** sich im Wasser des Starnberger Sees spiegelt, ertranken unter bis heute ungeklärten Umständen am 13. Juni 1886 König Ludwig II. und sein Psychiater Dr. von Gudden, zwei Tage, nachdem der König auf Neuschwanstein für unmündig erklärt, abgesetzt und nach **Schloss Berg** gebracht worden war. Die neoromanische **Votivkapelle** oberhalb der Todesstelle wurde erst 14 Jahre nach dem Unglück fertiggestellt. Schloss Berg, von jeher eines der Lieblingsschlösser Ludwigs II., ist in Privatbesitz und kann nicht besichtigt werden. Berg ist Geburtsort des bayerischen Schriftstellers **Oskar Maria Graf,** der im Roman »Das Leben meiner Mutter« auch von Berg berichtet. Wer den **Haus seiner Eltern** (Grafstr. 9) einen Besuch abstattet, wird im **Oskar-Maria-Graf-Stüberl** seine kulinarische Freude haben (s. S. 136).

Ammerland ▶ E 10
In Ammerland steht das Schloss des Grafen Pocci, in Bayern wegen seines Engagements fürs Puppentheater auch ›Kasperlgraf‹ genannt. Erbaut wurde die Anlage mit den zwei Zwiebeltürmchen bereits um 1680 für einen Freisinger Fürstbischof; Kaspar Feichtmayr aus dem Wessobrunner Künstlerclan (s. S. 63) gilt als Architekt. Ludwig I. kaufte das Schloss 1841 für Pocci, der ihm als Zeremonienmeister diente und als feinsinniger Dichter und Zeichner berühmt war. Wie so oft am Starnberger See: Das Schloss ist Privatbesitz und kann nicht besichtigt werden. Trösten können Sie sich hier mit frischen Renken und Saiblingen beim **Hoffischer Sebald** (s. S. 136).

Ambach ▶ E 10

Auch in Ambach weiter südlich wohnen viele Menschen, die sich hinter hohen Hecken verbergen, aber es gibt auch noch ein ganz ländliches, bäuerisches Ambach in den Moränenhügeln östlich des Ortes, wo die Bauern den Sommer über heuen, säen und ernten, wie es ihre Vorfahren getan haben. Auf einem der schmucken, alten Höfe des Ambacher Hinterlandes wuchsen zwei Ausnahmeschauspieler auf: Sepp (Josef) und Annamirl (Annemarie) Bierbichler. Der 1948 geborene Sepp sollte ursprünglich den väterlichen **Gasthof Zum Fischmeister** (s. S. 136) übernehmen, besuchte dann aber die Otto-Falckenberg-Schauspielschule in München und ist heute einer der profiliertesten deutschen Darsteller; seine 1946 geborene Schwester (2005 gestorben) wurde zur Muse und Lieblingsschauspielerin des bayerischen Querdichters und Filmemachers Herbert Achternbusch, in dessen meisten Filmen sie mitspielte. Sepp Bierbichler führt neben der Schauspielkarriere die elterliche Landwirtschaft und den Gasthof weiter. So kann es also durchaus vorkommen, dass man im Biergarten des Fischmeisters Münchner Film- und Theaterprominenz bei einer kühlen Maß Bier begegnet. Ebenfalls beliebt und kulinarisch anspruchsvoller ist der **Buchscharner Seewirt** ein paar Kilometer weiter (s. S. 136). Das etwas deplaziert wirkende ungarische Bauerntor gleich neben dem Fischmeister gehört zum Anwesen Nr. 25, 1895 nach Plänen von Emanuel von Seidl erbaut.

Nach Seeshaupt ▶ E 11

Südlich von Ambach können Sonnenanbeter und Wasserratten am Erholungsgelände in den See springen. Dann geht's weiter nach **St. Heinrich** ganz im Süden, wo im lichten, reich stuckierten Innenraum der **Kirche St. Maria** der um 1700 geschaffene, dunkle Hochaltar mit seinen fast bäuerlich wirkenden Heiligenfiguren hervorsticht. Mit Schilf bewachsen wie hier sah das Seeufer ursprünglich überall aus. Für das ökologische Gleichgewicht des Sees sind solche Schilfflächen besonders wichtig: Sie verhindern die Ufererosion und bieten Vögeln und Amphibien einen Lebensraum. Rohrdommeln und Rohrsänger leben in dessen Schutz, Hechte kommen zum Laichen in die Flachgewässer, Libellen haben im Schilf ihre Brutstätten. Der Starnberger See hat durch Besiedlung, aber auch durch Absterben 90 % seines Schilfröhrichts verloren; Schutzmaßnahmen sollen zumindest den augenblicklichen Bestand stabilisieren. Der Schilfgürtel vor St. Heinrich ist Vogelschutzgebiet.

Der Ort **Seeshaupt** an der Südspitze des Starnberger Sees führt seine Geschichte bis ins 8. Jh. zurück. Bis zur Säkularisation waren die Seeshaupter Fischer Abhängige der umliegenden Klöster, ab dem 16. Jh. existierte hier ein Seegericht, an das die am Dampfersteg aufgestellte Seegerichtssäule erinnert. 1850 legte der erste Raddampfer an, und damit begann Seeshaupts Karriere als Sommerfrische. Der Maler Carl Spitzweg, häufiger Gast am Starnberger See, hielt in seinem Gemälde »Ankunft in Seeshaupt« jenen Umbruch fest, der die kleine Gemeinde damals erfasste: Sie wurde von der ›feinen Gesellschaft‹ überschwemmt. Anlaufpunkt war die Alte Post, wo gekrönte Häupter und natürlich auch Ludwig II. Halt machten. 1916 zog der Expressionist Heinrich Campendonk (1889–1957) nach Seeshaupt, wo er nahe, aber doch unabhängig von der Künstlervereinigung Blauer Reiter in Murnau leben konnte. Auch Thomas Mann war in Seeshaupt häufig zu Gast. Die Alte Post gibt es immer noch; sie

Lieblingsort

Skandinavische Magie – Landgasthof Osterseen ► E 11

Es ist der Blick über die Osterseen von der Terrasse, der mich immer wieder hierher lockt. Ganz gleich, ob beim Mittagessen mit feinem Tafelspitz oder geräucherter Renke, beim nachmittäglichen Kaffeetrinken mit köstlichem Kuchen, beim Sundowner mit einem Aperol-Sprizz – die Farben und Schattierungen auf den blauen, von tiefem Grün eingerahmten Wasseraugen sind jedes Mal anders. Selbst im Herbst, wenn erste Nebel aufziehen, könnte ich hier ewig sitzen und mich ein bisschen wie in einem finnischen Märchen fühlen (Hofmark 9, Iffeldorf, Tel. 08856 928 60, www.landgasthof-osterseen.de, 24 Zi., DZ um 100 €, Hauptgerichte um 14 €).

wurde modernisiert und heißt heute **Seeresidenz** (s. u.).

Übernachten

Ökologisch – **Schlossgut Oberambach:** Oberambach 1, Münsing, 1 km östl. von Ambach, Tel. 08177 93 23, www. schlossgut.de, 38 Zi., DZ ab 180 €. Das Öko-Hotel im ehemaligen Fürstenschloss offeriert ein auf Ayurveda basierendes Wellnessprogramm. Mit eigenem Seegrundstück und Badeteich.

Himmlisch gelegen – **Seeresidenz Alte Post:** Alter Postplatz 1, Seeshaupt, Tel. 08801 91 40, www.seeresidenz-alte-post.de, 17 Zi., DZ um 150 €. Herrlich ist die Lage am See in Seeshaupt, gelungen die Verbindung von Alt und Neu in Architektur und Einrichtung. Ein kleiner Wellnessbereich mit Schwimmbad bietet professionelle Massage und Anwendungen.

Urgemütlich – **Gasthaus Fischerrosl:** Beuerbergerstr. 1, St. Heinrich, Tel. 08801 746, www.fischerrosl.de. 10 Zi., DZ ab 60 €. Die Appartements bzw. Doppelzimmer sind hell und freundlich eingerichtet und mit Küchennische und Fernseher ausgestattet. Das Wirtshaus gehört zu den schönsten und besten am See.

Essen & Trinken

Traditionell und modern – **Oskar-Maria-Graf-Stüberl:** Grafstr. 9, Berg, Tel. 08151 516 88, Mi–Mo 10–22 Uhr, Hauptgerichte ab 12 €. Mit Sorgfalt und Liebe wird hier bayerisch aufgetischt; Spanferkel und Tafelspitz sind frisch zubereitet und einfach köstlich. Es gibt auch Raritäten wie Kalbsbrät oder Wildhase.

Beliebt und begehrt – **Zum Fischmeister:** Seeuferstr. 31, Ambach, Tel. 08177 533, Mi–Fr 16–24, Sa/So 12–22 Uhr. An Wochenenden ist der Biergarten der Prominentengaststätte ziemlich überlaufen; wochentags lässt sich die gutbürgerliche Küche und das ›Bierbichler-Ambiente‹ entspannter genießen.

Fangfrisch – **Zum Hoffischer Sebald:** Nördliche Seestraße 22, Münsing/Ammerland, Tel. 08177 91 32, tgl. 8–19 Uhr, Renkensemmel um 4 €. Die Fangrechte von Familie Sebald gehen aufs Jahr 1860 zurück. Sie beliefert die Restaurants der Umgebung, verkauft aber auch sehr preiswert Fische und Fischsemmeln direkt vom Hof.

Feine Küche – **Buchscharner Seewirt:** Buchscharn, Münsing, 1,5 km südl. von Ambach, Tel. 08801 24 09, www.buchscharner-seewirt.com, tgl. 11–23, bei schönem Wetter ab 9 Uhr, Hauptgerichte um 15 €. Natürlich locken auch hier ein schöner Biergarten, ein krosser Schweinebraten und feine Leberknödelsuppe – aber am besten mundet's beim Seewirt im Herbst, wenn Rehgulasch oder Hirschpflanzerl auf der Karte stehen.

Urig-gemütlich – **Fischerrosl:** s. Übernachten, Fr–Mi 11–23 Uhr, Hauptgerichte ab 10 €. Fisch wird hier mal mediterran, mal holsteinisch serviert.

Einkaufen

Buch und Café – **LesArt:** Penzberger Str. 12, Seeshaupt, Tel. 08801 25 17, www.lesart-seeshaupt.de, Mo–Fr 9.30–13, 14.30–18 Uhr, Sa 9.30–13 Uhr. In der sympathischen Seeshaupter Buchhandlung findet man viel Lesenswertes über die Region. Außerdem ein gut gepflegtes Sortiment an Belletristik, Kinder- und Jugendliteratur sowie Sachbüchern. Dazu ein interessantes Veranstaltungsprogramm und das Café von Herrn Paul, der Espresso und selbst gebackenen Kuchen verkauft.

Osterseen ► E 11

Das Naturschutzgebiet Osterseen südlich von Seeshaupt ist über 1000 ha groß. Davon sind fast 500 ha Moorlandschaft und 19 Seen mit 250 ha Wasserfläche. Hier sind die am Starnberger See längst zerstörten Schilfgürtel noch erhalten; in den Moorregionen wächst z. B. die Spirke, eine Moorkiefer, die noch aus der Nacheiszeit stammt; Laubmischwälder mit Kiefern – im Voralpenland eher unüblich – besiedeln die trockenen Zonen. Leberblümchen, Frauenschuh, Orchideen und Primeln blühen im Frühjahr und Sommer. Besonders vielfältig ist natürlich die Avifauna mit Kormoranen, Blässhühnern und Seeschwalben. Zu den hier lebenden Amphibien zählen Grün- und Wasserfrösche, Erdkröten und Bergmolche. Vorsehen sollten sich Wanderer und Badegäste vor den zahlreich vertretenen Kreuzottern. Entstanden sind die Osterseen während und in der Folge der Eiszeit, als vor etwa 20 000 Jahren der Isar-Loisach-Gletscher abschmolz und eine Eiszerfalllandschaft mit Toteislöchern, Eisrandterrassen und Vertiefungen hinterließ, die sich mit Wasser füllten. Wander- und Fahrradwege führen durch das Naturschutzgebiet, und an einigen Seen wie z. B. dem Großen Ostersee darf man auch baden.

Am Westufer nach Norden

Bernried ► E 10

Am Westufer nach Norden ist die Gemeinde Bernried die nächste Station. Sie ist ein wahres Schmuckstück, und das nicht nur wegen der schönen, alten Bauernhausarchitektur, die hier noch erstaunlich gut erhalten ist und offensichtlich liebevoll gepflegt wird.

Das ehemalige **Augustinerchorherrenstift** besteht seit 1120 und wurde im 17. Jh. barockisiert. Auch hier war Kaspar Feichtmayer aus Wessobrunn beschäftigt. Glanzstück der **Stiftskirche St. Martin** ist der gotische Sippenaltar von 1510. Am Friedhof gleich nebenan steht die **Hofmarkskirche Mariä Himmelfahrt,** ein intimes Kirchlein mit einer anrührenden, gotischen Madonna im Chorbogen und bäuerlich bunt gewandeten Heiligen an den Seitenaltären; nach links in der eigentlichen **Wallfahrtskapelle** findet sich das verehrte Gnadenbild, eine Pietà aus dem 14. Jh. Hauptattraktion in Bernried ist das **Museum der Phantasie** (s. Entdeckungstour S. 138) von Lothar-Günther Buchheim.

Tutzing ► E 10

Tutzing ist eine lebhafte Kleinstadt und S-Bahn-Endstation, deshalb auch an den Wochenenden beliebtes Ausflugsziel von München. Das seit dem

Mein Tipp

Bergpanorama ► E 10

Westlich von Tutzing liegt die **Ilkahöhe,** mit 728 m der höchste Moränenhügel am See. An einem Föhntag ist der halbstündige Spaziergang vom S-Bahnhof hinauf fast ein Muss, denn der Blick über den See und die sich dahinter auftürmende Alpenkette ist ein Erlebnis. Zudem kann man im **Forsthaus Ilkahöhe,** das auch mit dem Auto erreichbar ist, bestens speisen (Oberzeismering, Tel. 08158 82 42, Mi–So ab 12 Uhr, Hauptgerichte ab 18 €, im Biergarten gibt's günstigere Schmankerl bei Selbstbedienung).

Auf Entdeckungstour

Im Buchheim Museum der Phantasie

Fast schien es, als würde Lothar-Günther Buchheims Wunsch, seine Sammlung am Starnberger See auszustellen, nie wahr. Aber dann wurde er 2001 doch noch erfüllt. Das Ergebnis ist ein Gesamtkunstwerk aus wunderbarer Architektur, wertvollen Gemälden und Skulpturen, exotischen Ethnografica und naiven Hobbykünstler-Exponaten.

Reisekarte: ▶ E 10

Planung: Am Hirschgarten 1, Bernried, Tel. 08158 997 00, www.buchheimmuseum.de, April–Okt. Di–So 10–18, Nov.–März 10–17 Uhr. Anreise mit dem Museumsschiff oder den Schiffen der Seenschifffahrt bis Bernried, von dort 15 Min. Fußweg. Über die wechselnden Ausstellungen, auch in der Dependance Villa Maffei (s. S. 141), die verschiedenen Sammlungen und Wanderungen rund ums Museum informiert die Homepage.

Ein Spaziergang durch den Museumspark schafft die richtige Einstimmung: Selten korrespondieren Architektur, Kunst und Natur so perfekt wie bei Günter Behnischs auf den ersten Blick fast sperrig wirkenden Museumsbau mit seiner lang gestreckten Hauptachse und zwei verschieden hohen ›Türmen‹. Große Glasflächen und Oberlichter lassen Licht in die Räume; alte Bäume beschatten die Wege. Noch vor dem Eingang begrüßen zwei riesige Holzgiraffen von Günter Schumann die Besucher; Siegfried Ulmer schuf aus Metallschrott zusammen mit Lothar-Günther Buchheim die Tore; zwischen Bäumen lugt das Dach einer Pagode hervor. Gegenüber der Cafeteria – einem idyllischen Ort für Kaffee und Besinnung – wartet Günter Schumanns Skulptur einer Fußballmannschaft »BSG Chemie Leipzig« auf den Anpfiff.

Buchheims Welt

»Wiesenpfade« nannte Buchheim die Wege durch sein Museum. Besucher sollten den Künstler beim Wort nehmen und sich einfach treiben lassen. Wer zielstrebig zu den Expressionisten läuft, hat des Künstlers Anliegen nicht verstanden. Das Museum möchte entdeckt werden! Der Zirkus Buchheim ebenso wie Max Beckmanns Radierungen, die Brücke-Maler wie Ditti Buchheims Blättercollagen, die Südseemasken und die Hinterglasbilder. Die Forschungsreise beginnt am Eingang mit den wie für ein Begräbnis ausstaffierten Herrschaften, die in einem Schwan Platz genommen haben. Buchheim kaufte den Schwan, der früher zu einem Kettenkarussell gehört hatte, und bat Angelika Littwin-Pieper, daraus ein Kunstwerk zu formen. Das Ergebnis heißt »Rhapsodie in Schwarzweiß«. Entgegen dem Titel dieses Werks liebte Buchheim es prall, bunt und etwas schräg – und so präsentieren sich auch die volkskundlichen Sammlungen, angefangen bei Josef Muskats Bauchrednerpuppen bis hin zu den Bauernbildern von Max Raffler. Was auf den ersten Blick völlig willkürlich, wenn auch in verschiedenen Sälen zusammengewürfelt wirkt, hat durchaus innere Zusammenhänge. Primitive Kunst, wie sie damals genannt wurde, hat durch ihren Abstraktionsgrad auch Karl Schmidt-Rottluf und Ludwig Kirchner inspiriert, die sich von herkömmlichen Darstellungsformen befreien wollten. Ebenso prägte bäuerliches Kunstempfinden die Werke der Künstlergruppe Blauer Reiter.

Wundertüte der Kunst

»Museum der Phantasie« hatte Lothar-Günther Buchheim (1918–2007) sein Projekt genannt – und dieser Name ist Programm. Hehre Kunst allein hat den leidenschaftlichen Sammler, Maler, Autor und Fotografen nie interessiert. Er kaufte Expressionisten, aber auch bayerische Hinterglasbilder, er lithografierte Plakate und fertigte naive Laubsägearbeiten an, er ließ sich von afrikanischen Masken ebenso verführen wie von den Werken eines Chagall oder Picasso. Die Sammlung Buchheim könnte man als ›Kunst- und Wunderkammer‹ in bester Wittelsbacher Tradition bezeichnen. Auch in der Renaissance wurde gesammelt, was Neugier erregte und das Auge erfreute.

Dickschädel aus Chemnitz

Weltbekannt wurde der 1918 in Weimar geborene Universalkünstler mit dem 1973 erschienenen Roman »Das Boot«, in dem er seine Erlebnisse als Marinekriegsberichterstatter einer U-Boot-Flotille (1940–1945) verarbeitete. Nach dem Krieg betätigte er sich als Maler, Fotograf, Verleger und Sammler von Expressionisten, Ethnographica und Volkskunst. Diese facettenreiche Sammlung wollte Buchheim immer als Ganzes präsentieren, nicht nach Genres unterteilt. Das machte die Suche nach einem Museum für sie schwierig. Die Lösung, ihr ein eigenes Haus zu bauen, kristallisierte sich aber erst Mitte der 1990er-Jahre heraus.

Ende der 1930er-Jahre hatte Buchheim Feldafing als Künstlersitz gewählt, um am Starnberger See Landschaftsaquarelle zu malen; schließlich ließ er sich endgültig hier nieder. In Feldafing, auf dem Gelände der Villa Maffei, sollte ursprünglich auch sein Museum errichtet werden, doch ein Bürgerentscheid kippte das Projekt 1997 und die Nachbargemeinde Bernried erhielt den Zuschlag.

Künstler der kraftvollen Farben

Buchheims Sammlung expressionistischer Kunst bildet das Herzstück des Museums; sie gilt als eine der umfangreichsten ihrer Art und präsentiert auch Vorläufer wie Lovis Corinth. Bei ihrer Präsentation wählten Buchheim und die Kuratorin Clelia Segieth wieder den ungewöhnlichen, sinnlich anschaulichen Weg: Hier hängen Gemälde neben Holzschnitten, Zeichnungen und Aquarellen. Dies macht einerseits die Arbeitsmethoden der Künstler, vor allem jener der Vereinigung Brücke, deutlich und präsentiert andererseits die Brücke als einen Kreativpool der Druckgrafik.

Schweben über dem See

Ob Besucher ihn gleich zu Beginn begehen oder zum Abschluss des Museumsbesuchs – der Steg ist der architektonisch-ästhetische Höhepunkt des Hauses. 12 m hoch schwebt er am östlichen Ende des Museums über dem Starnberger See. Hier, mit Blick über das ruhige Wasser und die majestätische Alpenkette im Süden, kann man das Gesehene sortieren und über den barocken Menschen Buchheim nachdenken, der zwar aus Chemnitz stammte, im Grunde aber ein echt bayerischer Querkopf war – hätte sein Traum sonst je Gestalt angenommen?

Siegfried Ulmer verarbeitete Buchheims alten Wagen zum »Grusel-BMW«

16. Jh. belegte **Schloss** dient heute als Tagungsort der angesehenen Evangelischen Akademie, die Seminare mit prominenten Referenten zu aktuellen Themen abhält; im Gästehaus des Schlosses, dem 1853 eingerichteten **Midgardhaus,** logierten bereits im 19. Jh. Gelehrte und Künstler wie der Ägyptologe Georg Ebers. Heute schmückt sich die darin residierende Wirtschaft Zum Häring mit Autogrammfotos der Münchner ›Bussi-Gesellschaft‹.

Feldafing ▶ E 10

Feldafing, das seinen prominenten Bürger Buchheim so schnöde vor den Kopf stieß, kam dennoch in den Genuss seines Wirkens: Die **Villa Maffei** dient als Außenstelle des Buchheim Museums (Öffnungszeiten wie Museum). Sie zeigt Sonderausstellungen und organisiert Führungen, so z. B. durch den **Feldafinger Schlosspark** (Seestr. 4, Fr–So 14–17 Uhr). In Feldafing steht auch Thomas Manns **Villino,** in das er sich zwischen 1919 und 1923 vom Münchner Trubel zurückzog, um am »Zauberberg« zu arbeiten (Tutzinger Str. 46). Die NSDAP beschlagnahmte diese und andere Villen und richtete dort eine Parteischule ein. Nach dem Zweiten Weltkrieg wurden hier jüdische KZ-Überlebende untergebracht. Die Gräber der Verstorbenen liegen auf dem kleinen jüdischen Friedhof des Ortes.

Zur Roseninsel ▶ E 10

Fährbetrieb: Mai, Mitte Sept.–Mitte Okt. 11–18, Juni–Mitte Sept. 10–18 Uhr, www.faehre-roseninsel.de; Casino: Mai–Okt. Di–So 12–18 Uhr Durch den Lenné-Park spaziert man zum Glockensteg, um mit dem Fährboot zur Roseninsel überzusetzen. Maximilian II. ließ den Park nach Plänen Lennés von Karl von Effner anlegen

und plante darin auch ein Schloss. Auf der Insel erbaute Franz Jakob Kreuter eine italienischen Vorbildern nachempfundene Villa, das **Casino,** für den König, Lenné konzipierte die Gartenanlage und das berühmte **Rosenrondell.** König Ludwig II. verbrachte hier viel Zeit mit Elisabeth (Sisi) von Österreich, die zur Sommerfrische im nahen Hotel Königin Elisabeth abstieg. Die Anlagen wurden kürzlich restauriert, das Rosenrondell wieder hergestellt. Den Schilfgürtel, der die Insel früher eingerahmt hatte und der bei den Dreharbeiten zu Lucino Viscontis »Ludwig II.« stark zerstört wurde, schützt man mit Gitterzäunen.

Possenhofen ▶ E 10

Letzte historische Station am See ist **Schloss Possenhofen,** wo Sisi-Elisabeth, die spätere Kaiserin von Österreich, aufwuchs. 1537 als Hofmarkssitz erstmals verzeichnet, ist das Schloss der älteste noch erhaltene Adelssitz am See. Sein heutiges Aussehen hat es Umbauten im 19. Jh. zu danken und schließlich wurde es in den 1980er-Jahren in Eigentumswohnungen umgewandelt. Eine Erinnerung an die Kaiserin gibt's trotzdem. Das **Kaiserin-Elisabeth-Museum** im Bahnhof von Possenhofen breitet im ehemaligen Prunkwartesalon des Bahnhofs, den Ludwig II. bauen und ausstatten ließ, Erinnerungsstücke aus (Schlossberg 2, Pöcking-Possenhofen, www.kaiserin-elisabeth-museum-ev.de, Mai–Okt Fr, Sa, So 14–18 Uhr).

Übernachten

Romantisch – **Hotel Kaiserin Elisabeth:** Tutzinger Str. 2, Feldafing, Tel. 081 57/930 90, www.kaiserin-elisabeth.de, 50 Zi., DZ ab 140 €. Stilvollste Unterkunft am See; angenehm zeitlos und ohne Schnickschnack, der Golfplatz Feldafing liegt gleich nebenan.

Seeblick – **Hotel am See:** Marienstr. 16, Tutzing, Tel. 08158 995 00, www.hotel amsee-tutzing.de, 25 Zi., DZ ab 100 €. Gemütliches Mittelklassehotel direkt an See und Jachthafen, Wellnessbereich mit Sauna und Dampfbad; Ausflüge zum Fischen, der Familie gehören Fisch- und Fangrechte am See.

Preiswert – **Jugendherberge Possenhofen:** Kurt-Stieler-Str. 18, Pöcking-Possenhofen, Tel. 08157 99 66 11, www.jugendherberge.de, Übernachtung ab 20 €. Doppel- und Mehrbettzimmer.

Essen & Trinken

Am Wasser gebaut – **Forsthaus am See:** Am See 1, Pöcking-Possenhofen, Tel. 08157 930 10, tgl. 7–23 Uhr, Hauptgerichte um 16 €. Allein wegen der schönen Lage direkt am See empfehlenswert. Die Küche serviert Köstliches aus dem See und bayerische Schmankerl.

Aktiv & Kreativ

Baden – **Paradies:** Nördlich, bei Niederpöcking, liegt mit dem Paradies einer der beliebtesten Seestrände.

Ammersee ▶ D 9/10

Mit 46,6 km^2 Wasserfläche nimmt der Ammersee nach Chiemsee und Starnberger See den dritten Platz unter den bayerischen Seen ein. Wie sein östlicher Nachbar lang und schmal geschnitten, wird er von den Zuflüssen der Ammer, Windach und Rott gespeist und im Norden von der Amper entwässert. Weil der See zu den unter die Ramsar-Konvention fallenden Feucht-

gebieten gehört, sind große Abschnitte des Westufers gesperrt. Die Schilfgürtel haben zwar auch hier gelitten, sind aber an vielen Stellen noch erhalten. Ampermoos im Norden und Ammermündung im Süden stehen unter Naturschutz.

Ramsar-Feuchtgebiet Ammersee

Naturkundliche Touren veranstalten das Koordinationsbüro Ramsar-Ammersee, Landsberger Str. 57, Inning/Stegen, Tel. 08143 88 07, www.ramsar-ammersee.de) und das Fremdenverkehrsamt Herrsching (s. S. 144).

Seit 1976 zählt der Ammersee zu den durch das Ramsar-Abkommen geschützten Feuchtgebieten der Erde. Die beiden Naturschutzgebiete, das **Ampermoos** im Norden und die **Ammermündung** im Süden, besitzen trotz langer landwirtschaftlicher Nutzung und Störung durch Schiffsverkehr eine erstaunlich artenreiche Flora und Fauna. Vor allem die teils verlandete Mündung der Ammer im Süden ist ein wahres Vogelparadies mit ganz unterschiedlichen Vegetationszonen von Mooren über Streuwiesen bis hin zu Auwäldern. Besonders reizvoll ist diese Landschaft, wenn im Mai Orchideen und Sibirische Schwertlilien die Wiesen in ein buntes Farbenmeer verwandeln. Vogelfreunde können im Dickicht und Schilf das ganze Jahr über Beobachtungen machen und z. B. Tafel- und Kolbenten, Flussseeschwalben, den Großen Brachvogel und die Bekassine erspähen. Richtig spektakulär aber wird es im Herbst, wenn der Ammersee als Raststätte für heimkehrende Zugvögel dient und sich bis zu 15 000 Vögel hier aufhalten. Reiherenten aus Westsibirien und kurioserweise auch Silberreiher aus Südeuropa kommen an den See, um zu überwintern. Übrigens sind in den letzten Jahren auch

Biber am südlichen Ammersee heimisch geworden. Um die Natur nicht zu stören, kann man das Vogelschutzgebiet im Süden nur im Rahmen organisierter Führungen besuchen (s. o.).

Herrsching und der Heilige Berg ▶ D 9/10

Mit 10 000 Einwohnern ist Herrsching heute eine respektable Kleinstadt; bis weit ins 19. Jh. hinein war die alte Ansiedlung – Spuren führen zurück bis in die Hallstattzeit und im 7./8. Jh. war es bajuwarischer Adelssitz – nur ein bescheidenes Fischerdorf. Seit Ende des 19. Jh. interessierten sich Künstler und Literaten für den Ort, der Maler Ludwig Scheuermann ließ eine Villa erbauen (heute **Kurparkschlössl**), die Münchner Boheme feierte hier ihre Feste. Heute ist Herrsching dank S-Bahnanschluss erstes Ziel der Wochenendausflügler und dank der Nähe zum Kloster Andechs zugleich auch wichtiger Ausgangspunkt für die von den meisten Feriengästen vollzogene Bier-Wallfahrt auf den ›Heiligen Berg‹ (s. auch S. 144). Bevor man sich auf den etwa einstündigen Spaziergang zum Kloster begibt, der an der Fremdenverkehrsinformation beginnt und durchs Kiental nach Andechs führt, lohnt ein kleiner Abstecher an den östlichen Ortsrand von Herrsching zum **Archäologischen Park** neben dem Friedhof: Hier wurden frühbajuwarische Adelsgräber sowie Fundamente zweier Kirchen aus dem 7. Jh. entdeckt; eine hat man originalgetreu rekonstruiert (Kirchenbesichtigung Mai–Okt. So 11–12.30 Uhr oder nach Anmeldung bei Herrn Spindler unter Tel. 08152 96 95 55). Am südlichen Ortsende im Vorort Mühlfeld steht das gleichnamige, aus dem 16. Jh. stammende Schloss mit Zwiebelturm und

Kapelle. Der schlichte Bau wird heute als Gewerberaum genutzt.

Übernachten

Eigenwillig – **Chalet am Kiental:** Andechsstr. 4, Tel. 08152 98 25 70, www.chaletkiental.de, 10 Zi., DZ um 160 €. Die Verwandlung eines alten Hofes in ein sehr schickes, geschmackvolles und individuell geführtes Hotel am Pilgerweg nach Andechs ist gelungen. Jedes Zimmer ist anders und originell eingerichtet. Hochgelobt ist das Restaurant **Fingerprint** (s. u.).
Gutbürgerlich – **Seehof Herrsching:** Seestr. 58, Tel. 08152 93 50, www.seehof-ammersee.de, 43 Zi., DZ ab 110 €. Das große, komfortable Haus direkt am Dampfersteg organisiert rund ums Jahr Ausflüge und sportliche Veranstaltungen wie z. B. Segelkurse.

Essen & Trinken

Familienfreundlich – **Mühlfelder Brauhaus:** Mühlfeld 13, Tel. 08152 55 78, tgl. 11–23 Uhr, Hauptgerichte ab 11 €. Am südlichen Ortsende tischt man im gemütlichen Gasthof neben Bayernstandards auch originelle Eigenkreationen wie Zanderweißwürste auf, dazu gibt's hauseigenes Bier. Die Kinder toben auf dem Piratenschiff oder streicheln die Tiere.
Jung und flott – **Platzhirsch:** Hauptstr. 6, Breitbrunn am Ammersee, Tel. 08152 993 80 91, www.platzhirsch-am-see.de, Mo–Fr 17–1, Sa/So 10–1 Uhr, Hauptgerichte um 12 €. Angesagte Gastronomie unter dem Motto ›Essen Trinken Leben‹. Es gibt sowohl bayerische Standards als auch kreative vegetarische und mediterrane Kreationen.
Jung und wild – **Fingerprint:** im Hotel Chalet am Kiental (s. o.), tgl. 12–14, 18–

22 Uhr, Hauptgerichte um 22 €. Wie das Hotel, so die Küche: unkonventionell, geschmackssicher, einfach überzeugend. Der Küchenchef aus der Riege der Jungen Wilden schlägt allerdings nicht über die Stränge, sondern verwöhnt seine Gäste im kühl-modernen Ambiente des Restaurants wie im Biergarten mit wahrhaft delikaten Kreationen.

Infos

Tourist-Information: Bahnhofsplatz 3, 82211 Herrsching, Tel. 08152 52 27, www.herrsching.de.

S-Bahn: vom Bahnhof Verbindung nach München.

Bayerische Seenschifffahrt: Südliche (1,5 Std.) und nördliche (2 Std.) Rundfahrt, die sich kombinieren lassen. Abfahrt etwa alle 1,5 Std., Fahrpläne unter www.bayerische-seenschifffahrt.de.

Kloster Andechs ▶ D 10

www.andechs.de, Messfeiern So 10.15, 11.30, 18, unter der Woche Mi Vesper um 18 Uhr, Führungen Mitte April–Mitte Okt. 12, So 12.15 Uhr
Das Kloster, 711 m hoch in den Moränenhügeln gelegen, ist seit dem 11. Jh. als Burg der Dießener, später Andechser Grafen belegt, deren Geschlecht 1248 ausstarb. Bereits in dieser Zeit wallfahrten die Menschen auf den Berg, und als 1388 vergrabene Reliquien gefunden wurden, entwickelte sich Andechs zum bedeutendsten Wallfahrtsziel Deutschlands. Um die Masse der Pilger zu lenken und zu verwalten, stiftete Herzog Albrecht III. im 15. Jh. das Benediktinerkloster. Nach der Säkularisation (1803) verehrte König Ludwig I. das Stift den Münchner

Benediktinern von St. Bonifaz. Ende des 20. Jh. war aus dem Kloster ein dynamisches Wirtschaftsunternehmen mit Brauerei und Lebensmittelbetrieb (Milch, Butter, Käse) geworden.

Dass das Spirituelle zugunsten des Weltlichen zurücksteht, das gilt für Andechs zumindest an sonnigen Wochenenden, wenn Heerscharen von Radfahrern, Wanderern, Busausflüglern und Autofahrern die Zufahrtsstraßen verstopfen und oben am Berg eine Stimmung herrscht wie auf dem Oktoberfest. Der achteckige Kirchturm mit seiner Zwiebelhaube steht etwas verloren über dem lauten Treiben zu seinen Füßen, und die Patres haben alle Mühe, unpassend angezogene und auftretende Besucher in der **Kirche St. Nikolaus, Elisabeth und Maria** zu bändigen. Dabei sollte der glanzvolle Eindruck des Kirchenraums mit seinem von Johann Baptist Zimmermann besorgten Stuck- und Freskendekor genügen, Ehrfurcht hervorzurufen. Das Gnadenbild, eine Thronende Madonna aus dem 15. Jh., umschließt ein nach Zimmermann'schen Entwürfen im 18. Jh. angefertigter zweistöckiger Hochaltar, den Heiligenfiguren von Franz Xaver Schmädl schmücken. Am Genie der Wessobrunner Künstler (s. S. 63) führte auch in Andechs kein Weg vorbei. Der Reliquienschatz wird in der nicht immer zugänglichen **Heiligen Kapelle** aufbewahrt: Unter spätgotischen Gewölberippen sind die Monstranz mit den Drei Heiligen Hostien und der Andechser Klosterschatz zu bewundern, zu dem u. a. ein Fragment der Dornenkrone, das Siegeskreuz (12. Jh.) von Kaiser Karl dem Großen und das Brautkleid der hl. Elisabeth (12.–13. Jh.) gehören. In der **Schmerzhaften Kapelle** findet sich die Grabstätte des Komponisten Carl Orff (1895–1982), der am Ammersee lebte und dem Andechs jedes Jahr im Sommer Festspiele widmet.

Frühe Rokokoblüte im Marienmünster von Dießen

Essen & Trinken

Rummel – **Bräustüberl, Klostergasthof Andechs:** Stüberl Tel. 08152 37 60, 10–23 Uhr, Gasthof Tel. 08152 930 90, 11–23 Uhr, Brotzeit ab 3 €, Hauptgerichte ab 10 €. Die Andechser Klosterbrauerei produziert jährlich 100 000 hl Bier, das meiste Starkbier, und ein Teil davon wird auf dem Heiligen Berg geleert, wo es im Bräustüberl, im Biergarten und im Klostergasthof entsprechend lebhaft zugeht. Während Biergarten und Bräustüberl mit bayerischen Gerichten günstige Mahlzeiten servieren bzw. in Selbstbedienung verkaufen, gibt es im etwas unterhalb gelegenen Klostergasthof gediegene Atmosphäre, eine hübsche Terrasse und feinere Speisen.

Besinnlich – **Der Obere Wirt zum Queri:** Georg-Queri-Ring 9, Andechs-Frieding, nordöstl. von Herrsching, Tel. 08152 918 30, www.queri.de, Mo 17–24, Di–So 10–24 Uhr, Haupgerichte ab 13 €. Angenehme Alternative zum Andechser Rummel: In diesem schönen Gasthof sitzt man gemütlich in Stuben oder Garten und genießt eine feine bayerische Küche, wie etwa Lammhaxe. Das Bio-Rindfleisch ist aus eigener Haltung und Schlachtung.

Termine

Orff-Festspiele: Ende Juni–Anfang August im Florian-Stadl. Infos und Programm unter www.andechs.de/veran staltungen/orff_in_andechs.

Dießen ! ▶ D 10

Auch Dießen mit ebenfalls rund 10 000 Einwohnern hat den Charakter einer lebhaften Kleinstadt, wirkt im Gegensatz zu Herrsching aber traditionsbewusster. Das liegt nicht zuletzt an den vielen schönen historischen Häusern, die sich vor allem entlang der vom See bergauf führenden Herren- und Hofmarkstraße erhalten haben. Vielleicht ist es auch dieses homogene Stadtbild, das besonders viele Künstler nach Dießen zieht: Kunsthandwerk, Malerei und Musik stehen hier in Blüte.

Zum Carl-Orff-Museum

Carl-Orff-Museum: Hofmark 3, Tel. 08807 919 81, www.orff-museum.de, Sa/So 14–17 Uhr und nach Vereinbarung

Das 1704 errichtete **Rathaus** (Ecke Prinz-Ludwig-Straße) eröffnet die Parade historisch-bayerischer Hausfassaden. Dann folgen in den Bürgerhäusern des 19. Jh. originelle Läden und Handwerksbetriebe, so die beiden **Zinngießereien** (Herrenstr. 7 und 17), und schließlich das 1620 erbaute **Gericht,** heute Polizeidienststelle. Unter der Adresse Hofmark 3 verbirgt sich das **Carl-Orff-Museum,** in dem Dokumente, Bilder und Musikbeispiele das Werk des Künstlers vorstellen, der ab 1955 in Dießen lebte. Besonders interessant: Die Instrumente des Orff'schen Schulwerks im Untergeschoss dürfen gespielt werden.

Marienmünster

Hoch über dem Ort angekommen, führt schließlich der **Taubenturm** (18. Jh.) auf den Klosterhof: Die im 12. Jh. gegründete Anlage um die **Kirche Mariä Himmelfahrt** ist nur noch in Teilen erhalten. Am Gotteshaus wurde vom 15. bis ins 18. Jh. gebaut; Johann Michael Fischer vollendete es 1739 und schuf aus der behäbigen Barockstruktur einen luftigen, bewegten Körper. Besonders reizvoll ist im Innern der Kontrast zwischen der hellen Stuckierung und den kräftig-dunklen Fresken des »Dießener Himmels« (Johann Georg Bergmüller, 1736), die Begebenheiten der lokalen Historie erzählen. Fast 20 m hoch ist der Altar im Chor, den wahrscheinlich François de Cuvilliés entworfen hat. Flankiert ist er von den vier Kirchenvätern, die, in dramatischer Bewegung erstarrt, die Gläubigen zu mahnen scheinen. An den Seitenaltären hat gearbeitet, was Rang und Namen hatte: Johann Baptist Straub, Johann Georg Bergmüller, Franz Xaver Schmädl, um nur einige zu nennen. Kühler Kontrast zum reichen Schmuckwerk des Marienmünsters ist die im ehemaligen Marstall eingebaute **Winterkirche** mit gotischem Gewölbe und schlichter Ausstattung.

Übernachten

Kreativ-individuell – **Hotel Maurerhansl:** Johannisstr. 7, Tel. 08807 922 90, www.maurerhansl.de, 7 Zi., DZ ab 80 €. Auch im ältesten Gasthof Dießens herrscht künstlerischer Geist: Jedes Zimmer ist individuell und originell eingerichtet; unterm Dach lockt ein schönes Loft. Zum Haus gehören ein gutes Restaurant, die schrille Mambar und ein 2 km entferntes privates Seegrundstück.

Essen & Trinken

Multikulti – **Wirtshaus am Kirchsteig:** Am Kirchsteig 30, Tel. 08807 72 86, www.wirtshausamkirchsteig.de, Mo, Do–Sa 18–23, So ab 11 Uhr, Hauptgerichte um 15 €. Die Küchenkunst passt zum Künstlerort. Fantasievoll mixt der Küchenchef bäuerliche Rezepte mit mediterranen oder asiatischen Elementen.

Alles Bio – **Kult Café:** Prinz-Ludwig-Str. 23, Tel. 08807 21 49 93, Do–Di 10–22 Uhr, Hauptgerichte um 12 €. Kulturzentrum, Restaurant und Kneipe mit guter, zumeist vegetarischer Kost und hübschem Biergarten.

Einkaufen

Keramik und Zinngießerei – die gibt's in Dießen von altersher. Die Künstler von heute präsentieren ihre Werke in einer Verkaufsausstellung im **Pavillon** (Seestr. 30, Tel. 08807 84 00), beim jährlichen **Sommermarkt** am Dampfersteg (meist erstes Juliwochenende) oder in ihren Geschäften, so z. B. in den beiden Kleinzinngießereien in der Herrenstraße mit einem riesigen Sortiment von Zinnfiguren.

Infos & Termine

Tourist-Info: Herrenstr. 17, 86911 Dießen am Ammersee, Tel. 08807 10 48, www.diessen.de.

Bus: Verbindungen nach Geltendorf, Landsberg und München; Fahrpläne unter www.lvg-bus.de.

Töpfermarkt: an drei Tagen um Himmelfahrt. Keramikkünstler aus ganz Europa präsentieren hier Kunst und Gebrauchsgegenstände von hoher Qualität.
Fischerstechen: Mariä Himmelfahrt. Jeweils drei Mann treten in Booten mit langen Stecken gegeneinander an. Wer als erster aus dem Boot ins Wasser ›gestochen‹ wird, hat verloren!

Erdfunkstation Raisting

▶ D 10

Geführte Besichtigung mit Diplomingenieur Gerd Knauth unter Tel. 0881 26 91 vereinbaren (einstündige

Führung für Einzelpersonen oder Kleingruppen 40 €)
Bei Raisting im Becken südlich von Dießen fanden die Ingenieure ideale Bedingungen für den Aufbau einer Erdfunkstelle: 18 Antennenschüsseln mit Durchmessern von 7 bis 32 m halten hier seit 1962 Kontakt zu Nachrichtensatelliten. Die kugelförmige, Radom genannte Traglufthalle birgt die inzwischen abgestellte Antenne 1 und steht heute unter Denkmalschutz.

Landsberg am Lech

▶ B/C 9

Landsbergs Altstadt am breiten, rasant über die drei Stufen eines Wehrs strömenden Lech fasziniert nicht nur durch erlesene Profan- und Kirchenarchitektur, sondern auch durch ihr lebhaftes, fast schon südländisches Flair. Besonders bunt präsentiert sich die Stadt am Samstag, wenn Markt gehalten wird.
    Erste Siedlungsfunde auf dem Burgberg stammen aus der Jungsteinzeit, unter römischer Herrschaft führte die Via Claudia Augusta hier vorbei nach Augsburg. Die Gründung des heutigen Städtchens ist dem Salzhandel und Herzog Heinrich dem Löwen zu danken: Der ließ um 1160 eine Brücke über den Lech schlagen, auf der das weiße Gold aus dem Osten Bayerns nach Schwaben und an den Bodensee transportiert wurde. 100 Jahre später war Landsberg eine von mehreren Festungen an der Westgrenze des Herzogtums Bayern und genoss dank großzügig verliehener Privilegien im 14./ 15. Jh. seine wirtschaftliche Blüte. Die folgenden Jahrhunderte erlebten die Landsberger mit Pestepidemien und den Plünderungen im Dreißigjährigen Krieg als Niedergang; viele verließen die Stadt. Einen bescheidenen Auf-

Landsberg am Lech

Sehenswert
1. Bayerntor
2. Schmalzturm
3. Rathaus
4. Stadtpfarrkirche Mariä Himmelfahrt
5. Johanniskirche
6. Bäcker- und Färbertor
7. Alter Salzstadel
8. Hubert-von-Herkomer-Haus
9. Neues Stadtmuseum

Übernachten
1. Goggl
2. Augsburger Hof

Essen & Trinken
1. Fischerwirt
2. Zum Mohren

Aktiv & Kreativ
1. Inselbad
2. Lechpark Pössinger Au

Abends & Nachts
1. Licca Lounge

schwung bescherte das 19. Jh., die Stadt wurde Garnisonsort und Sitz der Kreisverwaltung. Die Festung Landsberg diente nun als Gefängnis und beherbergte 1923/1924 einen prominenten Gast: Adolf Hitler. Im Zweiten Weltkrieg nicht zerstört, präsentiert sich die Altstadt zwischen Lech und Burgberg heute nahezu unverfälscht.

An der Stadtmauer

Landsbergs Altstadt wird nach Westen vom Lech begrenzt und nach Süden, Osten und Norden von dem fast vollständig erhaltenen Mauerring der im 16. Jh. erbauten **Stadtmauer** eingerahmt. Mehrere Tore führen von den Außenbezirken in die Altstadt: ganz im Norden das 1630 erbaute **Sandauer Tor** (Sandauer Straße), an der südöstlichen Ecke das 1425 erbaute **Bayerntor** 1 (am Ende des Hofgrabens), das als schönste gotische Toranlage in Süddeutschland gilt, und im Südwesten, direkt am Lech, der **Nonnenturm** aus dem 14. Jh. Dazwischen steht eine Reihe von Wachtürmen, so der **Dachlturm** (15. Jh.), der **Pulverturm** (15. Jh.) und der **Jungfernsprung** (14. Jh.). Der Mutterturm auf der dem Inselbad gegenüberliegenden Flussseite ist hingegen eine neogotische Geschmacklosigkeit, die der aus Landsberg stammende Künstler Sir Hubert

von Herkomer zu Ehren seiner Mutter erbauen ließ (1884–1888).

Rund um den Hauptplatz

Einen weiteren Turm gilt es zu nennen, den **Schmalzturm** 2 (13. Jh.), der noch vom ersten Mauerring erhalten ist. Er herrscht über den leicht abschüssigen Landsberger Hauptplatz mit seinen schönen alten Giebelhäusern, deren Glanz aber vor der reich stuckierten Fassade des **Rathauses** 3 verblasst. Dominikus Zimmermann schuf durch Aufstockung, Giebelschmuck und eben jenen zarten Stuck ein vollendetes Rokoko-Eensemble (1719–1721). Der Wessobrunner (s. S. 63) lebte in Landsberg und war sogar eine Zeit lang Bürgermeister. Er wohnte im Haus Hubert-von-Herkomer-Str. 13, dem Rathaus direkt gegenüber.

Barockkirchen in der Altstadt

Die gotische **Stadtpfarrkirche Mariä Himmelfahrt** 4 nördlich des Hauptplatzes ragt weit über Giebel und Dächer des alten Landsbergs; ihr Turm erhielt eine Zwiebelhaube, als man diesen im 17. Jh. noch einmal aufstockte. Im Innern herrscht hochbarocke Pracht, an der ebenfalls ein Wessobrunner, Matthias Stiller, mit Akanthus-Stuck mitgewirkt hat. Wie ein prunkvoller Bühnenaufbau wirkt der hochbarocke

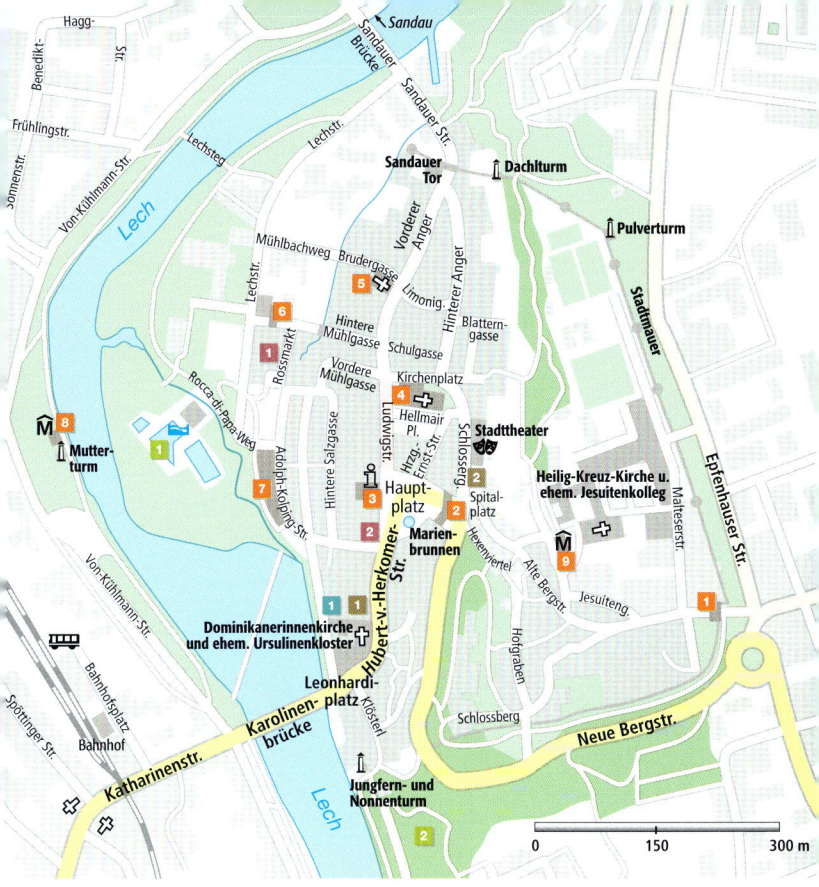

Altar im hellen Raum (17. Jh., von Jörg Pfeifer aus Bernbeuern geschaffen, Skulpturen von Lorenz Luidl). Dahinter leuchten bunt die spätgotischen Glasfenster. Ein Stück weiter am Vorderen Anger steht Dominikus Zimmermanns Rokokokleinod, die **Johanniskirche** 5 . Mitte des 18. Jh. konzipierte der Baumeister den ovalen Kirchenkörper mit fast kreisrundem Altarraum, den ein wundervoll bewegt stuckierter Altar in Weiß und Gold beherrscht. Man meint fast, das in Gips gegossene Jordanwasser der dargestellten Christustaufe plätschern zu hören.

Am Mühlbach entlang zum Lech

Durch die Hintere Mühlgasse und das **Bäcker-** und **Färbertor** 6 (beide 15. Jh.) hindurch wird Landsberg plötzlich ganz ländlich: Der Mühlbach fließt an alten Häuschen vorbei, und im Biergarten vom Fischerwirt am Rossmarkt genießen die Gäste ein kühles Bier. Die Lechstraße führt hier nach Süden zum Lechsalzstadl, der 1630 erbaut als Salzlager diente und heute als städtische Bücherei fungiert. Einem neuen Zweck wurde auch der **Alte Salzstadel** 7 (14. Jh.) an der Hinteren Salzgasse zugeführt: Vorbildlich saniert beherbergt er nun Eigentumswohnungen mit historischem Ambiente. Entlang des Peter-Dörfler-Wegs am Lech drängen sich an schönen Tagen Tische und Sonnenschirme von Cafés und Restaurants. Schräg gegenüber auf der anderen Lechseite lugt der Mutterturm des **Hubert-von-Herkomer-Hauses** 8 und **-Museums** hervor (Von-Kühlmann-Str. 42, Di–So 14–17 Uhr). Der vor allem in England geschätzte britisch-deutsche Maler, Bildhauer, Musiker, Schriftsteller und begeisterte Automobilist Hubert von Herkomer (1843–1914) organisierte 1905 die erste Autorallye in Deutschland, die in den 1990er-Jahren wieder aufgelegt wurde (s. rechts).

Beim Bummel durch die Altstadt kann man noch viele lauschige Plätzchen, historische Fassaden und Höfe entdecken, so z. B. entlang der Alten Bergstraße und im Hexenviertel im Süden. Das **Neue Stadtmuseum** 9 im ehemaligen Gymnasium des Jesuitenkollegs zeigt Exponate aus der langen Geschichte Landsbergs (Von-Helfenstein-Gasse 426, Di–Fr 14–17 Uhr, Sa/So 10–17 Uhr).

Übernachten

Das Fremdenverkehrsamt vermittelt auch preiswerte Privatzimmer.

Stadthotel – **Goggl** 1 : Hubert-von-Herkomer-Str. 19–20, Tel. 08191 32 40, www.hotelgoggl.de, 60 Zi., DZ ab 80 €. Das renovierte Haus in der Altstadt besitzt komfortable, ansprechend möblierte Zimmer, Fitnessraum und Dampfbad.

Gutbürgerlich – **Augsburger Hof** 2 : Schlossergasse 378, Tel. 08191 96 95 96, www.stadthotel-landsberg.de, 14 Zi., DZ um 70 €. Das zentral gelegene Haus hat freundlich eingerichtete, einfache Zimmer und stellt seinen Gästen Fahrräder zur Verfügung.

Essen & Trinken

Ruhig und urig – **Fischerwirt** 1 : Rossmarkt 197, Tel. 08191 507 28, Mo 18–24, Di–Sa 10.30–14, 18–24 Uhr, Hauptgerichte ab 8 €. Dieses idyllisch am Mühlbach gelegene historische Wirtshaus serviert bayerische und schwäbische Spezialitäten. Grandiose Spätzle-Auswahl.

Historisches Flair – **Zum Mohren** 2 : Hauptplatz 148, Tel. 08191 422 10, tgl. 9–23 Uhr, Hauptgerichte ab 9 €. Gutbürgerliche bayerische Küche in einem der ältesten Häuser Landsbergs. Jeden ersten Freitag im Monat spielt zum *Hoagart* die Hausmusik.

Einkaufen

Musik – **discy** 1 : www.discy.de. Der Laden der Licca Lounge lässt bei CDs und Büchern keine Wünsche offen.

Aktiv & Kreativ

Nasser Spaß – **Inselbad** 1 : Lechstr. 1, Tel. 08191 464 28, www.stw-landsberg. de, Mai–Sept. Mo 12–20, Mi 7–20, sonst 8–20 Uhr. Wellenbad, Riesenrutschen und Naturschwimmen im Lech.

Familienparadies – **Lechpark Pössinger Au** 2 : Dam- und Schwarzwildgehege, ein Kneippbad, ein Wasserspielplatz, die schaurige Teufelsschlucht und die schöne Auenlandschaft laden zum Spazierengehen und Spielen – und das quasi im Zentrum von Landsberg.

Abends & Nachts

Junge Szene – **Licca Lounge** 1 : Hubert-von-Herkomer-Str. 111, Tel. 08191 970 79 86, www.licca-lounge.de, Mo, Di 10–22, Mi, Do 10–23, Fr, Sa 10-1, So 10–17

Uhr. Die modern gestylte Lounge mit Bistro veranstaltet Lesungen, Konzerte und DJ-Nächte, Sa Disco.

Infos & Termine

Kultur- und Fremdenverkehrsamt: Rathaus, Hauptplatz 152, 86899 Landsberg am Lech, Tel. 08191 12 82 46, www.landsberg.de.

Bahn: Bahnhof, Bahnhofsplatz 1, Tel. 118 61, www.bahnhof-landsberg.de.

Bahn- und Busverbindungen an den Ammersee, nach Augsburg und München.

Landsberger Orgelsommer: Von Juli bis Mitte Sept. spielen hochkarätige Musiker an der Orgel der Stadtpfarrkirche Mariä Himmelfahrt (jeweils Sa 11.15 Uhr).

Herkomer-Konkurrenz: Juni/Juli, alle zwei Jahre, nächster Termin 2011. Zu Ehren von Hubert von Herkomer ausgetragene Oldtimer-Rallye (www.herkomer-konkurrenz.de).

Mittelalter live – Kaltenberger Ritterspiele ▶ C 9

12 km nordöstlich von Landsberg liegt Kaltenberg mit seiner Burg. Ihr Kern stammt aus dem 15. Jh., der Maler Lorenzo Quaglio ließ sie im 19. Jh. neugotisch umbauen und seit 1955 gehört sie der Wittelsbacher Adelsfamilie. Prinz Luitpold, ein Urenkel des letzten bayerischen Königs, Ludwigs III., betreibt im Ort Kaltenberg eine Brauerei. 1982 kam er auf die Idee, sein Schloss mit mittelalterlichem Leben zu füllen – die Kaltenberger Ritterspiele waren geboren. Seither wächst das Spektakel mit Mittelaltermarkt, Turnierkämpfen, Gauklern, Konzerten und Akrobatik von Jahr zu Jahr (letzte drei Juliwochenenden, jeweils Fr–So, Infos, die genauen Termine und Bilder liefert www.ritterturnier.de).

Pfaffenwinkel und Blaues Land

Highlight!

Wieskirche: Bergkulisse, glückliche Kühe und ein beschwingtes Gotteshaus – das Idyll ist perfekt. Dominikus Zimmermanns Meisterwerk in der Abgeschiedenheit der Wiesen- und Moorlandschaft am Fuß des Hohen Trauchbergs südlich von Steingaden überwältigt mit einer Dekorationsfülle, deren einzelne Elemente aufeinander abgestimmt sind wie eine komplexe Komposition. S. 157

Auf Entdeckungstour

Auf dem Prälatenweg – Kirchen, Klöster und eine Moschee: Den Namen Pfaffenwinkel trägt die Region südwestlich des Fünfseenlandes nicht von ungefähr. Die Kloster- und Kirchendichte ist erstaunlich. Beim Wandern auf dem Prälatenweg reihen sich Highlights sakraler Architektur aneinander – darunter auch eine Moschee! S. 160

Kultur & Sehenswertes

Großer Gott von Altenstadt: Auf dem lebensgroßen romanischen Kruzifix der Pfarrkirche St. Michael ist Christus mit Goldreif als Christkönig dargestellt. S. 155

Wallfahrtskirche Maria Aich auf dem Peißenberg: Joseph Schmuzer, Matthäus Günther und Franz Xaver Schmädl schufen für das gotische Gnadenbild der Muttergottes auf der Mondsichel ein harmonisches Gemeinschaftswerk. S. 164

Aktiv & Kreativ

Kajakfahren auf der Ammer: Nichts für Unerfahrene, denn die Ammer gebärdet sich in ihrem Oberlauf durchaus als Wildfluss. S. 159

Auf den Spuren des Blauen Reiters durchs Murnauer Moos: Radtour zu den Orten, an denen Wassily Kandinsky und August Macke ihre Staffeleien aufstellten. S. 170

Genießen & Atmosphäre

Klosterwirtschaft: In Polling traf sich seinerzeit die Prominenz von König Ludwig II. bis Thomas Mann, und die Klosterwirtschaft war die beliebteste Einkehr – das ist sie dank der guten Küche noch heute. S. 166

Reiterzimmer: Am Alpenhof Murnau bzw. seinem Restaurant kommt kein Feinschmecker vorbei. Die Kreativität des Kochs ist eines so bedeutenden Künstlerortes würdig. S. 170

Abends & Nachts

sonnendeck: Entspannte Atmosphäre, Loungemusik und junge Leute im Herzen Weilheims. S. 166

Glashaus-Party: Zu den legendären Techno-Events zieht es ebenso legendäre DJs ins Gewächshaus nach Weilheim. S. 166

Pfaffen und Künstler

Zwischen Schongau und Penzberg, zwischen Ammersee und den Ammergauer Alpen stehen Sakralarchitektur und -kunst auf dem Programm. Barock und Rokoko treiben im Pfaffenwinkel ihre buntesten und elegantesten Blüten, da verharren selbst Puristen in atemloser Bewunderung. Da die Landschaft mit ihren sanften Hügeln und Tälern ideales Wander- und Radlerterrain ist, lassen sich Kunst und Sport auf Prälaten- und König-Ludwig-Weg sowie auf der Romantischen Straße wunderbar miteinander verbinden. Ein Wanderparadies ist auch das Blaue Land um den Staffelsee. Hier spaziert man auf den Spuren berühmter Expressionisten der Künstlergruppe Blauer Reiter durch eine von Libellen umschwirrte Moorlandschaft und das romantische Städtchen Murnau.

Infobox

Reisekarte: ▶ B–E 10–13

Infos
Tourismusverband Pfaffenwinkel: Bauerngasse 5, 86956 Schongau, Tel. 08861 77 73, www.pfaffen-winkel.de.
Tourismusgemeinschaft DAS BLAUE LAND: Geschäftsstelle im Verkehrsamt Murnau, Kohlgruber Str. 1, 82418 Murnau am Staffelsee, Tel. 088 41 61 41 11, www.dasblaueland.de.

Anreise und Weiterkommen
Von München mit der Bayerischen Regio-Bahn stündlich nach Murnau oder Weilheim; dann mit der Pfaffenwinkelbahn weiter bis Schongau (www.bahn.de).

Schongau ▶ B/C 11

Mauerbewehrtes Mittelalter, doch von verschlafener Historie keine Spur: Schongau ist eine lebhafte Kreisstadt mit bäuerlichem Charme. Das erste Schongau befand sich ab 1070 dort, wo sich heute das Dorf Altenstadt um seine romanische Basilika gruppiert (s. S. 155). Im 13. Jh. verlegten die Stauferkönige die Siedlung auf den Lechumlaufberg, von wo aus die Handelswege besser zu überwachen waren: Am Lechübergang bei Schongau kreuzte die Salzstraße von Bad Reichenhall nach Kempten die Via Claudia Augusta, die seit römischer Zeit bestehende Verbindung von Augsburg nach Verona. Auch die Wittelsbacher förderten die Ansiedlung: Anfang des 15. Jh. bekam Schongau das Recht, auf alle Waren Zoll zu erheben.

Noch heute ist die romantische Altstadt mit ihren mittelalterlichen Giebelhäusern fast vollständig von der zwischen 14. und 17. Jh. erbauten Stadtmauer umgeben. Ihre Hauptachse, die Münzstraße, durchquert sie von Nord nach Süd. Auffälligstes Gebäude ist das mit einem Treppengiebel geschmückte **Ballenhaus** (15. Jh.), Rathaus und Warenlager in einem, mit einem lebhaften Café im Erdgeschoss und einem schönen, gotischen Ratssaal in der ersten Etage. An der **Stadtpfarrkirche Mariä Himmelfahrt** begegnet man wieder Dominikus Zimmermann, dem Wessobrunner Genie mit späterem Wohnsitz in Landsberg: Er überwachte den Neubau im 18. Jh., nachdem 1667 der Turm der gotischen Vorgängerkirche eingestürzt war. Von ihm stammt auch der Stuck im Chor, der mit fließendem Schwung den Hochaltar von Franz Xaver Schmädl einrahmt. Im Langhaus stuckierte ein weiterer Wessobrunner, Jakob Stiller, und Matthäus Günther aus Augsburg schuf die plastischen Fresken. Stadtmauer, Türme und Tore zeigen, wie vehement sich Schongau zu verteidigen hatte, war die Stadt doch nicht nur Markt-, sondern auch Grenzort zu Schwaben hin und in vielen Kriegen belagert und besetzt.

Altenstadt

Das Dorf am Fuß des Lechumlaufbergs ist vollständig beherrscht von seiner **Michaelskirche,** eines der wenigen romanischen Gotteshäuser in Oberbayern, das seinen Charakter bewahrt hat: Um 1220 wurde die dreischiffige Basilika mit Kreuzgratgewölbe errichtet. Ihr bedeutendster Schmuck ist der »Große Gott von Altenstadt«, ein um 1200 entstandener, monumentaler Christus am Kreuz. Auch der Taufstein stammt aus dieser Zeit und ist mit schönen Reliefs, u. a. des hl. Michaels im Kampf mit Luzifer, geschmückt. Das eindrucksvolle Christophorus-Fresko an der Westwand wurde erst bei der letzten Restaurierung 1994 freigelegt.

Übernachten

Historisch – **Blaue Traube:** Münzstr. 10, Tel. 08861 30 60, www.hotel-blaue-traube.de, DZ um 100 €. Das freundliche Mittelklassehaus liegt im Herzen der Altstadt und hat WLAN-Zugang.

Essen & Trinken

Bayerisch light – **Schongauer Brauhaus:** Altenstädter Str. 13, Tel. 08861 90 95 86, Mo–Sa 10–24, So 11–24 Uhr, Hauptgerichte um 10 €. Brauerei und gemütliches Wirtshaus mit Biergarten, bayerisch-schwäbischen Spezialitäten

und mittwochs, am ›Frauentag‹, knackigen Salaten.
Mediterran – **Ballenhaus:** Marienplatz 2, Tel. 08861 256 28 15, Mo–Sa 9–1, So 10–1 Uhr, Hauptgerichte um 8 €. Das Café-Bistro-Restaurant kocht südländisch, von Italien bis Mexiko; auch viele Snacks und Salate. Bei schönem Wetter mit Tischen auf dem Platz.

Aktiv & Kreativ

Märchenhaft – **Schongauer Märchenwald:** Dießener Str. 6, Tel. 08861 75 27, www.schongauer-maerchenwald.de, Mai–Sept. 9–19 Uhr, März/April, Okt. 9–18 Uhr. Ein Spaß für die Kleinen: Märchenszenen lauschen, im Kleintiergehege Hasen füttern, Ponys streicheln und auf Spielplätzen herumtollen.

Infos

Tourist-Information: Münzstr. 1–3, 86956 Schongau, Tel. 08861 21 41 81, www.schongau.de.

Bahn/Bus: RVO-Busse (www.rvo-bus. de) und RB-Bahn (www.bahn.de) vom Bahnhof Weilheim (s. S. 166).

Rund um Schongau

Klosterkirche Steingaden

▶ B/C 12

Sommer 8–19, Winter 8–17 Uhr
Romanische Baukunst empfängt den Besucher zunächst in der **Pfarrkirche Johannes der Täufer** des ehemaligen Prämonstratenserklosters. Zwei wuchtige Türme bekrönen die Basilika, die 1147 als Stiftung des Welfenherzogs Welf VI. gegründet wurde. Zusammen

Die Wieskirche macht auch im Winterkleid eine gute Figur

mit seinem Sohn Welf VII. fand er in diesem Gotteshaus seine letzte Ruhe, und weil die Welfen mit diesem Kloster so verbunden waren, ziert eine um 1600 erstellte Genealogie der Fürstenfamilie die wohl um 1490 angebaute, gotische Vorhalle der Kirche. Im 17. und 18. Jh. gestalteten Mitglieder der Wessobrunner Künstlerfamilie Schmuzer das Kircheninnere im Geschmack von Barock und Rokoko: Zurückhaltend-elegant arbeitete im Chor Johann Schmuzer (1642–1701), sein Enkel Franz Xaver (1713–1775) umhüllte das Langhaus mit verspieltem Dekor und schuf so den Rahmen für die Geschichte des hl. Norbert, die Johann Georg Berg-

müller (1688–1762) aus Augsburg in strahlenden Fresken erzählte. Zurück in die romanische Kunstepoche entführt der einzig verbliebene Teil des stillen Kloster-Kreuzgangs mit der um 1300 erbauten Brunnenkapelle.

Termine

Ulrichsritt: jedes Jahr So nach dem Ulrichstag, 4. Juli. Der festliche Ritt führt vom Marktplatz in Steingaden zur Heilig-Kreuz-Kirche auf dem Kreuzberg, der südlich von Steingaden liegt. Nach dem Gottesdienst werden Pferde und Reiter gesegnet.

gen der Landschaft aufnehmend, das Gotteshaus mit seinem niedrigen Turm – die Vollendung des Lebenswerks der Brüder Johann Baptist und Dominikus Zimmermann aus Wessobrunn.

Angefangen hat die Geschichte der ›Wies‹ 1738 mit einer weinenden Prozessionsfigur im Schober eines Bauernhofs, wie es heißt. Der an eine Säule gekettete und gegeißelte Heiland wurde nach diesem Wunder schnell zum Wallfahrtsziel, die flugs errichtete Kapelle wurde zu klein und das zuständige Kloster Steingaden gab bei den Zimmermanns eine Kirche für das Gnadenbild in Auftrag. Dominikus baute und stuckierte, Johann Baptist schuf die Fresken. Von 1746 bis 1754 dauerte die Bauzeit, dann konnte die Skulptur in das Rokokowunder umziehen. Nicht umsonst hat die UNESCO die Wies zum Welterbe erklärt.

Das rauschhafte Innere wirkt von allein. Zielsetzung des Rokoko war es ja stets, die durch die Gesetze der Statik und das Material vorgegebene Bauform zu überwinden, die ›Technik‹ zu verhüllen. In später umgearbeiteten, älteren Kirchen war dies nur bedingt möglich; hier an der Wies jedoch konnte Dominikus bereits mit dem Bau die Grundlagen für das umhüllende Werk schaffen: Der Schwung beginnt im ovalen Grundriss und setzt sich in der Stuckdekoration, in Rocaillen, Voluten und Kartuschen zum Deckenfresko hin fort, ja züngelt sogar hinein. Darauf öffnet sich der Himmel zum letzten Gericht. Arkadenbögen und Säulen gliedern den doppelstöckigen Altarraum, den der Hochaltar aus rotem Stuckmarmor und dem Gnadenbild ausfüllt. Der Kontrast des kühl-weißen Kirchenschiffs mit dem warmen Gold-Dunkel der Altäre, dazu der Lichteinfall aus den geschickt platzierten Fenstern schaffen einen Raum, in dem jedes Detail im Rhyth-

Wieskirche **!** ▶ C 12

Wies 12, Steingaden, Tel. 08862
93 29 30, www.wieskirche.de,
Sommer 8–19, Winter 8–17 Uhr
Die **Wallfahrtskirche zum Gegeißelten Heiland in der Wies** verbirgt sich in einsamer Hügellandschaft südöstlich von Steingaden. Ein kurzes Stück auf der Romantischen Straße in Richtung Wildsteig, dann biegt eine Straße nach rechts und erreicht durch Wälder und über Wiesen mäandernd das Gotteshaus auf seiner Anhöhe vor dem schützenden Trauchberg. Ein ländliches Idyll, auf den Weiden stehen Kühe und Pferde, darüber, die sanften Wölbun-

mus einer unhörbaren Musik zu jubilieren scheint.

Essen & Trinken

Der Klassiker – **Gasthof Schweiger:** Wies 9, Steingaden-Wies, Tel. 088 62 500, www.gasthof-schweiger-wieskirche.de, tgl. 9–18 Uhr, im Winter Sa–Do, Hauptgerichte um 10 €. Dominikus Zimmermann erbaute sich dieses Haus als Altersruhesitz; nun kann man im Wirtsgarten Bärlauchsuppe und Bauernhofente kosten oder sich von Schmalznudeln verführen lassen.

Termine

Festlicher Sommer in der Wies: In den vier großen Kirchen der Region – Wies, Altenburg, Rottenbuch und Steingaden – wird von Ende Juni bis Anfang August jeweils sonntags festlich musiziert. Programm unter www.foerderverein-fsw.de.

hauer aus dem Augsburger Raum, dessen charakteristische Handschrift im kantigen, tiefen Faltenwurf durchscheint.

Übernachten, Essen

Landhausstil – **Gasthof Zur Post:** Kirchbergstraße 43, Tel. 08867 221, www.gasthof-post-wildsteig.de, 9 Zi., DZ ab 60 €, Restaurant tgl. 11–20.30 Uhr, Hauptgerichte ab 12 €. Freundliche Farben, ein wunderschöner Bauerngarten und ein Restaurant mit leckerer bayerisch-schwäbischer Küche bieten einen entspannten Rahmen für vielerlei Aktivitäten.

Aktiv & Kreativ

Nordic Walking – **Fünf markierte Routen** unterschiedlicher Länge empfehlen die Gemeinde Wildsteig als Nordic-Walking-Paradies (www.wildsteig.de).

Wildsteig ▶ C 12

Das weit auseinandergezogene Dorf an der Romantischen Straße war dem Augustinerchorherrenstift in Rottenbuch unterstellt und wurde bereits 1110 erstmals erwähnt. Im Kontrast zum Rokoko rundum steht die frühklassizistische Ausstattung der **Pfarrkirche St. Jakob,** die 1785 u. a. von Thassilo Zöpf neu gestaltet wurde. Auch er war ein Wessobrunner, der aber bereits einen Schritt in die neue, sich wieder an der Antike orientierende Ära getan hatte. Bemerkenswert sind die spätgotischen Seitenfiguren des Hauptaltars, sie werden dem ›Meister der Blutenburger Apostel‹ zugeschrieben, einem unbekannten Bild-

Ammerschlucht ▶ C 12

Östlich von Wildsteig überquert die **Echelsbacher Brücke** in atemberaubender Höhe und auf nur einem einzigen, 130 m Spannweite messenden Bogen die 76 m tief eingeschnittene Ammerschlucht. 1929 wurde diese weitgespannteste Melan-Bogenbrücke dem Verkehr übergeben. Die Ammer rauscht noch ganz naturbelassen unter der Brücke hindurch. An schönen Tagen tummeln sich die bunten Boote von Kajak- und Kanadierfahrern auf den Stromschnellen. Der 123 km lange **König-Ludwig-Weg** von Berg am Starnberger See nach Füssen führt die Wanderer durch die Schlucht, und wenn man ihm nur ein kurzes Stück

folgen will, kann man die Schlucht auf seiner Trasse in etwa drei Stunden durchqueren. Auf diesem Abschnitt kann man mit Glück den Eisvogel erspähen oder eine Ringelnatter, die sich auf den heißen Steinen am Flussufer sonnt. Von der Brücke 6 km nach Süden bis Saulgrub, dort dann dem Wegweiser ›Naturfreunde‹ bis zur Ammer folgend, sind es vom Parkplatz am Flüsschen rund eine Stunde bequemen Wanderwegs zu den hübschen **Schleierfällen** der Ammer. Auf rund 10 m Breite fällt das Wasser über bemoosten Fels 15 m in die Tiefe und bildet einen romantischen Wasservorhang.

Aktiv & Kreativ

Kajakfahren – Die **Ammer** gilt in ihrem Oberlauf zwischen Kraftwerk Kammerl und der Rottenbacher Brücke als einer der unverfälschtesten Wildflüsse Deutschlands. Mit Schwierigkeitsgraden von WW 1 bis 3 bietet der Fluss Anfängern wie Könnern eine Herausforderung (www.kajak-channel.de).

Rottenbuch ► C 12

Kloster und Kirche Mariä Geburt: Klosterhof 40, Tel. 08867 10 08, www.pfarrei-rottenbuch.de
Die Stadt, von der Echelsbacher Brücke nach Norden zu erreichen, sorgt für einen weiteren spektakulären Auftritt des oberbayerischen Rokoko, diesmal in Gold und Rosé an den hellen Wänden der **Pfarrkirche Mariä Geburt.** Auch hier waren die Welfen als Stifter tätig, Herzog Welf I. von Bayern legte 1073 mit einer Schenkung an die Regularchorherren den Grundstein. Kurz darauf wurde wohl auch die Stiftskirche errichtet. Brände und Einstürze machten im 15. Jh. einen Neubau nö-

tig, und in der ersten Hälfte des 18. Jh. wurde Joseph Schmuzer (1683–1752), Klosterbaumeister zu Rottenbuch, mit der barocken Umgestaltung betraut. Joseph war Sohn des in Steingaden tätigen Johanns sowie Vater von Franz Xaver, der hier wie dort stuckieren durfte. Die gotische Form des dreischiffigen Gebetsraums mit Querschiff wurde nicht angetastet; einzelne Elemente wie die Joche durch Stuck verbrämt. Dadurch wirkt Rottenbuch anders als die Wies nicht aus einem Guss, doch dies schmälert die Wirkung nicht. Das Spiel des Lichts durch geschickt eingefügte Fenster, die Bewegtheit des Band- und Pflanzenschmucks beschreiten den Weg zur Rokoko-Ekstase, sind aber noch in der barocken Schwerkraft gefangen. Probleme bereitete die lange, schmale Form der Kirche auch dem Maler Matthäus Günther (1705–1788). Nicht ein zentrales Fresko konnte hier gelingen, sondern gleich zwei Bildmittelpunkte mussten geschaffen werden. Jenes über der Vierung zeigt die Vertreibung der Händler aus dem Tempel. In den Jahren 1749–1751 arbeitete Franz Xaver Schmädl (1705–1777) aus Weilheim am säulengestützten, theatralischen Hauptaltar und schuf auch die Kanzel mit den Skulpturen der vier Evangelisten. Ein Meisterwerk ist die Orgel von 1747; zum Sommer in der Wies (s. S. 158) zeigt sie bei Konzerten ihren raumfüllenden Klang, ebenso bei feierlichen Gottesdiensten.

Peißenberg

Hinter Rottenbuch schlägt die Ammer einen Bogen nach Osten, um dem solitär und wuchtig in der Landschaft stehenden Peißenberg (988 m) auszuweichen. Man kann auf diesen Aussichtsberg hinaufwandern (ca. 2 Std.) oder -fahren. Der Lohn der Mühe sind ein Bergpanorama, das von den Lenggrie-

Auf Entdeckungstour

Auf dem Prälatenweg – Kirchen, Klöster und eine Moschee

Barock und Rokoko jubilieren im Pfaffenwinkel auf engstem Raum vor der Kulisse bäuerlicher Voralpenlandschaft – was liegt da näher, als Kunstwerke wie Natur zu Fuß zu erlaufen? Der Prälatenweg gibt die Richtung an.

Reisekarte: ▶ A–E 11–12

Zeit/Charakter: 140 km lange Gesamtstrecke in sechs Tagen; einfach, geringe Steigungen

Kennzeichnung: zwei gegenläufige Krummstäbe

Planung: Tourismusverband Pfaffenwinkel s. S. 154; Kompass-Wanderkarten Nr. 179 »Pfaffenwinkel«, Nr. 7 »Murnau/Kochel/Staffelsee« und Nr. 188 »Ostallgäu-Kaufbeuren«

Anfahrt: Den Ausgangspunkt Marktoberdorf im Ostallgäu erreicht man per Bahn.

Alpenpanorama

1. Tag, 28 km: Startpunkt in **Marktoberdorf** ist das Schloss. Der Markierung folgend führt der Prälatenweg durch eine Lindenallee aus dem Ort, hinunter ins Tal der Geltnach und durch Wiesen und Wälder allmählich bergan. Schon bald steht das erste Etappenziel, der 1055 m hohe **Auerberg,** vor Augen. In der Jungsteinzeit von Kelten besiedelt, diente der Berg unter römischer Herrschaft als Militärstation. Nach einem letzten, steilen Anstieg ist der Gipfel mit der Wallfahrtskirche St. Georg und dem **Gasthof** erreicht (Auerberg 2, Tel. 08860 235, www.auerberghotel.de, tgl. 10–22 Uhr, DZ ab 40 €, Hauptgerichte ab 9 €). Ein Blick auf das atemberaubende Panorama und eine Einkehr im Biergarten sind obligatorisch. Im Kern romanische **Wallfahrtskirche St. Georg** wurde im 15. Jh. um den gotischen Chor erweitert. Der romanische Turm ist noch gut erhalten. Den Chor schmücken eine anrührende »Madonna auf der Mondsichel« von Jörg Lederer (um 1520) und die »Rosenkranzmadonna« (17. Jh.).

Unbekannte Schöne

Bergab geht's nun teils an den von Kelten errichteten Wällen entlang nach **Bernbeuern.** Mit **St. Nikolaus** erwartet ein weniger bekanntes Rokoko-Kleinod den Wanderer: Die ursprünglich romanische Kirche wurde nach einem Brand Anfang des 18. Jh. durch Johann Michael Fischer neu errichtet; im Innern stuckierte Johann Georg Vogel aus Wessobrunn den Chor, der sich als majestätische Symphonie aus hellem Pastell der Wände und dunklen, kräftig getönten Altären präsentiert. Die weiß gerahmten, fast schwebenden Heiligenfiguren aus der Hand Anton Sturms aus Füssen werden uns auf dem Prälatenweg ein Stück weiter

noch einmal begegnen. So eingestimmt geht's dann bis Lechbruck, wo der Lech die Grenze zwischen Schwaben und Oberbayern markiert. Am Ende des ersten Wandertages lockt der **Gasthof Hirsch** mit deftigen Speisen und gemütlichen Zimmern (Brandach 20, Tel. 08862 89 18, http://hirsch.isb-net.de, Di–So 9–21 Uhr, DZ um 60 €, Hauptgerichte ab 11 €).

Verführungskunst des Rokoko

2. Tag, 21 km: Nach Überquerung des Lechs ist das **Welfenmünster** von **Steingaden** (ausführlichere Beschreibung s. S. 155) der erste Ort kunsthistorischer und/oder frommer Einkehr: Stuck und Fresken aus Barock und Rokoko umhüllten den romanischen Baukörper zurückhaltend und nicht exaltiert. Ein genialer Kunstgriff gelang Anton Sturm aus Füssen: Die Kanzel ist als Rocaille, als Sinnbild des Rokoko, geformt. Sehenswert ist auch der stille, zum Teil aus der Romanik stammende und gotisch ausgestaltete Kreuzgang.

Fast 700 Jahre nach Gründung Steingadens erfüllte sich für die Wessobrunner Brüder Dominikus und Johann Baptist Zimmermann ein Traum: ein Kirchenneubau im Stil des Rokoko. Das Ergebnis: die **Wieskirche** (ausführliche Beschreibung s. S. 157), UNESCO-Welterbe und eineinhalb Stunden von Steingaden entfernt – der Abstecher auf dem ›Brettlesweg‹ wird unvergessen bleiben! Schon die Lage des auf ovalem Grundriss errichteten Gotteshauses inmitten von Wiesen und Weiden vor der Kulisse des Trauchbergs weckt Vorfreude auf mehr. Das Innere zieht den Betrachter mit unwiderstehlichem Sog dem Deckenfresko zu und in den Himmel. Erstaunlich ist die Lichtwirkung, die Zimmermann erzielte: Wie von geschickt platzierten Scheinwerfern beleuchtet, umfängt den Besucher eine strahlende Helligkeit. Anton Sturm steuerte die für ihn so typischen Skulpturen bei, in diesem Fall die vier Kirchenväter.

Der Prälatenweg wendet sich nun gen **Rottenbuch:** Über Wildsteig führen kleine Straßen und Wege im steten Wechsel hügelauf und hügelab. **Mariä Geburt** in Rottenbuch (ausführliche Beschreibung s. S. 159) wurde wie Steingaden von Welfen gegründet und im 15. Jh. neu errichtet. Etwas ungewöhnlich wirkt der völlig frei stehende Turm, ein Campanile, wie man ihn aus Italien kennt. Stuckiert haben die Schmuzers aus Wessobrunn (s. S. 63) in solcher Fülle, dass der gotische Baukörper dahinter fast völlig verschwindet. Vom ursprünglichen Hochaltar ist eine stille Madonna aus der Hand Erasmus Grassers (Ende 15. Jh.) am Seitenaltar erhalten. Die Ausstattung hält jenen Moment fest, in dem sich das majestätische Barock verabschiedete und die Individualität des Rokoko mit einem leichten Schwips begann. Im Biergarten des **Gasthofs Zum Koch** gleich nebenan kann man sich einen solchen Schwips mit einem Radler holen und danach in einem der drei hübschen Gästezimmer übernachten (Klosterhof 26, Tel. 08867 92 11 95, Di–So 10.30–23 Uhr, DZ ab 60 €, Hauptgerichte ab 8 €).

Magisches Kreuz

3. Tag, 31 km: Der Prälatenweg senkt sich bergab durch Wald ins **Ammertal.** Über Böbing und Peißenberg wandert's sich bequem auf die **Klosterkirche** von **Polling** zu (s. auch S. 165). Tassilo II. soll hier auf der Jagd eine Hirschkuh verfolgt haben, die ihn durch Scharren auf ein vergrabenes Kreuz aufmerksam machte. Dieses mit Leder bezogene und einem Bild des Gekreuzigten bemalte »Pollinger Kreuz« ist

Mittelpunkt der monumentalen Altarwand, der Johann Baptist Straub Mitte des 18. Jh. ihre theatralische Ausstrahlung verlieh. Darum rankt und schwingt rosa-gelb das Stuckwerk von Thassilo Zöpf (1765).

Nun ist es nicht mehr weit bis **Weilheim** (s. S. 165), wo es komfortable, aber auch einfache Unterkünfte gibt. Zum Abendessen empfiehlt sich das **Oberbräu** mit schmackhafter, bayerischer Küche (s. S. 166).

Expressionisten im Bauernidyll

4. Tag, 28 km: Ein Tag der Natur nach so viel Stuck: Von Weilheim über Deutenhausen und Jenhausen erreicht man das Moorgebiet um die **Nußberger Weiher.** Auf Stegen und Wegen und scharf auf die nicht immer leicht erkennbaren Markierungen achtend, nähert man sich der Gemeinde **Bernried** am Starnberger See. Das schmucke Dorf könnte jeden oberbayerischen Schönheitswettbewerb gewinnen mit seinen alten Bauernhäusern und dem bunten Geranienschmuck. Kunsthistorisch prunkt der Prälatenweg auch hier mit Rokoko und Barock in der **Stiftskirche St. Martin;** Beachtung verdient besonders der gotische Flügelaltar, der wohl noch aus dem ersten, 1120 gegründeten Gotteshaus stammt. Der barocke Geist des Künstlers, Sammlers und Autors Lothar-Günther Buchheim schwebt ein Stück entfernt über dem in kühler Architektur konzipierten **Museum der Phantasie** am Ufer des Starnberger Sees. Dort erwartet den Besucher eine vielfältige Sammlung, deren Bandbreite von den Expressionisten der ›Brücke‹ bis zu naiv-fröhlichen Collagen aus trockenem Laub reicht. Nach einem Besuch im Buchheim Museum (ausführliche Beschreibung s. S. 138) endet die Tagesetappe in der Seeshaupter **Alten Post** (s. S. 136).

Wallfahrtskircherl überm Moor

5. Tag, 22 km: Hinter Seeshaupt beginnt das Moorgebiet der **Osterseen** (s. S. 137). Nach Durchquerung der idyllischen, naturgeschützten Landschaft präsentiert die Gemeinde **Iffeldorf** zweierlei: Übernachtung in einen Gasthof mit Traumblick auf die Seen (s. S. 134) und – schon wieder Wessobrunner Stuck! 1755 machten sich Franz Xaver Schmuzer und Johann Jakob Zeiler an die Neugestaltung des gotischen **Gotteshauses St. Vitus.** Das Ergebnis: eine lichte Symphonie fließender Formen in Gold, Weiß und Rosé. Johann Schmuzer erbaute außerdem in Wessobrunner Auftrag auf einer Anhöhe eine nahezu rund erscheinende **Wallfahrtskapelle** für das Gnadenbild auf dem Heuwinkl, die im späten 18. Jh. stuckiert wurde. Es ist ein herrliches Beispiel des Spätrokoko – ein Blick nach oben in die Wölbung enthüllt üppigen Akanthus-Stuck.

Häuser zu Ehren Gottes

6. Tag, 13 km: Unbequem, weil die Autobahn querend, beginnt die letzte Etappe. Vor dem nächsten Rokokorausch sorgt in **Penzberg** eine moderne **Moschee** für Kontrastprogramm. Architekt Alen Jasarevic entwarf 2005 ein transparentes Gotteshaus, dessen blaue, gen Mekka gewandte Kibla-Wand den Gebetssaal in magisches Licht taucht. In Koranversen durchbrochener Stahl bildet das spektakuläre Minarett. Zur Moschee gehört ein Kulturzentrum; der Gebetssaal ist meistens zugänglich (Bichler Str. 15, Tel. 08856 93 23 32, www.islam-penzberg. de, bitte Schuhe ausziehen!). Nach Überquerung der Loisach führt hinter Bichl schließlich eine schattige Allee auf die Zwiebelkappen von **Kloster Benediktbeuern** (s. S. 203) zu, wo die Tour mit Johann Michael Fischers Anastasia-Kapelle ein fulminantes Ende findet. Die Crème de la Crème fand sich zusammen: Johann Michael Feichtmayr stuckierte, Johann Jakob Zeiler freskierte, Egid Quirin Asam schuf die Silberbüste der hl. Anastasia, in der ihre Reliquien aufbewahrt werden. Von Ignaz Günther stammen die Seitenaltäre. Ein furioses Finale!

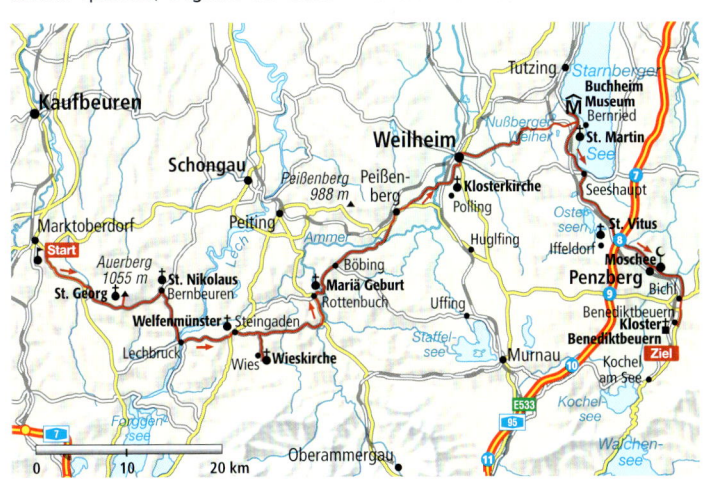

Altes Brauchtum wird in Oberbayern gepflegt – hier ein Trachtenumzug in Weilheim

ser Bergen über die Benediktenwand und die Zugspitze bis zu den Füssener Bergen reicht, das gemütliche Wirtshaus Bayerischer Rigi und eine der schönsten **Wallfahrtskirchen** des Pfaffenwinkels: **Maria Aich** wurde 1734 anstelle einer Kapelle mit einem Gnadenbild errichtet. Joseph Schmuzer, Matthäus Günther und Franz Xaver Schmädl arbeiteten hier wie in Rottenbuch Hand in Hand. Mit sparsamem Stuck, illusionistischen Fresken und plastischen Heiligenfiguren schufen sie einen magischen Rahmen für die gotische »Muttergottes auf der Mondsichel«.

Essen & Trinken

Boarisch guad – **Bayerischer Rigi:** Peißenberg, Tel. 08805 330, www.bayerischer-rigi.de, April–Okt. Mo 8.30–18, Di–So bis 21 Uhr, Nov.–März Di–Fr 8.30–18, Sa/So bis 21 Uhr, Hauptgerichte um 10 €. Wunderbare Fernsicht und gut-

bürgerliche bayerische Küche machen den Rigi zum beliebten Ausflugsziel.
Deftige Küche – **Gasthof zum Koch:** Klosterhof 26, Rottenbuch, Tel. 08867 92 11 95, Di–So 10.30–23 Uhr, Hauptgerichte um 8 €. Leckere bayerische Hausmannskost für den kleinen und großen Hunger, so z. B. Tellerfleisch.

Aktiv & Kreativ

Kohle und Raumschiffe – Am Peißenberg wurde seit dem 16. Jh. Pechkohle geschlagen und 1837 der Tiefstollen eröffnet, seither bauten Bergleute 1,5 Mio. Tonnen Kohle ab. Im **Bergbaumuseum** im Ort Hohenpeißenberg ist all dies und noch viel mehr zu erfahren, außerdem darf man bei einer Führung in den Tiefstollen hinein (jeden 1. und 3. So im Monat 14–16 Uhr, Tel. 08803 51 02). Die Abraumhalde in Hohenpeißenberg diente in der 1960er-Jahre-Fernsehserie »Raumpatrouille Orion« übrigens als ›Mondlandschaft‹.

Termine

Fohlenmarkt: Ende Aug./Anfang Sept., http://rottenbuch-boebing.de. Beliebter historischer Pferdemarkt mit Kaltblutfohlen-Versteigerungen, Festzelt und Karussells.

Weilheim ▶ D 11

Neben Wessobrunn war Weilheim das zweite Kunsthandwerkszentrum im Pfaffenwinkel. Hier kamen die Kistler und Schnitzer her – oft arbeiteten Weilheimer und Wessobrunner zusammen, denn die beiden Orte liegen nur wenige Kilometer auseinander.

Viele dieser Werke sind im **Stadtmuseum** ausgestellt, wo ein eigener Saal den Weilheimern gewidmet ist (im Alten Rathaus, Marienplatz, Tel. 0881 68 26 00, Di–Fr, So 10–12, 14–17, Sa 10–13 Uhr). Und auch die das Ortsbild beherrschende **Pfarrkirche** mit ihrer Zwiebelhaube ist mit den Werken der talentierten Söhne der Stadt geschmückt. Hans Krumper (1570–1634) zeichnete auch als Architekt verantwortlich; Franz Xaver Schmädl, zwar nicht hier geboren, aber lange Bürgermeister zu Weilheim, besorgte einen Großteil des Skulpturenschmucks, den Stuck wiederum steuerte Jörg Schmuzer (1575–1645), ein weiteres Mitglied der Wessobrunner Stuckatorenfamilie, bei. Sehenswert ist in Weilheim auch das hübsche Stadtbild mit den Giebelhäusern am Marienplatz, der im 17. Jh. errichteten Mariensäule und dem Vier-Jahreszeiten-Brunnen.

Was auch bei genauerem Hinschauen in dem bürgerlichen Städtchen nicht erkennbar ist, ist seine Bedeutung für die deutsche, aber auch internationale Musikszene: Bands wie The Notwist mischen nicht nur die Ortsjugend, sondern auch die von Paris und Helsinki auf (s. S. 74).

Polling ▶ D 11

Das nur wenige Kilometer südwestlich von Weilheim gelegene Polling, das 2010 seine 1000-Jahr-Feier begeht, ist berühmt für seine **Pfarrkirche Hl. Kreuz.** Die ursprünglich gotische Kirche glänzt im Barock des 17. und Rokoko des 18. Jh.; Jörg Schmuzer, Tassilo Zöpf und Johann Baptist Baader haben dazu beigetragen (Kirche und Kloster: Weilheimer Str. 1; Führungen in der Kirche: Tel. 0881 92 54 38 83). Auch die im 18. Jh. vollendete **Bibliothek** steht ganz im Zeichen des beschwingten Stils (Führungen in der Bibliothek: Tel. 0881 613 16, www.bibliotheksaal.de). Regelmäßig finden dort Konzerte mit weltbekannten Musikern statt (www. hoertnagel.de). Polling ist aber noch mehr: Schauplatz vieler Szenen aus Thomas Manns »Doktor Faustus«, denn des Dichters Mutter hatte lange in dem Dorf gewohnt. Johann Michael Fischer verdankt Polling den **Fischerbau,** 1745 von dem Architekturgenie als Bierkühlhaus für das Kloster errichtet und damit eines der wenigen Beispiele profaner Architektur aus der Hand des Meisters. Er dient heute als **Kunstgalerie** (www.fischerbaukunst. de). Ein Jahrhundert später errichtete der unermüdliche Emanuel Seidl in Polling seinen **Regenbogenstadl,** den der amerikanische Künstler La Monte Young für Licht-Klang-Installationen nutzt (www.regenbogenstadl.de).

Übernachten

Zentral und bequem – **Hotel Vollmann:** Marienplatz 12, Tel. 0881 42 55, www. hotel-vollmann.com, Weilheim, DZ um

100 €. Das gutbürgerliche Mittelklassehotel im Ortszentrum hat komfortabel eingerichtete, freundliche Gästezimmer.
Preiswert – **Naturfreundehaus:** Holzhofstr. 36, Tel. 0881 31 36, www.naturfreunde-weilheim.de, Übernachtung mit Frühstück 24 €. Am Ortsrand von Weilheim, unweit der Ammer im Grünen, bietet dieses Haus Unterkunft in Drei- und Vierbettzimmern mit Etagenduschen.

Essen & Trinken

Bayern trifft Spanien – **Oberbräu:** Obere Stadt 21, Weilheim, Tel. 0881 23 16, Mi–Sa, Mo 16.30–23, So auch 12–14.30 Uhr, Hauptgerichte um 14 € (edel) oder 6–8 €. Die volkstümliche Gastwirtschaft wird von einem Heinz-Winkler-Schüler geführt, der auf gute bayerische Küche setzt und mit gelegentlichen spanischen Akzenten brilliert.
Für Genießer – **Alte Klosterwirtschaft:** Weilheimer Str. 12, Polling, Tel. 0881 48 51, tgl. 10–24 Uhr, Hauptgerichte um 10 €. Kulinarischer Trost, wenn die Pollinger Kirche geschlossen ist. In die Klosterwirtschaft kehrten schon Carl Spitzweg und König Ludwig II. ein, und noch heute munden Spanferkel und Schwabenteller ganz vorzüglich.

Abends & Nachts

Casual und entspannt – **sonnendeck:** Pöltner Str. 25, Tel. 0881 925 47 25, Mo/Mi–Fr 8–1, Sa 15–1 Uhr. Der Treff im Herzen Weilheims mit üppigem Frühstück am Vormittag und bunten Drinks am Abend.
Techno-Avantgarde – **Glashaus-Party:** Gewächshaus, Pollinger Str. 90. Ob und wann die besten Techno-DJs, inkl. der Weilheimer Console, in dem Pollinger Gewächshaus eine Party steigen lassen, steht auf http://glashaus-party.holoserver.de.

Infos

Tourist-Info: Admiral-Hipper-Str. 20, 82362 Weilheim, Tel. 0881 68 21 29, www.weilheim.de.

Bahn/Bus: Bahnhof am Bahnhofsplatz, Tel. 118 61, Zugverbindung nach München und Landsberg. RVO-Busse in die Region (www.rvo-bus.de).

Wessobrunn ▶ C 10/11

Kloster Wessobrunn: Klosterhof 4, Wessobrunn, Tel. 08809 921 10, www.kloster-wessobrunn.de, Führungen im Sommer Di–Sa 10, 15, 16, So 15, 16; im Winter Di–Sa 15, So 15, 16 Uhr
Der Name Wessobrunn begegnet Reisenden überall in Bayern und nach Süden bis Tirol, denn aus der Umgebung dieses Klosters stammten zwischen dem 16. Jh. bis fast zur Säkularisation die besten Baumeister und Stuckateure (s. S. 63). 753 wurde das Kloster der Legende nach von Herzog Tassilo III. gegründet: Unter einer Linde träumte der Herzog von drei magischen Quellen, die sein Jäger dann tatsächlich fand. An dieser Stelle wurde das Kloster errichtet. Es ging dann in karolingischen Besitz über, unterstand Augsburg, wurde von den Ungarn zerstört, brannte ab und wurde 1285 neu errichtet und im 17. Jh. von der Crème de la Crème bayerischer Baumeister und Künstler barockisiert. 1810 richtete die Säkularisierung auch hier schweren Schaden an: Die im Kern romanische Kirche wurde abgerissen.

Lieblingsort

Stuckrausch im Fürstentrakt

Berühmtester Raum im Kloster Wessobrunn ist der mit filigransten Stuck-spielereien geschmückte Tassilosaal, der bewegt ins Rokoko weist. Auch Gäste- und Prälatenflügel sind mit Stuck geschmückt, wenngleich hier auf den ersten Blick noch die ernste Ruhe des Barock herrscht: Erst das Spiel des Sonnenlichts, das durch die hohen Fenster fällt, hebt Details im wuchernden Rankenwerk hervor, in dem sich Putti necken und Früchte zum Kosten verführen – ein elegantes *amuse geule* vor dem künstleri-schen Gourmet-Erlebnis!

Heute führen Missionsbenediktinerinnen das Kloster fort.

Von der einstigen Pracht des Konvents kann sich der Besucher im Südflügel überzeugen, durch den äußerst kenntnisreich eine Ordensschwester führt. Höhepunkt ist der **Tassilosaal:** Die Jagdleidenschaft des Gründer-Herzogs spiegelt sich in gipsernem Wald, in Blättern, Ranken und Lianen, die den Übergang von Wänden zur Decke überziehen, und zwischen denen rosafarbene Hirsche zum Sprung ansetzen, sich Füchse verstecken und Hunde bellen. Alle Arbeiten stammen von Johann Schmuzer, am Tassilosaal waren wahrscheinlich auch seine Söhne beteiligt.

Die drei Quellen, von denen Herzog Tassilo III. träumte und die sein Jäger Wezzo dann unter Linden beim heutigen Wessobrunn fand, standen am Anfang der Klostergeschichte. Heute speisen sie in Stein gefasst ein **Brunnenhaus,** das Johann Schmuzer 1735 mit drei Arkaden über den magischen Wassern errichtete. Es steht ein Stück abseits, jenseits der Klostermauern und von alten Bäumen beschattet. Wie ein archaischer Riese wacht der Graue Herzog, der Turm der zerstörten Klosterkirche von 1285, über den großen Klosterhof. Ihm schräg gegenüber beeindruckt ein weiteres Meisterwerk des Rokoko mit Stuck, Altären und Predigtkanzel von Thassilo Zöpf und Fresken vom ›Lechhansl‹ Johann Baptist Baader, die **Pfarrkirche St. Johann Baptist.** An ihrer Nordwand hängt ein romanisches Kruzifix (13. Jh.) aus der Klosterkirche; verehrt wird die »Mutter der schönen Liebe«, ein barockes Marienportrait.

Ein zehnminütiger Spaziergang an der Klostermauer entlang führt zur mächtigen, im Stamm bereits morschen **Tassilolinde,** der Linde, unter der Herzog Tassilo III. seinen Quellentraum geträumt haben soll. In ihrem Schatten erinnert ein Gedenkstein an das berühmte »Wessobrunner Gebet«. Das um 814 verfasste Schriftstück, heute in der Münchner Staatsbibliothek, gilt als das älteste in deutscher Sprache. Gefunden wurde es in Wessobrunn; ob es auch hier geschrieben wurde, ist ungewiss.

Übernachten, Essen

Unter Eiben – **Landgasthof zum Eibenwald:** Peißenberger Str. 11, Tel. 08809 920 40, tgl. 9–22 Uhr, Hauptgerichte um 10 €, DZ um 80 €. Der gemütliche Gasthof im Wessobrunner Ortsteil Paterzell setzt auf schnörkellose bayerische Küche. Spezialitäten wie Lüngerl oder Sudhaxe gelingen perfekt. Wer zu viel gegessen hat, kann sich im größten Eibenwald Deutschlands verlustieren oder in eines der hellen, freundlichen Gästezimmer zurückziehen.

Einkaufen

Bunte Mischung – **Klostergut Wessobrunn:** www.klostergut-wessobrunn. de. Im ehemaligen Klostergut residieren nun Künstler und ein Feinkostladen mit steirischen Weinen und Spezialitäten in klösterlichem Ambiente.

Murnau und der Staffelsee ▶ D 12

»Das Blaue Land« nannte der Maler Franz Marc die Region um Murnau; unzählige Motive fand die Künstlergruppe Der Blaue Reiter in den alten Gassen Murnaus, am Staffelsee oder bei Wanderungen in der Hügellandschaft. Zur Gruppe gehörten neben

Marc August Macke, Gabriele Münter, Wassily Kandinsky, Alexej Jawlensky und Marianne von Werefkin. Münter und Kandinsky bezogen 1909 ein Haus in Murnau und ließen sich von der hier seit dem 17. Jh. gepflegten Hinterglasmalerei, von den flächigen Formen und kräftigen Farben inspirieren. All diese Elemente – Landschaft, Traditionen und die angespannte, zugleich aufbruchsbereite Stimmung unter den Intellektuellen am Vorabend des Ersten Weltkriegs – mündete später in den künstlerischen Befreiungsschlag des Blauen Reiters, in die abstrakte Malerei des Expressionismus (s. auch S. 210).

Murnau ▶ D 12

Museum Münterhaus

Kottmüllerallee 6, Tel. 08841 62 88 80, www.lenbachhaus.de, Di–So 14–17 Uhr
Heute dient das schöne Walmdachhaus mit Blick auf den See, in dem Gabriele Münter bis zu ihrem Tod 1962 lebte, als Museum Münterhaus. Originalmobiliar und Gemälde von Gabriele Münter und Wassily Kandinsky lassen das Flair jener Zeit erspüren und vermitteln zugleich das große Interesse, das die beiden der bäuerlichen Volkskunst entgegenbrachten.

Altstadt

Parallel zu diesem sogenannten Russenhaus gab es einen weiteren gesellschaftlichen Treffpunkt in Murnau, jenen der besseren Gesellschaft, die in der Villa des Architekten Emanuel von Seidl (1856–1919), Bruder des heute weitaus bekannteren Gabriel von Seidl, verkehrte. Ihm verdankt Murnau den hübschen **Seidlpark** (Villa 1972 abgerissen) und das noch intakte bzw. wiederhergestellte Altstadtbild rund

Mein Tipp

Fronleichnam im Blauen Land

Die Tradition, Fronleichnam mit einer Prozession durch Feld und Flur zu feiern, geht auf das 13. Jh. zurück. In Seehausen begeht man diesen zweiten Donnerstag nach Pfingsten mit einer feierlichen Bootsprozession auf dem Staffelsee – eine Idee aus dem Jahr 1935. Der damalige Pfarrer initiierte damit Deutschlands einzige Seeprozession und eines der buntesten ländlichen Kirchenfeste Bayerns: Pfarrer, Ministranten und die Kommunionskinder setzen nach der Acht-Uhr-Messe in Seehausen mit einer Fähre zur Insel Wörth über, gefolgt von einem Schwarm Boote voller Menschen in feierlicher Tracht. Drüben angekommen betet die Gemeinde dort, wo bereits im 7. Jh. eine Kirche stand, kehrt dann aufs Festland zurück und versammelt sich schließlich zum Frühschoppen im Seehausener Wirtshaus.

um den malerischen **Obermarkt**. Hoch darüber thront die **Pfarrkirche St. Nikolaus** mit spätbarocker und Rokokoausstattung, an der alle namhaften Künstler aus der Region beteiligt waren. Auf dem Friedhof dann Spurensuche: Gabriele Münter und Emanuel von Seidl liegen hier begraben.

Schlossmuseum

Schlosshof 4/5, Tel. 08841 47 62 07, www.schlossmuseum-murnau.de, Di–So 10–17 Uhr
Der Kirche gegenüber steht Murnaus ältestes Gebäude, die 1233 errichtete Burg mit dem Schlossmuseum. Neben den lokalen Bräuchen und handwerk-

lichen Traditionen widmet sich die Ausstellung vorrangig dem Blauen Reiter und zeigt zahlreiche Werke Gabriele Münters und der Künstlergruppe. Leben und Werk des Schriftstellers Ödön von Horváth, der von 1923 bis 1933 viel Zeit in Murnau verbrachte, sind Thema einer Dokumentation.

Staffelsee ▶ D 12

Der Staffelsee unterhalb Murnaus ist ein beliebter, weil recht warmer Badesee. Bevor aber die Saison beginnt, ist er an Fronleichnam Schauplatz einer der schönsten kirchlichen Prozessionen Oberbayerns (s. S. 169). Die besten Badeplätze finden sich entlang des Ostufers in den Gemeinden **Murnau, Uffing** und **Seehausen.** Das Westufer steht zum Teil unter Naturschutz und darf auch nicht mit dem Boot angefahren werden. Im Winter friert der See zu; dann nutzen Schlittschuhläufer und Eisstockschießer die natürliche Eisbahn.

Übernachten

Künstlerflair – **Am Eichholz:** Am Eichholz 21, Murnau, Tel. 08841 58 63, www.ameichholz.de, DZ ab 115 €. Die etwas erhöht über Murnau gelegene, restaurierte und äußerst geschmackvoll eingerichtete Gründerzeitvilla beherbergt neben individuell gestalteten Gästezimmern und einem separaten Ferienhaus eine Kunstgalerie.

Inselzelten – **Camping Buchau:** Insel Buchau, Tel. 08841 95 70, www.camping-insel.de, Stellplatz ab 3,50 €, ab 6 €/Person. 140 Dauer- und 80 freie Stellplätze auf einer autofreien Insel im Staffelsee – idyllisch und gut besucht, daher zeitig reservieren!

Essen & Trinken

Delikat – **Reiterzimmer:** Ramsacherstr. 8, Murnau, Tel. 08841 49 10, Di–Sa 18–23 Uhr, Hauptgerichte ab 25 €. Das Hotel Alpenhof besitzt mit dem Reiterzimmer eines der besten Gourmetrestaurants der Region. Im ländlich-elegant eingerichteten Restaurant kommt Raffiniertes auf den Tisch: regionale Küche mit Ausflügen ins Mediterrane.

Panorama – **Seerestaurant Alpenblick:** Kirchtalstr. 30, Uffing, Tel. 08846 93 00, www.alpenblick-uffing.de, Mai–Sept. tgl., Okt.–April Fr–Mi 9–23 Uhr, Hauptgerichte um 18 €. Herrlich direkt am Staffelsee gelegen und mit Biergarten und eigenem Strandbad die ideale Einkehr! Die Küche serviert ambitionierte bayerische und internationale Küche, so »Dreierlei vom Werdenfelser Maibock«.

Schnörkellos – **Griesbräu:** Obermarkt 27, Murnau, Tel. 08841 14 22, Di, Mi, Fr–So 11.30–14, 17.30–23 Uhr, Hauptgerichte um 10 €. Kontrastprogramm: geradlinige, bayerische Küche, große Portionen und ein sehr süffiges, im Haus gebrautes Bier.

Aktiv & Kreativ

Radeln – **Auf den Spuren des Blauen Reiters** durchs Murnauer Moos und bis nach Kochel, wo Franz Marc lebte. Eine Karte (6,90 €, erhältlich im Verkehrsamt) weist den Weg und bezeichnet jene Stellen, an denen berühmte Bilder der Künstler entstanden (s. auch S. 210). Geführte Touren organisiert Fritz Walter Schmidt (www.blauer-reiter.com).

Malen – **Am Eichholz:** s. links. Die Malerin und Galeristin Gina Feder leitet in den lichten Räumen des Glaspavillons in ihrem Hotel Malerworkshops. Infos unter www.ameichholz.de.

Infos & Termine

Verkehrsamt Murnau: Kohlgruber Str. 1, 82418 Murnau am Staffelsee, Tel. 08841 614 10, www.murnau.de.

Bahn/Bus: Bahnhof in der Seehauser Straße, Tel. 118 61, Züge nach Mittenwald, Oberammergau, München und Garmisch. RVO-Busse in die Region (www.rvo-bus.de).

Fronleichnam: s. S. 169

Murnauer Moos ▶ D 12/13

Seltene Pflanzen und Vögel lassen sich in einem der bedeutendsten Feuchtgebiete Mitteleuropas beobachten. Vorbei am Ähndl, wie die bereits im 7. Jh. errichtete Kirche (17./18. Jh. umgebaut) südlich Murnaus genannt wird, führen Wanderwege durch die herbe Moorlandschaft mit ihren Altwassern, Bachläufen sowie Sumpf- und Streuwiesen. Sumpfgladiolen, Sibirische Schwertlilien und Prachtnelken

sorgen für bunte Tupfer; Wachtelkönige und Wiesenpieper suchen Deckung im hohen Gras. Geführte Wanderungen organisiert das Verkehrsamt in Murnau (s. links).

Freilichtmuseum Glentleiten ▶ E 12

Großweil, Tel. 08851 18 50, www.glentleiten.de, April–Ende Okt. Di–So 9–18 Uhr, im Juli/Aug. auch Mo

Viel Zeit sollte man sich nehmen für den Besuch des Freilichtmuseums Glentleiten, rund 15 km nordöstlich und jenseits der Autobahn gelegen. Über 60 verschiedene Bauernhäuser mit dazugehörigen Ställen, Bauerngärten, Feldern und Wiesen, im Innern originalgetreu eingerichtet, stehen zur Besichtigung, und Handwerker führen alte Techniken wie z. B. das Weben, Schmieden und das Seilerhandwerk vor. Außerdem gibt's einen richtigen Gasthof, eine Hafnerei (Töpferei) mit Verkauf und einen Kramerladen für Brotzeiten und Mitbringsel.

Eintauchen in die Welt von anno dazumal: im Freilichtmuseum Glentleiten

Im Schatten der Zugspitze

Highlight!

Karwendel: Weißer zu wilden, schroffen Zacken erodierter Kalkstein prägt das Karwendel und die zu Oberbayern gehörende Nördliche Karwendelkette. Vor der Bergstation der Westlichen Karwendelspitze in 2244 m Höhe entfaltet sich ein majestätisches Panorama. Unter dem ›Riesenfernrohr‹ gähnt ein 1300 m tiefer Abgrund. S. 185

Auf Entdeckungstour

Träume aus 1001 Nacht – zum Königshaus am Schachen: Das Königshaus auf der Schachenalp war nicht König Ludwigs einziger Rückzugsort in den bayerischen Alpen, mit Sicherheit aber sein spektakulärster. Wo sonst konnte er sich in einem Schweizer Chalet umgeben von bayerischen Zirbelholzwänden maurischen Träumen aus 1001 Nacht hingeben! Eine Wanderung auf den Spuren des ›Kini‹. S. 186

Kultur & Sehenswertes

St. Peter und Paul: Die Lüftlmaler in Mittenwald machten selbst vor dem Kirchturm nicht halt. Innen und außen ist die Kirche ein bildermächtiges Gotteshaus. S. 183

Schloss Linderhof: Nach Ansicht vieler das schönste der Ludwigsschlösser – der maurische Kiosk, die Venusgrotte und das Tischlein-Deck-Dich sind nur einige der schrägen Spielereien des Märchenkönigs. S. 190

Aktiv & Kreativ

Kletterwald: Ein Hochseilgarten in Garmisch-Partenkirchen mit Blick auf die Zugspitze – aber besser dahin schauen, wo man den Fuß hinsetzt! S. 179

Dammkar-Freeride: Die Snowboard-Abfahrt der Sonderklasse ist nichts für Anfänger oder Ängstliche. S. 184

Genießen & Atmosphäre

Joseph Naus Stub'n: Große Kochkunst in Garmisch-Partenkirchen, darunter auch Bayerisches in schickem Gewand. S. 179

Gasthof zur Rose: Ein Gasthof in Oberammergau, wie er sein soll – ohne Landhaus-Chichi und Alpenromantik, dafür geradlinig, geschmackvoll und einfach. S. 192

Abends & Nachts

Music Café: Der Szenetreff in Garmisch-Partenkirchen, wenn das Peaches nebenan zu langweilig wird und die Nacht noch lang ist. S. 179

Schloss Elmau: Die Musik- und Literaturveranstaltungen bringen Künstler von Weltruf in das Alpental. S. 189

Hochgebirge zum Greifen nah

Im südwestlichsten Winkel Oberbayerns stößt das hügelige und seenreiche Voralpenland an die schroffen Felsmassen von Karwendel und Wetterstein mit einigen der höchsten Gipfel Deutschlands. So entstehen grandiose Landschaftsszenerien mit weichen, grünen Vorbergen und geranienstrotzenden Dörfern im Schatten weißgrauer Felszacken. In dieser kontrastreichen und von uralten Verkehrswegen durchzogenen Landschaft blühten traditionell-ländliches Kulturschaffen und Handwerk: In Mittenwald der Geigenbau, in Oberammergau die Lüftlmalerei. Urban und dennoch ländlich bildet Garmisch-Partenkirchen den Mittelpunkt des Werdenfelser Landes.

Infobox

Reisekarte: ▶ B–E 13–14

Infos
Über die gesamte Region informiert die Tourismusgemeinschaft Werdenfelser Land, www.werdenfelser-land. de.

Anreise und Weiterkommen
Nach Garmisch-Partenkirchen von München auf der A 96. Es bestehen von München aus gute Zugverbindungen (www.bahn.de); Weiterfahrt mit Bussen in Richtung Mittenwald oder Oberammergau (www.rvo-bus.de). In der Hochsaison ist mit längeren Wartezeiten an den Bergbahnen wie Zugspitzbahn oder Karwendelbahn zu rechnen.

Garmisch-Partenkirchen ▶ D 13

Ein Irrtum über Garmisch-Partenkirchen sollte gleich ausgeräumt werden: Bei der 27 000-Seelen-Gemeinde handelt es sich keineswegs um *eine* Stadt, wie von der Reichsregierung 1935 verordnet. Garmisch und Partenkirchen sind stolz auf ihre Eigenständigkeit, besitzen jeweils einen eigenen Bürgermeister, eigene Sportstätten, eine eigene Pfarrkirche, einen eigenen Kurpark und vor allem einen eigenen Charakter. Die Rivalität zwischen den beiden Ortsteilen sitzt tief. Partenkirchen ging's lange Zeit besser: An der Römerstraße von Venedig nach Augsburg gegründet, ist Partanum wesentlich älter als das 802 erstmals erwähnte Germarisgova, das aus den beiden Stadtteilen Martinswinkel und Niklasdorf links und rechts der Loisach bestand. Partanum verdiente gutes Geld mit Fuhrgeschäft und Handel, doch im 18. Jh. wurde nicht Partenkirchen, sondern Garmisch Grafensitz derer von Werdenfels. Die Zwangsvereinigung erfolgte 1935 und die Olympischen Winterspiele 1936 brachte für die beiden Ortsteile große Investitionen in die Infrastruktur – die Autobahn von München her, die Stadien und Sportstätten für die Olympischen Spiele veränderten ihr Gesicht. Garmisch-Partenkirchen war nun international bekannt und avancierte im 20. Jh. zum Mittelpunkt der bedeutendsten Ferienregion der bayerischen Alpen – die Lage hierfür war ideal: Das Tal wird von zwei Flüssen, der Loisach und der Part-

Schroff und lieblich – der Karwendel durch die Blume gesehen

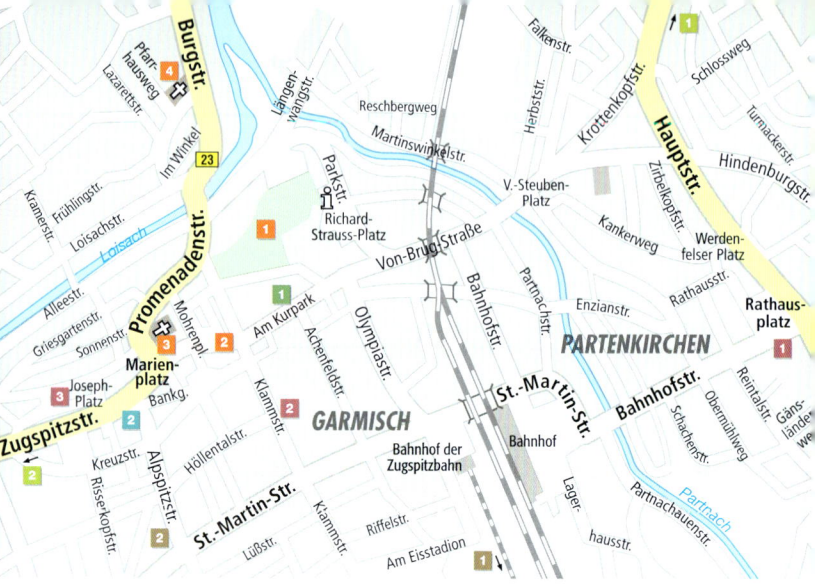

nach, durchströmt und beschützt vom Wettersteingebirge nach Süden, vom Wank (1780 m) gen Nordosten und vom Kramerspitz (1985 m) nach Nordwesten.

Heute setzt die Gemeinde verstärkt auf hippe Attraktionen wie den umstrittenen AlpspiX auf der Alpspitze (s. S. 182). 2011 richtet Garmisch die Ski-WM aus. Mit Münchens Bewerbung als Austragungsort der Olympischen Winterspiele 2018 hofft Garmisch-Partenkirchen, wo die Skiwettbewerbe stattfinden sollen, wieder in der ersten Liga der alpinen Sport- und Fremdenverkehrsorte mitspielen zu können.

Garmisch

Vom Kurpark nach St. Martin

Der Rundgang beginnt am Kurhaus und **Kurpark** 1 in Garmisch, denn nicht nur der Sport-, auch der Kurtourismus treibt die Wirtschaft des Ortes an. Heute wird neben der Therapie von Atemwegs- bzw. Rheuma-Erkran-

kungen verstärkt auf Wellness gesetzt. Vom Richard-Strauss-Platz führt die **Fußgängerzone** 2 zum Garmischer Marienplatz, vorbei an zahllosen Souvenirgeschäften, Straßencafés und einer Spielbank, die ausgerechnet auf dem Michael Ende gewidmeten Platz errichtet wurde. Der Autor fantasievoller Kinderbücher (»Die Unendliche Geschichte«), 1929 in Garmisch-Partenkirchen geboren (gest. 1995), hätte sich darüber sicherlich nicht gefreut. Rund um die **neue Pfarrkirche St. Martin** 3 findet man das alte, heimelige Garmisch mit Lüftlmalereien an den Häusern und weit vorkragenden Schindeldächern, während das im 18. Jh. errichtete Gotteshaus die typische Handschrift der Wessobrunner trägt, mit seinem lichten, durch zwei Reihen von Fenstern erhellten Raum und dem Stuckfeuerwerk, beides von der Werkstatt Joseph Schmuzers geschaffen. Jenseits der Loisach wird der ländliche Eindruck noch gesteigert, vor allem entlang der Frühlingsstraße, wo sich ein prächtiges Bauernhaus ans andere

Garmisch-Partenkirchen

Sehenswert

1 Kurpark
2 Fußgängerzone
3 Pfarrkirche St. Martin
4 Alte Pfarrkirche St. Martin
5 Richard-Strauss-Institut
6 Werdenfels Museum
7 Pfarrkirche Mariä Himmelfahrt
8 Wallfahrtskirche St. Anton
9 Olympia-Skistadion

Übernachten

1 Hotel Eibsee
2 Treff Hotel Alpina
3 Hotel Leiner
4 Forsthaus Graseck

Essen & Trinken

1 Reindl's Partenkirchener Hof
2 Joseph Naus Stub'n
3 Gasthof zum Lamm

Einkaufen

1 Der Grasegger
2 Schuhhaus Berwein

Aktiv & Kreativ

1 Kletterwald
2 Zugspitzplatt

Abends & Nachts

1 Partenkirchner Bauerntheater im Gasthof Zum Rassen
2 Music Café

reiht. Der Gasthof Zum Husar mit entsprechendem Fresko in der Fürstenstraße dient bis heute als Gaststätte. Ein paar Schritte weiter steht die **alte Pfarrkirche St. Martin** 4 auf romanischem Fundament als gotischer Neubau von 1280. Eine wahre Freskenflut mit Themen der Passion überzieht das Innere mit dem Sterngewölbe.

Partenkirchen

Richard-Strauss-Institut 5

Schnitzschulstr. 19, Tel. 08821 91 09 50, Mo–Fr 10–16 Uhr, www.richard-strauss-institut.de

Die Busse der Linie 1 oder 2 fahren vom Marienplatz zum Partenkirchener Rathausplatz. Diesem gegenüber, in einer Jugendstilvilla im Kurpark von Partenkirchen, residiert das Richard-Strauss-Institut, 1999 im Gedenken an den berühmten Komponisten eröffnet, der ab 1908 etwa 40 Jahre lang in Garmisch lebte und komponierte. Bilder, Dokumente, Partituren beleuchten

sein Leben und Werk; ein jährlich im Juni abgehaltenes Musikfestival bringt seine Kompositionen zu Gehör.

An der Ludwigstraße

Durch die Schnitzschulstraße erreicht man Partenkirchens berühmte Ludwigstraße, deren reich und verspielt geschmückte Häuser sich unter den hier gleich recht steil emporsteigenden Hang des Hausberges Wank schmiegen. Im Haus Zum Schlampn informiert das **Werdenfels Museum** 6 über die Volkskunst im Werdenfelser Land (Ludwigstr. 47, Tel. 0881 21 34, Di–So 10–17 Uhr). Allein das noch aus dem 17. Jh. stammende Haus ist eine Sehenswürdigkeit für sich. Besonders interessant sind die Larven, Holzmasken, die zum berühmten und seit Jahrhunderten überlieferten Maschkera-Laufen gehören, mit dem in den Faschingstagen die Wintergeister ausgetrieben werden. Hinterglasbilder, aus Kirchen und Klöstern nach der Säkularisierung gerettete Schnitzarbeiten, Möbel, Trachten und die Partenkirchener Silberne

Krippe breiten die große Vielfalt bäuerlich-christlicher Kultur der Region aus.

Ländliches Theaterspiel wird ein Haus weiter im **Gasthof zum Rassen** 1 hoch gehalten. Im Theatersaal hinter den Gastzimmern tritt regelmäßig das älteste **Bauerntheater** Bayerns auf. Partenkirchens **Pfarrkirche Mariä Himmelfahrt** 7 wurde wie die Ludwigstraße Opfer des letzten großen Stadtbrandes 1865 und danach neugotisch wieder aufgebaut. Aus dem Vorgängerbau stammt noch das Gemälde der »Himmelfahrt Mariens« von Bartolomeo Letterini. Sehenswerter ist die **Wallfahrtskirche St. Anton** 8, zu der ein Kreuzweg mit zehn Stationen hinaufführt. Ihr achteckiger Gebetsraum ist ein weiteres Meisterwerk der Schmuzer-Dynastie aus Wessobrunn: Der die Ecken und Kanten verhüllende helle Stuck, Fresken und Altäre sowie die Zunftstangen, die bei den Prozessionen getragen werden, verleihen dem Gotteshaus eine feierliche Stimmung. Künstlerischer Höhepunkt ist das illusionistische Deckenfresko von Johann Evangelist Holzer, das den Blick über die Grenzen des Kirchenraums hinauf in einen von Heiligen und Engeln bevölkerten Himmel zieht.

Olympia-Skistadion 9

Zurück auf der Erde und in Partenkirchen sollten Sie schließlich auch dem berühmten Olympia-Skistadion einen Besuch abstatten, in dem die Nazis 1936 massenwirksam und die sportliche Begegnung nutzend ihre Propaganda inszenieren und die zuschauende Welt über die tatsächlichen politischen Verhältnisse in Deutschland täuschen konnten. Das hufeisenförmige Stadion mit den drei Sprungschanzen liegt südlich von Partenkirchen auf dem Weg zur Partnachklamm und wirkt mit ihren Monumentalfiguren bis heute wie die Stein gewordene Ideologie vom Übermenschen.

Übernachten

Günstiger als in den zumeist recht hochklassigen Hotels wohnt man in Privatzimmern, die von der Tourist-Information vermittelt werden.

Alpenidyll – **Hotel Eibsee** 1: Am Eibsee 1–3, Grainau/Eibsee, Tel. 08821 988 10, www.eibsee-hotel.de, DZ mit HP ab 180 €. Komforthotel in idyllischer Lage am See, im Sommer Bootsvermietung und Hochseilgarten, im Winter Anfängerskilift vor der Haustür.

Aussichtsreich – **Treff Hotel Alpina** 2: Alpspitzstr. 12, Tel. 08821 78 30, www.treff-hotels.de, DZ ab 150 €. Das komfortable Haus mit Wellness- und Spabereich liegt zentral und nicht weit vom Kurpark und bietet von den nach hinten gelegenen Zimmern einen herrlichen Blick auf die Alpspitze.

Kinderfreundlich – **Hotel Leiner** 3: Wildenauer Str. 20, Tel. 08821 952 80, www.hotel-leiner.de, DZ ab 96 €. Familotel nennt sich das in der Nähe des Olympiastadions gelegene Haus. Ein Spielzimmer und eine Kletter-Ritterburg beschäftigen die Kleinen; als Ausgangspunkt für Wanderungen ideal.

Naturnah – **Forsthaus Graseck** 4: Graseck 4, Tel. 08821 94 32 40, www.forsthaus-graseck.de, DZ ab 60 €. Der über der Partnachklamm gelegene Alpengasthof wurde kürzlich renoviert und bietet angenehme Unterkunft in Zimmern verschiedener Kategorien und in Appartements.

Essen & Trinken

Edel-international – **Reindl's Partenkirchener Hof** 1: Bahnhofstr. 15, Tel. 08821 94 38 70, tgl. 12–14, 18.30–23

Uhr, www.reindls.de, Hauptgerichte ab 18 €. Das Restaurant in diesem Tophotel gilt als die beste Adresse für gehobene und innovative Küche.

Edel-bayrisch – **Joseph Naus Stub'n 2**: Klammstr. 19, Tel. 08821 90 10, www.hotel-zugspitze.de, tgl. 17.30–23, So auch 12–14 Uhr, Hauptgerichte ab 18 €. Als große Konkurrenz zu Reindl's wegen der frischen Kreativität beim Umgang mit bayerischen Schmankerln unbedingt empfehlenswert.

Urig – **Gasthof zum Lamm 3**: Forstamtweg 1, Tel. 08821 27 50, Do–Di 10–22 Uhr, Hauptgerichte ab 7 €. Eines der wenigen überlebenden Traditionsgasthäuser in Garmisch; die bayerischen Spezialitäten schmecken in der gemütlichen Gaststube wie im kleinen Biergarten.

Einkaufen

Tracht – **Der Grasegger 1**: Am Kurpark 8, Tel. 08821 94 30 00, www.grasegger.de. Garmischs größtes und bestes Geschäft für Trachten; sogar Federkielstickereien bekommt man hier.

Haferlschuh' – **Schuhhaus Bernhard Berwein 2**: Badgasse 14, Tel. 08821 30 35. Hier werden noch Maßschuhe angefertigt. Die Preise liegen dabei deutlich unter jenen vergleichbarer Promi-Schuster. Schöne bayerische Trachtenschuhe gibt's auch ›von der Stange‹.

Aktiv & Kreativ

Schwindelfrei – **Kletterwald 1**: oberhalb der Talstation Wankbahn, Tel. 0170 634 96 88, www.kletterwald-gap.de, April–Okt. tgl. 9.30–18 Uhr, im Winter je nach Wetter. Große und kleine Schwindelfreie haben ihren Spaß an verschiedenen Parcours zwischen 3 und 17 m Höhe.

Gapa.de

Die Homepage des Garmisch-Partenkirchener Tourismusverbandes ist eine klug und praktisch aufgebaute, interaktive Plattform, auf der man Wanderungen, Aktivitäten, Sehenswürdigkeiten etc. abrufen, Beschreibungen ausdrucken oder einfach nur mit den vielen Möglichkeiten spielen kann.

Schneesicher – **Zugspitzplatt 2**: www.zugspitze.de. Die 22 km Pisten auf dem Schneefernergletscher sind sieben Monate im Jahr befahrbar; die alljährliche Eröffnung der Snowboard-Saison im Terrain Park ist *der* Freestyler-Event!

Abends & Nachts

Derb-lustig – **Partenkirchner Bauerntheater im Gasthof zum Rassen 1**: Ludwigstr. 45, Tel. 08821 519 56, http://partenkirchner-bauerntheater.de. Die Vorstellungen im historischen Theatersaal finden immer Samstag und Sonntag statt und sind schnell ausverkauft!

Chillig – **Music Café 2**: Marienplatz 17, Tel. 08821 187 27, www.gap-club.de/musiccafe.htm, Do–Sa 22–3 Uhr. In kühlem Weiß, mit güldenen Spiegeln und heißer Lightshow gestaltet, ist das der Ort, um die Nacht tanzend zu verbringen.

Infos & Termine

Tourist-Information: Richard-Strauss-Platz 2, 82467 Garmisch-Partenkirchen, Tel. 08821 18 07 00, www.gapa.de.

Bahn/Bus: Hauptbahnhof Garmisch-Partenkirchen: Bahnhofstr., Tel. 118 61, Zugverbindung nach München. Regionalbusse der RVO in die Region, z. B.

nach Mittenwald, Linderhof, Oberammergau (www.rvo-bus.de).

Neujahrsspringen der Vierschanzentournee: Garmischs berühmtestes sportliches Event.

Richard-Strauss-Festival: Ende Juni, www.richard-strauss-festival.de. Musikfestival zu Ehren Richard Strauss'.

Rund um Garmisch-Partenkirchen

Zugspitze ▶ C 14

Wichtigstes Ausflugsziel ist natürlich Deutschlands höchster Berg (2964 m). Von Garmisch-Partenkirchen aus wirkt er gar nicht so spektakulär, die benachbarte Alpspitze schiebt sich zackig und schroff in den Vordergrund, während von der Zugspitze nur das 2600 m hoch gelegene ›Platt‹ zu sehen ist. Am 27. August 1820 gelang Leutnant Josef Naus die Erstbesteigung. Seit 1930 führt die Zugspitzbahn, eine Zahnradbahn, auf den Berg: von Garmisch-Partenkirchen zum Eibsee und von dort weiter auf das Zugspitzplatt mit dem **Schneefernergletscher.** Hier steigt man um in die Gletscherbahn hinauf zum Gipfelkreuz. Zurück geht's dann per Eibsee-Gondelbahn hinunter zum See und per Zugspitzbahn nach Garmisch. Die Infrastruktur auf Gletscher und Gipfel ist hervorragend, von der bayerischen Wirtschaft bis zur 360°-Panorama-Lounge gibt's Essen und Trinken für jeden Geschmack. Gratis dazu gibt's den berühmten Vier-Länder-Blick auf Gipfel in Deutschland, Österreich, Italien und der Schweiz. Die Gelegenheit zu einer kleinen Gletscherwanderung bietet sich am Schneefernergletscher über den ein markierter Rundweg führt. Hier liegt

auch Bayerns schneesicherstes Skigebiet mit mehreren Liften und Pisten aller Schwierigkeitsgrade sowie einem Funpark mit einer 130 m langen und bis zu 6 m hohen Superpipe.

Infos

Informationen zu den Abfahrtszeiten der Bahnen, zu Schneehöhe, Wetter etc. unter www.zugspitze.de.

Eibsee ▶ C 14

Der Eibsee in rund 1000 m Höhe ist auch ohne Zugspitz-Gipfelsturm ein lohnendes Ziel, zum Baden allerdings meist zu kalt. Entstanden ist er in der letzten Eiszeit, als ein Bergsturz einen Kessel unterhalb der Zugspitze formte, den die schmelzenden Gletscher dann

mit Wasser auffüllten. Von den Eiben, denen er seinen Namen verdankt, ist heute kaum noch eine erhalten; dunkle Tannenwälder rahmen die türkisgrüne Wasserfläche, um die man bequem in knapp zwei Stunden herumwandern kann. Wer's spannender mag, der kann sich in dem nahen **Naturhochseilgarten** austoben (www. naturhochseilgarten.de, Kontakt über Hotel Eibsee, s. S. 178).

Partnachklamm ▶ D 14

Ein Klassiker unter den Ausflugszielen um Garmisch ist die wildromantische Partnachklamm (Rundwanderung ca. 6 km, etwa 1 Std. 45 Min.). Der Eingang befindet sich unweit des Olympia-Skistadions, es wird Eintritt erhoben. Die rund 900 m lange, von 100 m hohen Felswänden eingerahmte

Klamm des Flüsschens Partnach überwindet einen Höhenunterschied von 90 m und ist so ausgebaut, dass sie sogar im Winter durchwandert werden kann. Dann bilden sich an den Felswänden bizarre Eisskulpturen. Nur bei Hochwasser muss die Schlucht gesperrt werden. Ob sie zugänglich ist, erfährt man beim Klammwart (Tel. 08821 31 67). Festes Schuhwerk und regendichte Kleidung sind hier zu jeder Jahreszeit erforderlich.

Höllentalklamm ▶ C 14

Wesentlich ungezähmter und anspruchsvoller ist die Höllentalklamm, die man von Hammersbach/Grainau aus begeht. Zunächst eine gute Stunde durch Wald zur **Höllenbachklammeingangshütte** (1047 m, Tel. 08821 88 95) und dort in die enge, von 120 m hohen

Gute Aussichten auf Deutschlands berühmtesten und höchsten Berg – die Zugspitze

Mein Tipp

Lüftlorgie in Wallgau ▶ E 13

Der **Gasthof Zur Post** in Wallgau (13 km von Mittenwald) ist wohl eines der berühmtesten Häuser mit Lüftlmalerei im Werdenfelser Land – und mit 400 Jahren eines der ältesten. Der Gasthof hat viel Prominenz gesehen, sogar Goethe war hier. Da er inzwischen mehrmals umgebaut wurde, ist von der Ur-Post nicht mehr viel erhalten, aber die Küche hält sich an die bodenständig-bayerische Tradition, und das mit viel Geschick (Dorfplatz 6, Wallgau, Tel. 08825 91 90, tgl. 10–22 Uhr, Hauptgerichte um 12 €; auch Hotelbetrieb: www.posthotel-wallgau.de).

Felswänden eingeschlossene Klamm des Hammersbaches. Entlang des wild tosenden Wassers, über künstliche und natürliche Brücken, durch Tunnel und auf mit Drahtseilen gesicherten Wegen geht's rund 45 Minuten 146 Höhenmeter bergauf bis zum Schluchtende und über Almwiesen zur Höllentalangerhütte (1193 m, Tel. 08821 88 11). Die Hütte ist unter Kletterern berühmt für die nahe ›Schwarze Wand‹ und das Felsrund der Riffelspitzen und der Zugspitze. Knöchelhohe Bergschuhe, Regenkleidung und Trittsicherheit sind für diese Tour erforderlich, die Klamm ist je nach Schneelage von Mai bis Oktober zugänglich.

Wank ▶ D 13

Mehrere Wanderwege führen auf den Garmischer Hausberg Wank. In rund dreieinhalb Stunden erreicht man das Gipfelhaus in 1780 m Höhe. Bequemer ist es natürlich mit der Wankbahn (nur im Sommer und Weihnachten/Neujahr), die neben Ausflüglern zahlreiche Gleitschirmflieger nutzen, denn die runde Wankkuppe ist ein guter Startplatz. Belohnung für den Gipfelsturm ist ein herrliches Panorama auf das Wettersteingebirge im Süden sowie die Hügellandschaft und das Murnauer Moos im Norden.

Alpspitze ▶ C 14

Naturschützer laufen zu Recht dagegen Sturm, dennoch sei auf die Aussichtsplattform **AlpspiX** unterhalb des Zackengipfels der Alpspitze hingewiesen. 50 m oberhalb der Bergstation der Alpspitzbahn (www.zugspitze.de) wurden zwei Brücken ins ›Nichts‹ installiert, die auf 8 m Länge über den Abgrund ragen und aus Gitterrost bestehen – der Blick knapp 1000 m nach unten ist also unverstellt. Die Stege enden an einer Glaswand. Nichts für Menschen, die nicht schwindelfrei sind.

Mittenwald ▶ E 14

Als Geheimrat Goethe 1786 in Mittenwald weilte, erlebte er den Ort als »lebendiges Bilderbuch«. Das gilt heute noch, denn auf fast jedem Haus, ja sogar am Kirchturm erstrahlen bunte Fresken. Das Flair des kompakten Ortskerns mit seinen behäbigen Häusern mit den großen Torbögen, kunstvoll gedrechselten Holzbalkonen voller Geranien und den bunten Bildern, die ihre Geschichten erzählen, ist einfach vollkommen. Die wirtschaftliche Karriere Mittenwalds begann im 15. Jh.: 1487 verlegte die Republik Venedig, verärgert über Herzog Sigismund von Tirol, den Markt zu Bozen kurzerhand nach Mittenwald, das bereits seit der Römerzeit eine wichtige Handelsstation auf dem Weg von Verona nach Augsburg war. Schnell gewann der neue Markt an Bedeutung und die Bürger an Wohlstand. Ab dem 18. Jh. wurde es dann üblich, diesen Wohlstand durch die in Oberammergau aufgekommenen Lüftlmalereien an der Hausfassade zu zeigen.

Aus dem 18. Jh. stammt ein weiteres Lob über diesen kleinen Ort, nämlich dass die ›Mittenwalderinnen‹ von Petersburg bis Konstantinopel verehrt würden – gemeint waren trotz ihres Liebreizes nicht die holden Töchter Mittenwalds, sondern die hier angefertigten Geigen. Ein gewisser Matthias Klotz (1653–1743) hatte dieses Handwerk in Italien erlernt und in Mittenwald eingeführt. Das Geigenholz stand an den Berghängen vor der Haustür – geflammter Bergahorn wurde für den Geigenhals gebraucht und Fichte für die Decke –, und so begann die Karriere der Mittenwalder Geigen, die bis heute andauert. Als in Bronze gegossenes Denkmal schmückt Klotz, letzte Hand an eine Geige legend, den Platz vor der Kirche am Obermarkt (Ferdinand von Miller, 1890).

Durch die Altstadt

An der **Kirche St. Peter und Paul** arbeitete im 18. Jh. einmal wieder Josef Schmuzer. Er widmete das gotische Haus in spätbarocker Manier um. Der Entwurf für die illusionistischen Lüftlfresken am Turm, die Heiligen Petrus und Paulus von Triumphbögen eingerahmt, stammt von Matthäus Günther, ebenso wie die Deckenfresken im Innenraum, die Schmuzers Stuckrocaillen umschmeicheln. Draußen vor der Kirche gilt alle Bewunderung der Lüftlmalerei. Ende des 18. Jh. wurden die ältesten Bilder angefertigt, Franz Karner aus Mittenwald und Franz Seraph Zwinck aus Oberammergau sind die beiden am häufigsten vertretenen Künstlernamen. Die Bilder dienten nicht nur als Schmuck, sie hatten auch eine Botschaft: Eine religiöse bei den vielen Heiligen und Szenen der Christuspassion, wie z. B. am 1762 bemalten **Schlipferhaus** (Goethestr. 23), oder aber sie informierten über den Beruf des Hausbesitzers, der bei seiner Tätig-

Die Lüftlmalerei verrät's: Dies war früher die Poststation Mittenwalds

keit als Schuster, Kistler oder Geigenbauer dargestellt ist. Übrigens gibt es den Beruf des Lüftlmalers in Mittenwald bis heute: Vater und Sohn Pfeffer sorgen dafür, dass die Häuser im Werdenfelser Land zeitgemäß geschmückt werden.

Geigenbaumuseum

Ballenhausgasse 3, Tel. 08823 25 11, www.geigenbaumuseum-mitten wald.de, Febr.–Mitte März, Mitte Mai–Mitte Okt., 17. Dez.–Jan. Di–So 10–17 Uhr, ansonsten 11–16 Uhr
Kunterbunt ist auch das Geigenbaumuseum. Die moderne, sehr übersichtlich und anregend konzipierte Ausstellung berichtet über die Techniken des Geigenbaus, zeigt Instrumente in verschiedenen Stadien der Fertigstellung und vermittelt u. a. mit einem Film die filigrane Arbeit des Geigenbauers.

Übernachten

Historisch – **Hotel/Gasthof Post:** Obermarkt 9, Tel. 08823 938 23 33, www.posthotel-mittenwald.de, DZ ab 100 €. Das Traditionshaus in der Fußgängerzone war, wie die Lüftlbilder belegen, früher Poststation. Heute verwöhnt es mit Zimmern im Landhausstil, Innenpool, Sauna und Fahrradverleih seine Gäste.
Typisch – **Alpenrose:** Obermarkt 1, Tel. 08823 927 00, www.alpenrose-mitten wald.de, DZ ab 70 €. Das beliebte Wirtshaus in der Fußgängerzone hat seine Gästezimmer richtig bayerischländlich eingerichtet. Einige haben Karwendelblick.

Essen & Trinken

Kulinarisch – **Arnspitze:** Innsbrucker Str. 68, Tel. 08823 24 25, Do–Mo 12–14.30, 18–23 Uhr, Mi nur abends, Hauptgerichte um 18 €. Ein viel gelobtes und von Gourmets geschätztes Haus, dessen Spezialität die Fusion mediterraner und regionaler Küche ist, aber ohne modischen Schnickschnack.
Bodenständig – **Gasthof Stern:** Fritz-Prößl-Platz 2, Tel. 08823 83 58, Fr–Mi 9–22 Uhr, Hauptgerichte ab 9 €. In der Bauernstube oder im Biergarten – es schmeckt geradlinig und bayerisch und die feschen Bedienungen sind stets gut gelaunt.

Einkaufen

Tracht – **Heidi's Gwandstub'n:** Obermarkt 56. Wunderschöne Trachtenstoffe und fertige Dirndl sowie Accessoires, z. B. Taschen mit Federkielstickerei.
Geigen – **Geigenbau Wörnle:** Klammstr. 32. Eine gute Adresse für echte Geigenliebhaber.

Aktiv & Kreativ

Informationen zu den Aktivitäten auf www.mittenwald.de oder www.alpen welt-karwendel-aktiv.de.
Nordic Walking – Seit 2005 ist Mittenwald Nordic-Aktiv-Zentrum mit 18 Nordic-Walking-Strecken von insgesamt 95 km Länge.
Klettern – Erfahrene Klettersteiggeher und Kletterer finden im Karwendel auf dem Mittenwalder Klettersteig acht über 2000 m hohe Felsgipfel wie an einer Kette aneinandergereiht.
Freeride im Dammkar – Wenn Wetter- und Schneebedingungen im Winter stimmen, wird die 7 km lange Abfahrt durchs Dammkar für erfahrene Snowboarder geöffnet. Sie ist lawinengesichert, aber nicht präpariert und bietet deshalb absoluten Hochgenuss.

Infos & Termine

Tourist-Information: Dammkarstr. 3, 82481 Mittenwald, Tel. 08823 339 81, www.mittenwald.de. Hier auch Zimmervermittlung.

Bahn/Bus: Bahnhof am Bahnhofplatz, Tel. 118 61, stdl. Bahnverbindung in Richtung München und nach Garmisch-Partenkirchen. RVO-Busse z. B. nach Seefeld/Tirol, Garmisch und Kochel (Auskunft unter www.rvo-bus.de).

Rund um Mittenwald

Karwendel**!** ▶ E 14

Mittenwald liegt am Fuße des ungemein schroffen Karwendelgebirges. Die Karwendelbahn am Rande des Ortes schwebt in wenigen Minuten vom Tal (913 m) zur 2244 m hoch gelegenen Bergstation im ›steinernen Herz‹ des Karwendels. Ein Fußgängertunnel führt in einen Kessel zu Füßen von **Karwendelköpfen** (2358 m) und Pleisenspitze (2569 m) in eine Welt aus grauem, scharf erodiertem Fels. Vom Aussichtspunkt ein Stück bergan blickt man tief in die Zentralalpen, auf den Großvenediger und die Hohen Tauern. Wer hier oben einem der vielen Klettersteige oder Gratwanderungen folgen möchte, sollte erfahren, trittsicher und entsprechend ausgerüstet sein. Auch der Abstieg ins Tal über die Dammkarhütte ist nichts für Turnschuhwanderer. Hinweise und Tipps für Wanderungen im Karwendel gibt es bei der Mittenwalder Tourist-Information (s. o.).

Jüngstes ›Baby‹ ist die **Bergwelt Karwendel,** ein futuristisches Natur-Informationszentrum neben der Bergsta-

tion, dessen spektakuläres Riesenfernrohr sieben Meter über den 1300 m tiefen Abgrund hinausragt. Im Innern informiert eine sehenswerte Ausstellung über die Bergwelt, ihre Pflanzen und Tiere.

Infos

Karwendelbahn: tgl. 8.30–16.30 Uhr, jede halbe Std., www.karwendelbahn.de.

Lauter- und Ferchensee

▶ D 14

Gleich zwei idyllische Badeseen verbergen sich südwestlich von Mittenwald zwischen Grünkopf und Kranzberg: der noch mit dem Auto erreichbare **Lautersee** und ein Stück weiter der **Ferchensee.** Die beiden tiefblauen, von Wäldern eingerahmten Wasseraugen sind im Sommer ein beliebtes, aber nie überlaufenes Ziel der Badelustigen aus der Region. Mehrere Wander- und Mountainbike-Wege führen über die beiden Seen weiter ins Tal hinauf.

Schloss Elmau ▶ D 14

S. Entdeckungstour S. 186 und S. 189.

Übernachten, Essen

Luxus und Design – **Das Kranzbach:** Kranzbach 1, Krün, 7 km nördöstl. von Mittenwald, Tel. 08823 92 80 00, www.daskranzbach.de, DZ ab 250 €, günstige Pauschalarrangements. Ein 1913 erbautes Schlösschen plus modernem Annex ergeben zusammen ein perfekt gestyltes und ebenso geführtes Wohlfühlhotel mit allem Komfort.

Auf Entdeckungstour

Träume aus 1001 Nacht – zum Königshaus am Schachen

König Ludwig II. scheute weder Geld noch die Mühen seiner Diener, um sich an entlegenen Orten zurückziehen und in seiner Traumwelt leben zu können. Eine der beliebtesten Wanderungen im Werdenfelser Land führt auf dem ›Königsweg‹ zur Schachenalpe mit dem Königshaus.

Reisekarte: ▶ D 14

Planung: Ausgangspunkt ist der Wanderparkplatz unweit von Schloss Elmau (s. S. 189). Kompass-Wanderkarte Nr. 5, »Wettersteingebirge«. Besichtigung des Königshauses: Juni–Anfang Okt. Führungen tgl. 11, 13, 14 und 15 Uhr, www.linderhof.de. Alpengarten: Ende Juni–Mitte Sept. 8–17 Uhr, www.botmuc.de

Zeit/Charakter: Aufstieg ca. 3,5 Std., Abstieg etwas kürzer, Zeit für Königshaus und Alpengarten einplanen! Einfache Wanderung, 10 km Länge, 850 m Höhenunterschied

»Im stillen Gebirgshause auf steiler Höhe, von Schnee und dichtem Nebel umhüllt, aber froh, dem Weltgetriebe entrückt zu sein ...« – so fühlte sich Ludwig II. in seinem Jagdhaus auf dem Schachen. Bevor der König dorthin flüchten konnte, musste das Chalet auf der 1866 m hohen Schachenalpe allerdings erst einmal erbaut werden, und dafür wurde wiederum ein Zugangsweg benötigt. Dieser unter Ludwig II. angelegte Weg führt heute von Kais kommend als mautpflichtige Straße bis zum Wanderparkplatz im Elmau-Hochtal (1050 m). Hier heißt's dann Bergschuhe schnüren, Wanderstöcke in die Hand nehmen und einen letzten Blick werfen auf das heutige **Alpengut Elmau** (nicht zu verwechseln mit Schloss Elmau ein Stück weiter), das König Ludwigs Telegrafen- und Pferdewechselstation war. Deren Wirt soll dem ›Kini‹ öfter auf der Zither vorgespielt haben, wenn der Monarch bei ihm einkehrte, während die Pferde gewechselt wurden.

Lohn des Aufstiegs

Grandios ist das Bergpanorama mit den Massiven von Zugspitze, Karwendel und Wetterstein bereits hier am Ausgangspunkt. Das Türmchen des **Schlosshotels Elmau** spitzt hinter Bäumen hervor; es wurde zwischen 1914 und 1916 von dem Schriftsteller und Philosophen Dr. Johannes Müller erbaut, in dessen Bergrefugium viele berühmte Künstler und Intellektuelle verkehrten. Heute residiert darin ein ebenso elegantes wie kulturell ambitioniertes Wellnesshotel. Den Wanderer aber zieht's jetzt noch nicht ins Luxus-Spa sondern einen gemütlichen Weg am Elmauer Bach entlang leicht bergan.

Nach eineinhalb Stunden durch Fichtenwald, im zweiten Teil deutlich steiler, biegt der Weg rechts ab zur **Wettersteinalm,** einer angenehmen Einkehr vor dem weiteren Anstieg. In teils steilen Serpentinen und weiter durch Wald führt der Weg bergan und schließlich hinaus auf Almwiesen. Ein grandioser Blick auf das Zugspitzmassiv tut sich auf. Ein letzter Anstieg über den Steilenberg, dann liegen, nach weiteren eineinhalb Stunden die aus mehreren Wirtschaftsgebäuden bestehenden **Schachenhäuser** voraus. Einige Zirbelkiefern sind die kläglichen Reste, die der Holzschlag für den Bau des Königshauses übrig gelassen hat. Stolz thront es auf einer Kuppe. Darunter bietet der **Gasthof Schachenhaus** Rast für die müden Wadeln (Tel. 0172 876 88 68, Ende Mai–Anfang Okt. tgl. 10–21 Uhr). Nach einer kräftigen Mahlzeit steht das Königshaus am Schachen auf dem Programm.

Der ›Kini‹ und die 40 Räuber

1869 war die Grundsteinlegung für das Schachenhaus, 1872 konnte Ludwig II. einziehen; das als »Jagdhaus« bezeichnete Schlösschen sollte allerdings nicht der Jagd dienen, die Ludwig II. verabscheute, sondern als Rückzugsort in stiller Natur. Er selbst ließ sich meist in einem Pferdewagen oder -schlitten hinauffahren; seine Bediensteten hasteten zu Fuß und oft mit Lasten beladen bergan.

Von außen sieht es aus wie ein Schweizer Chalet, und wer die mit Zirbelholz getäfelten Räume im Erdgeschoss besichtigt, wird Ludwig II. für einen bescheidenen Zeitgenossen halten. Sein Schlafzimmer ist schlicht; die Stuben des Personals auch. Dann geht's die Treppe hinauf in den ›Türkischen Saal‹, und da ist er wieder, der verrückte ›Kini‹, der exotiksüchtige Träumer: Blattgold überzieht die Holzornamente an den Wänden, bunte Glasfenster lassen blaue und rote Licht-strahlen hinein. In der Mitte des orien-talisch-schwülstigen Saals steht ein goldener Brunnen, gespeist von einer Quelle im Keller des Hauses. »Hier saß in türkischer Tracht Ludwig II. lesend, während der Tross seiner Dienerschaft als Moslems gekleidet auf Teppichen und Kissen herumlungerte, Tabak rau-chend und Mokka schlürfend … Dabei dufteten Räucherpfannen und wurden große Pfauenfächer durch die Luft ge-schwenkt um die Illusion täuschender zu machen«, berichtete Louise von Ko-bell, die Gattin des damaligen Kabi-nettssekretärs Johann August von Ei-senhart, der als Vermittler zwischen Ministern und König immer wieder auf der Alp antreten musste.

Fünf Minuten vom Schloss entfernt sieht die Welt vom Königspavillon aus betrachtet ganz anders aus: Er enthüllt einen geradezu atemberaubenden Blick ins Reintal, auf Zugspitze, Alp-spitze und die Höllentalspitzen.

Himalaja auf dem Schachen

Auf jeden Fall lohnt ein Blick auf den **Alpengarten** neben dem Schachen-haus: Über 800 Pflanzenarten aus den Alpen und dem Himalaja werden hier von Mitarbeitern des Botanischen Gar-tens München gepflegt. – Dann ist's Zeit, den Rückweg anzutreten. Wer nicht auf dem gleichen Pfad wieder bergab wandern möchte, kann den Abstieg übers ›Schachentor‹ wählen, der etwas kürzer ist und spektakulär am Fuß der Wettersteinwand entlang-führt (nicht für Mountainbiker). An der Wettersteinalm stößt diese Vari-ante dann wieder auf den Königsweg.

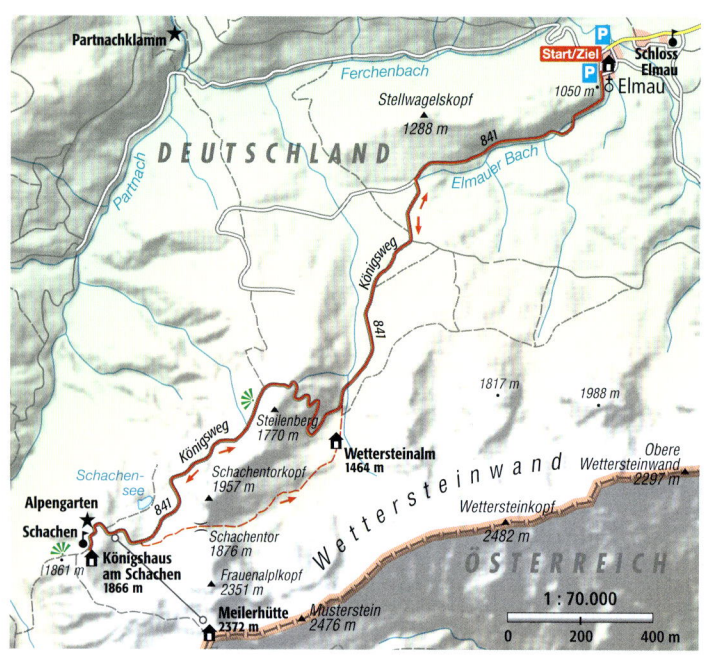

Luxus und Kultur – **Schloss Elmau:** Elmau, Tel. 08823 180, www.schloss-
elmau.de, DZ mit ›Elmau Experience‹
(Dreiviertelpension und freier Eintritt
zu den Veranstaltungen) ab 350 €,
günstige Pauschalarrangements. Das
2005 durch einen Brand verwüstete
Traditionshotel der Intellektuellen erstrahlt in neuem, asiatisch angehauch-
ten Glanz. Konzerte und Lesungen unterhalten Gäste und Besucher, die für
das anspruchsvolle Programm weite
Wege in Kauf nehmen. Ein absolutes
Traumhotel!

Komfort am See – **Hotel am Lautersee:**
Am Lautersee 1, Mittenwald, Tel.
08823 1017, http://hotel-lautersee.de,
DZ ab 100 €. Wohnen mit Bergblick in
behaglichen Zimmern. Zum Hotel gehört ein Restaurant mit Biergarten.

Kloster Ettal ▶ D 13

*Kaiser-Ludwig-Platz 1, Ettal,
Tel. 08822 740, www.kloster-ettal.de,
Klosterkirche, tgl. 8–18 Uhr*
Von Oberau an der E 533 führen enge,
steile Serpentinen 7 km den Ettaler
Berg durch Wald bergauf, bis sich die
Bäume lichten und den Blick freigeben
auf die von hohen Klostermauern eingeschlossene Kuppel der Klosterkirche
Ettal. Weiche Bergkuppen bilden hier
im Hochtal der Ammer die grüne Ku-
lisse für die imposante Benediktiner-
abtei, die nicht nur geistiger Versen-
kung dient, sondern ein florierendes
Wirtschaftsunternehmen mit eigener
Likördestillerie, Brauerei, Verlag, dem
Hotel König Ludwig und einem angesehenen Internat ist. König Ludwig der
Bayer wollte mit der Stiftung des Klosters seine besondere Frömmigkeit unter Beweis stellen. 1370 wurden Kloster und Kirche geweiht, besondere
Verehrung galt schon damals einer aus
Italien stammenden Marienstatue. Der

zwölfeckige Zentralbau war ungewöhnlich für die Gotik, doch als Ettal
im 18. Jh. den Anforderungen einer
Wallfahrtskirche entsprechen sollte
und im Geschmack des Hochbarock
umgebaut wurde, kam eben dieser
Grundriss sehr zupass. Enrico Zuccalli
und Joseph Schmuzer arbeiteten nach-
einander an dem Projekt, 1762 war der
Umbau beendet und ein Meisterwerk
entstanden: eine getragene Symphonie in Weiß und Gold, überwölbt von
einem Kuppelfresko mit über 400 Ein-
zelfiguren, die den Betrachter über die
weltlichen Grenzen des Baus in den Er-
lösung verheißenden Himmel führen
(Johann Jakob Zeiller, 1751). Am Ta-
bernakel findet sich das Gnadenbild,
eine gotische Marmormadonna.

Schaukäserei

*Mandlstr. 1, Tel. 08822 92 39 26,
www.milch-und-kas.de, Juni–Okt.
tgl., Nov.–Mai Di–So 10–17 Uhr*
Profaner, aber durchaus interessant,
geht es in der **Likördestillerie** zu, die
man ebenso wie das **Brauerei-Museum**
nur in Gruppen von mindestens 25 Personen nach Voranmeldung besichtigen
kann. Gleich neben dem Kloster Ettal
haben 30 Milchbauern aus der Region
eine **Schaukäserei** eingerichtet, in der
man bei Themenführungen anschaulich erfährt, wie die Milch zum Käse
wird und diesen danach auch verkos-
ten und kaufen kann.

Übernachten, Essen

Panoramablick – **Blaue Gams:** Vogel-
herdweg 12, Tel. 08822 64 49, www.
blaue-gams.de, tgl. 10–22 Uhr, Hauptgerichte um 12 €, DZ ab 85 €. Die Panoramalage dieses Hotel-Restaurants
mit Blick auf den Klosterkomplex ist
unübertroffen. Auf der Speisekarte
stehen bayerische Standards.

Schloss Linderhof

▶ C 13

*Linderhof 12, Ettal, Tel. 0882 920 30,
www.linderhof.de, April–15. Okt.
9–18, 15. Okt.–März 10–16 Uhr*
Durchs idyllische Graswangtal gelangt
man zu einem der schönsten Schlösser
König Ludwigs II. Aus einem Jagdhaus
seines Vaters ließ Ludwig ein Mini-
Versailles erbauen, ein neobarockes
Schlösschen mit barockem Garten,
eingebettet in einen englischen Land-
schaftspark, in dem wie zufällig ver-
streut fantasievolle Bauten Ludwigs
Träumereien repräsentieren: In der
Venusgrotte, einer künstlichen Höhle
mit See, ließ er sich in einem Muschel-
boot übers Wasser kutschieren, im
Maurischen Kiosk entspannte er in
morgenländischer Kleidung zwischen
orientalischem Interieur, in der **Hun-
dinghütte** gab er sich Wagner'scher
Musik hin. Da der junge König aber
nicht nur versponnen, sondern technischen Neuerungen gegenüber sehr
aufgeschlossen war, wurde Linderhof
mit einem ›Tischlein-Deck-Dich‹ ausgestattet, mit einem Aufzug also, mit
dem der gedeckte Tisch vom Erdgeschoss im Keller in sein Speisezimmer
befördert wurde. Höhepunkt der In-
nendekoration ist der in Blau und
Gold gehaltene **Spiegelsaal** (1874,
Jean de la Paix). Erst 1878 war Linderhof nach jahrelangen Bauarbeiten

Tickets fürs Märchenschloss
In der Hochsaison sollte man die Besichtigung Neuschwansteins vorab per
Internet anmelden, um lange Wartezeiten zu vermeiden: Ticket Center,
Alpseestr. 12, Hohenschwangau, Tel.
08362 93 08 30, www.ticket-center
hohenschwangau.de.

fertig, das parallel geplante Neuschwanstein (s. u.) ein paar Bergrü-
cken weiter westlich wurde erst 1885
vollendet.

Ausflug nach Neuschwanstein ▶ B 13

*Neuschwansteinstr. 20, Hohen-
schwangau, Tel. 08362 93 98 80,
www.neuschwanstein.de, April–Sept.
9–18, Kasse 8–17, Okt.–März 10–16,
Kasse 9–15 Uhr; Tickets kauft man vor
Erreichen des Schlosses unten im Ort
im Ticket Center (s. Tippkasten)*
Füssen mit dem Schloss Neuschwanstein gehört bereits zum westlich an
Oberbayern grenzenden Schwaben.
Ein Abstecher von Linderhof oder
Oberammergau ins Nachbarländle ist
unbedingt zu empfehlen, denn Neuschwanstein mit seinen runden Türmen und Erkern ist der Inbegriff eines
Märchenschlosses. Von Oberammergau erreicht man Neuschwanstein
über Steingaden nach Füssen (ca.
45 km); von Linderhof auf der landschaftlich überaus reizvollen Regional-
straße über Reutte (Österreich) nach
Füssen (40 km). Ein Fußweg führt in ca.
30 Minuten teils recht steil bergauf
vom Parkplatz zum Schloss; man kann
ihn auch in der Pferdekutsche bewältigen (um 5 €/Person).

Ludwig wollte, dass dieser Bau »im
echten Stil der alten deutschen Ritter-
burgen« errichtet und ausgestattet
wurde. So begegnet man dem Sagen-
zyklus um Tannhäuser (Arbeitszim-
mer), Lohengrin (Wohnzimmer) und
den Heiligen Gral (Sängersaal). Sein
Thronzimmer ließ er nach dem Vorbild
einer byzantinischen Basilika erbauen.
In allen Räumen findet sich das Motiv
des Schwans als Symbol der Reinheit –
daher der Name Neuschwanstein.

Ein unbekannter Schnitzkünstler aus Oberammergau hat sich am Wegesrand verewigt

Oberammergau

▶ C/D 13

Das Tal der Ammer war bereits in keltischer und römischer Zeit Handelsweg und Siedlungsraum, der Aufschwung für Oberammergau kam aber erst mit der Gründung des Klosters Ettal und der Verleihung des Stapelrechts 1332. Um das 16. Jh. entwickelte sich in Oberammergau wohl auf Initiative und Förderung des Klosters Rottenbuch (s. S. 159) hin die Holzschnitzerei als wichtiges Gewerbe. Nachdem 1632/1633 die Pest zahlreiche Opfer gefordert hatte, gelobten die Oberammergauer, alle zehn Jahre die Passion vom Leiden und Sterben Christi aufzuführen (s. S. 71). 1634 wurde dieses Gelübde erstmals erfüllt, ab 1680 die Aufführung dann auf die vollen Dekaden verlegt. Um 1748 wurde in Oberammergau jener Künstler geboren, der die Lüftlmalerei zur Blüte bringen sollte: Franz Seraph Zwinck. Heute ist der 5000-Seelen-Ort eines der bekanntesten touristischen Ziele in Bayern, und dies nicht nur in den Passi-

onsjahren. Rund um die Pfarrkirche herrscht deshalb ein ziemlicher Trubel, Holzschnitzereien unterschiedlicher Qualität füllen die Auslagen der Souvenirläden, eine Touristenbahn bimmelt durch den Ort und der erste Eindruck ist der eines oberbayerischen Disneylandes. Dennoch scheint diesem geschäftstüchtigen Dorf ein sehr kreativer Geist innezuwohnen, denn nicht nur berühmte Maler und Schnitzer stammen aus Oberammergau, auch der Schriftsteller Ludwig Thoma (1867–1921, s. S. 64) wurde hier, im ehemaligen Richterhaus (Dorfstr. 20), geboren.

Durch den Ortskern

In angenehmem Kontrast zum Trubel draußen kehrt im Innern von **St. Peter und Paul** (gegründet bereits im 12. Jh., im 18. Jh. Neubau) die Ruhe zurück, ein Meistertrio – Joseph Schmuzer als Architekt und Stuckateur, Matthäus Günther als Freskant und Franz Xaver Schmädl als Holzbildhauer – hat vollendetes, luftig-leichtes Rokoko geschaffen. Vollendet sind auch die Lüftlmalereien am **Pilatus-Haus** (Ludwig-Thoma-Str. 10), das Zwinck 1784 mit illusionistischen Fresken um die Verurteilung Christi durch den römischen Statthalter überzog. Zwischen Mai und Oktober lassen sich Oberammergauer Künstler im Pilatus-Haus bei der Arbeit über die Schulter gucken (Lebende Werkstatt, Di–Sa 13–18 Uhr). Auch die meisten anderen Häuser tragen Lüftlbilder, diejenigen an Judasgasse 2, Dorfstraße 24 und Lüftlmalereck 1 stammen ebenso aus dem 18. Jh.

Heimatmuseum

Dorfstr. 8, Tel. 08822 941 36, www.oberammergaumuseum.de, Di–So 10–17 Uhr, Mitte Febr.–Mitte März und Nov. geschl.

Viel wird über den Namen Lüftlmalerei spekuliert: Heißen die Fresken so, weil sie in der frischen Luft aufgetragen wurden, oder nennt man sie so, weil Franz Seraph Zwinck eine Zeitlang im Lüftlhaus zu Oberammergau lebte? Diesen und anderen Fragen der lokalen Kunst- und Kulturgeschichte geht das Heimatmuseum nach. Die modern präsentierte Ausstellung legt den Schwerpunkt auf die Holzbildhauerei und zeigt sowohl historische als auch Arbeiten zeitgenössischer Künstler aus Oberammergau; sehenswert sind die wertvollen Krippen im Erdgeschoss.

Passionstheater

Theaterstr. 16, Tel. 08822 945 88 33, www.passionstheater.de, Führungen April–Okt. Di–So halbstdl. 10–17 Uhr, sonst unregelmäßig

Alle zehn Jahre zu jeder vollen Dekade wird in Oberammergau die »Passion vom Leiden und Sterben Christi« gegeben und wie bei der ersten Passion 1634 wird das Stück von Laienschauspielern gespielt. Das erste Theater war eine Holzkonstruktion auf dem Pestfriedhof, ab 1830 spielte man am jetzigen Standort, 1890 nahm man den Neubau in Angriff und überdachte den Zuschauerraum. Auf Erweiterungen im Jahr 1930 folgte von 1997 bis 1999 eine Komplettsanierung. Das Theater bietet 4720 Zuschauern Platz.

Die sechsstündige Passion zeigt die letzten fünf Tage im Leben Jesu und fußt auf Texten aus dem 16. Jh. Wohl mehrere damals gängige Passionsspiele fanden im Laufe der Geschichte hier zueinander, wurden im Zeitgeist überarbeitet und erneuert. Bis heute konkurrieren zwei Textfassungen miteinander. Im Passionsspieljahr 2000 wurde die Daisenberger-Fassung grundlegend überarbeitet und neu interpretiert. Initiator dieser Neugestaltung war der junge Bildhauer und Theaterregisseur Christian Stückl, 1961 in Oberammergau geboren und mit der Passion aufgewachsen, schließlich gehört u. a. sein Vater zum festen Darstellerstamm. Seit 2000 inszeniert er die Passion und ein weiteres, von Laiendarstellern gespieltes Stück über die Entstehung des Passionsgelübdes, »Die Pest«.

Übernachten

Zur Passionszeit, die nächste Mitte Mai–Anfang Okt. 2010, können die Preise deutlich höher liegen.

Stilvoll modern – **Hotel Maximilian:** Ettaler Str. 5, Tel. 08822 94 87 40, www.maximilian-oberammergau.de, DZ ab 200 €. Geschmackvoll mit dezentem Design möblierte Zimmer, ein kleiner, feiner Wellnessbereich und mehrere Restaurants, darunter das hoch gelobte St. Benoît (s. S. 193) machen den Aufenthalt zu einem Rundumgenuss.

Ohne Chichi – **Gasthof zur Rose:** Dedlerstr. 9, Tel. 08822 47 06, www.hoteloberammergau.de, DZ ab 80 €. Ein geradliniges Gasthaus, darin geschmackvoll und ländlich eingerichtete Zimmer sowie rundherum himmlische Ruhe, obgleich das Dorfzentrum nur wenige Schritte entfernt ist.

Essen & Trinken

Hohe Kunst – **St. Benoît:** s. Hotel Maximilian S. 192, Di–Sa 19–23 Uhr, Hauptgerichte ab 30 €, Menü ab 70 €. Feine Küche mit höchstem Anspruch, dabei aber auf bayerischem Boden ruhend, serviert hier ein überaus talentierter und kreativer Küchenchef.

Regional – **Forsthaus Unternogg:** Unternogg 1, Altenau, Tel. 08845 87 72, Di–So 11–22 Uhr, Hauptgerichte um 16 €. Zanderfilet mit Bärlauchkruste oder Gamsmedaillons mit Rahmwirsing gehören zu den bayerischen Köstlichkeiten dieses Ausflugslokals, in das schon König Ludwig II. einkehrte.

Rustikal – **Zur Tini:** Dorfstr. 7, Tel. 08822 71 52, Do–Di 9.30–14.30, 17–24 Uhr, Hauptgerichte um 8 €. Gemütliches Lokal mit guter bayerischer Küche.

Einkaufen

Oberammergauer Schnürlkasperl – **Werkstatt für Holzspielzeug:** Ettaler Str. 18, Tel. 08822 41 21, nur nach telefonischer Vereinbarung. Die lustigen Holzkasperl gibt's in traditionellen und modernen Ausführungen.

Aktiv & Kreativ

Laber – Auf den 1683 m hohen Hausberg von Oberammergau mit herrlichem Blick in die Ammergauer Alpen schwebt eine Kabinenbahn (www.laber-bergbahn.de, tgl. 9–17, im Winter –16.30 Uhr). Der Abstieg über die Soila-Alm dauert etwa 3 Std.

Gleitschirm-Tandemflüge – **Air-Glide:** Tel. 08824 21 90 43 oder Tel. 01801 77 75 55 68 01, www.air-glide.de, Flüge ab 80 €, jeden Sa/So vom Laber.

Wandern/Radfahren – Zahlreiche Tal-, Rad- und Wanderwege führen von Oberammergau z. B. nach Ettal oder Linderhof. Infos mit GPS-Koordinaten finden sich auf www.ammergauer-alpen.de.

Abends & Nachts

Szenetreff – **Kinocafé:** Sankt-Lukas-Str. 11, Tel. 08822 492 36 53, tgl. 19–2 Uhr. Das Café des Heimgarten-Kinos ist ein beliebter Treffpunkt der Nachtschwärmer. Für den kleinen Hunger gibt's Baguettes und Toasts.

Infos & Termine

Oberammergau Tourismus: Eugen-Papst-Str. 9a, 82487 Oberammergau, Tel. 08822 92 27 40, www.ammergauer-alpen.de. Hier auch Vermittlung von Privatunterkünften.

Bahn/Bus: Bahnhof in der Bahnhofstr., Tel. 118 61, Regionalbahn in Richtung Murnau, dort Anschluss nach München, Garmisch, Weilheim. RVO-Busse z. B. nach Saulgrub, Garmisch und Kochel (Auskunft unter www.rvo-bus.de).

Passionstheater: Außerhalb der Passionsspielzeit gibt es hier hochkarätig besetzte Opernaufführungen. 2005 wurde mit Christian Stückls Inszenierung von »König David« die Tradition der Kreuzschule wiederaufgenommen, mit der man bis 1905 die zehnjährige Wartezeit auf das nächste Passionsspiel halbierte.

Geburtstag von König Ludwig II.: 25. Aug. Feuer auf den Berggipfeln um Oberammergau erinnern an den geliebten ›Kini‹.

Vom Tölzer Land bis zum Inn

Highlights!

Bad Tölz: Schaulaufen der Hausfassaden und Lüftlbilder zwischen Isar und Mühlfeld – die Tölzer Marktstraße ist wie ein Bilderbuch von Stilen und Zeiten und eine Flanierstraße, wie man sie selten findet im Voralpenland. Flanieren Sie mit! S. 196

Kloster Benediktbeuern: Zwiebeltürme vor Benediktenwand – mit klassisch-bayerischem Panorama begrüßt das Kloster seine Besucher. Und mit dem klassisch-bayerischen Zweiklang, Barock für die Seele, Köstliches für den Leib, macht es rundum glücklich. S. 203

Auf Entdeckungstour

Auf den Spuren des Blauen Reiters ums Loisachmoor: Eine Genuss-Radtour zu Motiven und Orten, an denen der Blaue Reiter seinen Ausgang nahm. S. 210

Besuch bei Säcklern, Federkielstickern und Hutmachern: Die hochwertige Tracht ist wieder in, und die wenigen traditionellen Betriebe, die noch alte Techniken beherrschen, haben alle Hände voll zu tun. Ein Lokaltermin. S. 220

Kultur & Sehenswertes

Mariä Himmelfahrt: Die Barockprofis Feichtmayr und Zimmermann hielten sich in der Kirche in Dietramszell an Gold und Blau – eine himmlische Konstellation! S. 202

Pfarrkirche St. Laurentius: Das gotische Kirchlein in Rottach-Egern ist erstaunlich schlicht. Und auf dem Friedhof heißt's Prominente suchen: Ludwig Thoma, Olaf Gulbransson und Ludwig Ganghofer sind hier begraben. S. 215

Aktiv & Kreativ

Kletterwald Blomberg: Auf dem höchsten Kletterwald Bayerns lässt sich in 1200 m Höhe mit fantastischem Bergpanorama das Gleichgewicht trainieren. S. 200

Ökosystem Wald erleben: Im Sommer und Winter wird man kundig geführt von der Schlierseer Förster Liesl, die das freie Leben im Wald dem Schreibtisch vorgezogen hat. S. 224

Genießen & Atmosphäre

Viculinaris: Kulinarische Höhenflüge in Bad Tölz – ob bayerisch oder asiatisch, hier wird stets überraschend und perfekt gekocht. S. 200

Gasthaus Post Vorderriß: Die herrliche Umgebung des Karwendelgebirges, dazu frische bayerische Küche und ein süffiges Bier gibt es in dieser Traditionsgaststätte. S. 213

Abends & Nachts

Papas Kesselhaus: Kein Trendsetter, dafür seit Jahren eine der beliebtesten Tölzer Kneipen, in der man Freunde trifft, sein Bier trinkt und gelegentlich Kleinkunst Aufmerksamkeit schenkt. S. 201

SASSA Bar: Von keinem Ort gibt es einen schöneren Ausblick übers nächtliche Oberland und den Tegernsee als von dieser Bar im Leeberghof. S. 216

Blaue Pferde, weiße Segel und stille Seen

Begrenzt von Isar und Inn und dem Moorgebiet um Kochel- und Walchensee liegt eine der beliebtesten Ausflugs- und Ferienregionen Oberbayerns. Klare Bergseen wie Tegern- und Schliersee schmiegen sich zwischen die Gebirgszüge der Voralpen, Marktorte wie Bad Tölz prunken mit behäbigen Giebelhäusern, tief eingeschnittene Täler und mächtige Felswände laden zu vielerlei Freizeitaktivitäten. Auch Künstler und Literaten fühlten sich von dieser Landschaft inspiriert – u. a. die Maler des Blauen Reiters oder der Schriftsteller Ludwig Ganghofer. So viel Idyll hat seinen Preis: Ferienzeiten und Wochenenden sollte man als Naturliebhaber lieber meiden und die Voralpenschönheit tunlichst außerhalb der Stoßzeiten genießen.

Im Tölzer Land

Wo fromme Bauern zur Leonhardifahrt pilgern, fühlte sich Heimatdichter Ludwig Thoma ebenso wohl wie der Nobel-Literat Thomas Mann. Das Tölzer Land mit der reißenden Isar, dem Bilderbuchstädtchen Bad Tölz und dem Hausberg Blomberg ist sommers wie winters eine Reise wert.

Infobox

Reisekarte: ▶ D–F 11–13

Infos/Internet
Tölzer Land Tourismus: Prof.-Max-Lange-Platz 1, 83646 Bad Tölz, Tel. 08041 50 52 06, www.toelzer-land.de.

Verkehr
Die **Bayerische Oberlandbahn** fährt von München nach Bad Tölz/Lenggries (www.bayerische-oberlandbahn.de). Zwischen den Orten verkehren **Busse** der RVO (www.rvo-bus.de).

Aktiv im Tölzer Land
Radtouren im Tölzer Land sind unter www.radportal-toelzer-land.de zu finden. Die Daten kann man auf sein GPS-Gerät herunterladen.

Bad Tölz !

Bad Tölz verdankt seine Existenz alten Handelswegen, darunter der Salzstraße von Reichenhall ins Allgäu und dem Flößerweg auf der Isar. Im 12. Jh. ist eine erste Burg auf dem Mühlfeld, dem höchsten Punkt der Marktstraße, verbürgt, während zur gleichen Zeit im Gries, den Kiesanschwemmungen am rechten Isarufer, Flößer und Fischer lebten. 1331 erhielt die Siedlung am Mühlfeld Marktrechte; ihre Flößer brachten Handelswaren, vor allem aber Baumstämme aus dem Isarwinkel bis nach Passau und Wien und Mitte des 15. Jh. war Mühlfeld bereits ebenso groß wie der heutige alte Teil von Bad Tölz. Das ›Bad‹ links der Isar kam 1846 dazu: Eine Jodquelle versprach Heilung von allerlei Gebrechen.

Wer hat die schönsten Hausfassaden in Oberbayern? Bad Tölz ist ein Anwärter

Elegante Villen der Jahrhundertwende und ein hübscher Park prägen das Kurviertel.

Auf der Marktstraße

Der Stadtspaziergang beginnt an der **Isarbrücke 1**, von der aus stetig aufsteigend die Marktstraße das alte Tölz durchquert. Linker Hand krönt die Hl.-Kreuz-Kirche mit ihren zwei Türmen den steilen Kalvarienberg, rechts liegt an der Isar der alte Flößerstadtteil Gries. Die **Marktstraße** gilt als eine der schönsten Straßen Oberbayerns. Große, behäbige Häuser mit weit vorkragendem Dach säumen sie auf beiden Seiten, viele besitzen imposante Tordurchgänge zum Hinterhof, wo früher Handelswaren gelagert wurden, die meisten sind mit herrlichen Lüftlmalereien geschmückt. Zwischen dem 15. und dem 18. Jh. erbaut, wurden sie auf Anregung und nach Plänen des Architekten und Denkmalpflegers Gabriel von Seidl Anfang des 20. Jh. im heutigen Stil rekonstruiert. Unter den vielen schönen Häusern verdienen das **Sporerhaus 2** (Nr. 45) mit seinem herrlichen Freskenschmuck und dem Tordurchgang sowie das **Pflegerhaus 3** (Nr. 59) aus dem 15. Jh. besondere Aufmerksamkeit.

Heimatmuseum

Marktstr. 48, Tel. 08041 50 46 88,
Di–So 10–16 Uhr

Das **Alte Rathaus 4** (Nr. 43) mit seinem charakteristischen Durchgang ist heute Sitz des **Heimatmuseums.** Dort sind vor allem die robusten Bauernmöbel, die Tölzer Kasten, sehenswert. Typisch für die Tölzer Bauernmalerei sind die auf vielen Möbelstücken prangenden Rosen. Sie waren das Symbol für den Wohlstand der Stadt und wurden nicht nur auf Trachten, Schmuck und Möbeln verewigt, sondern finden sich auch im Stuckwerk der **Mühlfeldkirche 5**, der 1737 nach Plänen des Wessobrunners Joseph Schmuzer erbauten ehemaligen Wallfahrtskirche Mariahilf, wieder.

197

Bad Tölz

Sehenswert
1. Isarbrücke
2. Sporerhaus
3. Pflegerhaus
4. Altes Rathaus
5. Mühlfeldkirche
6. Kirche Mariä Himmelfahrt
7. Gries
8. Kirche Hl. Kreuz
9. Leonhardikapelle
10. Kurhaus

Übernachten
1. Villa Bellaria
2. Kolbergarten
3. Jugendherberge
4. Campingplatz Demmelhof

Essen & Trinken
1. Viculinaris
2. Metzgerbräu
3. Solo
4. Jägerwirt

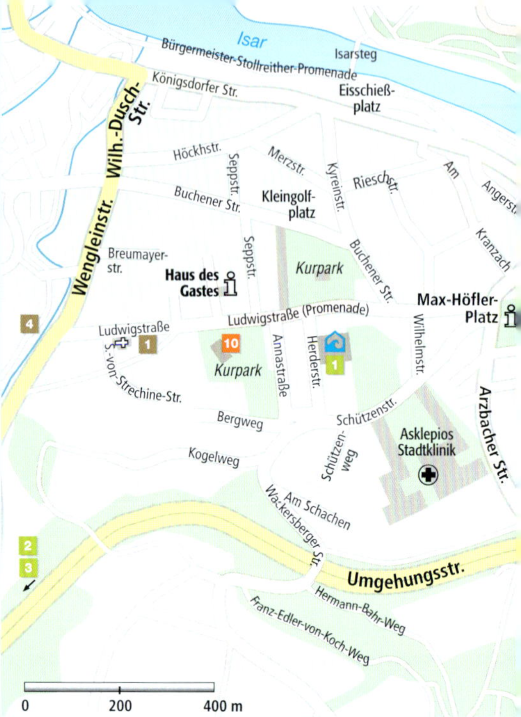

Einkaufen
1. Tölzer Kasladen
2. Kleidermanufaktur Habsburg

Aktiv & Kreativ
1. Alpamare
2. Kletterwald Blomberg
3. Blomberg

Abends & Nachts
1. Blu
2. Papas Kesselhaus

Ins Gries

Die Stadtpfarrkirche von Bad Tölz, **Mariä Himmelfahrt** 6, wurde zwar im 15. Jh. begründet, nach einem Brand aber im 19. Jh. neugotisch und nicht besonders filigran wieder errichtet. Aus der Renaissance stammt noch die Winzererkapelle mit einer schönen Mondsichelmadonna. Von der Kirche nach Süden erstreckt sich unten an der Isar das **Gries** 7, das ehemalige Flößer- und Herbergenviertel, dessen alte, teils vielfach unterteilte Häuser mit eng beieinander liegenden Eingängen und Außentreppen noch fast alle erhalten sind.

Kalvarienberg

An der parallel zur Marktstraße verlaufenden Säggasse beginnt der Pilgerweg hinauf zum 707 m hohen Kalvarienberg. An fünf Wegkapellen vorbei erreicht man schließlich die Doppelkirche **Hl. Kreuz** 8, in der die Wallfahrer ihre Gebete kniend verrichten. Wichtiger als die Kirche ist jedoch die **Leonhardikapelle** 9, Ziel der berühmten, am 6. November stattfindenden Leonhardifahrt, bei der die Tölzer in reicher Tracht und auf herausgeputzten Rössern Fruchtbarkeit für ihr Vieh erflehen. Zweimal müssen Reiter und Wagen dabei die Kapelle umrunden.

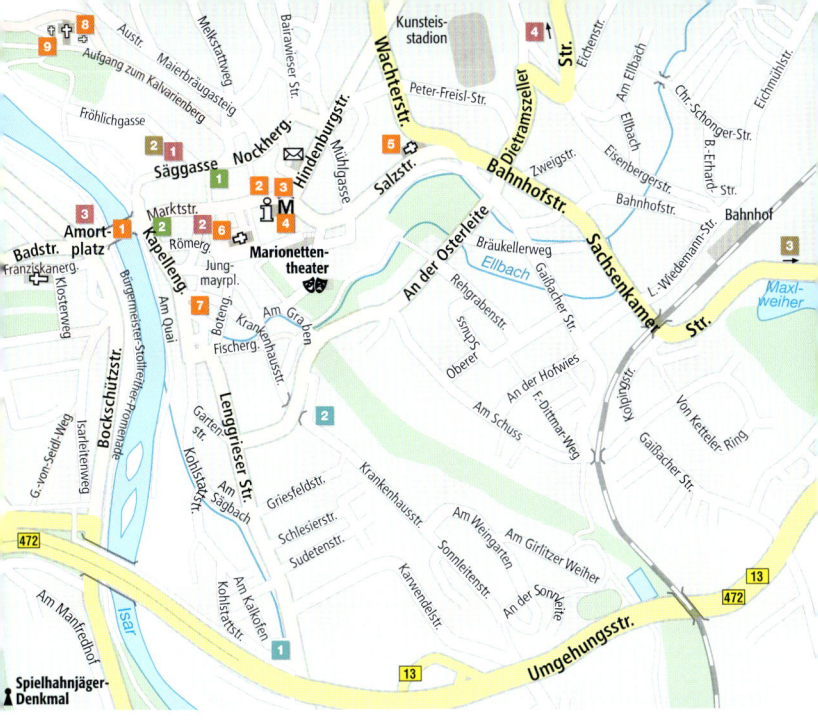

Der Kurbezirk

Gabriel von Seidl zeichnet als Architekt für das **Kurhaus** ⑩ verantwortlich, das ein üppiger Garten einrahmt. Sein Neffe, Gabriel Röckl, errichtete 1908 das ›Herrensitzchen‹ an der Hessstraße, eine Jugendstilvilla für Thomas Mann und seine Familie, die in Tölz gerne den Sommer verbrachten. Hier entstand u. a. der »Tod in Venedig«. 1917 verkaufte der Schriftsteller kriegsbegeistert sein Haus gegen eine Kriegsanleihe. Im Kurbezirk sind noch viele Villen aus dieser Zeit erhalten, und auch wenn es heute nicht mehr so elegant zugeht, herrscht in der Wandelhalle doch reger Betrieb. Familien und junge Leute ziehen allerdings dem gesetzten Schreiten in der Inhalationshalle das Toben und Spielen im **Spaßbad Alpamare** ① direkt gegenüber von den Kuranlagen vor.

Übernachten

Wellness – **Villa Bellaria** ①: Ludwigstr. 22, Tel. 08041 800 80, www.villa-bella ria.de, DZ ab 125 €. Das historische Haus im Kurviertel bietet neben stilvoll eingerichteten Zimmern ein umfangreiches Wellnessprogramm, diverse Saunen, einen lauschigen Garten und ein üppiges Frühstücksbuffet.

Idyllisch – **Kolbergarten** ②: Fröhlichgasse 5, Tel. 08041 789 20, www.hotel kolbergarten.de, DZ ab 80 €. Die Jugendstilvilla liegt von einem schattigen Garten umgeben am Fuß des Kalvarienbergs. Jedes der 15 Zimmer ist individuell eingerichtet, das Hotel sehr persönlich geführt.

Sportlich – **Jugendherberge** ③: Am Sportpark 4, Tel. 08041 79 31 80, www.jugendherberge.de, Übernachtung ab 23 €. Die im Herbst 2009 eröffnete, schicke Jugendherberge liegt auf der Flinthöhe neben einem Sportpark und bietet ein umfangreiches Sportprogramm von Klettern bis Skifahren.

Luftig – **Campingplatz Demmelhof** 4: Stallau 148, Tel. 08041 81 21, www.campingplatz-demmelhof.de, Stellplatz 10 €, Erw. 5 €. Hübscher, familiär geführter Platz am Stallauer Weiher, Stellplätze für Campmobile, Kinderspielplatz, Bademöglichkeit.

Essen & Trinken

Feinschmecker – **Viculinaris** 1: Fröhlichgasse 5, Tel. 08041 792 88 91, www.viculinaris.com, Di–Sa 18.30–23 Uhr, Menü ab 45 €. Vom Berliner Reichstag in die idyllische Tölzer Villa des Hotels Kolbergarten – der Chef de Cuisine verwöhnt mit feinster Küche, die zwischen bayerischen Basics und asiatischer Raffinesse schillert.

Rustikal – **Metzgerbräu** 2: Klammergasse 4, Tel. 08041 706 11, tgl. 9–24 Uhr, Hauptgerichte ab 9 €. Altbayerische Küche gleich neben der Pfarrkirche: Die Karte listet Saure Lüngerl, Schweinsbraten und Tellerfleisch auf, dazu Röstkartoffeln oder selbst gerollte Semmelknödel.

Mit Isarblick – **Solo** 3: Königsdorfer Str. 2, Tel. 08041 73 09 23, tgl. 9–24 Uhr, Hauptgerichte um 9 €. Das Schöne an diesem Bistro mit italienischer und Tex-Mex-Küche ist seine Lage an der Isar. Mittags ist es rappelvoll und auch abends genießen Jung und Alt Drinks, Pasta, Nachos und die hübsche Terrasse.

Im Bratenhimmel – **Jägerwirt** 4: Nikolaus-Rank-Str. 1, Kirchbichl, Tel. 08041 95 48, www.jaegerwirt-kirchbichl.de, Di, Mi, Fr–So 8–24 Uhr, Hauptgerichte ab 8 €. Für seinen Schweinebraten ist der Jägerwirt überregional bekannt,

für die Kalbshaxn (nur auf Vorbestellung) ebenso. Beste bayerische Küche in einem schönen, historischen Gasthof nördlich von Tölz.

Einkaufen

Alles Käse – **Tölzer Kasladen** 1: Rathausgasse 6, Mo–Fr 9–18, Sa 8.30–13 Uhr. Eine Riesenauswahl an Käsesorten aus aller Welt und natürlich köstliche Spezialitäten aus dem Tölzer Raum.

Feine Tracht – **Kleidermanufaktur Habsburg** 2: Marktstr. 2, Mo–Fr 9.30–18, Sa 9.30–16 Uhr. Hier wird Tracht mit feinsten Stoffen und eleganten Schnitten zelebriert.

Aktiv & Kreativ

Spaßbad – **Alpamare** 1: Ludwigstr. 14, Tel. 08041 50 99 99, tgl. 9.30–22 Uhr. Die »längsten Rutschen Europas«, Indoor-Surfanlage, Wellenbad, Jodsolebecken und vieles mehr.

Balancieren – **Kletterwald Blomberg** 2: Am Blomberg 1a, Tel. 08041 56 70, www.kletterwald-blomberg.de, Di–Fr 13–19, Sa/So 10–19 Uhr. Schwindelfreie finden Parcours verschiedener Schwierigkeitsgrade in luftigen 1200 m Höhe; zum Eingewöhnen kann man sein Geschick in ›nur‹ 2 m Höhe beweisen.

Skifahren und Boarden – **Blomberg** 3: westlich von Bad Tölz, Tel. 08041 37 26, www.blombergbahn.de. Abfahrten aller Schwierigkeitsgrade und ein Funpark für die Snowboarder sorgen für sportlichen Spaß im Schnee.

Abends & Nachts

Abtanzen – **Blu** 1: Am Moraltpark 1, www.disco-blu.de, Mi–Sa ab 22 Uhr. Zurzeit die angesagte Disco in Tölz.

Riesengaudi auf alten Heuschlitten – auf dem Gaißacher Schnablerrennen

Kultig-laut – **Papas Kesselhaus** 2: Krankenhausstr. 37, Tel. 08041 80 25 26, So–Do 10–1, Fr 10–3, Sa 19–3 Uhr. Die urige Szenekneipe und Kleinkunstbühne hat sich aus einem Integrationsprojekt der angrenzenden Psychiatrie entwickelt und zieht heute mit Livekonzerten und vielseitiger Küche von Bruschetta bis Curry auch Gäste aus der weiteren Umgebung an.

Infos & Termine

Tourist-Information: Max-Höfer-Platz 1, 83646 Bad Tölz, Tel. 08041 786 70, www.bad-toelz.de.

Bahn/Bus: Bahnhof an der Bahnhofstr. 8, Tel. 118 61, Züge nach München. RVO-Busse z. B. nach Lenggries, Dietramszell (www.rvo-bus.de).

Leonhardifahrt: 6. Nov. Farbenprächtiger Wallfahrtsritt zur Leonhardikapelle.

Gaißacher Schnablerrennen: 3. So im Jan. Auf den alten, früher zum Heutransport bestimmten Schnablern (Schlitten) rasen wagemutige junge Burschen eineinhalb Kilometer lang den Gerstlandhang bei Gaißach hinunter. Die Raserei endet meist mit einem weiten Luftsprung und schmerzenden Hintern – ein Riesenfetz!

Rund um Bad Tölz

Lenggries ▸ F 12

Der Nachbarort von Bad Tölz liegt 10 km südlich, ebenfalls an der Isar. Ein schöner Wander- bzw. Radweg führt an der ›Reißenden‹, so der keltische Name des Flusses, entlang. Unterwegs kommt man an den Isar-Pyramiden vorbei, die ein Künstler hier aus Kieselsteinen aufbaut. Allerdings wird diese Sisyphusarbeit regelmäßig von Isar-Hochwassern zerstört. Historisches liegt etwas verborgen in der Nähe der

Isarbrücke an der Kalkofenstraße: Einer der früher hier zahlreichen Kalköfen, in denen die Lenggrieser Isarkiesel zu Kalk brannten und diesen bis nach München und Wien verkauften. Zum Brennen brauchte man große Mengen Holz, das wurde im Isarwinkel geschlagen, bis ein Erlass Ende des 15. Jh. den rücksichtslosen Kahlschlag und das Kalkbrennen einschränkte.

Lenggries mit seinem hübschen Ortsbild ist vor allem eines: Ferienort für alle, die am **Brauneck** (1556 m) wandern oder Ski fahren möchten. Immerhin kommen so berühmte Skistars wie Hilde Gerg und Martina Ertl aus dem Ort. Seit 1957 führt die Kabinenbahn aufs Brauneck, von wo aus viele leichte, aber auch anspruchsvolle Wan-

Mein Tipp

Musikantenstammtisch

Der berühmte bayerische Volkssänger Kraudn Sepp hat regelmäßig im Gasthaus Zachschuster seine Zither herausgeholt und gespielt – seit 2008 tun es ihm nun die neuen Wirtsleut nach. Franz Eimer ist in der heutigen Volksmusikszene gut vernetzt und lädt seine Freunde jeden ersten Donnerstag im Monat zum Musikantenstammtisch, bei dem ausgiebig aufgespielt wird. Da im Zachschuster nicht nur die Musik, sondern auch bayerische Kochtraditionen wiederbelebt und aufgefrischt werden, lohnt sich ein Ausflug ins historische Gasthaus zwischen Bad Tölz und Lenggries auch aus kulinarischen Gründen (Gasthaus Zachschuster, Lenggrieser Str. 48, Gaißach-Untergries, Tel. 08041 92 11, Mi–Mo, Hauptgerichte um 9 €).

derungen möglich sind. Das Fremdenverkehrsamt gibt eine Broschüre mit den schönsten Wandertipps heraus. Im Winter locken Loipen und Lifte vor allem Tagesausflügler aus München in die herrliche Natur.

Aktiv & Kreativ

Wandern, Skifahren, Klettern – **Brauneck:** Tel. 08042 50 39 40, www.braun eck-bergbahn.de, Mai–Ende Okt. 8.20–17 Uhr, Winterbetrieb ab etwa Mitte Dez. Wanderwege, präparierte Pisten und Loipen sowie mehrere bewirtschaftete Hütten für den perfekten Freizeitspaß. Kletterer finden an den Felswänden neben der Talstation über 200 Routen.

Falkner sein – **Falkenhof Lenggries:** Gilgenhöfe 27b, Tel. 08042 97 85 08, www.vogeljakob.de, Ostern–Ende Okt. Di–So 9–18, Flugvorführungen 11 und 16, Winter Di–So 10–17, Flugvorführungen Do–So 11 Uhr. Eines der vielen Angebote hier ist, einen Tag als Falkner hinter die Kulissen schauen zu dürfen (ca. 120 €). Spannung verspricht das Skyhawking, bei dem man zusammen mit Greifvögeln und Gleitschirmen in der Thermik kreist (200 €).

Dietramszell ▶ F 11

Dietramszell, rund 15 km nordöstlich von Bad Tölz, überrascht mit ungemein lebhaftem Rokoko: Die ehemalige **Stiftskirche Mariä Himmelfahrt** wurde 1729 bis 1741 auf älterem Baubestand von Magnus Feichtmayr errichtet, von Johann Baptist Zimmermann freskiert und nach seinen Entwürfen stuckiert. Gold und Blau sind die tragenden Farben, in denen Altäre, Heiligenfiguren und Stuckranken am Weiß des Kirchenraums emporwachsen und in die

Deckenfresken züngelnd alle architektonischen Raumgrenzen sprengen. Meister ihres Fachs, neben den bereits genannten auch Philipp Rämpl und Hans Dengler aus Weilheim sowie Franz Xaver Schmädl, haben mit ihrer plastischen Kunst den gesamten Raum zum Schwingen gebracht. Und noch ein Grund spricht für den Abstecher nach Dietramszell: die Klosterschänke gleich nebenan.

Essen & Trinken

Gemütlich – **Klosterschänke:** Klosterplatz 2, Tel. 08027 90 45 00, Mi–Mo 10.30–1 Uhr, Hauptgerichte um 11 €. Im kleinen Biergarten oder in den urigen Gasträumen genießt man altbayerische Gerichte, die stets frisch zubereitet werden.

Kloster Benediktbeuern❗ ▶ E 12

Don-Bosco-Str. 1, Tel. 08857 880, www.kloster-benediktbeuern.de, Kirche, Kapelle, Teile des Klosters und Glashütte 9–17.30 Uhr frei zugänglich; Klosterführungen: Nov.–März Sa/So 14.30, April–Juni Di, Do 14.30, Sa/So 11, 14.30, Juli–Okt. tgl. 14.30, Sa/So auch 11 Uhr
Ein weiteres klösterliches Ausflugsziel liegt rund 17 km südwestlich von Bad Tölz entfernt, das altehrwürdige Benediktbeuern: Um 740 sollen die altbayerischen Adeligen der Huosi mit dem hl. Bonifatius dieses Stift vor der imposanten Kulisse der schroffen Benediktenwand (1801 m) gegründet haben. Karl der Große schenkte dem Kloster um 800 seine Reliquie, eine Speiche des Unterarms des hl. Benedikts, nach dem das Stift fortan benannt wurde. Ende des 17. Jh. erlebte das Kloster

seine höchste Blüte, Theologie und Philosophie wurden gelehrt, der barocke Neubau vorangetrieben. Nach der Säkularisierung geriet es in Besitz von Josef von Utzschneider, der Josef Fraunhofer seine optische Forschung ermöglichte. Seit 1930 unterhalten Don-Bosco-Salesianer das Kloster und die darin angesiedelte theologisch-philosophische Hochschule. Die **Pfarrkirche St. Benedikt** zeigt schweres, hochbarockes Dekor. Hans Georg Asam, Vater der beiden Asam-Brüder, malte die Deckenfresken nach italienischen Vorbildern, Haupt- und Seitenaltäre tragen üppigen Schmuck. Wie unterschiedlich Barock und Rokoko wirken, sieht man beim Besuch der **Anastasiakapelle** neben dem Nordturm: Sie ist ein Meisterwerk in jubilierendem Rokoko aus der Hand Johann Michael Fischers und anderer Wessobrunner Künstler. Auch das Kloster mit gotischem Kreuzgang sowie Fresken und Stuck von Vater und Sohn Zimmermann kann besichtigt werden. Nach so viel Kirchenkunst ein Ausflug in die Technik: Die **Frauenhofersche Glashütte** steht ebenfalls zur Besichtigung offen. Historische Dokumente und zwei Original-Schmelzöfen beleuchten die Forschungen des Physikers Josef Fraunhofer (1787–1826), der hier die ›Fraunhoferschen Linien‹ entdeckte. Sie führten zur Spektralanalyse und eröffneten einen neuen Einblick in das Wesen des Lichts.

Essen & Trinken

Biergarten – **Klosterbräustüberl Benediktbeuern:** Tel. 08857 94 07, tgl. 9–24 Uhr, Hauptgerichte um 10 €. Nach der Besichtigung verlocken Biergarten und historische Gaststube zu einer Rast beim Klosterherrentopf oder Kälberner Milzwurst.

Fronleichnam in Benediktbeuern: Selbst die kleinen Mädchen gehen im Festtagsputz

Benediktenwand ▶ F 12

Die Benediktenwand (1801 m) südlich des Klosters zu besteigen, erfordert gute Ausrüstung und Kondition. Rund fünf Stunden sind es vom Alpenwarmbad über die Tutzinger Hütte zum Gipfelkreuz. Wer es bequemer mag, nimmt bei Lenggries die Seilbahn hoch aufs Brauneck (1553 m) und wandert von dort in rund dreieinhalb Stunden auf dem gut markierten Höhenweg hinüber zur ›Benewand‹. Dabei kann man vielleicht einen der Steinböcke im Fels entdecken, die früher nahezu ausgerottet waren, heute aber wieder eine stabile Population auf der Benediktenwand bilden.

Jachenau ▶ F 12/13

S. Lieblingsort S. 206.

Kochel- und Walchensee ▶ E 12/13

Den schönsten Blick über die beiden Seen genießen Wanderer wie Seilbahnfahrer vom 1731 m hohen **Herzogstand:** Unten das blau schimmernde Wasser des 6 km^2 großen **Kochelsees,** den nach Norden zu das blaue Band der Loisach verlässt, um durchs Loisachmoos der Isar zuzustreben. Auf einer rund 200 m hohen Stufe darüber der von Wäldern umstandene **Walchensee,** mit 194 m der tiefste deutsche Alpensee, geheimnisvoll wie ein dunkel funkelndes Juwel. Als der Ingenieur Oskar von Miller die beiden Seen 1918 zum Standort eines Kraftwerks erwählte, sah er weniger die romantische Landschaft als die ideale Lage: Der Höhenunterschied zwischen Walchen- und Kochelsee konnte das benötigte Gefälle und den Wasserdruck zur Stromgewinnung liefern. Vom Wasserschloss am Walchensee führte er sechs Rohre auf die Turbinen des Kraftwerks am Kochelsee. Um den Wasserspiegel des Walchensees konstant zu halten, leitete man Wasser aus dem Rißbach und der Isar durch künstlich angelegte Stollen zu. 1924 war das **Kraftwerk** fertig und mit einer Leistung von 124 000 KW eines der größten weltweit. Nach umfassender Modernisierung erbringt es ein Vielfaches der ursprünglichen Leistung. Im **Infozentrum des Walchenseekraftwerks** (s. S. 208) werden Konstruktion und Funktionsweise des Kraftwerks anschaulich dargestellt.

Kochel am See ▶ E 12

Der lebhafte Ferienort am gleichnamigen unteren See ist bayerischen Patrioten als Heimat des ›Schmieds von Kochel‹ ein Schicksalsplatz. Von hier soll der legendäre Anführer des Bauernaufstandes gegen die österreichische Besatzung stammen, der mit seinen Mannen 1705 in der sogenannten Sendlinger Mordweihnacht den Tod fand. Die Oberländer Bauern, die München befreien wollten, wurden verraten und im Dorf Sendling niedergemacht. Ihrem Anführer Balthasar Mayer wird jener Schlachtruf zugeschrieben, der nun auch sein Denkmal in der Ortsmitte ziert: »Lieber bayerisch sterben als kaiserlich verderben!« Allerdings behaupten ganz unpatriotische Zungen, den Schmied hätt's nie gegeben. Kochel gedachte 2005 mit dem Schmied-von-Kochel-Festspiel des 300. Jahrestages der Mordweihnacht und ihrer Helden. Das »Historienspiel in zehn Bildern« stellt die schicksalhaften Ereignisse nach und wird alle 25 Jahre aufgeführt.

Franz Marc Museum
Herzogstandweg 43, Tel. 08851 71 14, www.franz-marc-museum.de, März–Mitte Jan. Di–So 14–18 Uhr
Wie seine Künstlerkollegen Gabriele Münter und Wassily Kandinsky im nahen Murnau fand der Maler Franz Marc in und um Kochel seine innere Heimat (s. auch S. 210). Immer wieder kam er zu Mal- und Studienaufenthalten an den See und 1914 ließ er sich ganz in Kochel nieder. Das Museum am nördlichen Ortsrand zeigt eine sehenswerte Sammlung von Grafiken und Gemälden des Künstlers. Im 2008 eröffneten Erweiterungsbau wird die Franz-Marc-Sammlung Werken aus der Sammlung Etta und Otto Stangl gegenübergestellt, die Künstler der ›Brücke‹ sowie der Nachkriegsgeneration umfasst.

Übernachten

Gediegen – **Seehotel Grauer Bär:** Mittenwalder Str. 82–86, Tel. 08851 925 00, www.grauer-baer.de, DZ ab 80 €. Das Traditionshotel liegt direkt am See und verwöhnt seine Gäste mit freundlich eingerichteten Zimmern, einem kleinen, aber feinen Wellnessbereich und einer Liegewiese am See.
Öko-Ferien – **Erharthof:** Kapellenweg 8, Tel. 08851 14 29, www.erharthof.de, Ferienwohnung ab 60 €. Bio-Bauernhof mit rustikal eingerichteten Ferienwohnungen, Streichelzoo, Ponys, eigenem Skilift und Loipe.

Essen & Trinken

Edel – **Zum Blauen Reiter:** Franz Marc Park 8, Tel. 08851 92 38 33, April–Okt. Di–So 10–18, sonst 10–17 Uhr, Hauptgerichte um 12 €. Das Restaurant-Café des Franz Marc Museums präsentiert

Lieblingsort

**Von der Sonne geküsst –
die Jachenau** ▶ F 12/13

Das westöstlich verlaufende Tal des
gleichnamigen Flüsschens südlich
von Bad Tölz gilt als eines der son-
nenreichsten Täler des Voralpenlandes. Nicht nur das: Trotz Fremdenverkehrs ist es noch sehr
ursprünglich; Alm- und Holzwirtschaft ergänzen den Ackerbau,
und viele traditionsreiche Bauernhäuser und Wegkreuze sind erhalten. St. Nikolaus, die Pfarrkirche
des Dorfes Jachenau, trägt ein
naiv-bäuerliches Rokokogewand,
und die Zimmer im Gasthof zur
Jachenau gleich nebenan sind so
urig-bayerisch eingerichtet, dass es
eine wahre Freud' ist (Dorf 81/2,
Jachenau, Tel. 08043 91 00, Mi–Mo
9–23 Uhr, Hauptgerichte um 9 €).

ambitionierte Küche mit Pfiff in hellen, kühl gestalteten Räumen und einem hübschen Garten.

Böhmisch – **Alpengasthof/Hotel Rabenkopf:** Kocheler Str. 23, Ried bei Kochel, Tel. 08857 208, www.rabenkopf. de, Fr–Mi 10–14.30, 17.30–22.30 Uhr, Hauptgerichte um 13 €. Nicht Altbayerisches, sondern Altböhmisches kommt in diesem schmucken Gasthof nördlich von Kochel auf den Teller. Es gibt Wirsingrouladen und böhmischen Bauernschweinebraten, dazu ein Budweiser!

Mexikanisch – **Cantina Kurtelix:** Bahnhofstr. 7, Tel. 08851 61 46 44, www.kantina-kurtelix.de, Mai–Okt. Di–So 16–3 Uhr, Gerichte um 6 €. Der Mexikaner im Zentrum ist der Jugendtreff schlechthin in Kochel.

Bäuerlich – **Bauerncafé zum Giggerer:** Kalmbachstr. 13, Tel. 08851 51 27, www.giggerer.de, Mo–Sa 12–19, So 9.30–22 Uhr, im Winter eingeschränkt, kleine Gerichte um 4 €. Der Giggerer macht die besten Kuchen in Kochel (und vermietet einige Gästezimmer).

Einkaufen

Dekorativ – **Kocheler Keramik:** Graseckstr. 47, Mo–Fr 9–18, Sa 9–12 Uhr, www. keramikshop.de. Handgefertigte, bäuerliche Keramik, schlicht und schön.

Aktiv & Kreativ

Badespaß – **Trimini:** Seeweg 2, Tel. 08851 53 00, www.trimini.de, Sommer tgl. 9–20, Winter 10–20 Uhr. Innen- und Außenbecken, Riesenrutschen, Wellnessbereich u.v.m. in einem der beliebtesten Spaßbäder des Voralpenlandes.

Kreativ – **Offenes Atelier im Franz Marc Museum:** s. S. 210, Sa/So 14–18 Uhr. Kinder ab 6 Jahren finden einen kreativen Zugang zu Marcs Werken.

Infos

Tourist-Info Kochel am See: Bahnhofstr. 23, 82431 Kochel am See, Tel. 08851 338, www.kochel.de.
Informationszentrum des Walchenseekraftwerks: Altjoch 21, 82431 Kochel, Tel. 08851 772 11, tgl. 9–17 Uhr.

Bahn/Bus: Bahnhof, Bahnhofstr., Tel. 118 61, fast stündlich Züge nach München. Busverbindungen nach Murnau, Bad Tölz, Garmisch-Partenkirchen, Tegernsee. Fahrpläne in der Tourist-Info oder unter www.rvo-bus.de.
Schiff: Motorschifffahrt Kochelsee, Kirchenweg 1, Tel. 088 51 416, www.motorschifffahrt-kochelsee.de. Mehrmals tgl. Rundfahrten.

Walchensee ▶ E 13

Zum Walchensee (803 m ü. N.N.) führt die bei Motorradfahrern sehr beliebte (am Wochenende für sie gesperrte) **Kesselbergstraße,** die auf 5 km die 200 m Höhenunterschied zwischen den beiden Seen in Serpentinen überwindet. Bereits 1492 wurde eine erste Verbindung angelegt, Goethe reiste auf ihr zweimal nach Italien, und heute wird die **Alte Kesselbergstraße** von Wanderern und Mountainbike-Fahrern genutzt. **Urfeld,** wo die Kesselbergstraße endet, war zwischen 1919 und 1925 Lebensmittelpunkt des Impressionisten Lovis Corinth, der hier seine berühmten Walchensee-Bilder malte. Wenige Kilometer weiter führt vom Dorf Walchensee die **Herzogstandbahn** auf den Aussichtsberg: Er verdankt seinen Namen zwei bayerischen Herzögen, die hier im 16. Jh. ihre Jagd hatten. Auch Märchenkönig Ludwig II. fand an dem Bergpanorama Gefallen und ließ ein Königshaus errichten, das 1990 abbrannte.

Walchensee-Ort

Der Ort Walchensee steht ganz im Zeichen von Sport und Freizeit: Vom Skizum Surfbrettverleih, von der Tauchschule zum Mountainbike-Trainingskurs ist hier für alle Geschmäcker und Bedürfnisse gesorgt. Natürlich gibt es auch Liegewiesen für Sonnenanbeter und kälteunempfindliche Wasserratten, denn selbst im Sommer steigt die Wassertemperatur selten über 20 °C. Wegen der besonderen Windverhältnisse tanzen fast immer bunte Surfsegel auf dem See. Die **Halbinsel Zwergern** südöstlich vom Ort ziert ein gotisches Kirchlein: **St. Margareth,** 1344 errichtet und im 17./18. Jh. barockisiert bzw. im Rokokostil erneuert. Das barocke **Klösterl St. Anna** nahebei dient als Jugendhaus.

Übernachten

Mit Seestrand – **Seehotel Zur Post:** Seestr. 52, Tel. 08858 92 91 61, www. hotelwalchensee.de, Wohnung für 2 Pers. um 60 €. Komfortable Ferienwohnungen direkt am See, Restaurant, beheizter Pool, Liegewiese.

Idyll am See – **Gästehaus Kiefersauer:** Altlach 59, Tel. 088 58 92 90 90, kiefers auer.altlach@t-online.de, Mindestaufenthalt 7 Tage, DZ ab 40 €. In dem denkmalgeschützten Bauernhaus hat bereits König Ludwig II. übernachtet. Es liegt direkt am See, hat einfache, bäuerlich eingerichtete Gästezimmer (Dusche/WC am Flur), einen eigenen Strand, Ruderbootverleih. Beliebter Anlaufpunkt für Angler.

Kommunikativ – **Camping Walchensee:** Lobisau, Tel./Fax 08858 92 91 68, www.camping-walchensee.de, Stellplatz 7 €, Erw. 6 €. Der komfortable Campingplatz auf Zwergern hat auch Stellplätze für Wohnmobile, einen Kinderspielplatz und direkten Seezugang.

Essen & Trinken

Bayerisch-entspannt – **Gasthof Einsiedl:** Einsiedl, Tel. 08858 90 10, Jan.–Okt. Mi–Mo, 10–22 Uhr, Hauptgerichte um 14 €. Im schattigen Biergarten kann man wunderbar den Tag vertrödeln und sich die frischen Renken aus dem See schmecken lassen.

Aktiv & Kreativ

Angeln – **Angelscheine:** Angelbedarf Edlinger, Seestr. 15, Tel. 088 58 422, Saison März–Sept.

Windsurfen – **Windsurfcenter:** Seestr. 10, Tel. 08858 261, Wetterinfos und Livecam unter www.bigday.de, Surfbrettverleih und -kurse. Die besten Plätze sind direkt gegenüber vom Windsurfcenter, bei Einsiedl und Urfeld.

Tauchen – **Tauchbasis Walchensee:** Einsiedl 1, Tel. 08858 381, www.tauchba sis-walchensee.de. Der fischreiche See mit seinen steilen Wänden ist ein interessantes Tauchrevier. Die Tauchbasis veranstaltet Exkursionen und Kurse.

Wandern – **Herzogstandbahn:** Am Tanneneck 6, Tel. 08858 236, www.herzog standbahn.de, Mo–Fr 9–17.15, Sa/So 9–17.45 Uhr. Allein der Ausblick nach Norden fast bis München, nach Süden in die Alpenketten bis hin zum Wilden Kaiser ist fantastisch. Von der Bergstation zahlreiche Wandermöglichkeiten. Eine der schönsten Gratwanderungen der bayerischen Alpen kann man, Trittsicherheit vorausgesetzt, zum Heimgarten (1790 m) unternehmen.

Infos

Tourist-Info Walchensee: Ringstr. 1, 82432 Walchensee, Tel. 08858 411, www.walchensee.de.

Auf Entdeckungstour

Auf den Spuren des Blauen Reiters ums Loisachmoor

Die Fahrradtour führt zu Museen, Wirkungsorten und Motiven einiger der bedeutendsten Maler des Expressionismus und, ganz nebenbei, durch idyllische Landschaft.

Reisekarte: ▶ D/E 10

Planung: Joachim W. Giessler/Fritz W. Schmidt, Radwanderkarte »Auf den Spuren des Blauen Reiters«, drei Routenvorschläge und ein 120-seitiges Büchlein mit Hintergrundinformationen, erhältlich bei den Touristeninformationen in Kochel und Murnau oder unter www.blauer-reiter.com. Die hier beschriebene Tour folgt der Route 3.

Zeit und Strecke: 1 Tag, 54 km; Kochel – Benediktbeuern – Sindelsdorf – Aidling – Staffelsee – Murnau – Ohlstadt – Großweil – Kochel

Ein stilles Moorgebiet um Kochel- und Staffelsee schrieb Anfang des 20. Jh. Kunstgeschichte: 1909 zog der Maler Franz Marc mit seiner Frau Maria nach Sindelsdorf bei Penzberg und erwarb fünf Jahre später ein Haus in Ried nahe Benediktbeuern. Ebenfalls 1909 ließen sich Gabriele Münter und Wassily Kandinsky im sogenannten Russenhaus in Murnau nieder, das bei den Einheimischen etwas despektierlich so hieß, weil hier neben Kandinsky auch andere russische Künstler verkehrten. 1911 wählte Heinrich Campendonk Sindelsdorf zum neuen Lebensmittelpunkt – und im gleichen Jahr beteiligten sich all diese Künstler an einer gemeinsamen Ausstellung in München. Ihr Titel: »Der Blaue Reiter«.

Friedhöfliche Stille

Die Tour startet mit einem Besuch auf dem **Kocheler Friedhof:** Franz und Maria Marc sind hier begraben. Er war 1916 vor Verdun gefallen und ein Jahr später hierher überführt worden; sie starb 40 Jahre später. Kandinsky hat dieser stille Ort 1909 zu einem Wintergemälde, »Friedhof und Pfarrhaus«, inspiriert, das heute im Münchner Lenbachhaus hängt. Der Eisenbahntrasse folgend radelt man nun rund 7 km am **Loisachmoor** entlang nach Norden bis **Ried,** wo die Marcs 1914 nach Jahren zur Miete ein eigenes Haus bezogen hatten. Franz Marc bannte im gleichen Jahr Schloss Ried, Paul Klee ein Jahr später den »Föhn im Marc'schen Garten« auf die Leinwand. Marianne Werefkin, die sicherlich Eigenwilligste der Gruppe, hatte bereits 1912 den Kalkofen von Ried als Motiv gewählt (neben dem Gasthof Rabenkopf, s. S. 208). Der wird übrigens bis heute einmal im Jahr befeuert, der gewonnene Kalk bei der Restaurierung von Kirchen und Klöstern verwendet.

Kunst vom Dachboden

8 km lang ist die nächste Etappe, vorbei am Kloster Benediktbeuern (s. S. 203) am Nordrand des Moores nach Westen radelnd, wobei die Loisach auf der Bundesstraße überquert werden muss. Irgendwo hier hatte Marc sein Motiv für die »Hocken im Schnee« gefunden, bunte Riedgrashaufen mit Schneekappen im nebligen Winterlicht. Wer mit offenen Augen unterwegs ist, kann im Moor seltene Vögel wie Eisvogel, großer Brachvogel und Krickente beobachten. Die im Mittelalter unüberwindbare Moorlandschaft diente dem Kloster Benediktbeuern als natürlicher Schutz. Heute sind Renaturierungsbemühungen im Gange, um dem Feuchtgebiet seine Ursprünglichkeit wiederzugeben.

In **Sindelsdorf** angekommen geht's dann auf Spurensuche: Im ersten Stock des Hauses Franz-Marc-Str. 1 wohnten die Marcs, auf dem Dachboden hatten sie ihr Atelier, in dem Marc 1911 das berühmte »Blaue Pferd« und 1912 seine im Garten gehaltenen Kitze als »Rote Rehe« malte. Auch andere Maler des Expressionismus wohnten zeitweilig in Sindelsdorf, so Heinrich Campendonk und Jean Bloé Niestlé.

Ein Dorf aus Künstlersicht

Die nächste Etappe gehört dem Naturgenuss: 18 km zunächst Richtung Habach nach Westen, dann ein Stück südwärts durch Wald und erneut westlich sind es nach **Riegsee,** dessen Kirche Wassily Kandinsky 1908 ebenso wie das Kirchlein des nächsten Ortes, **Froschhausen,** malte. Dann geht's nach **Murnau** hinein und zum Russenhaus, wo Gabriele Münter und Wassily Kandinsky lebten und arbeiteten (s. S. 169). Wie wäre es mit bayerisch-deftiger Kost im Griesbräu am Obermarkt (s. S. 170)? Hier wohnten Münter und

Kandinsky bei ihrem ersten Murnau-Aufenthalt. 1908 malte Kandinsky den »Obermarkt mit Gebirge«, 1909 ließ Gabriele Münter das Haus Obermarkt 45 hinter winterlichen Zweigen als »Das Gelbe Haus« strahlend leuchten. Zu diesen und vielen weiteren Motiven mit Abbildungen der dazugehörigen Gemälde führt die Broschüre »Kunstspaziergang durch Murnau«, die bei der Touristeninformation erhältlich ist.

21 km ist die letzte Etappe lang; sie führt nach Süden über **Ohlstadt** und dann nordostwärts bis **Großweil** wieder an den Rand des Loisachmoors. Auch Gabriele Münter wird hier wohl geradelt sein, denn von dieser Strecke erzählt das Gemälde »Gerade Straße mit weißem Haus« (1910), das sich in einer privaten Sammlung befindet und nicht öffentlich zu sehen ist. Wenn

noch Zeit ist, lohnt ein Abstecher ins **Freilichtmuseum Glentleiten** (s. S. 171), bevor die Radtour an der Loisach entlang bis kurz vor Schlehdorf und dann nach Osten biegend nach **Kochel** zurückführt. Den Abschluss bildet das **Franz Marc Museum** (s. S. 205), bestehend aus einer Villa der vorletzten Jahrhundertwende und dem zeitgenössischen Kubus des eigentlichen Museums, den das Zürcher Architektenbüro Diethelm & Spillmann entworfen hat. Man könnte diese Kombination als Stein gewordenes Sinnbild des künstlerischen Anspruchs interpretieren, der die Künstlervereinigung Blauer Reiter antrieb: Aus den Konventionen des 19. Jh. auszubrechen, dabei an traditionellen Motiven festzuhalten und sie wieder neu zu interpretieren.

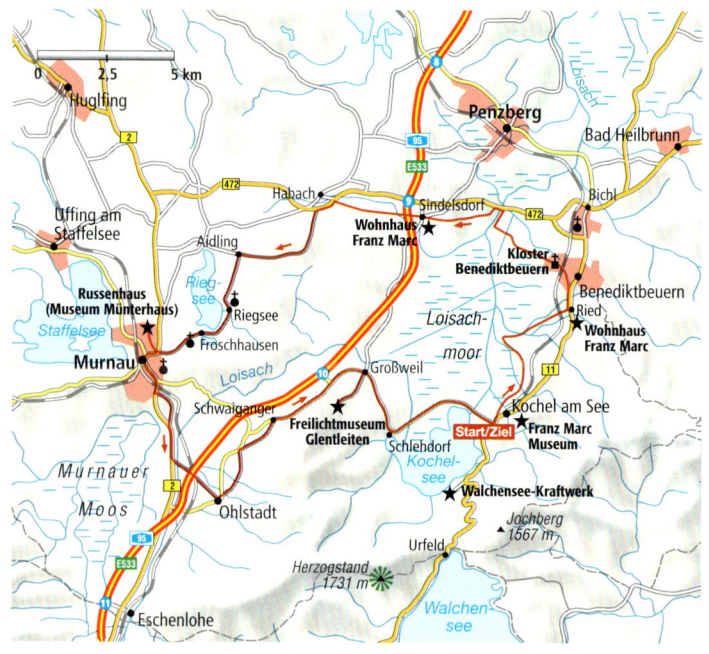

Sylvenstein und Rißtal ▶ F 13/14

Mein Tipp

Tyrolian Summer

Mehreren tausend teils über 300 Jahre alten Bergahornbäumen verdankt der Große Ahornboden seinen Namen. Wenn sich deren Blätter im September golden färben, scheint das ganze Tal zu leuchten. Die Laubfärbung zieht natürlich Scharen von Besuchern an, aber wochentags ist man meist allein mit dem wunderbaren Panorama des goldenen Laubes vor den schroffen Felswänden des Karwendels.

Südöstlich des Walchensees und entweder über die Jachenau (s. S. 206) oder über Wallgau und die mautpflichtige Straße nach Vorderriß erreichbar, schmiegt sich der **Sylvensteinstausee** zwischen bewaldete Berghänge. Rund 80 Mio. m³ Wasser von Isar, Dürrach und Walchen werden seit 1959 im Sylvensteinspeicher gestaut und zur Energieversorgung genutzt. Diese ist allerdings nur Nebeneffekt, denn Hauptgrund für den Bau war der Schutz der Orte im nördlichen Isartal, also auch Münchens, vor den gefürchteten Isar-Hochwassern. Beim Bau nutzte man einen natürlichen Engpass im Isartal, den Sylvenstein. Als die Senke geflutet wurde, verschwanden nicht nur Wiesen und Wälder unter den Wassermassen, sondern auch das Dorf **Fall,** berühmt durch Ludwig Ganghofers Roman »Der Jäger von Fall«. Bei Niedrigwasser lugt noch der Kirchturm aus dem See. Die Talsperre ist 180 m lang, ihre Krone 44 m hoch. Der aufgestaute See hat bei mittlerer Wasserhöhe (27 m) eine Fläche von knapp 4 km²; bei Hochwasser sind es 6,6 km². 5 Mio. KW Strom wurden vom alten Kraftwerk im Jahresmittel produziert; das 2000 in Betrieb genommene Kraftwerk, hat die vierfache Leistung. Was die dürren Zahlen nicht sagen: Der Sylvensteinsee fügt sich nahezu natürlich mit seinen fjordartigen Armen in die Alpenlandschaft, als sei auch er wie die anderen Seen das Ergebnis der letzten Eiszeit. Deshalb ist er auch so ein beliebtes Sommerausflugsziel für Wassersportler und Angler.

In **Vorderriß** an seinem westlichen Ende verlebte der bayerische Schriftsteller Ludwig Thoma (1867–1921) seine Kindheit. Hier lädt die Traditionswirtschaft Gasthaus Post mit Wildspezialitäten zum Schlemmen (s. u.). Das hier beginnende **Rißtal** gilt als eines der schönsten Täler der Alpen: Über Hinterriß führt es weit nach Südosten und nach Tirol hinein, links und rechts umgeben von den schroffen Felswänden des Karwendelgebirges. Es endet nach dem **Großen Ahornboden** in der Eng, wo sich von den Eng-Almen aus leichte bis anspruchsvolle Wanderungen in den Naturpark Karwendel unternehmen lassen. Im Winter kann man im Rißtal wunderbar langlaufen.

Essen & Trinken

Delikat – **Gasthaus Post Vorderriß:** Tel. 08045 277, www.post-vorderriss.de, Fr–Mi 8–22 Uhr, Hauptgerichte um 12 €. Hirschkeule mit Pfifferlingen ist nur eine der vielen Köstlichkeiten, die Sportlern wie auch bayerischem Adel schmecken. Mit schönem Biergarten.

An Tegernsee und Schliersee

Zwei ungleiche Brüder sind die beiden Seen südlich der Kreisstadt Miesbach: Mondän, schick und rundum fast komplett zugebaut der Tegernsee, bäuerlicher und ursprünglicher der Schliersee im Osten. Und weil sie beide so nahe beieinander liegen, kann der Gast sich je nach Lust und Laune Trubel oder Ruhe gönnen.

Infobox

Reisekarte: ▶ G/H 11/12

Infos
Alpenregion Tegernsee-Schliersee: Tegernseer Str. 20a, 83734 Hausham, Tel. 08026 92 07 00, www.tegernsee-schliersee.de.

Verkehr
Mit der **Bayerischen Oberlandbahn** von München nach Schliersee/Bayerischzell und Gmund/Tegernsee.

Tegernsee ▶ G 11/12

Angefangen hat die Siedlungsgeschichte des Sees mit einer Benediktinerabtei, die von den Huosi-Herzögen bereits 746 im heutigen Ort Tegernsee gegründet wurde und nach der Säkularisation eine Umwidmung zum königlichen Schloss erfuhr. Damit begann die touristische Entwicklung des Tegernsees. Den Hoheiten folgte der Adel, und später kamen Literaten und Maler. Der bayerische Volksschriftsteller Ludwig Thoma bezog ein Haus über Tegernsee, der norwegische Zeichner und Maler Olaf Gulbransson lebte im Ort, ebenso wie der Heimatdichter Ludwig Ganghofer, der Opernsänger Leo Slezak und viele andere. Noch heute ist der Tegernsee eines der meistbesuchten Reiseziele in Oberbayern – mit einer bemerkenswerten Zahl luxuriösester Hotels.

Tegernsee-Ort ▶ G 12

Historische Attraktion im Hauptort Tegernsee ist das ehemalige **Kloster** und klassizistisch überformte **Wittelsbacherschloss,** das heute von einem Gymnasium und der Tegernseer Brauerei genutzt wird. Die Gebäude wurden im 17./18. Jh. dem barocken Bauideal entsprechend verändert; beteiligt war u. a. der Wessobrunner Johann Schmuzer. Den grundlegenden Umbau nach der Säkularisation 1803 veranlasste Leo von Klenze mit klassizistischen Linien. Sichtbar sind die aufeinander folgenden Bauphasen in der **Pfarrkirche St. Quirinus:** Aus der romanischen Basilika stammen noch die Turmfundamente, im Innern umhüllt schwerer italienischer Stuck die Fresken von Hans Georg Asam (Ende 17. Jh.), die Kirchenfassade wendet ihr von Klenze gestaltetes klassizistisches Gesicht dem See zu. Auf eine lange Tradition kann auch das Herzögliche Bräustüberl zurückblicken, das gleich neben der Kirche im Kloster residiert: Bereits seit 300 Jahren wird darin Bier ausgeschenkt. Im Kurgarten zeigt das **Olaf-Gulbransson-Museum** Zeichnungen und Gemälde des Künstlers (Tel. 08022 33 38, www.olaf-gulbransson-museum.de, Di–So 10–17 Uhr). Olaf Gulbransson (1873–1958) arbeitete zusammen mit Ludwig Thoma beim »Simplicissimus« und illustrierte mit seinem unverwech-

Still ruht der Tegernsee ...

selbaren Stil Thomas »Lausbubenge-schichten«. Auch das **Ludwig-Thoma-Haus** steht zur Besichtigung, allerdings nur nach Voranmeldung (Auf der Tuften 12, Tel. 08022 53 82). Für das überaus beliebte Tegernseer Volkstheater schrieb Ludwig Thoma mehrere Stücke.

Rottach-Egern ▶ G 12

Rottach-Egern weiter südlich ist der mondäne Treff am See, bewacht vom Tegernseer Hausberg, dem **Wallberg** (1722 m): Hotel reiht sich entlang der Seepromenade an Hotel, Cafés und Restaurants locken mit frischem Saibling, Baumkuchen und Champagner, und natürlich kann keine Modefirma, die auf sich hält, auf eine Filiale in Rottach verzichten. Etwas abseits überrascht die im 15. Jh. errichtete **Pfarrkirche St. Laurentius** im Ortsteil Egern mit einem fast bäuerlich wirkenden Stuckdekor und einem Altarbild des Kirchenpatrons von Hans Georg Asam. Auf dem Friedhof ruhen Ludwig

Thoma, Olaf Gulbransson, Ludwig Ganghofer und Leo Slezak. Etwas außerhalb zeigt das **Kutschen-, Wagen- und Schlittenmuseum** betagte und altehrwürdige Transport- und Fahrgeräte (Feldstr. 16, Tel. 08022 70 44 38, Mai–Okt., Mitte Dez.–Febr. Di–So 14–17, sonst nur Sa/So 14–17 Uhr).

Bad Wiessee ▶ G 12

Einen Katzensprung weiter am See entlang nach Norden ist das Kurbad Bad Wiessee stolz auf seine heilsamen Jod-/Schwefelquellen und sein **Casino.** Seit Ende des 19. Jh. werden hier Rheuma, Herz- und Hauterkrankungen geheilt, seit 1957 gibt es eine Spielbank, seit 2005 ein futuristisches Casino.

Gmund ▶ G 11

Gmund schließlich breitet sich am nördlichen Ende des Tegernsees aus und ist dessen ländlichste Gemeinde. Dazu passt, dass sich hier, im Ortsteil

Lieblingsort

Sundowner in der SASSA Bar

▶ G 12

Früher hatte sie einen etwas zweifelhaften Ruf, die SASSA Bar vom
Leeberghof. Während unten im Tal
rund um den Tegernsee die Lichter
erloschen, ging's auf der Anhöhe
hoch her. Ganz so schillernd ist die
auf dem Hang thronende Bar nach
ihrer eigenen Renovierung und der
des 150 Jahre alten Hofes nicht
mehr. Schick und modern ist sie
geworden, wie der Leeberghof,
dessen historische Fassade das stil-
volle Designambiente im Innern
gar nicht vermuten lässt. Gleich
geblieben ist der vor allem in der
Abenddämmerung konkurrenzlos
schöne Blick über den Tegernsee
(SASSA Bar im Leeberghof, Ellin-
gerstr. 10, Tegernsee, Tel. 08022
18 80 90, www.leeberghof.de,
Di–So 18 Uhr bis open end).

Gasse, einer der schönsten und ältesten Bauernhöfe des Tegernseer Tals befindet, der **Unterbartenhauser** (Gasse 6). Es ist ein stolzer Einfirsthof mit Holzaufbau und ›Katzenlaube‹, einer schattigen Altane unter dem Dachfirst. Von innen besichtigen kann man den 220 Jahre alten Hof leider nicht.

Übernachten

Design-Landhaus – **Hotel Bayern:** Neureutherstr. 23, Tegernsee, Tel. 08022 18 20, www.hotel-bayern.de, DZ ab 160 €. Rund um das hundertjährige Sengerschloss gruppieren sich die Gästehäuser dieses neuen, modern ausgestatteten Hotels mit Spa in Panoramalage.

Alpiner Charme – **Hotel Garni Fischerweber:** Überfahrtstr. 1, Rottach-Egern, Tel. 08022 920 40, www.fischerweber.de, DZ ab 90 €. Das Haus im alpenländischen Stil liegt direkt am See und bietet komfortable Zimmer und Appartements.

Rustikal – **Lieberhof:** Neureuthstr. 52, Tegernsee, Tel. 08022 41 63, www.lieberhof.de, DZ ab 75 €. Der sympathische Gasthof in Panoramalage über Tegernsee hat einige freundliche, bayerisch eingerichtete Gästezimmer.

Essen & Trinken

Kulinarisches Elysium – **Überfahrt:** Überfahrtstr. 10, Rottach-Egern, Tel. 08022 669 25 50, www.gourmetrestaurant-ueberfahrt.com, Mi–So 12–14, 19–23 Uhr, Hauptgerichte um 50 €. Die neue und frenetisch gefeierte Feinschmeckeradresse am See! In elegant-modernem Ambiente kreiert der Heinz-Winkler-Schüler Christian Jürgens internationale Küche mit Ausflügen ins Asiatische, aber auch ins Bayerische.

Kulinarisches Panorama – **Freihaus Brenner:** Freihaus 4, Bad Wiessee, Tel. 08022 820 04, tgl. 12–14, 18.30–22 Uhr, Hauptgerichte um 18 €. Zum Panoramablick aus luftiger Höhe über Gmund wird auch hier feine regionale Küche mit viel Wild wie Fasan und Rebhuhn aufgetischt.

Kulinarisches Bayern – **Bräustüberl:** Schlossplatz 1, Tegernsee, Tel. 08022 41 41, tgl. 9–23.30 Uhr, Hauptgerichte um 13 €. In den gemütlichen Gewölben oder draußen im Biergarten wird bodenständig-bayerische Küche serviert, allem voran Schweinebraten.

Einkaufen

Süße Versuchung – **Confiserie Hagn:** Kalkofen 3, Rottach-Egern, Tel. 08022 51 03, Fr–Mo 12–18 Uhr, www.confiserie-hagn.de. In der urigen Enzianhütte gibt's köstliche Schokoladen und Pralinés vom Tegernsee, darunter die weißblaue Bierbrandpraline.

Fürs Dirndl – **Fanny Probst:** Nördliche Hauptstr. 24, Rottach-Egern, Mo–Do 8–12, 13–17, Fr –16 Uhr. Rottach-Egern ist berühmt für seine Trachtenschneider und Fanny Probsts Maßatelier gilt als eines der besten.

Edles Papier – **Büttenpapierfabrik Gmund:** Mangfallstr. 5, Gmund, Di–Fr 9.30–18.30, Sa 9.30–13.30 Uhr, www.gmund.com. Fabrikverkauf feinsten Papiers.

Scharfe Sachen – **Liedschreiber:** Schafstatt, Gmund, Tel. 08022 754 12, www.liedschreiber.com. Selbst gebrannte Obstschnäpse und Liköre, Führung/Verkostung (5 €) Fr 15 Uhr.

Aktiv & Kreativ

Schweben – **Paragliding Tegernsee:** Tegernseer Str. 88, Rottach-Reitrain, Tel.

08022 25 56, www.paragliding-tegern
see.de. Hier kann man den Sport selbst
erlernen oder bei einem Profi im Tandem mitfliegen.

Segeln – Sailingcenter: Seestr. 10,
Gmund, Tel. 08022 70 48 15, www.sai
lingcenter.de. Segelkurse und Segler-
shop von netten, hochprofessionellen
Segellehrern.

Saunen – monte mare Seesauna:
Hauptstr. 63, Tegernsee, Tel. 08022 187
47 70, www.monte-mare.de, tgl. 10–
23, Fr/Sa bis 24 Uhr. Das Saunaschiff,
das zwar am Ufer vertäut bleibt, in
dem man aber mit Seepanorama saunen kann, ist die Attraktion der ansonsten an attraktiven Angeboten
nicht armen modernen Anlage am See.

Golf – Golf Center Bad Wiessee: Roh-
bognerhof, Tel. 08022 87 69, www.
tegernsee-golf-club.de, 18-Loch, Par
70). Insgesamt acht Greens liegen in
der Nähe des Sees; Infos unter www.
golf-tegernseer-tal.de.

Abends & Nachts

*Bauerntheater – Das **Tegernseer Volkstheater** in Tegernsee und die **Ludwig-
Thoma-Bühne** in Rottach-Egern sind
beliebte Volksbühnen, die bevorzugt
Thoma und Ganghofer aufführen. Programm bei der jeweiligen Tourist-Information.

Schick und modern – SASSA Bar: s.
S. 220.

Infos

Alle **Infostellen** vermitteln Gästezimmer und Appartements:
83684 Tegernsee: Hauptstr. 2, Tel.
08022 18 01 40, www.tegernsee.de.
83700 Rottach-Egern: Nördliche
Hauptstr. 9, Tel. 08022 67 13 41, www.
rottach-egern.de.

83707 Bad Wiessee: Adrian-Stoop-Str.
20, Tel. 08022 860 30, www.bad-wies
see.de.
83703 Gmund: Kirchenweg 6, Tel.
08022 75 05 27, www.gmund.de.

Bahn/Bus: Bahnhof, Bahnhofsplatz,
Tegernsee, Tel. 118 61, Zugverbindung
nach Miesbach und München. RVO-
Busse verbinden die Orte im Tegernseer Tal miteinander; Fahrplaninfor-
mationen bei den Tourist-Infos oder
unter www.rvo-bus.de.
Schiff: Bayerische Seenschifffahrt,
Fahrplaninfo: Tel. 08022 933 11, www.
bayerische-seenschifffahrt.de. Die große Rundfahrt mit Aus- und Zustiegs-
möglichkeiten in Tegernsee, Rottach-
Egern, Bad Wiessee und Gmund dauert
90 Min.

Südlich vom Tegernsee ▶ G 12

Wallberg ▶ G 12

Auf den Wallberg schwebt von Rottach-Egern eine Gondelbahn zur
1620 m hoch gelegenen Bergstation,
von der aus man schöne Wanderungen, z. B. zum benachbarten **Risserko-
gel,** unternehmen kann. Bis auf rund
1000 m Höhe führt die mäandernde,
aussichtsreiche Wallberg-Straße zur
Moosalm, von der es dann rund eine
Stunde zum Gipfel weitergeht. Im
Winter ist die 6,5 km lange Rodelbahn
vom Wallberg ins Tal beliebt.

Die Berge zwischen Wallberg und
dem Wendelstein (s. S. 225) sind Lebensraum der Steinadler, die in Oberbayern fast ausgerottet waren. Die Tegernseer Touristeninformation verteilt
eine Broschüre zum Steinadlerschutz
mit **Wanderrouten zur Adlerbeobach-
tung** (www.steinadler-info.de).

Auf Entdeckungstour

Besuch bei Säcklern, Federkiel-stickern und Hutmachern

Obwohl die Region um den Tegern-see zu den touristischsten Ecken Oberbayerns zählt, gibt es hier noch erstaunlich viele Menschen, die tradi-tionelle Handwerksberufe ausüben. Vor allem rund um die Tracht werden Techniken und Wissen von Genera-tion zu Generation weitergegeben.

Reisekarte: ▶ G/H 11/12, E 12

Planung: Die meisten Läden sind über Mittag geschlossen. In der Hofsattle-rei Karl Stecher sollte man sich telefo-nisch anmelden, Tel. 08022 72 43.

Zeit: 2–3 Std.

Die Bewahrung historischer Handwerksberufe hat viel mit der Renaissance der Tracht zu tun. Allerdings nicht mit der Wiederbelebung traditioneller Kleidung in Gestalt neumodischer Wiesn-Tracht, wie man sie jedes Jahr vor allem an jüngeren Oktoberfestbesuchern sieht, sondern vielmehr mit der Rückbesinnung auf historisches Brauchtum und Kleidung. Die manifestiert sich in der Wertschätzung überlieferter Materialien, Schnitte und Accessoires.

Für gstand'ne Mannsbilder

Friederike Heil ist Säcklermeisterin, das heißt, sie und ihre Angestellten nähen Lederhosen in Handarbeit. In ihrem Trachtengeschäft in Hausham zwischen Tegern- und Schliersee hat Frau Heil natürlich auch Lederhosen aus der »Fabrik« zum Verkauf. Denn in einer Handgefertigten stecken zwischen 30 und 50 Stunden Arbeit, bis jedes Detail stimmt. Ob sie denn überhaupt Kunden hat für die nach Maß gefertigten Einzelstücke, die bis zu 500 € teuer sein können? Frau Heil kann da nur milde lächeln. Das Interesse ist groß und die Wartezeit für eine solche Krachlederne beträgt bis zu einem halben Jahr. Immerhin ist eine Lederhose ein Stück fürs Leben und wird umso schöner, je älter sie ist. Gut verarbeitete Stücke halten 20 Jahre und mehr (Lederhosenschneiderei Lichtenauer-Heil, Schlierseestr. 4, Hausham, Tel. 08026 88 09, Mo–Fr 8–12, 14–18, Sa 9–13 Uhr).

Weich- und Schönmacher

Das Warten fängt schon mit dem Leder an: Etwa drei Monate wird Hirschhaut in der Gerberei mit Kalkmilch und Fischtran bearbeitet, bis sie sich in Sämischleder, also nicht mit Gerbstoffen behandeltes Leder, verwandelt. Traditionell arbeitende Gerbereien gibt's in Oberbayern nur noch im Chiemgau und bei Wasserburg. Dann wird nach den Maßen zugeschnitten und auf einer robusten Nähmaschine genäht. Nun geht die Arbeit erst richtig los: Mit einer angespitzten Gänsefeder und Gummi Arabicum zeichnet die Säcklerin das gewünschte Muster auf, meist Eichenlaub oder anderes Blattwerk. Stich für Stich wird die Vorlage dann von Hand ausgeführt. Handarbeit sind bei einem solchen Stück auch die Knöpfe, die ein Miesbacher Knopfschnitzer nach Vorlagen aus Hirschhorn fertigt. Sein hoch spezialisiertes Handwerk betreibt der Knopfschnitzer inzwischen mehr als Hobby denn als Haupterwerb und beliefert damit nur einige ausgewählte Betriebe.

Vom Pfauen- zum Hosenschmuck

Ohne Hosenträger keine Lederhose: Die kommen vom Sattler und sollten als bestes und wertvollstes Stück der Tracht in Federkielstickerei bestickt sein. Karl Stecher aus Gmund hat den Beruf des Sattlers von seinem Vater gelernt und übt ihn in der sechsten Generation aus. Seit 1834 werden in dem Handwerksbetrieb Gürtel, Hosenträger, Ledertaschen, Gewehrriemen und Pferdegeschirr angefertigt. Und zum Teil mit den aufwendigsten Stickereien geschmückt, die man sich vorstellen kann. Für die Federkielstickerei werden Pfauenfedern verwendet. Jede einzelne Feder muss Karl Stecher von Hand mit Messer oder Rasierklinge spalten, bis sie so fein ist, dass sie durch die Sticknadel passt. Stich für Stich entstehen auf Ranzen, Trägern oder Taschen wahre Bilder mit Blumen, Ranken und Ornamenten. Wer bei Karl Stecher etwas in Auftrag geben möchte, sollte sich telefonisch anmelden (Hofsattlerei Karl Stecher, Münchner Str. 27, Gmund, Tel. 08022 72 43).

Hut ab

Keine Tracht ohne Hut – das gilt für die Dirndl ebenso wie für die Lederhose. Hutmacher Martin Wiesner aus Weissach bei Kreuth ist Mitte 20 und erstaunlich jung für einen solchen Traditionsberuf – die meisten seiner Altersgenossen hätten sich wohl für eine weniger beschwerliche Existenz entschieden. Grün, grau oder braun sei der traditionelle Tegernseer Trachtenhut und je nach Geschmack mit Feder oder Gamsbart geschmückt. Von der endgültigen Form ist an den Stumpen, den Filzrohlingen in seiner Werkstatt, noch nichts zu sehen. Die müssen zuerst eingeweicht, mit Dampf behandelt, in Form gezogen, getrocknet, gebürstet und gefettet werden, bevor sie mit Schweißband und Kordel ihren letzten Schliff erhalten (Hutmacher Martin Wiesner, Tegernseer Str. 69, Weissach, Kreuth, Tel. 08022 67 38 24, Mi–Fr 9–12, 14–18, Sa 9–13 Uhr).

Pfoad und Loferl

Wie Trachten der jeweiligen Regionen aussehen und wo Handwerksbetriebe noch traditionell arbeiten, das erfährt man im Trachten-Informationszentrum im Kloster Benediktbeuern. Über 4000 Original-Kleidungsstücke hat das Zentrum im Lauf der Jahre gesammelt und eine umfangreiche Bibliothek angelegt. Interessierte Laien können Kurse im Trachtenschneidern belegen und lernen dabei, dass ein *Pfoad* ein Trachtenhemd ist und *Loferl* – Wadenstrümpfe – immer ohne Socken getragen werden. Unter der Rubrik ›Glücksfunde‹ gibt's im Internet traditionellen Vorbildern nachempfundene Kleidungsstücke wie die blaue Arbeitsschürze Schaber zu kaufen (Trachten-Informationszentrum, Kloster Benediktbeuern, Michael-Ötschmann-Weg 2, Tel. 08857 888 33, Do 9–16 Uhr oder nach telefonischer Absprache, www.trachten-informationszentrum.de).

Mannesschmuck: Loferl und Krachlederne

Wildbad Kreuth und Kreuth ▶ G 12

Das ehemalige Thermalbad **Wildbad Kreuth** (7 km südlich von Rottach-Egern) war früher berühmt für seine illustren Gäste von europäischen Adelshöfen. Heute beherbergen die im 19. Jh. errichteten Kurhäuser die Hanns-Seidl-Stiftung. Um den 6. Januar (Heilige-Drei-Könige) sind sie Kulisse für den medienwirksamen Politikerauftrieb zur Klausurtagung der CSU.

Im wenige Kilometer nördlich gelegenen **Kreuth** ist die **Pfarrkirche St. Leonhard** eine gotische Rarität im barocken Bayern. Auf ihrem Friedhof hat der berühmte Volksmusiker Kiem Pauli (s. S. 73) seine letzte Ruhe gefunden.

Essen & Trinken

Tradition – **Gasthof Altes Bad:** neben der Hanns-Seidl-Stiftung, Wildbad Kreuth, Tel. 08029 304, Di–So, im Winter Mi–So 11.30–23 Uhr, Hauptgerichte um 11 €. Die deftig-bayerische Küche und der schöne Biergarten locken an Wochenenden Scharen von Ausflüglern ins historische Wirtshaus.

Einkaufen

Käse und Buttermilch – **Käse-Alm:** Prinzenruhweg 10, Kreuth, Mo–Fr 9–12.30, 14–17, Sa 9–12 Uhr. Köstlicher Käse und Bauernbrot, dazu ein Glas frische Buttermilch.

Schliersee ▶ H 11/12

Auch der Schliersee prunkt mit einer reizvoll einrahmenden Bergkulisse und der mächtigen **Rotwand** (1884 m) im Süden. Besiedelt sind nur das Nord- und Ostufer des rund 3 km langen Sees.

Schliersee-Ort ▶ H 11/12

Im Ort Schliersee scharen sich alte Höfe und moderne, im alpinen Stil erbaute Hotel- und Ferienhäuser um das **Strandbad** und die **Kirche St. Sixtus.** Das Gotteshaus aus dem 14. Jh. ist stolz auf eine Schutzmantelmadonna von Jan Polack und den berühmten Gnadenstuhl von Erasmus Grasser, eine Darstellung der Dreifaltigkeit, Gottvater mit der Taube, seinen toten Sohn im Arm haltend (um 1480). Die Geschichte von **St. Martin** im Ortsteil **Westenhofen** reicht bis ins 8. Jh. und auf die erste Klostergründung an diesem Ort zurück. Der im 18. Jh. neu errichtete Bau besitzt im Innern noch einige spätgotische Fresken. Besucht wird die Kirche bzw. ihr **Friedhof** aber vor allem wegen eines Grabes: Hier ruht der legendäre Wildschütz Jennerwein, der von der Obrigkeit gejagt und 1877 hinterrücks auf dem Peißenberg erschossen wurde. Ein paar Kilometer nach Süden steht in **Fischhausen** das barocke **Wallfahrtskirchlein St. Leonhard** (1670), an dem sich die Schlierseer zur Leonhardifahrt versammeln.

Das altbayrische Dorf

Brunnbichl 5, Tel. 08026 92 92 20, www.wasmeier.de, April–Leonhardifahrt (um den 6. Nov.) Di–So 9–17 Uhr Der Ex-Skistar und gebürtige Schlierseer Wasmeier hat am südlichen Ufer des Schliersees das Markus Wasmeier Bauernhof- und Wintersportmuseum gegründet und es ›Das altbayrische Dorf‹ genannt. Mehrere denkmalgeschützte Höfe präsentieren bayerisches Leben von früher mit Schmiede, Brennerei, Klostergarten und originalgetreu eingerichteten Stuben.

Übernachten

In und um Schliersee werden vor allem Ferienwohnungen vermietet. Bei der Gäste-Information gibt es ausführliches Infomaterial.

Gutbürgerlich – **Stöger:** Maxlrainer Weg 3, Schliersee-Fischhausen, Tel./Fax 08026 66 13, www.stoeger-schliersee. de, DZ ab 58 €, FeWo für 2 Pers. um 55 €. Ruhig am Südufer gelegen, Bootsverleih, Liegewiese, freundlich eingerichtete Gästezimmer und -wohnungen.

Essen & Trinken

Gehoben-bayerisch – **Hofhaus am See:** Mesnergasse 2, Schliersee, Tel. 08026 944 99, tgl. 11–21 Uhr, Hauptgerichte ab 15 €. Qualitätsvolle regionale Küche, schöne Seeterrasse. Spezialitäten sind u.a. Gebirgsbachforellen.

Ente und Panorama – **Stögeralm:** Stögeralm 1, Tel. 08026 21 73, Do–Mo 10–21 Uhr, Hauptgerichte um 13 €. Gegrillte Ente ist die Spezialität der rustikalen Almwirtschaft mit herrlichem Blick über den Schliersee.

Aktiv & Kreativ

MTB und Fahrrad – **Radwandern:** In der Schlierseer Region gibt's Touren für jeden Geschmack. Über 50 Vorschläge mit mehr als 1000 km Gesamtlänge lassen sich unter www.tegernsee-schliersee.de downloaden (Sport-Freizeit anklicken und auf den Tourenplaner gehen).

Auf die sanfte Tour – **Förster Liesl:** Tel. 0170 324 71 64, www.foersterliesl.de. Katharina Brändlein macht zu jeder Jahreszeit das Ökosystem Wald erlebbar: im Sommer und Herbst bei ausgedehnten Wanderungen durch die Natur, im Winter und Frühjahr bei Schneeschuhtouren.

Infos & Termine

Gäste-Information Schliersee: Bahnhofstr. 11a, 83727 Schliersee, Tel. 08026 606 50, www.schliersee.de.

Bahn/Bus: Bahnhof, Bahnhofstr. 10, Tel. 118 61, Züge nach München halbstdl. RVO-Busse verbinden Schliersee z. B. mit Gmund, Miesbach, Spitzingsee, Infos unter www.rvo-bus.de.

Alt-Schlierseer Kirchtag: Anfang Aug. Zu Ehren von St. Sixtus fahren die Fischhausener morgens in geschmückten Holzbooten nach Schliersee, hier Festzug zur Kirche St. Sixtus und Gottesdienst, nachmittags Trachtenfestzug mit Musik, bis zum Abend Tanz. **Leonhardifahrt:** 6. Nov. An der Kirche St. Leonhard in Fischhausen versammeln sich die Schlierseer zur Leonhardifahrt.

Östlich vom Schliersee ▶H 12

Spitzingsee ▶H 12

Taubenstein-Kabinenbahn und die Sesselbahnen auf Stümpfling und Sutten April–Mitte Okt. tgl., danach nur Sa/So bei schönem Wetter; aktueller Winterbetrieb siehe www.alpenbahnen-spitzingsee.de, Schneetelefon 080 26 70 99

Noch ein Gletschersee, noch idyllischer zwischen die Berge gesetzt: Der Spitzingsee in 1100 m Höhe ist Mittelpunkt einer schönen Wanderregion und im Winter ein überaus beliebtes Skigebiet mit Liften, die im Westen am Rosskopf,

Von Fischhausen mit dem Boot nach Schliersee – Alt-Schlierseer Kirchtag

Stümpfling und Suttenstein 1600 m, im Osten am Taubenstein 1700 m Höhe erreichen. Pisten aller Schwierigkeitsgrade, ein Funpark für Snowboarder und Loipen bieten sportliche Herausforderungen für jeden Geschmack. Ein ganz besonderes Event am **Spitzing** ist der **Firstalmfasching** am Faschingssonntag, zu dem die Skifahrer bunt kostümiert über die Pisten fegen.

Wendelstein ▶ H 12

Wendelsteinbahnen: Tel. 08034 30 80 oder www.wendelsteinbahn.de; die Bahnen fahren stdl., die Seilbahn nach Bedarf auch halbstdl.
Auf den Wendelstein (1838 m) führen eine bequeme Seilbahn von Bayrischzell und eine Zahnradbahn von Brannenburg, doch man kann den zackigen Felsenkopf auch mit eigener Kraft erwandern. Unter den vielen Aufstiegsmöglichkeiten sei der **König-Maximilian-Weg** empfohlen, der von der Königslinde in Bayrischzell in rund drei Stunden zum Wendelsteinhaus führt. Nach weiteren 20 Minuten auf gesi-

chertem Steig ist der Blick vom Gipfel einfach grandios, nur etwas beeinträchtigt von der vielen Technik: Observatorium, Sendemast des Bayerischen Rundfunks, eine Sonnen- und Windenergieanlage, dazu eine meteorologische Station des Deutschen Wetterdienstes drängeln sich auf dem Fels. Interessant ist ein Abstecher zur **Wendelsteinhöhle** (ausgeschildert), die man 400 m tief begehen kann (Rundweg ca. 1,5 Std.). Zahlreiche Szenen von Marcus H. Rosenmüllers Spielfilm »Wer früher stirbt ist länger tot« wurden auf dem Wendelstein gedreht.

Essen & Trinken

Schlemmen mit Aussicht – **Wendelsteinhaus:** Wendelstein 1, Bayrischzell, Tel. 08023 404, www.wendelstein bahn.de, tgl. 9.30–17, im Winter 9.30–16 Uhr, Hauptgerichte um 9 €. Die Pächter setzen auf gute bairische Küche mit Ausflügen nach Österreich und eine Reihe von kulinarischen Sonderveranstaltungen wie ›Mondscheinfahrt mit Bergbuffet‹.

Chiemgau

Highlights!

Wasserburg: Die in eine Innschleife geschmiegte Altstadt macht sinnlich fassbar, wie wertvoll das Weiße Gold war: Die stolze Frauenkirche, das gotische Rathaus, die prachtvollen Rokokofassaden der Kaufmannshäuser – sie alle wurden aus den Gewinnen des Salzhandels bezahlt. S. 232

Schloss Herrenchiemsee: Das große, ja größenwahnsinnige Projekt eines einsamen Königs ist trotz aller Verrücktheiten ein einmaliges Bauwerk mit einzigartiger Ausstattung und einem fantastischen Park. S. 238

Auf Entdeckungstour

Auf Kräutersuche mit der ›weisen Frau‹ von Aschau: Wofür ist Holunder gut? Was schützt vor Blitzschlag? Was und wie sucht man mit der Wünschelrute? Martina Silvia Glatt klärt auf über Kräuterkunde, Brauchtum und christliche Mystik. S. 248

Kultur & Sehenswertes

St. Jakobus: Bäuerliche, mittelalterliche Fresken schmücken das Kirchlein in Urschalling in der Nähe von Prien. S. 238

Holzknechtmuseum: Das entbehrungsreiche und gefährliche Leben der Holzarbeiter zeigt dieses Museum in Ruhpolding in all seinen Facetten und überaus anschaulich. S. 254

Aktiv & Kreativ

Baum-Hochseilgarten in Übersee: Klettern, schwingen, hangeln – die Mutigsten schaffen es in über 11 m Höhe. S. 246

Chiemgau-Marathon-Loipe: Auf 35 km skatet oder läuft man durch Puderzuckerwinterlandschaft von Reit im Winkl über Ruhpolding nach Inzell. S. 254

Genießen & Atmosphäre

Alpenrose: Allein die Lage dieses Gasthofs auf einem Hügel neben der Kirche in Grainbach ist bestechend. Die mit steirischem Temperament veredelte bayerische Küche ist das Tüpfelchen auf dem i. S. 237

Rauchhaus: Rustikales Ambiente, freche Küche und Zutaten von höchster Qualität machen den Reiz dieses ungewöhnlichen Restaurants in Seeon aus. S. 244

Abends & Nachts

Hundertquadrat: Rosenheims House- und HipHop-Club zählt mittlerweile zu den Geheimtipps im Voralpenland. S. 231

Belacqua Theater Wasserburg: Zeitgenössische Theaterkunst wird in der alten Innstadt Wasserburgs dargeboten – besonders intensiv im Sommer am Stoa, einer Kiesgrube in Edling. S. 235

Salzstädte, Berge und ein kleines Meer

Voralpenlandschaft mit Weitblick: Nirgendwo sonst in Oberbayern eröffnen sich von den Berggipfeln der Voralpen so herrliche Aussichten wie im Chiemgau. Von Aussichtsbalkonen und -kanzeln ist immer wieder ein Motiv zu sehen: der Chiemsee, aber aus jeder Perspektive neu und überraschend. Das ›Bayerische Meer‹ ist ein Sport- und Freizeitparadies mit attraktiven Hotels, eleganten Gourmetrestaurants und dem berühmtesten Reggaefestival Deutschlands. Natürlich darf an diesem schönen Fleckchen Bayerns ein Schloss von König Ludwig II. nicht fehlen!

Südlich des Chiemsees geht die eiszeitliche Moränenhügellandschaft des Chiemgaus in die bewaldeten Hänge der bis zu 1800 m hohen Chiemgauer Alpen über. Nach Süden verlaufende Täler wie das Achental bilden die Verbindung durch die Gebirgswelt nach Österreich. Reit im Winkl, Ruhpolding und Inzell zählen zu den beliebtesten Wintersportorten Oberbayerns. Die Skilegende Rosi Mittermaier, Langläuferin Evi Sachenbacher und die Eisschnellläuferin Anni Friesinger stammen aus dieser Region. Längst wird hier mehr auf den Tourismus gesetzt als auf die früher betriebene Vieh- und Holzwirtschaft.

Auch Salz spielte im Chiemgau eine große Rolle: Von den Bergwerken und Solequellen wurde es durchs Land transportiert und dem Inn kam hierbei eine besondere Bedeutung zu. Die Händler aus Rosenheim und Wasserburg wurden durch das Weiße Gold reich. Noch heute spiegelt sich der damalige Wohlstand in den Prunkfassaden der alten Kaufmannshäuser.

Infobox

Reisekarte: ► J–M 9–12

Infos/Internet
Die in diesem Kapitel beschriebene Region wird durch drei Tourismusgemeinschaften vertreten:
Kur- und Tourismusverband Wendelstein: Wilhelm-Leibl-Platz 3, 83043 Bad Aibling, Tel. 08061 90 80 70, www.rosenheimer-land.de.
Chiemsee Tourismus: Felden 10, 83233 Bernau a. Chiemsee, Tel. 08051 96 55 50, www.chiemsee.de.
Chiemgau Tourismus: Leonrodstr. 7, 83278 Traunstein, Tel. 0861 909 59 00, www.chiemgau-tourismus.de.

Anreise
Mit der Bahn z. B. ab München nach Rosenheim, Traunstein und Prien am Chiemsee (www.bahn.de). Flugreisende haben gute Bahnverbindungen ab dem Flughafen Salzburg (www.salzburg-airport.com) in die Region. Weiterfahrt zu kleineren Orten mit Regionalbahn oder RVO-Bus.

Rosenheim ► J 10/11

Dort wo die Salzstraße von Berchtesgaden nach Westen den Inn überquerte, gründeten die Grafen von Wasserburg im 13. Jh. eine Burg und eine Siedlung, die 1247 an die Wittelsbacher fiel und schnell zu einem wichtigen Warenumschlagplatz heranwuchs. Alle Waren mussten in Rosen-

Bei Dinzler in der Kunstmühle duftet's verführerisch nach frisch gebrühtem Kaffee

heim zum Verkauf angeboten werden, bevor sie weitertransportiert werden konnten. Innschifffahrt und Handel blühten bis zum 16./17. Jh. und erlebten im 19. Jh. einen erneuten Aufschwung, als die Soleleitung von Traunstein nach Rosenheim geführt und die Saline eröffnet wurde. Doch Rosenheim (57 000 Einw.) steht nicht nur für Handel und Gewerbe, sondern auch für aufsehenerregende Ausstellungen.

Um den Max-Josephs-Platz

Häuser in dem charakteristischen Inn-Salzach-Stil prägen den Altstadtkern Rosenheims um den Max-Josephs-Platz. Schmale und hohe Fassaden, schattige Arkaden, teils mehrgeschossige, schmale Erker und die hoch aufragenden und den Dachgiebel verbergenden Vorschussmauern schaffen ein sehr kompaktes Stadtbild. Notwendigkeiten des Handels und die häufigen Brände haben diesen Baustil mitgeprägt: Unter den Arkaden konnten die Kaufleute ihre Waren unabhängig von der Witterung ausstellen, und die Vorschussmauern, die auch zwischen Nachbarhäusern hoch aufragen, sollten das Übergreifen der Flammen verhindern. Besonders hübsch ist das aus dem 18. Jh. stammende **Fortnerhaus** (Max-Josephs-Platz 20) mit einer bewegten Rokokofassade, ebenso das **Alte Rathaus** (Nr. 20) und der **Bergmeister** (Nr. 15) mit spätgotischem Portal und Rokoko-Eingang an der Heilig-Geist-Straße. Ihm gegenüber ein weiterer Beleg für den Wohlstand der Rosenheimer: Kaufleute, die es sich leisten konnten, errichteten sich Privatkapellen und eine davon war die 1449 von Hans Stier neben seinem Wohnhaus in Auftrag gegebene **Heilig-Geist-Kirche** (im 17. Jh. barockisiert), die gotischer Skulpturenschmuck und einige Fresken aus der Erbauungszeit

Mein Tipp

Gewürze und Indianer

Mit ehrgeizigen, didaktisch wie ästhetisch hervorragend aufbereiteten Ausstellungen lädt der Rosenheimer Lokschuppen (s. u.) jedes Jahr zu einer imaginären Reise: nach Tibet oder Afghanistan, zu den Römern oder in die Pyramiden, an den Inn oder entlang der Seidenstraße. 2010 stellen sich die Kuratoren dem Thema Gewürze, 2011 sind Nordamerikas Indianer zu Gast.

zieren. Neugotisch präsentiert sich die **Pfarrkirche St. Nikolaus** von außen, im Innern wurde bei der letzten Renovierung die ursprüngliche, spätgotische Ausstattung so gut wie möglich wiederhergestellt. Grabplatten erinnern an die mächtigen Handelsfamilien.

Städtisches Museum

Ludwigsplatz 26, Tel. 08031 36 27 51, Di–Sa 10–17, jeden 1., 3., 5. So im Monat 13–17 Uhr
Als einziges Stadttor Rosenheims ist das 1350 errichtete **Mittertor** erhalten, das den inneren vom äußeren Markt trennte. Heute beherbergt es das Städtische Museum, dessen Ausstellung die Siedlungsgeschichte von der Römerzeit bis heute dokumentiert.

Lokschuppen

Rathausstr. 24, Tel. 08031 365 90 36, www.kuko.de, variierende Öffnungszeiten
Vom Ludwigsplatz hinter dem Mittertor führt die Königsstraße zur Rathausstraße mit dem ursprünglich als Bahnhof errichteten, neoromanischen

Rathaus. Ihm gegenüber dient das Halbrund der ehemaligen Lokomotivenremise als **Kultur- und Jugendzentrum Lokschuppen** sowie als Veranstaltungsort für weit über Rosenheim hinaus bekannte, kulturhistorische Ausstellungen (s. links).

Inn-Museum

Innstr. 74, Tel. 08031 315 11, April– Okt. Fr 9–12, Sa/So 10–16 Uhr
In die Geschichte der Innschifffahrt entführt das Innmuseum, sogar eine Original-Plätte (typisches, flaches Schiff) ist ausgestellt.

Übernachten

Privatzimmer und Appartements – **Bed & Breakfast Chiemgau:** Am Hirschbichl 32, Tel. 08031 23 43 60, wolf.antje@ t-online.de. Vermittlung in Rosenheim und im Chiemgau.
Klösterlich – **San Gabriele:** Zellerhornstr. 16, Tel. 08031 260 70, www. hotel-sangabriele.de DZ ab 115 €. Das 2005 eröffnete Haus im Stadtteil Heiligenblut gibt sich ganz klösterlich, mit Kreuzgratgewölben und einer Einrichtung, die dem Mittelalter nachempfunden ist.
Zentral und bayerisch – **Flötzingerbräu:** Kaiserstr. 5, Tel. 08031 317 14, www.hotel-floetzinger.de, DZ ab 80 €. Die gemütlichen Zimmer sind mit Stilmöbeln eingerichtet; das Haus liegt zentral und ist einer der traditionsreichsten Gasthöfe in Rosenheim.

Essen & Trinken

Schick und lecker – **Dinzler in der Kunstmühle:** Kunstmühlenstr. 12, Tel. 08031 408 25 31, www.dinzler.de, Di, Mi, Fr, Sa 8–20, Do 8–22, So 9–20 Uhr, Hauptgerichte ab 10 €. Rosenheims be-

kannte Kaffeerösterei serviert in ihrem sympathischen Bistrot verschiedene Snacks und Salate sowie einige wechselnde Hauptgerichte der internationalen Küche, die stets gut gelingen.
Gutbürgerlich – **Mesner Alm:** Maria-Stern-Str. 3, Riedering-Neukirchen, Tel. 08036 659, Di–Fr 11–22, Sa/So 9–23 Uhr, Hauptgerichte um 9 €. Beliebte Ausflugsgaststätte am Südwestende des Simssees (s. u.). Neben bewährt Bayerischem gibt es auch vegetarische Gerichte und köstliche Sommersalate.

Abends & Nachts

House – **Hundertquadrat:** Papinstr. 2, Tel. 08031 22 50 86, www.hundertquadrat.de, Fr/Sa ab 22 Uhr. Ein kleiner, sehr beliebter Club mit Techno-, House- und Hip-Hop-Events.

Infos

Tourist-Info: Kufsteiner Str. 4, 83022 Rosenheim, Tel. 08031 365 90 61, www.touristinfo-ro.de.

Bahn/Bus: Bahnhof, Bahnhofstr. 5, Fahrplanauskunft unter Tel. 118 61, Züge nach München, Kufstein und Salzburg, Regionalbahn nach Wasserburg. Busbahnhof: Sollstr., RVO-Busse nach Prien, Wasserburg, Bad Aibling (www.rvo-bus.de).

Rund um Rosenheim

Simssee ▶ K 10/11

Der 6 km lange und 2 km breite Simssee östlich von Rosenheim wird an den Sommerwochenenden von Ausflüg-

lern aus Rosenheim und München belagert, wochentags aber können ihn Wasserratten und Wanderer ganz ruhig genießen. Die Moorgebiete an Süd- und Nordostufer stehen unter Naturschutz; die schönsten Badeplätze liegen beim Seewirt im Südosten und bei **Baierbach** und **Krottenmühl** am Westufer. Jeden Freitagnachmittag findet ›beim Bauern‹ in Baierbach in der Edlinger Straße ein bunter Öko-Bauernmarkt statt.

Rott am Inn ▶ J 10

Rott am Inn liegt nördlich von Rosenheim auf halbem Weg nach Wasserburg. CSU-Anhänger kommen hierher, um dem Grab des ehemaligen bayerischen Ministerpräsidenten Franz Josef Strauß (1915–1988) einen Besuch abzustatten. Kunsthistorisch Interessierte aber kennen nur ein Ziel: die überwältigend schöne ehemalige **Klosterkirche St. Marinus und Anianus.** Das im 12. Jh. errichtete erste Gotteshaus wurde auf dem Höhe- und Endpunkt des Rokoko von Johann Michael Fischer um- und neu gebaut (1759–1763); ihren Mittelpunkt bildet ein überkuppeltes Oktogon, an das sich beidseitig quadratische überkuppelte Räume anschließen. Auffallend ist die klare, bereits in den Klassizismus weisende Gliederung der Raumelemente und das sparsam erscheinende, feine Stuckwerk von Jakob Rauch aus der Wessobrunner Werkstatt Franz Xaver Feichtmayrs. Die Gewölbe füllen Fresken von Matthäus Günther, Ignaz Günther steuerte die wie lebendig wirkenden Heiligenfiguren am Hoch- und den beiden Seitenaltären bei. Weiß und Gold sind die vorherrschenden Farben, und durch die geschickte Lichtregie Fischers erstrahlt das Gotteshaus in geradezu überirdischer Helligkeit.

Wasserburg am Inn! ►K 9

Wasserburg mit seinem wunderbar erhaltenen, mittelalterlichen Kern ist eine lebhafte Künstlerstadt. Seit bald 40 Jahren belebt die Vereinigung ArbeitsKreis 68 mit Ausstellungen und Aktionen das historische Ambiente, seit Mitte der 1990er sorgt das Theater Belacqua mit seinen Aufführungen und dem Sommertheater am Stoa für Aufsehen. Zwischen alten Mauern und Bürgerhäusern weht also ein ziemlich avantgardistisches Lüftchen.

Der Inn und eine Salzstraße spielten wie in Rosenheim auch bei Gründung und Blüte Wasserburgs eine Rolle: Der Fluss umgarnt die Altstadt mit einer fast geschlossenen Schleife, nur im Westen gibt's einen Landübergang. An dieser Schmalstelle erbaute Halfgraf Engelbert 1137 eine erste Burg, im 13. Jh. wurde das dazugehörige Fischerdorf mit Mauern befestigt und ab 1248 gehörte Wasserburg den Wittelsbachern. Ludwig der Bayer förderte die Siedlung, indem er ihr das alleinige Salzniederlagerecht verlieh. Zwischen 13. und 17. Jh. war die Stadt wichtiger Warenumschlagplatz, verlor dann aber an Bedeutung und diente schließlich nur noch als Kriegshafen für die in München residierenden Könige.

Brucktor und Imaginäres Museum

Erstes Imaginäres Museum:
Bruckgasse 8, Tel. 08071 43 58,
www.imaginaer.wasserburg.de,
Di–So 13–17, im Winter bis 16 Uhr
Von Süden her führt die Salzburger Straße über die Rote Brücke auf das wuchtige **Brucktor** zu, das seit 1568 Kauf- und Fuhrleute auf der Salzstraße empfing und in dem heute Handwerker ihre traditionellen Künste in Schau-

werkstätten zeigen. Gleich dahinter liegt linker Hand das ehemalige, 1341 erbaute **Heilig-Geist-Spital,** in dessen Räumen heute das **Erste Imaginäre Museum** residiert. Es zeigt eine Sammlung von Reproduktionen berühmter Werke der Malerei, die in einem speziellen Siebdruckverfahren hergestellt werden.

Durch die Altstadt

Zölle und Abgaben hatten die Kaufleute zunächst im **Alten** (um 1400), später im **Neuen Mauthaus** (ab 16. Jh.) zu entrichten. Nach links in der

Die Innenstadt Wasserburgs ist fast gänzlich vom Wasser eingeschlossen

Schmidzeile werden im **Ganserhaus** (16. Jh.) regelmäßig Ausstellungen mit Werken zeitgenössischer Künstler veranstaltet. Auch Newcomer bekommen in der vom ArbeitsKreis (AK) 68 geführten Galerie eine Chance (Galerie Ganserhaus, Schmidzeile 8, Tel. 08071 92 25 70, www.arbeitskreis68.de, unregelmäßige Öffnungszeiten). Wenige Schritte weiter steht die ehemalige **Doppelstockkapelle St. Michael** (1501), deren gotischer Turm früher Wasserburgs Wahrzeichen war; sie wurde 1810 profanisiert und der Turm abgerissen; nur die untere, ehemalige

Gruftkapelle dient noch kultischen Zwecken. Ein Stück weiter erreicht man die seit dem 12. Jh. urkundlich nachgewiesene **Burg,** die heute als Altersheim genutzt wird und nicht besichtigt werden kann.

St. Jakob

Gegenüber der Doppelkapelle erhebt sich die Stadtpfarrkirche St. Jakob über die schmalen, hohen Häuser. 1410 wurde sie anstelle eines älteren Gotteshauses von mehreren Baumeistern erbaut; der Wasserburger Wolfgang Wiser zeichnete für den Turm verantwortlich. Wer 1460 das imposante Gemälde vom »Lebensbaum« auf die Außenwand des Chores auftrug, ist nicht überliefert. Im barockisierten Innern rufen zahlreiche Grabplatten die großen Wasserburger Kaufmanns- und Patrizierfamilien in Erinnerung.

Zum Marienplatz

Die Schustergasse führt zum lebhaften Marktplatz, der **Ledererzeile,** die gesäumt von Geschäften, Cafés und Restaurants parallel zur hier noch erhaltenen Stadtmauer nach Nordosten verläuft und schließlich am Hofstatt genannten Platz auf einen Torturm der Stadtbefestigung, den **Roten Turm** (15. Jh.), trifft. Die Salzsenderzeile nach rechts erreicht man den **Marienplatz** mit einem beeindruckenden historischen Ensemble: Das **Rathaus** (erbaut 1457–1459), bestehend aus dem Brothaus und der Kornschranne, schmücken zwei unterschiedlich hohe, getreppte Giebel. In der Ratsstube im ersten Stock sind noch gotische Wandmalereien erhalten (Führungen Di–Fr 10, 11, 14, 15 und 16, Sa/So 10 und 11 Uhr).

Frauenkirche und Städtisches Museum

Gleich daneben steht die 1324 errichtete **Frauenkirche,** Wasserburgs ältestes Gotteshaus. Im barocken Innern wird ein gotisches Gnadenbild der Muttergottes verehrt; es ziert den Hochaltar mit einer Stadtansicht Wasserburgs aus dem 18. Jh. Mittags, wenn die Sonne hoch steht, lässt das Licht die mit filigranem Stuck geschmückte Fassade des **Kernhauses** (18. Jh.) gegenüber leuchten. Die Handschrift von Johann Baptist Zimmermann in der Stuckgestaltung ist unverkennbar! Ein Stückchen nach hinten versetzt residiert in der Herrengasse 15 das **Städtisches Museum** im **Heimathaus.** Drei spätgoti-

sche Bürgerhäuser dienen als Ausstellungsräume und sind selbst sehenswerte museale Objekte. Die Sammlung umfasst u. a. sakrale Kunst und historische Kostüme und widmet sich dem Beruf des Innschiffers, des Lebzelters (Lebkuchenbäcker) und des Wachsziehers (Tel. 08071 92 52 90, Mai–Sept. Di–So 13–17, im Winter bis 16 Uhr).

Übernachten

Dezent und modern – **Hotel Fletzinger:** Fletzingergasse 1, Tel. 08071 908 90, www.hotel-fletzinger.de, DZ ab 100 €. Zentral gelegen und geschmackvoll mit teils antiken, teils modernen Möbeln eingerichtet, ist das Haus eine äußerst angenehme Unterkunft in der Altstadt.

Essen & Trinken

Ambitioniert – **Weißes Rössl:** Herrengasse 1, Tel. 08071 502 91, Mi–Sa 11.30–14, 18–24 Uhr, Hauptgerichte ab 12 €, Mittagsmenü um 15 €. Bayerisch-kreative Küche und teils ungewöhnliche Gerichte wie Ochsenschwanz machen den besonderen Reiz dieses gemütlich-eleganten Restaurants aus.
Schick und zentral – **Die Schranne:** Marienplatz 2, Tel. 08071 92 10 70, tgl. 9–18 Uhr, Hauptgerichte ab 6 €. Sehen und gesehen werden, heißt das Motto hier. Außerdem: gute Snacks, Salate, Kuchen und Frühstück mit selbst gebackenem Brot.

Einkaufen

Verspielt – **Holzinnsel:** Hofstatt 3, Mo–Fr 10–18, Sa 10–16 Uhr. Ein buntes Sammelsurium aus schönem Holzspielzeug und originellen ›Rumsteherln‹.

Töpferei – **Kunst & Keramik:** Hofstatt, Di–Fr 10–12.30, 15–18, Sa 10–13 Uhr. Kunstvoll getöpferte Vasen, Schalen und Becher.

Aktiv & Kreativ

Boot fahren – **Innschifffahrt:** Tel. 08071 47 93 oder mobil 0175 412 82 79. Den besten Blick auf die Altstadthäuser hat man vom Ausflugsboot der Familie Held. Von der Anlegestelle unterhalb der Roten Brücke geht's die Innschleife entlang.

Skulpturenweg am Inn – Der Weg führt durch die **Grünanlagen am Hochdamm** des Inns vom Brucktor 2 km die Innschleife entlang. Wasserburger Künstler der Vereinigung AK 68 präsentieren hier ihre Objekte. Mein Favorit: Ute Lechners »Innschrift der Kreise« (Nr. 29).

Abends & Nachts

Avantgarde – **Belacqua Theater Wasserburg:** Salzburger Str. 15, Tel. 08071 10 32 63, www.belacqua.de. Modern inszeniertes Schauspiel und Tanztheater! Die Sommeraufführungen am Stoa, einer Kiesgrube in Edling, die in ein archaisches Theater verwandelt wurde, sind unvergesslich. Im Mittelpunkt: ein 200 t schwerer Findling, den der Inngletscher hierher gebracht hat.

Infos

Fremdenverkehrsverein: Marienplatz 2, im Rathaus, 83512 Wasserburg am Inn, Tel. 08071 105 22, www. wasser burg.de.

Bahn/Bus: Bahnhof, Bahnhofstr. 60, Reitmehring, Tel. 118 61. Verbindung

Mein Tipp

Zur Schönen Aussicht
Der beste Blick auf die Altstadt eröffnet sich vom gegenüberliegenden Hochufer. Auf dem Kellerbergweg ist von der Salzburger Straße nach Osten in 15 Minuten die Schöne Aussicht erreicht.

nach München und Rosenheim. Vom Bahnhof verkehren Busse in die Altstadt. RVO-Busse verbinden Wasserburg mit kleineren Orten in der Umgebung (www.rvo-bus.de).

Am Samerberg ▶ J/K 11

Ein kleines, noch sehr ursprüngliches Fleckchen Bayern duckt sich zwischen die großen Ferienregionen Wendelstein und Chiemgau. Die Samer, die mit ihren Rössern über die Saumwege Waren wie Wein oder Salz transportierten, gaben dem rund 800 m hoch gelegenen Tal ihren Namen, denn die Almwirtschaft allein ernährte die Menschen nicht. Heute leben die rund 2600 Einwohner des Samerbergs von einer Kombination aus Landwirtschaft, Direktvermarktung und Fremdenverkehr: Imker, Landwirte und Käser verkaufen ihre Produkte ab Hof. Das Puppenstubenstädtchen **Neubeuern** mit seinen kunterbunten Lüftlmalereien ist das Einfallstor zu dieser wunderbaren Hügellandschaft, die zahllose Wander- und Fahrradwege durchziehen. Charakteristisch sind die stämmigen Kirchen, viele mit getreppten Turmgiebeln anstelle eines Turmspitzes. In **Törwang,** das mit seinen behäbigen, blumengeschmückten Höfen aussieht wie ein Bauernhofmuseum, informiert ein sehr engagierter Verkehrsverein (s. u.) über die vielfältigen Freizeitmöglichkeiten.

Übernachten, Essen

Übernachtungsmöglichkeiten gibt es auf den Bauernhöfen in Ferienwohnungen und Gästezimmern.
Allseits beliebt – **Duftbräu:** Duft 1, Samerberg, Tel. 08032 82 26, www.duft braeu.de, tgl. 9–22, Nov./Dez. nur So, Hauptgerichte ab 9 €, DZ ab 80 €. Das Gasthaus am Samerberg ist Ausgangspunkt für schöne Wanderungen und bekannt für gute, bayerische Küche, die Schnapsbrennerei und gemütliche Gästezimmer.
Wohnen beim Erzeuger – **Lochnerhof:** Familie Moser, Lochen 3, Grainbach, Tel. 08032 84 82, www.lochnerhof.de,

DZ ab 40 €. Die Zimmer sind blitzsauber, Ferienwohnungen gibt's auch, und außerdem betreiben die Eigentümer eine Käserei, deren köstliche Produkte die Gäste beim Frühstück genießen (auch im Direktverkauf). Sehr schön auch für Kinder.

Aktiv & Kreativ

Aussichtsreich – **Hochries (1568 m):** Fahrbetrieb Sommer tgl. 10–17 Uhr, Info-Tel. 08032 975 50, www.hochries bahn.de. Auf den Berg führt eine Kabinenbahn. Die Panoramakanzel des Chiemgaus ist aber auch in einer gut vierstündigen Tour (ab Gasthof Duftbräu, s. o.) zu Fuß zu begehen.
Originell – **Bauerngolf:** Familie Spöck, Kirchplatz 5, Samerberg, www.bau erngolf-samerberg.de, Tel. 08032 83 20. Die Golfbälle sind groß wie ein Fußball und geschlagen wird mit einem

Grünes Urlaubsparadies mit Nebenerwerbslandwirtschaft – am Samerberg

holländischen Holzschuh. Das Ganze auf einer Weide zwischen Kuhfladen und Maulwurfshügeln. Ein Spaß für die ganze Familie.

Baden – **Schwimmbad Törwang:** An der Straße von Törwang nach Grainbach, an der Schule rechts gibt es ein Schwimmbecken mitten in der Wiese, dahinter stehen die Vorberge, davor Kühe, darüber schweben Paraglider. Kein Service, kein Eintritt, immer offen.

Infos

Verkehrsverein: Dorfplatz 3, 83122 Samerberg, Tel. 08032 86 06, www.samerberg.de.

Bus: RVO-Busse verbinden die Orte am Samerberg miteinander bzw. mit den Nachbargemeinden. Informationen unter www.rvo-bus.de.

Mein Tipp

Wirtshaus am Kirchplatz ▶ K 11
Der **Gasthof Alpenrose** gleich neben der Kirche von **Grainbach** ist einfach ein Idyll: Ein altes, mit Lüftlmalereien geschmücktes Haus, ein Biergarten unter Linden, schlichte, liebevoll eingerichtete Zimmer, ein einfacher Gastraum – alles zeugt von Geschmack und Gefühl für das Besondere. Was der Rahmen verspricht, hält die bayerisch-steirische Küche mit Köstlichkeiten wie Tafelspitzsülzerl, Rehfiletspitzen mit Schwammerln oder Holundersorbet. (Kirchplatz 2, Grainbach, 2 km südöstlich von Törwang, Tel. 08032 82 63, www.alpenrose-samerberg.de, Mi–So 10–22 Uhr, Hauptgerichte 12–18 €, DZ 55–70 €).

Chiemsee ▶ L/L 10/11

Mit knapp 80 km^2 Fläche ist der Chiemsee tatsächlich fast ein kleines Meer, auf jeden Fall aber der größte (nicht der wasserreichste) See Oberbayerns. Vor 15 000 Jahren gab der Chiemseegletscher den See frei – damals bedeckte er noch ein Vielfaches der heutigen Fläche. Seither ist er durch mitgeführtes Geschiebe und Treibholz seiner Zuflüsse verlandet und kleiner geworden. Intensive Nutzung durch Fischerei, Landwirtschaft, vor allem aber durch Freizeitaktivitäten bedrohen die empfindlichen Uferbereiche. Eine Agenda 21 sieht Maßnahmen vor, diese zu schützen und ein umweltverträgliches Wirtschafts- und Tourismusmanagement auf und rund um den See durchzusetzen.

Mein Tipp

Bäuerliche Fresken

Auf einem Hügel südwestlich Priens ragt der Zwiebelturmhelm der romanischen **Kirche St. Jakobus** über den nebenan liegenden Mesnerhof und seinen Biergarten. Im Innern des um das 10. Jh. gestifteten Kirchleins berauscht die Freskenpracht mit bäuerlich-bunten Bildern von der Passion, Mariä Himmelfahrt und Heiligen, gemalt zwischen dem 12. und 14. Jh. Im **Mesnerhof** wiederum berauscht das Bier zu ländlichen Gerichten wie Hirschpastete (Mesner Stub'n, Urschalling 4, Tel. 08051 39 71, Mo, Do, Fr 16.30–1, Sa 15–1, So 10–1, Do ab 19 Uhr Musik, Hauptgerichte um 9 €).

Prien am Chiemsee

▶ K 10/11

Die lebhafte Kleinstadt am Westufer ist für die meisten Anreisenden die erste und wichtigste Station am Chiemsee: Hier befindet sich der **Fährhafen Stock**, von dem aus die Chiemsee-Flotte zu den Inseln und den anderen Ferienorten am See startet.

Im Ortszentrum sind rund um die **Pfarrkirche Mariä Himmelfahrt** (mit Fresken von J. B. Zimmermann) elegante Villen aus der Zeit des Jugendstils erhalten. Das **Heimatmuseum** in einem Lüftlmalerhaus widmet sich ausführlich dem Haupterwerbszweig, der Fischerei, und zeigt historisches Arbeits- und Fanggerät sowie die Chiemseer Tracht (Valdagnoplatz 2, Tel. 08051 927 10, April–Okt. Mi–Sa 10–12, 14–17 Uhr).

Herreninsel und Schloss Herrenchiemsee**!** ▶ L 10

Schloss: Tel. 08051 688 70, www.herren-chiemsee.de, April–Mi. Okt. 9–18 Uhr, laufend Führungen, Mitte Okt.–März, 9.40–16.15 Uhr, Führungen entsprechend den Schiffsankunftszeiten; König Ludwig II.-Museum: April–Mitte Okt. 9–18, Mitte Okt.–März 10–16.45 Uhr; Gemäldegalerie Julius Exter, April–Mitte Okt. 10–18 Uhr

Die relativ zentral im See gelegene **Herreninsel** war ursprünglich Sitz eines im 8. Jh. durch die Agilofinger gegründeten Klosters. Im 18. Jh. freskierte Johann Baptist Zimmermann die Bibliothek des Konvents; 1803 kam mit der Säkularisierung das Aus, bis König Ludwig II. die Insel ›Herrenwörth‹ zum Standort seines bayerischen Versailles erhob, sie kaufte und ab 1878 durch die Architekten Georg Dollmann und Julius Hofmann bebauen ließ. 1885 stockten die Arbeiten, der König hatte kein Geld mehr. Ein Jahr später, nach dessen Tod, wurde der Bau eingestellt. Obwohl unvollendet, ist das aus drei Flügeln bestehende **Schloss Herrenchiemsee** wohl der eindringlichste Ausdruck des königlichen Größenwahns, zugleich aber ungeheuer imposant in seinen Ausmaßen und der üppigen Ausstattung. Ein würdiges Entree bilden die Wasserspiele der sieben Brunnen im Park, den Karl Effner anlegte. Über ein prunkvolles Treppenhaus erreicht man Wohn- und Repräsentationsräume, darunter die berühmte Spiegelgalerie, die mit 98 m Länge das Vorbild in Versailles (75 m) überrundet. Das **König Ludwig II.-Museum** in einem Flügel des Schlosses dokumentiert das tragische Leben des ›Kini‹ und seine Beziehung zu Richard Wagner. Ludwig II. wird 2011 auch Thema der Landesausstellung »Götterdämmerung« sein, die anlässlich des 125. Todestages des ›Kini‹ von Mai bis Oktober im bislang nicht zugänglichen, unvollendeten Trakt des Schlosses gezeigt wird (www.hdbg.de).

Mit dem **Alten Schloss** (ehemals Kloster) ist ein wichtiges Datum der Bundesrepublik Deutschland verbunden: Hier wurde 1948 das Grundgesetz ausgearbeitet, was eine Ausstellung dokumentiert. Zu guter Letzt lohnt ein Besuch in der **Gemäldegalerie Julius Exter**, ebenfalls im Kloster. Hier sind Werke jener Künstler ausgestellt, die häufig am Chiemsee malten und seine Landschaften berühmt machten u. a. Julius Exter, Rudolf Hause, Karl Millner und Paul Roloff.

Sehr stimmungsvoll sind die Open-Air-Konzerte im Schlosshof von Herrenchiemsee anlässlich der **Herrenchiemsee Festspiele** (s. S. 242). Dann erleben Besucher Insel und Schloss nachts, so wie übrigens König Ludwig II. sie angeblich am liebsten mochte, weil er dann den Chiemsee nicht sehen musste (den er als hässlich empfand).

Fraueninsel ►L 10

S. auch Lieblingsort S. 240.

Die Fraueninsel kann auf eine ähnlich lange Geschichte zurückblicken. Ein ebenfalls im 9. Jh. von dem Agilofinger Tassilo gestiftetes Kloster baute König Ludwig der Deutsche aus und setzte seine Tochter, die selige Irmengard, als Vorsteherin ein (www.frauenwoerth. de). Von den ursprünglichen Bauten ist die karolingische **Torhalle** mit der Doppelstockkapelle St. Michael und St. Nikolaus erhalten; im **Herzog-Tassilo-Museum** sind Kopien frühmittelalterlicher Fresken ausgestellt, die hier freigelegt wurden (tgl. 11–18 Uhr). Romanische Fresken schmücken auch die

Klosterkirche St. Maria, in der die 866 verstorbene Inselpatronin Irmengard ihre letzte Ruhe fand.

Das Inselidyll schätzte die berühmte Chiemseer Künstlerkolonie, die um die Wende zum 20. Jh. den See und seine Landschaften als Motiv entdeckte. Manch einer der Sommerfrischler blieb für immer und fand nach dem Tod einen Platz auf dem kleinen Friedhof, ebenso andere einflussreiche Zeitgenossen wie einer der bekanntesten am Chiemsee ansässigen Maler, der Russe Franz Roubaud (1856–1928) und die falsche russische Zarentochter Anastasia (1896–1984).

Übernachten

Ferienwohnungen und Privatzimmer vermittelt das Tourismusbüro (s. o.); ausführliches Angebot auch unter www.chiemsee.de.

Komfortabel – **Lindenhof:** Alte Rathausstraße 24, Prien am Chiemsee, Tel. 08051 15 25, www.lindenhof-prien.de, DZ ab 70 €. Das zentral und zugleich ruhig gelegene Hotel ist ein solides Mittelklassehaus ohne Schnickschnack, dafür aber mit einer herrlichen Frühstücksterrasse an der Prien.

Individuell am See – **Chiemsee-Fischerei Wörndl:** Hausnr. 34, Fraueninsel, Tel. 08054 72 59, Fax 08054 90 25 47, Appartement 60 €. Rustikale Ferienwohnung für bis zu 3 Pers. am Seeufer.

Essen & Trinken

Frischer Fisch – **Zum Fischer am See:** Harrasser Str. 145, Prien, Tel. 08051 907 60, tgl. 9–24 Uhr, Okt.–April Di–So, Hauptgerichte ab 12 €. Am schönsten sitzt man hier auf der großen Terrasse zum See; Spezialitäten sind Renke, Forelle, Saibling und kleine Gerichte.

Lieblingsort

Sommer mit Renke auf der Fraueninsel ▶ L 10

Dass die kleine Insel mit den ehrwürdigen Kirchen- und Klosterbauten ein alter heidnischer Kultort gewesen sein soll, an dem geheimnisvolle Riten vollzogen wurden – das zu glauben fällt schwer angesichts der bunt-fröhlichen Blütenfülle in den sommerlichen Bauerngärten rund ums Kloster. Wenn Korn- und Sonnenblumen blühen, beginnt meine liebste Zeit auf der Fraueninsel: Auf der Bank unter einem geranienumrankten Balkon sitzend, eine Semmel mit frisch geräucherter Renke in der Hand und den Blick über den Chiemsee genießend fühle ich mich wie im Paradies.

Fisch mit Pfiff – **Zur Linde:** Fraueninsel, Tel. 08054 903 66, tgl. 11.30–20 Uhr, Hauptgerichte ab 12 €. Im Restaurant steht Fisch im Vordergrund: als Räucherfischcroutons auf Feldsalat oder als Fraueninseler Fischsuppe. Im Sommer schöner Garten zum Draußensitzen. Es gibt auch Gästezimmer.

Fischbrötchen – **Familie Lex:** Hausnr. 31, Fraueninsel. Berühmt für ihre köstlichen Renkensemmeln mit Räucherfisch und Meerrettich.

Einkaufen

Aus eigener Herstellung – **Klosterladen:** Abtei Frauenwörth, Mo–Sa 10–17.45, So 13–17 Uhr. Liköre, Lebkuchen und Marzipan.

Papier – **Bindewerk:** Osternacherstr. 56, Prien, Mo–Do 7–16, Fr –13 Uhr. Wunderschöne Notizbücher, Fotoalben, Kalender – selbst entworfen und gebunden!

Aktiv & Kreativ

Yachting – **Chiemsee-Yachtschule:** Harrasser Str. 71–73, Prien, Tel. 08051 17 40, www.cyc-prien.de. Vom Anfängerkurs bis zur Spezialausbildung für Fortgeschrittene.

Windsurfen – **Surfschule Chiemsee:** Ludwig-Thoma-Str. 15, Bernau, Tel. 080 51 88 77, www.surfschule-chiemsee. de. Die Adresse für angehende Windsurfer am südöstlichsten Zipfel des Chiemsees; Brettverleih.

Baden – **Krautinsel:** Das kleine Eiland unweit der Fraueninsel dient als landwirtschaftliche Fläche und Viehweide und gilt als einer der ruhigsten Badeplätze am See. Hinüber kommt man nur mit dem Boot oder schwimmend. Von der rund 500 m entfernten Fraueninsel nur Geübten zu empfehlen.

Infos & Termine

Kur- und Tourismusbüro: Alte Rathausstr. 11, 83209 Prien am Chiemsee, Tel. 08051 690 50, www.tourismus. prien.de. Hier auch Vermittlung privater Unterkünfte.

Bahn/Bus: Bahnhof Prien, Bahnhofsplatz, Tel. 118 61. Regelmäßige Verbindung nach München, Salzburg, Rosenheim, Traunstein. Am Bahnhof startet zwischen Mai und Sept. stdl. der historische Dampfzug nach Stock-Hafen. RVO-Busse zu den Orten in der Umgebung (www.rvo-bus.de).

Chiemseeschifffahrt: Seestr. 108, Stock-Hafen, Tel. 08051 60 90, www. chiemsee-schifffahrt.de. Die Schiffe fahren von Prien über Herren- und Fraueninsel nach Gstadt am Nordufer, in der Saison werden auch Seebruck und Chieming angefahren.

Herrenchiemsee Festspiele: Opern und Konzerte im Sommer auf der Herreninsel. Programm und Kartenreservierung bei Internationale Herrenchiemsee Festspiele, Am Gasteig 7, Neubeuern, Tel. 08035 10 31, www.herren chiemsee-festspiele.de.

Christkindlmarkt: an den ersten beiden Adventswochenenden auf der Fraueninsel, Fr 12–20, Sa/So 11–19 Uhr, www.christkindlmarkt-fraueninsel.de.

Von Prien nach Norden ▶ L 10

Von Prien nach Norden ist der hübsche Seeort **Gstadt** ein alternativer Ausgangspunkt für den Besuch der Fraueninsel (s. S. 239). In der Saison fahren alle 20 Minuten Boote die kurze Strecke hinüber zum Kloster- und Künstlereiland. Am nördlichsten Punkt verlässt beim Ferienort **Seebruck** die Alz als einziger Abfluss den See. Hier unterhielten die Römer die Siedlung Bedaium mit einem wehrhaften Kastell am Alzübergang. Die Funde aus der Region präsentiert das **Römermuseum** in einer modern gestalteten Ausstellung. Zu ihr gehören auch das restaurierte Teilstück der Kastellmauer vor dem Museum und ein kleiner, nach römischem Vorbild angelegter Ziergarten (Römerstr. 3, Seebruck, Tel. 08667 75 03, www.roemermuseum-seebruck. de, Mai–Sept., Di–Sa 10–17, So 13–17, im Winter Di–Sa 10–12, 14–16, So 14–16 Uhr).

Kloster Seeon ▶ L 10

Zahlreiche kleinere Seen schmiegen sich nördlich von Seebruck zwischen Hügel und Wälder, und auf einem liegt ungemein malerisch das Kloster Seeon auf seiner Insel. Seine Geschichte lässt sich bis ins 10. Jh. zurückverfolgen. Das **Benediktinerstift** war ein Hort der Gelehrsamkeit und der Buchmalerei und eines der reichsten Klöster in Bayern. Nach der Säkularisierung diente es verschiedenen Zwecken und wird heute als Veranstaltungsort für Ausstellungen und Konzerte sowie für Tagungen genutzt. Schon von weither grüßen die beiden gedrungenen Zwiebelkappentürme der ehemaligen **Stiftskirche St. Lambert** über den See. Im Innern ist der ursprünglich romanische Baukörper mit zarter Renaissancemalerei geschmückt.

Rabenden ▶ L 9

Rabenden, ein paar Kilometer weiter nördlich gelegen, hat seinen Namen jenem Künstler geliehen, der um 1510 den einzigartigen gotischen Altar des

Mein Tipp

Kunst im Obstgarten ▶ K/L 9
Als Badesee ist der Griessee, eingebettet zwischen Wiesen und Wald, einer der schönsten. Er gehört zum **Landgasthof Griessee,** ist gegen Gebühr aber auch Nichtgästen zugänglich. Der historische Bauernhof ist ein beliebtes Feriendomizil, dessen rustikale Gästezimmer man lange im Voraus buchen sollte. In den Sommermonaten bereichern die jungen Leute des Hauses die Wiesen ums Haus mit moderner Kunst aus eigenem Atelier (Großberham 16, Obing, Tel. 08624 22 80, www.gries see.de, DZ ab 60 €).

Kirchleins St. Jakobus schnitzte. Jener ›Meister von Rabenden‹ war Zeitgenosse des weitaus berühmteren Erasmus Grasser und diesem in Technik und Kunst fast ebenbürtig. In der wie ein Wehrbau wirkenden Kirche, die innen ähnlich schlicht ist wie außen, glänzt der Altar mit den drei Figuren des Jakobus, des Simon Zelotes und des Judas Thaddäus wie ein alles überstrahlendes Juwel. Viel wird gerätselt, wer nun der ›Meister‹ war; jüngere Forschungen legen jedoch nahe, dass es sich um den aus Wasserburg stammenden Wolfgang Leb handeln könnte.

Schloss Amerang ▶ K 9/10

Schloss 1, Amerang, Tel. 08075 919 20, www.schlossamerang.de, Führungen Ostern–Mitte Okt. Fr, Sa, So um 11, 12, 14, 15 und 16 Uhr
Westlich von Rabenden auf dem Weg nach Wasserburg steht das 1072 erst-

mals urkundlich erwähnte Schloss, das bis heute in Privatbesitz ist. Finanziert wird die aufwendige Instandhaltung des historischen Gemäuers u. a. durch Events und eine vielseitige Reihe von Sommerkonzerten. Da die Eigentümer das Schloss noch bewohnen, ist es nur eingeschränkt an den Wochenenden zu besichtigen. Sehenswert der von einem Veroneser Scaliger-Herzog eingebaute Renaissance-Arkadenhof, die romanisch-gotische Kapelle, ein Rittersaal und die Repräsentationsräume in Barock und Rokoko.

Übernachten

Malerisch – **Malerwinkel:** Lambach 23, Seebruck, Tel. 086 67 888 00, www.hotelmalerwinkel.de, DZ ab 100 €. Das freundliche Hotel direkt am See hat hübsch eingerichtete Zimmer, viele mit dem berühmten ›Malerwinkelblick‹ auf den See. Zum Haus gehört auch ein in der Gegend sehr geschätztes Restaurant.

Geschichtsbewusst – **Landgasthof Lambach:** Lambach 8–10, Seebruck, Tel. 08667 879 90, www.hotel-lambach.de, DZ ab 90 €. Das aus dem 17. Jh. stammende, sehr komfortable Lüftlmalerhaus, in dem Napoleon residierte und Ludwig II. einkehrte, hat rustikale Zimmer, einen kleinen Wellnessbereich mit Pool und privaten Seezugang.

Essen & Trinken

Besinnlich – **Klosterwirt:** Klosterweg 1, Kloster Seeon, Tel. 08624 89 74 29, Do–So 11–21 Uhr, Hauptgerichte um 11 €. In klösterlichen Gewölben, im modernrustikalen Klosterstüberl oder im schönen Garten am See schmeckt das Klostergeheimnis, eine üppige Grillfleischplatte, besonders gut.

Innovativ – **Rauchhaus:** Altenmarkter Str. 6, Seeon, Tel. 08624 82 99 22, Mi–Mo 17.30–23 Uhr, Hauptgerichte um 15 €. Die ›Kulturgaststätte‹ im Bauernhaus aus dem 17. Jh. ist anspruchsvolles Restaurant und Kunstgalerie in einem. Chefkoch Oliver Borchert setzt auf mediterrane Küche, die auf originelle Art mit dem bäuerlich-rustikalen Ambiente der Räume kontrastiert.

Kreativ-bayerisch – **Glockenwirt:** Bahnhofsstr. 23, Amerang, Tel. 08075 82 63, Di–So 11.30–14, 17.30–22 Uhr, Hauptgerichte ab 12 €. Überraschend vielseitige und einfallsreiche Küche in einem so ›abgelegenen‹ Ort. Die Küche variiert Regionales mit Ausflügen ins mediterrane und asiatische Fach.

Aktiv & Kreativ

Floßfahrten auf der Alz – **Georg Niedermaier:** Chiemseestr. 12, Truchtlaching, Tel. 08667 508, www.alzflossfahrt.de. Die Tour startet bei Sonnenaufgang in Seebruck und führt durch die ruhige Flusslandschaft des oberen Alztals.

Bootsverleih – **Chiemgau Camping Lambach:** Tel. 08667 78 89. Auf dem Campingplatz kann man Elektroboote mieten und selbstständig über den See schippern.

Infos

Tourist-Infos: Seeplatz 5, 83257 Gstadt, Tel. 08054 442, www.gstadt.de; Am Anger 1, 83358 Seebruck, Tel. 08667 71 39, www.seeon-seebruck.de, www.seebruck-info.de.

Bahn/Bus: Der nächste Bahnanschluss ist in Prien/Chiemsee. RVO-Busse verbinden Seebruck mit den Nachbarorten (www.rvo-bus.de).

Geranienschmuck macht den Traunsteiner Lüftlbildern Konkurrenz

Traunstein und der südliche Chiemsee

Traunstein

Die Stadt östlich vom Chiemsee ist eine lebhafte Kreisstadt mit historischem Kern rund um den lang gezogenen Stadtplatz zu Füßen des **Jacklturms** (16. Jh.). Nur wenige mittelalterliche Bauten haben die verheerenden Stadtbrände überstanden. Aus dem 14. Jh. stammt die wuchtige **Brothausturm,** heute zusammen mit dem **Heimathaus** am Stadtplatz 1 Museum. Altes Blechspielzeug und eine Puppenstube, ein 100 Jahre altes Stadtmodell sowie der im Original erhaltene Gastraum samt Küche des bis 1919 als Gasthaus genutzten Hauses entfalten ein buntes Panorama des historischen Ortes (Tel. 0861 16 47 86, www.spielzeug-und-stadtmuseum-traunstein.de, April–Okt. Mo–Sa 10–15, So 10–16 Uhr, auch im Advent geöffnet).

Brauereien
Besonders stolz sind die Traunsteiner auf ihre vielen Brauereien wie z. B. **Wochinger,** die schon in 16. Generation in Familienbesitz ist und deren Biergarten regelmäßig unter die schönsten Oberbayerns gewählt wird (s. u.). Das **Hofbräuhaus Traunstein** bietet Brauereiführungen an (Mo–Mi 11 Uhr, Hofgasse 6–11, Tel. 0861 98 86 60, www.hb-ts.de).

Essen & Trinken

Unter Kastanien – **Wochinger Brauhaus:** St. Oswaldstr. 4, Traunstein, Tel. 0861 30 45, www.wochingerbraeu.de, tgl. 10–24 Uhr, Okt.–Mai nur Di–So. Das kleinste Brauhaus von Traunstein wurde schon 1587 gegründet. Wo sonst als in diesem herrlichen Biergarten öffnet sich bei einem Wochinger Urtrunk der Himmel der Bayern? Und wenn das Wetter schlecht ist, schmecken Bier und Brotzeit auch im Stüberl.

Infos

Tourist-Information: Haywards-Heath-Weg 1, 83278 Traunstein, Tel. 0861 986 95 23, www.traunstein.de.

Siegsdorf ▶ M 11

**Naturkunde- und
Mammut-Museum**
*Auenstr. 2, Tel. 08662 133 16,
www.museum-siegsdorf.de,
Öffnungszeiten häufig wechselnd,
Infos im Internet*
Das Museum zwischen Traunstein und Ruhpolding punktet mit anschaulichen Dioramen, museumspädagogisch sehr übersichtlich und kindgerecht aufgebauten Schautafeln sowie einem echten Mammutskelett, das in der Nähe entdeckt wurde.

Zwischen Chieming und Übersee ▶ L 10/11

Weiter nach Westen erreicht man am Chiemsee das lebhafte **Chieming** mit einem schönen, 6 km langen Strand und südwestlich davon dann die unter Naturschutz stehende **Mündung der Tiroler Ache.** Von der Aussichtsplattform im **Naturschutzgebiet Achendelta** lassen sich seltene Vögel wie Teichrohrsänger, Drosselrohrsänger, Blaukehlchen, Eisvogel und Flussregenpfeifer beobachten. Am nächsten kommt man der hier lebenden Artenvielfalt und dem Prozess der stetigen Veränderung im Deltabereich bei einer **Erlebnisbootsfahrt,** die von den Tourist-Infos des Chiemsees (s. S. 242, 244, 247) in Zusammenarbeit mit Umweltverbänden organisiert wird (www.der naturaufderspur.de, Infobroschüren liegen in den Tourist-Informationen aus).

In der Chiemseegemeinde **Übersee** lebte und arbeitete der avantgardistische Maler Julius Exter (1863–1939) im **Stricker-Haus,** das er 1902 kaufte und seit 1917 als Lebensmittelpunkt nutzte (Blumenweg 5, Feldwies, Tel. 08642 89 50 83, www.schloesserbayern.de, April–Okt. zu Ausstellungen 17–19 Uhr geöffnet).

Ein fester Begriff ist Übersee in der bundesweiten Reggaegemeinde, weil sich hier Ende August die Größen der Szene zum Open Air treffen (s. S. 247).

Übernachten, Essen

Ferienwohnungen und Gästezimmer vermitteln die jeweiligen Touristeninformationen.
Genießen mit Panorama – **Alpenhof:** Westerbuchberg 99, Übersee, www.al penhof-chiemgau.de, Tel. 08641 894 00, Do–Mo 10.30–22 Uhr, Hauptgerichte um 15 €, DZ ab 70 €. Alleine der Blick auf die Chiemgauer Alpen ist den Besuch wert. Dazu regionale Küche mit einigen modern-mediterranen Elementen, die vorzüglich schmeckt. Und schöne, bäuerlich eingerichtete Zimmer und Appartements.
Genießen mit Fisch – **Chiemseefischer:** Hagenau 2, auf halbem Weg zwischen Chieming und Grabenstätt, Tel. 08661 98 20 58, Di–So 11–22 Uhr, Hauptgerichte um 8 €. Fischspezialitäten aus dem See im traditionellen Gasthaus.

Aktiv & Kreativ

Ballonfahren – **Jonathan Ballooning:** Max-Kurz-Str. 3, Chieming, Tel. 08664 92 76 13, www.jonathan-ballooning. de, ca. 1,5 Std., 207 €/Pers. bei 2–5 Pers.
Hangeln – **Baum-Hochseilgarten:** Julius-Exter-Promenade 23, Übersee, Tel. 08642 54 90 21, www.parkeroutdoor.

com. Mut, Geschick und Schwindelfreiheit trainieren auf Parcours verschiedener Schwierigkeitsstufen.

Abends & Nachts

Romantic Barbecue – **Strandbad Feldwies:** Von Juni bis August laden in Übersee Liegestühle, bunte Cocktails und über Feuer gebratene Saté-Spießchen zum ›Romantic Barbecue‹.
Lounge – **Gecko's:** Bahnhofstr. 46, Übersee, Tel. 08642 207, www.geckos-uebersee.de, Mi–So ab 18 Uhr. Entspannt kann man hier den Abend bei Cocktails und mexikanischen Snacks verbringen; gelegentlich Livemusik.
Abtanzen – **Erlebnisstadl Eldorado:** Buchwald 2, Übersee, Tel. 08642 59 51 19, www.erlebnisstadl-eldorado.de, Do–Sa ab 20 Uhr. Sehr bunt und laut, mit nostalgischen und aktuellen Hits und der Lizenz zum Rauchen.

Infos & Termine

Tourist-Informationen: Hauptstr. 20b, 83339 Chieming, Tel. 08664 98 86 47, www.chieming.de; Feldwieser Str. 27, 83236 Übersee, Tel. 08642 295, www.uebersee.com.

Bahn: Bahnverbindungen gibt es von München nach Übersee und Traunstein, Fahrplanauskunft Tel. 118 61.
Bus: RVO-Busse fahren zwischen den Chiemseegemeinden und den Orten in der näheren Umgebung (Fahrplanauskunft unter www.rvo-bus.de).

Chiemsee Reggae Summer: am Wochenende um den 20. Aug. in Übersee, www.chiemsee-reggae.de. Zum Festival mit Stars wie Jimmy Cliff, Desmond Dekker und Gentleman kommen jährlich bis zu 30 000 Besucher.

Südlicher Chiemgau

▶ K–M 11/12

Die touristische Erschließung der Region und der früheren Dörfer Ruhpolding, Reit im Winkl oder Aschau begann bereits Ende des 19. Jh. und erfuhr 1933 einen Aufschwung, als der Berliner Reiseveranstalter Curt Degener erste Sonderzüge mit Touristen in Richtung Ruhpolding schickte. Ehemalige Almen wie die Winklmoosalm bei Reit im Winkl sind heute als Zentren des Skizirkus in aller Munde. Die Chiemgauer Alpen sind auch eine schöne Wanderregion mit einfachen bis anspruchsvollen Touren, so z. B. an der Kampenwand.

Aschau im Chiemgau

▶ K 11

Die Gemeinde zu Füßen des auf einem Hügel thronenden Schlosses Hohenaschau, dessen Wurzeln ins 12. Jh. zurückreichen, leidet etwas unter dem Promi-Auftrieb, den ihr die Residenz Heinz Winkler im Zentrum beschert. Das mit Michelin-Sternen gekrönte Restaurant in der ehemaligen Hoftaverne aus dem 17. Jh. zieht Gourmets aus allen Teilen Deutschlands an und die vor der barocken **Pfarrkirche Mariä Himmelfahrt** geparkten Nobelkarossen lassen keine rechte bayerische Gemütlichkeit aufkommen.

Schloss Hohenaschau
Führungen Mai–Mi. Okt. Di, Do, So 13.30, 15, Mi, Fr 11, 12.30 Uhr; Falknerei: Schloss 1a, Tel. 08052 95 16 91, www.falknerei-burghohen aschau.de, Flugvorführungen Mai–Sept. Di–So, 11 und 15, April/Okt. Di–So 15 Uhr

Auf Entdeckungstour

Auf Kräutersuche mit der ›weisen Frau‹ von Aschau

Martina Glatt aus Aschau könnte man mit Fug und Recht als ›weise Frau‹ bezeichnen. Sie unternimmt Kräuterwanderungen, kann seit früher Kindheit mit der Wünschelrute umgehen und weiß, welche vorchristlichen Traditionen im christlichen Gewand überdauert haben. Bei dieser Tour durch Sachrang, die im Kräutergarten beginnt und zu Bauernhäusern und der Pfarrkirche führt, lernt man, Natur und bäuerlichen Alltag mit neuen Augen zu sehen.

Reisekarte: ▶ K 12

Planung: Die von Martina Glatt geführten Touren sind auf der Homepage www.alte-wege-neu-gehen.de erläutert, Anmeldung bei Martina Silvia Glatt, Kirchstr. 7, Aschau, Mobil-Tel. 0174 904 19 85. Man kann die beschriebenen Punkte auch auf eigene Faust besuchen. Start ist das Müllner-Peter-Museum in Sachrang.

Zeit: 1–2 Std.

Erstaunlich jung ist Martina Glatt für eine ›weise Frau‹. Im Müllner-Peter-Museum im ehemaligen Schulhaus von Sachrang betreut sie den Bereich Volksmedizin, denn das Wissen des Müllner Peter (s. S. 251) um die Heilkraft von Kräutern und Pflanzen ist Martina Glatt eine stete Inspiration. Seit mehreren Jahren schaut sie auch im angeschlossenen Kräutergarten nach dem Rechten, in dem die wichtigsten Pflanzen der überlieferten Naturmedizin gedeihen.

Ein Grüß Gott für den Holler

Gleich am Eingang steht beispielsweise ein Holunderbusch: Im Sommer biegt er sich unter den schwarzen Beeren. Der Holler ist eine besondere Heil- und Kraftpflanze. Man verwendet seine Blätter, die Blüten, die Beeren, sogar die Rinde. Ein Aufguss mit Rinde reinigt, aber Vorsicht: von oben nach unten geschält führt sie ab, von unten nach oben verursacht sie Erbrechen. Blüten ergeben schweißtreibende Tees, die Früchte vitaminreichen Saft. Etwas ganz Besonderes sind die Holunderschwammerl, in China bekannt als Mu-err-Pilze. Sie wachsen auf alten Stämmen und wirken entzündungshemmend. Aber damit nicht genug. Die Bauern lüfteten früher den Hut, wenn sie an einem Holunderbusch vorbeigingen. Warum? Der Busch ist ein ›Hausschutzbaum‹ und sollte mindestens dreimal um ein Haus stehen. Und er ist Sitz der großen Muttergöttin Percht, der die Menschen hier Opfergaben hinlegten, ihr die Neugeborenen zeigten und ihren Schutz erflehten.

Blitzableiter Königskerze

Dass zumindest ein Teil dieser Traditionen noch lebendig ist, kann man nicht nur an den schönen Bauernhäusern rund um den Kräutergarten im Orts-

kern von Sachrang sehen: Auch in vielen anderen Dörfern des Chiemgaus werden überlieferte Bräuche beachtet: Martina Glatt erläutert am nächststehenden Bauernhof, welche Funktionen Natur und Architektur erfüllen: Drei Holunderbüsche wachsen wie von den Bauernregeln gefordert, im Garten. Die dekorativ leuchtenden roten Geranien auf den Balkonen wurden zum Schutz vor Neid und Missgunst gepflanzt und grenzen den privaten Bereich gegen den öffentlichen ab. Am First ist ein Kräuterbuschn befestigt, wie er zu verschiedenen Anlässen im Jahr gesammelt, in der Kirche gesegnet und dann in Haus und Stall aufgehängt wird, um Bewohner und Vieh zu schützen – der am First vor dem Blitzschlag. Dabei dürfen nur bestimmte Kräuter hinein, meist neun an der Zahl, in die Mitte die Königskerze. Der Blitzabwehr dienen die Pfettenbretter, die wie fein geschnitzte Holzzapfen vom vorkragenden Dach herunterhängen, und selbst die eingeschnitzte Raute über der Eingangstür ist ein Schutzsymbol. Auch die leuchtend gelb blühenden Königskerzen im Vorgarten leiten Blitze ab. Außerdem sind sie ein Indikator für den kommenden Winter: Der Schnee wird so hoch stehen wie die erblühte Staude.

Die Frau auf dem Zaun

Dass sie eine ›Hexe‹ sei, ist Martina Glatt schon häufig unterstellt worden. Im etymologischen Sinne hat sie nichts dagegen, denn eine Hagazussa, wie es im Althochdeutschen hieß, war eine ›Zaunsitzerin‹. Als Vermittlerin zwischen der Welt der ›aufgeklärten‹ Moderne und jener des überlieferten Wissens der Heilerinnen sieht Martina Glatt sich schon, wenn sie ihre Kenntnisse von den Pflanzen bei Kräuterwanderungen ausbreitet oder mit der

Wünschelrute ein Haus begeht, wenn sie die Fraueninsel als alten Ort der Kraft besucht oder am ›Hohen Frauentag‹ (Mariä Himmelfahrt), auf den Madron über dem Inntal pilgert, um Frauendreißigerkräuter zu sammeln. Hinter christlichem Brauchtum taucht sie in vorchristliche Glaubenswelten ein, erkennt keltische und germanische Wurzeln und fügt all dies zu einem faszinierenden Ganzen, das sie auf ihren Wanderungen mit ihren BegleiterInnen teilt.

Katholische Frauenpower

Selbst das Sachranger Dorfkirchlein, ein paar Schritte vom Kräutergarten entfernt, ist ihr für eine überraschende Deutung gut: So stellt das Bild der hl. Sophia und ihrer drei Töchter auf dem rechten Seitenaltar eigentlich die heiligen Drei Madln dar: Fides oder Katharina mit dem Rad, eine weise, alte Frau, die das Sonnenrad hält. Spes oder Barbara mit dem Turm, in dem die lichte Mondkraft strahlt. Und Caritas, Margarete mit dem Drachen, erfüllt von der roten Kraft der Weiblichkeit.

Diese drei sind christliche Sinnbilder von Einbeth, Borbet und Wilbet, den drei Bethen oder Nornen aus vorchristlicher Zeit, ein Motiv, das sich in vielen Chiemgauer Kirchen findet.

Wer suchet, der findet

Eine der ältesten ländlichen Traditionen ist das Wünschelrutengehen. Die Rute zeigt Wasseradern, Erz- oder Metallvorkommen an und war in früheren Zeiten in kundigen Händen ein zuverlässiges Hilfsmittel. Martina Glatt hat diese alte Kunst als Kind von ihrer Großmutter gelernt. Zurück im Kräutergarten zeigt sie, dass es im Grunde ganz einfach ist: Man schneidet eine möglichst geschmeidige Haselnussrute ab und biegt sie zwischen den Händen zu einem gespannten Bogen. Dann geht man los. Über Wasser soll die Rute ausschlagen – doch das funktioniert beileibe nicht bei jedem! Auf das ›Hinspüren‹ kommt es an beim Wünschelrutengehen. Und dieses Hinspüren, Augen offen halten und in der Natur lesen – das ist es, was man bei Martina Glatt wunderbar lernen kann.

Auch Edelweiß blüht im Sachranger Kräutergarten

Aus der Gründungszeit im 12. Jh. sind noch der Bergfried und die Ringmauer erhalten; Burghof und Räume wurden mehrmals umgebaut und von Enrico Zuccalli im Stil des Spätbarock ausgestattet. Sehenswert ist auch die **Schlosskapelle** mit anrührenden Barockfresken und einigen Stuckaturen von Johann Baptist Zimmermann. Die **Flugvorführungen** von Falken, Milanen und Adlern vor dieser historischen Kulisse sind spannend für Groß und Klein; gelegentlich gibt's Sonderveranstaltungen in historischen Kostümen.

Kampenwandbahn

Dez.–April 9–16.30, Mai–Nov. 9–17, Juli–Mitte Sept. bis 18 Uhr, Info-Tel. 08052 906 44 20, www.kampenwandbahn.de

Mit der Kampenwandbahn schwebt man vom Fuß des Schlossbergs in nur 14 Minuten auf 1450 m Höhe und genießt einen fantastischen Fernblick über das Chiemgau. Oben, auf der Kampenwand, gibt es ein Netz von Wanderwegen, vom einfachen Panoramaweg zur Steinlingalm bis hin zu anspruchsvollen Klettersteigen.

Sachrang ▶ K 12

Ein Dorf wie aus dem Bilderbuch: behäbige Höfe mit Geranienbalkonen, kunterbunte Bauerngärten und eine Dorfkirche, deren Prunk man von außen nicht erahnen würde. Um den Ort 8 km südlich von Aschau hat sich der Müllner Peter (1766–1843) verdient gemacht. Der aus einfachen Verhältnissen stammende Peter Huber übernahm den elterlichen Hof und die Mühle (daher der Rufname), wurde Gemeindevorstand von Sachrang, war leidenschaftlicher Komponist und Musiker und ein intimer Kenner traditioneller Heilkunst. Von ihm sind sowohl umfangreiche musikalische als auch heilkundliche Schriften erhalten. Zudem ließ er die verfallene **Ölbergkapelle** aus dem 17. Jh. restaurieren und belebte die Wallfahrt neu. Das **Müllner-Peter-Museum** im Schulhaus widmet sich dem Chiemgauer Universalgenie und Original mit einer sehenswerten Ausstellung (Schulstr. 3, www.muellner-peter-museum.de, Mai–Okt., Do–So 14–17, Mi 10.30–12.30 Uhr). Sein Grab auf dem Friedhof der **Pfarrkirche St. Michael** ist bis heute ein Ort der Verehrung. Das 1688 gestiftete Gotteshaus prunkt, ungewöhnlich für ein ländliches Kirchlein, im Innern mit Stuck von Pietro und Giulio Zuccali. Bemerkenswert ist am rechten Seitenaltar die Darstellung der hl. Sophia mit ihren drei Töchtern Fides, Spes und Caritas. Davon mehr in der Entdeckungstour auf S. 248.

Übernachten

In der Region werden zahlreiche Privatquartiere vermietet. Die Gastgeberlisten finden sich auf den Websites der Tourist-Infos zum Herunterladen und Buchen.

Künstlerflair – **Haus am Sonnenbichl:** Am Sonnenbichl 2, Aschau, Tel. 08052 47 73, www.hedwig-bouley.de, Appartement ab 45 €. Vier modern und licht gestaltete Appartements und ein 5000 m^2 großer Garten mit Blick auf das Schloss, dazu außerdem moderne Skulpturen und eine sehr aufmerksame Betreuung.

Ökoflair – **Erlebnisnaturhof:** Pölching 5, Aschau, Tel. 08052 95 46 82, www.erlebnisnaturhof.de, Wohnung ab 60 €. In dem neu aus Massivholz und Naturmaterialien erbauten Haus gibt es sechs Wohnungen mit Extras wie Fußbodenheizung. Kinder toben auf der großen Spielwiese.

Essen & Trinken

Schlemmen mit Fernblick I – **Berggast-hof Adersberg:** Adersberg 2, Rottau, Tel. 08641 69 93 60, www.hotel-am-chiemsee.de, Mi–Mo 11.30–14, 17.30–21 Uhr, Hauptgerichte ab 12 €. Östlich von Aschau schwingt ein kulinarisches Talent den Kochlöffel. Saisonale Spezialitäten und ein Hauch Haute Cuisine gehen eine perfekte Verbindung ein.

Aktiv & Kreativ

Paragliding – **Flugschule Chiemsee:** Am Hofbichl 3c, Aschau, Tel. 08052 94 94, www.flugschule-chiemsee.de. Kurse in Paragliding. Wer den Mut hat, kann im Tandem von der Kampenwand schweben.

Mein Tipp

Demut statt Jubel – St. Servatius auf dem Streichen ▶ L 12
Von Grassau nach Süden steht kurz vor der österreichischen Grenze die Streichenkapelle auf dem 300 m hohen Streichen. Sie stammt wohl noch aus dem 13. Jh. und zeigt sich nach umfassender Restaurierung im einzigartigen Freskenschmuck des 16. Jh., der in bewegten Bildern vom Leben der Heiligen erzählt. Ein Schatzkästchen ist der Schreinaltar mit geschnitzten Figuren und Reliefs, die wohl um 1520 entstanden. Das an Barock und Rokoko gewöhnte Auge erlebt in diesem spätgotischen Juwel eine Vollkommenheit, der weniger Jubel als umso mehr Demut innewohnt (Schlüssel im Berggasthof Streichen, wenn geschlossen).

Infos

Tourist-Infos: Kampenwandstr. 38, 83229 Aschau, Tel. 08052 90 49 37, www.aschau.de; Dorfstr. 20, 83229 Sachrang, Tel. 08057 378, www.sachrang.de.

Trachtenwallfahrt: Am dritten Sonntag im September pilgern Trachtler aus Bayern und Tirol zur Ölbergkapelle bei Sachrang. Der 1973 wiederbelebte Brauch hat sich zur größten Trachtenwallfahrt Oberbayerns entwickelt.

Grassau ▶ L 11

Bei Grassau beginnt das **Achental,** das nicht nur wegen seiner landschaftlichen Reize interessant ist, sondern auch wegen der Initiative Ökomodell Achental e. V., in der sich mehrere Gemeinden zusammengeschlossen haben, um den Naturraum zu erhalten. Zwischen April und Dezember verkaufen die Erzeuger aus dem Achental ihre Produkte jeden Samstagvormittag auf dem Grassauer Marktplatz. Die barocke **Pfarrkirche Mariä Himmelfahrt** steht auf romanischen und gotischen Fundamenten. Im Innern stuckierten hier wie vielerorts im Chiemgau Mitglieder der Zuccali-Familie ein helles Barockgewand. An der Straße in Richtung Rottau verdient das **Klaushäusl** mit dem **Museum Salz & Moor** einen Besuch. Hier ist eine der berühmten Reichenbachschen Wassersäulenmaschinen zu besichtigen, die in der ersten Hälfte des 19. Jh. Sole vom Berchtesgadener Bergwerk nach Rosenheim pumpten. Das Thema Moor widmet sich dem Kendlmühlfilzen, der Moorlandschaft zwischen Grassau und dem Chiemsee (Marktstraße, Tel. 08641 54 67, Mai–Okt. Di–Sa 14–17, So 10–17 Uhr).

Essen & Trinken

Schlemmen mit Fernblick II – **Gasthof Schellenberg:** Schellenberg 11, Bergen, 12 km nordöstl. von Grassau, Tel. 08662 84 56, Mo–Fr ab 17, Sa/So ab 14 Uhr, bei Regen geschl., Hauptgerichte ab 8 €. Der Gasthof nordwestlich von Bergen ist ein herrliches Ausflugsziel. Brotzeitteller und das abendliche Heurigen-Buffet lassen unter Kastanien und mit weitem Talblick keine Wünsche offen.

Reit im Winkl/ Winklmoosalm ▶ L 12

Eine Umfrage unter Feriengästen brachte vor einiger Zeit die Erkenntnis, dass die Veränderungen, denen Reit im Winkl und viele ähnliche Ferienorte durch den Tourismus unterworfen waren, sich negativ auf den Fremdenverkehr auswirken. Es gibt keine Bauern mehr, das Ländliche ist nur noch Schein und den durchschauen die meisten. Unter den Aspekten Freizeit, Sportmöglichkeiten und Unterkunft ist Reit im Winkl natürlich perfekt und auch unter dem Aspekt Umweltschutz hat man sich so einiges einfallen lassen: Auf die **Winklmoosalm,** sommers wie winters Ziel von Blechkarawanen, die ins Wander- oder Skigebiet drängten, wurde nun ein vorbildlicher Kabinenlift vom Parkplatz Seegatterl hinaufgeführt und die Forststraße gesperrt.

Übernachten

Gemütlich – **Hotel Garni Licht:** Gartenstr. 4, Tel. 08640 79 88 09, Reit im Winkl, www.hotel-licht.de, 8 Zi., DZ ab 60 €. Das in hellen Farben freundlich eingerichtete Hotel liegt zentral und besitzt einen hübschen Wintergarten fürs Frühstücksbuffet.

Essen & Trinken

Kulinarisch – **Klauser's Café-Restaurant:** Birnbacher Str. 8, Reit im Winkl, Tel. 08640 84 24, www.klausers.de, Café Di–So 14–17, Abendessen 18–22 Uhr, Hauptgerichte ab 15 €. Gehobene bayerische Küche, z. B. Kalbsrücken mit Pfifferlingen.

Aktiv & Kreativ

Wandern und Skifahren – **Winklmoosalm/Steinplatte:** Seegatterl, Gondelbahn, tgl. 8.30–16.30 Uhr, ab Febr. bis 17 Uhr, www.reitimwinkl.de. Im Winter Skigebiet bis 1900 m Höhe mit 44 km Abfahrten und Schneeschuh-Wanderwegen. Im Sommer ist die Alm Ausgangspunkt für herrliche Wandertouren, so z. B. die Gratwanderung zum Dürrnbachhorn.

Infos

Tourist-Infos: Kirchplatz 3, Tel. 08641 69 79 60, www.grassau.de; Dorfstr. 38, 83242 Reit im Winkl, Tel. 08640 800 27, www.reitimwinkl.de.

Ruhpolding/Inzell ▶ M 11

Wo früher Holzknechte ihrer sehr gefährlichen Arbeit nachgingen, genießen heute Urlauber eine herrliche Wander- und Skiregion um Ruhpolding und Inzell. Beides sind schmucke Städtchen, geprägt von Pensionen und Hotels. Kulturhistorisch bedeutsam ist die Ruhpoldinger **Pfarrkirche St. Georg** aus dem 18. Jh., deren üppige Rokoko-Ausstattung die Ruhpoldinger Madonna, eine romanische Marienfigur auf einem Seitenaltar, einrahmt. In Laubau wenige Kilometer nach Süden erläutert das **Holzknechtmuseum** die Arbeitsbedingungen, Techniken und Gefahren der Holzfällerei. Im Freigelände sind Themenhütten aufgebaut. Eine Reiffenstuehlsche Kolbenpumpe mit Wasserrad zeigt eindrucksvoll, mit welchen technischen Hilfsmitteln man bereits im 17. Jh. die Frage des Soletransports, damals von Reichenhall nach Traunstein, löste (Laubau 12, Tel. 08663 639, www.holzknechtmuseum.com, Mai–Okt. Di–So 10–17 Uhr).

Übernachten

Komfort und Wellness – **Ortnerhof:** Ort 6, Ruhpolding, Tel. 08663 882 30, www.ortnerhof.de, DZ ab 160 €, Pauschalen beachten! Das Hotel am südlichen Ortsrand wurde 2008 umgebaut, Zimmer und Suiten neu gestaltet, ein Wellnessbereich mit Schwimmbad hinzugefügt. Das Ergebnis: unaufdringlicher Landhausstil mit hohem Komfort und WLAN. Das Freizeitprogramm reicht von Wassergymnastik über Schnuppergolfen bis zu Kräuterwanderungen.

Sportlich – **Gasthof Schmelz:** Schmelzer Str. 132, Inzell, Tel. 08665 98 70, www.gasthof-schmelz.de. Nettes Mittelklassehotel im alpenländischen Stil nahe Inzell mit Wanderwegen vor der Haustür und Hallenbad.

Essen & Trinken

Schlemmerei – **Restaurant im Ortnerhof:** s. o., tgl. 11.30–14, 17.30–22 Uhr, Hauptgerichte ab 14 €. Der ambitionierte Küchenchef verwöhnt mit bayerisch-österreichischer Küche auf höchstem Niveau.

Urig – **Forsthaus Adlgaß:** Adlgaß 1, Inzell, Tel. 08665 483, www.forthaus-adlgass.de, Mi–Mo 10–20 Uhr, Haupt-gerichte ab 8 €. Mitten in der Natur gibt's bayerische Schmankerl, Wild oder Forellen, gewürzt mit Kräutern aus dem Garten.

Luftig – **Windbeutelgräfin:** Brander Str. 23, Ruhpolding, Tel. 08663 16 85, www.windbeutelgraefin.de, tgl. 10–18 Uhr. Der Lohengrin-Windbeutel wird hier mit über 20 verschiedenen kalorienreichen Füllungen angeboten.

Aktiv & Kreativ

Eisschnellauf – **Eisstadion Inzell:** www.eisstadion-inzell.de. Übers Eis flitzen wie die Stars. Auch Anni Friesinger dreht hier ihre Runden. 2010 wird der Betrieb allerdings nur eingeschränkt möglich sein, denn das Stadion rüstet sich um zur Halle für die WM 2011. Aktuelles auf der Website!

Fernsicht – **Rauschbergbahn:** tgl. 9.15–17 Uhr, www.ruhpolding.de/rausch bergbahn. Nach 5 Min. Fahrt auf den Rauschberg (1672 m) sorgen ein Spielplatz und ein Alpenlehrpfad für kindgerechte Unterhaltung.

Langlauf – **Chiemgau-Marathon-Loipe:** Sie verläuft auf 35 km Länge von Reit im Winkl über Ruhpolding bis Inzell entlang der Seenkette Weit-, Mitter- und Lödensee.

Infos & Termine

Tourist-Infos: Hauptstr. 60, Tel. 08663 880 60, 83321 Ruhpolding, www.ruhpolding.de; Rathausplatz 5, 83334 Inzell, Tel. 08665 988 50, www.inzell.de.

Bahn/Bus: Ruhpoldinger Bahn nach Traunstein, Abfahrt stdl.; Busverbindungen in die Nachbargemeinden (www.rvo-bus.de).

Nur was für Mutige – die Kampenwand

Berchtesgadener Land und Rupertiwinkel

Highlight!

Nationalpark Berchtesgaden: Oben wachen die schroffen Zacken von Watzmann und Hohem Göll, unten schimmern geheimnisvolle Seen, in deren Wasser sich Barockkirchlein spiegeln. Der Nationalpark ist ein herrliches Wander- und Erholungsgebiet, und wer an geführten Touren teilnimmt, kann dabei viel erfahren. S. 275

Auf Entdeckungstour

Von Bad Reichenhall bis nach Traunstein – der Weg des Salzes: Heute wird das Salz wieder in Bad Reichenhall gewonnen, doch zwischen dem 17. und 19. Jh. musste die Sole weite Wege zurücklegen. Das machten unter anderem raffinierte Erfindungen möglich. S. 262

Obersalzberg – die dunkle Seite des Idylls: Wie geht man mit der braunen Vergangenheit um? Drei ›Sehenswürdigkeiten‹ am Obersalzberg versuchen es auf ganz unterschiedliche Weise. S. 272

Kultur & Sehenswertes

Schaubergwerk Berchtesgaden: Rein in die Bergmannskluft und ab über die Rutsche in die geheimnisvolle Welt unter Tage – ein Spaß für die ganze Familie. S. 267

Burghausen: Die längste Burg der Welt, eine quirlige Altstadt und ein Jazzfest mit den Größen der Szene. S. 278

Aktiv & Kreativ

Wanderung durch die Wimbachklamm: Auf schmalen Stegen geht es an rauschenden Wasserfällen und an einem gurgelnden Wildfluss entlang. S. 271

Plättenfahrten auf der Salzach: Gemächlich fährt man mit den ehemaligen Salzbooten auf der Salzach von Tittmoning durch schöne Landschaft bis nach Burghausen. S. 278

Genießen & Atmosphäre

Berggasthof Vorderbrand: Der gemütliche Gasthof oberhalb des Königssees punktet mit herrlichem Blick, pfundigen Wirtsleut', gemütlichen Zimmern und bodenständiger Küche. S. 276

Klostergasthof: Der Gasthof in Raitenhaslach ist ein Muss zur Biergartenzeit! Dann schmecken die bayerischen Schmankerl, an der Salzach genossen, noch mal so gut. S. 282

Abends & Nachts

Magazin4: In dieser Bad Reichenhaller Institution treten die Stars der Kabarettszene auf – und natürlich auch die Talente in spe. S. 261

Café Uhu: Seit Jahren ist das Café ein beliebter Szenetreff in der Altstadt Burghausens. S. 282

Zackige Gipfel und herrische Burgen

Vor zerklüfteter Bergkulisse wirkt der südöstlichste Winkel Oberbayerns wie eine herbe Ausgabe des weißblauen Postkartenidylls. Über 2000 Jahre lang prägte das Salz aus den Solequellen in Reichenhall und dem Bergwerk in Berchtesgaden Geschichte, Landschaft und Städte. Es veränderte durch Abholzung deren Gesicht, bestimmte über Wirtschaftserfolge, und die Notwendigkeit, es zu den Verbrauchern zu bringen, schuf neue Verkehrswege und Transportmittel.

Heute ist das Berchtesgadener Land eine der touristisch reizvollsten Regionen Oberbayerns, und das ist vor allem dem Nationalpark zu danken, dessen weit verzweigtes Netz an Wanderwegen, dessen reiche Flora und Fauna und dessen idyllische Seen und reißende Wildbäche das Herz von Wanderern und Naturliebhabern erfreuen. Einsame Kircherl und engagierte Heimatmuseen dokumentieren die reiche Kultur, Salinen und Bergwerke die Wirtschaftsgeschichte. Der Rupertiwinkel, die Region entlang der Salzach nach Norden, steht im Zeichen mächtiger Burgen, die entlang der Grenze zum Salzburger Nachbarn für die Sicherheit der Städte sorgten. Burghausens knapp 1000 m lange Burg gilt nach einer Vermessung durch Experten des Guinness Buchs der Rekorde sogar als längste Burg der Welt. Die typische Inn-Salzach-Architektur prägt Stadtplätze in Tittmoning und Laufen.

Bad Reichenhall

▶ N 11/12

Der Kurort (17 000 Einw.) liegt in einem weiten Becken, umgeben von den bewaldeten Hängen von Untersberg, Lattengebirge und Hochstaufen und wird westlich und südlich von der Saalach eingerahmt. Salz wurde hier bereits von Illyrern, Römern und Kelten abgebaut. Der Ortsname soll auf den keltischen Begriff *hal* für Salz/Saline zurückgehen. In Reichenhall, dem ›reichen Salzlager‹, kam das wertvolle Mineral in Wasser gelöst ans Tageslicht. Man musste die Solequellen nur fassen

Erstrahlt in frischem Glanz – das Bad Reichenhaller Kurhaus

und das Salz mittels Verdunstung extrahieren (s. auch S. 262).

1834 sorgte ein Stadtbrand für die Grunderneuerung der Salinenwerke. Die danach eingebauten Förderräder und die Pumpe sind bis heute in Betrieb. Ende des 19. Jh. begann für die Salzstadt eine ganz neue Karriere als Kurort. Prinzregent Luitpold verlieh Reichenhall den Titel eines Kurbades und ab 1899 wurde es königlich-bayerisches Staatsbad. Die staatliche Kurgesellschaft wurde 1997 privatisiert.

St. Zeno

Abseits vom Zentrum, im Osten von Reichenhall an der Salzburger Straße, steht eine der wenigen erhaltenen romanischen Kirchen Oberbayerns. Gegründet wurden Kloster und Kirche der Augustinerchorherren im Jahr 1136 anstelle eines älteren, von den Agilofingern gestifteten Gotteshauses, das wiederum auf einem römischen Gräberfeld erbaut worden war. Geweiht wurde es St. Zeno, dem Heiligen, der gegen Überflutungen schützte, die Reichenhall häufig heimsuchten. 1512 fiel die Kirche einem Brand zum Opfer

und wurde danach als gotische Pfeilerbasilika wieder aufgebaut. Später wurde barockisiert und im bayerischen Rokoko verschönert, doch das wunderbare romanische Portal an der Westfassade blieb erhalten. Aus zweifarbigem Marmor gestaltet, die Säulen von Löwen getragen, endet der Torbogen unter dem Tympanon mit der Madonna, St. Zeno und dem hl. Rupert, dem Schutzpatron der Bergleute. Das Kircheninnere zeigt gotische Kostbarkeiten wie die Figurengruppe am Hochaltar (Mariens Krönung).

Kurpark und Stadtzentrum

Ein gutes Stück westlich von St. Zeno liegen die Kuranlagen umgeben von den Villen des 19. Jh. und des beginnenden 20. Jh., so z. B. das **Kurhotel Axelmannstein** (1846; Salzburger Straße 2). 1900 wurde das **Staatliche Kurhaus** von Max Littmann in neoklassizistischem Stil errichtet; heute wird es nur noch für Veranstaltungen genutzt. Der elegante **Kurpark** stammt aus den gartenkundigen Händen von Karl Effner (1868–1878). Das **Gradierwerk** vervollständigte 1929 die Kuranstalt: In dem 172 m langen und 14 m hohen Freiluftinhalatorium rieselt die Sole über 200 000 Schwarzdornreisigbündel und verteilt ihre wohltuenden Kräfte in feinen Tröpfchen in der Luft.

Fußgängerzone und Heimatmuseum

Die Bahnhofstraße oder der Adolf-Bühler-Weg führen weiter nach Westen in die Reichenhaller **Fußgängerzone.** Klein und übersichtlich erstreckt sie sich über 2 km Länge, vorbei an Boutiquen, Kaufhäusern und historischen Sehenswürdigkeiten, so der **St.-Johannes-Kirche,** einer weiteren romanischen Kostbarkeit aus dem 12. Jh. mit gotischer Orgelempore und Ausstattung des frühen Rokoko. Die Spitalgasse führt weiter zum **Salzmaierhaus** (15. Jh., Sitz der Salinenverwaltung bis 1840) und dem nebenan im Getreidestadel (1539 erbaut) eingerichteten **Heimatmuseum** (Mai–Okt. Di–Fr 14–18, jeden 1. So im Monat 10–12 Uhr).

Sebastianiviertel

Vorbei am Rathausplatz mit dem Alten (1849) und dem Neuen Rathaus sieht man bereits die südöstlich liegende Alte Saline. Es lohnt sich aber, vor deren Besichtigung noch ein Stück weiter in die Obere Stadt bzw. das Sebastianiviertel um den idyllischen **Florianiplatz** zu spazieren. Dies ist eindeutig der älteste Teil von Reichenhall: Überragt von der Anhöhe mit der 1219 zum Schutz der Salzstadt erbauten **Burg Gruttenstein** (Privatbesitz, keine Besichtigung möglich) drängen sich typische **Inn-Salzach-Häuser,** so z. B. in der Florianigasse und in der Tiroler Straße. Laubengänge und teils mehrstöckige Erker strukturieren die schmalen, hohen Fassaden, die so hoch gezogen wurden, dass der Dachgiebel dahinter verschwand. Herausgebildet hat sich

dieser Haustyp im 18. Jh. als Brandschutzmaßnahme; davor waren die meisten Stadthäuser mit vorkragenden Holzschindeldächern gedeckt, über die sich das Feuer schnell ausbreiten konnte. Auch Häuser dieses ländlichen Bautyps sind rund um den Florianiplatz noch zu sehen. Als Reste der alten Stadtbefestigung aus dem 13. Jh. bewacht der wuchtige Peter- und Paulsturm das Sebastianiviertel.

Alte Saline

S. auch Entdeckungstour S. 262
Die Salinenstraße führt zurück nach Nordosten zu den Backsteingebäuden der Alten Saline. Sie ist ein einzigartiges Denkmal der Industriearchitektur, in dem alle drei wichtigen Entwicklungsphasen der Salzgewinnung vereint und noch erhalten sind: die erste Quellfassung im 16. Jh., die Modernisierung Ende des 18. Jh. und die Runderneuerung im 19. Jh. nach dem Stadtbrand 1834. Letztere besorgten Friedrich von Gärtner und Daniel Ohlmüller. König Ludwig I. wollte eine Anlage »wie sie herrlicher keine Stadt Deutschlands bis dahin aufzuweisen vermochte«. Die monumentalen Sudhäuser aus Backstein mit romanisierenden Bogenfenstern vermitteln einen majestätischen Eindruck. Doch beleben heute nicht mehr Salinenarbeiter die großen Hallen. Vielmehr haben sich hier verschiedene Unternehmen niedergelassen, u. a. auch der beliebte Musik- und Kabarettclub **Magazin4** (s. rechts). Die Solequellen von Reichenhall werden ins Gradierwerk und ins Kurhaus gepumpt, weil die inzwischen geringe Konzentration für die Salzgewinnung nicht ausreicht. Das in der Neuen Saline produzierte Bad Reichenhaller Salz wird aus Sole gewonnen, die aus dem Berchtesgadener Bergwerk (s. S. 267) und aus Tiefbohrungen im Reichenhaller Raum stammt.

Predigtstuhl ▶ N 12

Auf den Reichenhaller Hausberg Predigtstuhl (1614 m) führt die älteste erhaltene Großkabinenbahn Deutschlands. 1928 wurde sie von der Talstation im Ort in wirklich atemberaubender Steigung und über senkrechten Fels zur Bergstation in 1583 m Höhe hinaufgeführt. Der Gipfelrundweg und der Weg zur Schlegelmunde werden auch im Winter gefräst und sind gut zu begehen. Im Sommer locken leichte Wanderwege zwischen einer halben und zweieinhalb Stunden.

Übernachten

Gediegen und qualitätsvoll – **Hotel Neu-Meran:** Nonn 94, Tel. 08651 40 78, www.hotel-neu-meran.de, DZ ab 130 €. Sehr komfortables, familiär geführtes Hotel in einzigartiger Panoramalage über Reichenhall mit herrlichem Blick auf die umliegenden Gipfel; Wellnessbereich und Pool im Tiefgeschoss. Das Restaurant gilt als bestes im Ort.

Essen & Trinken

Für Feinschmecker – **Restaurant im Hotel Neu-Meran:** s. o., tgl. 12–14, 18–22 Uhr, Hauptgerichte ab 14 €. Am Herd steht der Seniorchef persönlich: Franz Weber verbindet bayerische Kochtradition mit internationaler Küche; Fleisch, Fisch und Wild sowie vegetarische Gerichte munden vorzüglich.
Bayerisch-gemütlich – **Brauerei-Gasthof Bürgerbräu:** Am Rathausplatz, Tel. 08651 60 89, tgl. 10–23 Uhr, Hauptgerichte ab 8 €. Seit 1633 wird an dieser Stelle gebraut und bewirtet. In den gemütlichen Wirtshausstuben kommen alle bayerischen Schmankerln auf den Tisch, so Rehbratwürstl. Dazu gibt's süffiges Bier.

Einkaufen

Süßes – **Confiserie Reber:** Ludwigstr. 10–12, Mo–Sa 9–18, So 14–18 Uhr. Im Stammhaus der berühmten Mozartkugeln gilt es, einem ganzen Universum von Kalorienbomben zu widerstehen.
Salziges – **Salinenapotheke:** Alte Saline 4, Mo–Fr 8–19, Sa 9–12 Uhr. Breite Auswahl an Heilmitteln und Kosmetika aus Sole und Salz.

Aktiv & Kreativ

Wellness – **Rupertus Therme Spa & Fitness Resort:** Friedrich-Ebert-Allee 21, Tel. 01805 60 67 06, www.rupertus therme.de, Mo–Sa 9–22, So 9–20 Uhr. Ruheoase mit mehreren Solebecken, einer Solegrotte, Saunalandschaft, Fitnesscenter und umfangreichem Massage- und Wellnessprogramm.

Abends & Nachts

Live und bissig – **Magazin4:** Alte Saline, Tel. 08651 23 25, www.magazin4.de. Wechselndes Liveprogramm mit Musik und Kabarett.

Infos & Termine

Kur- und Verkehrsverein: Wittelsbacherstr. 15, 83435 Bad Reichenhall, Tel. 08651 60 63 03, www.bad-reichen hall.de.

Bahn/Bus: Hauptbahnhof am Bahnhofsplatz, Zugauskunft Traunstein, Tel. 118 61, Züge nach Berchtesgaden, Chiemsee, München. Busverbindungen nach Bayerisch Gmain, Thumsee und Piding. Innerstädtische Linien Rupertusbad–Kaiserplatz und Rathausplatz–Mayerhof (Fahrplanauskunft bei

Auf Entdeckungstour

Von Bad Reichenhall bis nach Traunstein – der Weg des Salzes

Die Gier nach dem Weißen Gold machte Fürsten und Händler reich, entwaldete ganze Landstriche und trieb Ingenieure zu revolutionären technischen Neuerungen. In der Alten Saline Bad Reichenhall nahm die Geschichte ihren Anfang.

Reisekarte: ▶ M/N 10/11

Planung: Alte Saline, Bad Reichenhall, Alte Saline 9, Tel. 08651 700 21 46, Mai–Okt. 10–11.30, 14–16, Nov.–April Di–Fr und jeden 1. So im Monat 14–16 Uhr; auch Öffnungszeiten der Museen in Traunstein (s. S. 245), bei Grassau (s. S. 252) und in Ruhpolding (s. S. 253) beachten.

Strecke und Zeit: Alte Saline, Bad Reichenhall – Ruhpolding – Grassau – Traunstein; ein Tag

Dass in Reichenhall schon die Kelten Sole siedeten, sagt ja bereits der hintere Teil des Ortsnamens *hal*, keltisch: Salz. Älteste schriftliche Zeugnisse über die Salzgewinnung stammen aus dem 7. Jh. 682 machte der Agilofinger Herzog Theodo II., der erste christliche Herrscher dieser Linie, Bischof Rupertus von Salzburg ein Geschenk, das Bad Reichenhall in den folgenden Jahrhunderten zum Zankapfel zwischen Bayern und dem Bistum Salzburg machen sollte, bis es 1587 endgültig an Bayern fiel: »20 Pfannstädel« und ein Drittel der Quellschüttungen wechselten damals den Besitzer, also 20 Solepfannen und ein Drittel der Solequellen. Zu jener Zeit waren die Pfannen zum Sieden der Sole mit rund 5 m Durchmesser relativ klein; später wurden Solepfannen mit 250 m^2 Bodenfläche verwendet. Heute haben energiesparende Siedeverfahren die alten Pfannen abgelöst.

Wasserkraft und Riesenräder

Die Besichtigung der Saline startet im Hauptbrunnenhaus mit den darunter liegenden Stollen. Zunächst sehen die Besucher die Maschinenhalle mit ihren imposanten Wasserrädern von 13 m Durchmesser: Angetrieben durch einen Gebirgsbach bewegen sie zehn Pumpen und fördern so tagtäglich 900 000 Liter Sole, also salzhaltiges Wasser, aus dem 15 m tiefen Hauptschacht. Was heute die Wasserkraft leistet, mussten bis Mitte des 15. Jh. Menschen bewegen. In Ledereimern wurde die Sole von einer Menschenkette nach oben befördert.

Geniale Erfindung

Im 16. Jh. stammten ein Fünftel der herzöglichen Staatseinnahmen aus Salzzöllen. Ausgerechnet diese Quelle des Wohlstands drohte zu versiegen,

denn Süßwassereinbrüche verschlechterten beständig die Qualität der Sole. Die Lösung dieses Problems hatte der Bildhauer Erasmus Grasser bereits im 15. Jh. entworfen. Verwirklicht wurden sie aber erst, als Herzog Georg der Reiche und Albrecht IV. alle in nichtklösterlichem Besitz befindlichen Solepfannen in ihre Hand gebracht hatten. Nach Grassers Plänen wurde von 1524 bis 1538 ein Stollen angelegt, in den man nun vom Hauptbrunnenhaus über 72 Stufen hinuntersteigt. Die Solequellen wurden in einem zentralen Schacht zusammengefasst. Das Süßwasser wurde von den Solequellen weggeleitet und in einen 2 km langen, unterirdischen Kanal eingespeist: den Grabenbach, an dem die Salinentour nun entlangführt. Keine Angst! Er ist zwar 500 Jahre alt, aber sehr stabil.

Historische Ökokatastrophe

Die Folge war eine enorme Steigerung der Produktion – Ende des 16. Jh. wurden 370 000 Zentner Salz pro Jahr produziert und dafür jährlich 265 000 m^3 Holz geschlagen. Schon bald erwies sich der Brennstoffmangel als größtes Problem der Salzgewinnung: Die Hänge rund um Berchtesgaden und Reichenhall waren abgeholzt. Das Holz kam nun aus der weiteren Umgebung, aus Ruhpolding oder Inzell. Holzknechte waren gesucht, ebenso Trifter, die die geschlagenen Stämme auf dem Wasserweg bis nach Reichenhall lenkten. Im Holzknechtmuseum von Ruhpolding (s. S. 254) ist die Epoche dieser schweren und gefährlichen Arbeit dokumentiert.

Sole auf Wanderschaft

Anfang des 17. Jh. wurde immer deutlicher, dass das Holzproblem nur durch die Verlagerung der Solepfannen zu bewältigen war. Traunstein, noch reich an Wäldern und dank naher Moorlandschaften auch mit Torf gesegnet, bot sich an. Vater und Sohn Hans und Simon Reiffenstuel konstruierten 1617 eine 31 km lange Soleleitung aus 9000 hölzernen Deicheln (Holzrohren) von Reichenhall nach Traunstein. Darin wurde die Sole über 238 m Höhenunterschied gepumpt. 7 m hohe, mit Kolben verbundene Wasserräder, drückten sie nach oben in ein Hochbecken, von dem aus sie zur nächsten Pumpstation abfließen konnte. Sieben solche ›Brunnhäusl‹ hielten die ›erste Pipeline der Welt‹ am Laufen; eines davon ist im Holzknechtmuseum zu besichtigen!

Aufstieg und Fall

Es dauerte keine 200 Jahre, da stand man in Traunstein erneut vor dem Problem des Brennstoffmangels. Eine weitere Verlagerung nach Rosenheim wurde beschlossen, ein weiteres technisches Meisterwerk wurde benötigt, denn mittlerweile gehörte auch Berchtesgaden zu Bayern und auch dessen Sole sollte in Rosenheim verarbeitet werden. Die Antwort auf diese Herausforderung – immerhin ging's auf dieser Strecke um 350 m Höhenunterschied – lieferte Georg Friedrich von Reichenbach mit der Reichenbach'schen Solehebemaschine. Das Museum Klaushäusl bei Grassau erklärt deren Funktionsweise (s. S. 253).

200 Jahre war Traunstein Hauptsaline, doch nur wenig erinnert heute an diese Epoche: Wie die Saline Au ausgesehen hat, zeigt eine Abteilung des Stadtmuseums (s. S. 245). Den Abriss des Salinengeländes hat nur die 1630/1631 am Karl-Theodor Platz erbaute Salinenkirche überstanden, ein Stilmix aus gotischen Fenstern, barocken Turmkappen und einem Renaissanceportal. Geweiht ist sie dem hl. Rupert, eben jenem Salzburger Bischof, dem der Agilofinger Theodo II. Salzrechte in Reichenhall geschenkt hatte und der schließlich der ganzen Salzregion, dem Rupertiwinkel, seinen Namen verlieh.

Denkmal der Industriearchitektur – die Alte Saline in Bad Reichenhall

264

der Touristeninformation). RVO-Busse u. a. nach Berchtesgaden und Traunstein (www.rvo-bus.de).

Perchtenlauf der Nonner Perchten: Nacht vom 5. auf den 6. Jan., Start gegen 16 Uhr (den genaue Ausgangspunkt und den Wegverlauf gibt's beim Verkehrsverein). Archaisches Spektakel mit furchterregend verkleideten Perchten (s. S. 67).

Berchtesgaden ▶ O 12

Dicht gedrängt staffeln sich die hohen, schmalen Inn-Salzach-Häuser um Schloss und Stiftskirche. Der wild gezackte Watzmann, die Reiteralpe und der Hohe Göll rahmen das Bilderbuchstädtchen (8000 Einw.) ein und wachen als gütige Götter über das Geschick der Winzlinge, die an ihrem Fuße seit Anfang des 12. Jh. siedeln. Die Grafen von Sulzbach erbauten hier ein Augustinerchorherrenstift (1102–1108), das nicht nur die geistliche, sondern auch die weltliche Gewalt über sein Territorium erhielt; der Klostervorsteher war zugleich Propst und Fürst. Das Privileg Salz abzubauen, beanspruchte die Fürstpropstei dank eines von Friedrich Barbarossa 1156 verliehenen Salzregals – das aber war gefälscht. Der Kaiser hatte dem Kloster nur die Forsthoheit sowie das Jagd-, Weide- und Fischrecht zugestanden, das Salz hingegen schmuggelten die Pröpste hinzu. 1190 wurde der Abbau begonnen und 1212 eine Saline eingerichtet. 1328 war aus dem Stift ein Markt geworden, der sich 1393 das Bistum Salzburg einverleibte. 1594 fiel dieses an die Wittelsbacher und wurde 1704 erneut österreichisch besetzt. Das Hin und Her endete erst 1810, als Berchtesgaden endgültig Bayern zugeschlagen wurde. Zu diesem Zeitpunkt en-

dete auch die Leibeigenschaft der Bauern. Ende des 19. Jh. kam dann der touristische Aufschwung, der zunächst Maler und Literaten, ab 1928 dann aber Nationalsozialisten um Adolf Hitler nach Berchtesgaden brachte. Die Anlagen am Obersalzberg (s. S. 272) wurden 1945 bombardiert und von Amerikanern besetzt.

In die Altstadt

Am südlichen Ortseingang begrüßt die **Kirche Unsere Liebe Frau am Anger** **1**, die ehemalige Stiftskirche des Frauenklosters, die Besucher. Sie wurde von Peter Inntzinger um die Wende vom 15. zum 16. Jh. als spätgotische zweischiffige Hallenkirche errichtet und überrascht mit einem besonders schönen Sterngewölbe, an dem Malereien und Rankwerk aus dem 16. Jh. erhalten sind. Das Kloster, seit 1695 im Besitz der Franziskaner, beherbergt das Nationalpark-Haus (s. S. 270).

Stiftskirche und Schloss

Schloss: Pfingsten–Mitte Okt.
So–Fr 10–13, 14–17 Uhr, letzter Einlass jeweils 1 Std. früher; im Winter
Mo–Fr Führungen um 11 und 14 Uhr
Nach Norden geht's die Baumgartenallee entlang und am modernen **Kurhaus** **2** und dem **Kurgarten** vorbei zum Sitz weltlicher und christlicher Macht: Die Stiftskirche und das nach der Säkularisation zum königlichen Schloss umgebaute Chorherrenstift beherrschen den nördlichen Eingang zur Altstadt. Die ursprünglich romanische **Basilika St. Peter und Johannes der Täufer** **3** wurde ab 1300 rund 200 Jahre lang gotisch umgebaut und im 19. Jh. neoromanisiert. Deshalb ist der Gesamteindruck eher zwiespältig, doch im Innern prunkt sie mit einem Chorgestühl aus dem 14. Jh., einem barocken Marmoraltar (17. Jh.) und einer Vielzahl von Grabmälern der hier bei-

gesetzten Pröpste. Im **Schloss** `4` nebenan ist noch der romanische Kreuzgang des Stifts erhalten, eine Rarität im barocken Oberbayern und von zierlicher, ruhiger Schönheit. An einigen der Säulen, die die Arkadenbögen tragen, sieht man figürliche Steinmetzarbeiten wie Sirenen, Löwen und eine Darstellung des Orpheus. Im Schloss, das zuletzt dem Kronprinzen Rupprecht von Bayern als Domizil diente (1922–1933), sind die Repräsentationsräume, Waffenkammern und Schlafzimmer der königlichen Herrschaften zu besichtigen. Die darin ausgestellte Kunstsammlung des Kronprinzen umfasst u. a. mittelalterliche Plastiken und Gemälde, darunter zwei Altarflügel von Tilman Riemenschneider in der Gotischen Halle.

Am Marktplatz

Südwestlich und schräg gegenüber der Schlossanlage erstreckt sich der lang gezogene, historische **Marktplatz** `5` mit dem 1594 errichteten **Hirschenhaus** `6`. Zwar wurde das Haus Ende des 19. Jh. umgebaut, aber an der der Metzgergasse zugewandten Fassade sind noch Lüftlmalereien aus der Gründungszeit erhalten: Affen symbolisieren hier die Untugenden der Menschen. Der Brunnen auf dem Markt stammt ebenfalls aus dem 16./17. Jh. Am Schlossplatz nebenan findet man gleich mehrere interessante Geschäfte, darunter **Berchtesgadener Handwerkskunst** `1`, wo es die hübschen Berchtesgadener Spanschachteln zu kaufen gibt – Holzwar nannte man das früher und die war fast ebenso berühmt wie das Berchtesgadener Salz.

Schloss Adelsheim `7`

Heimatmuseum: Dez.–Okt. Di–So 10–16 Uhr, Führung um 15 Uhr
Ein sehr lohnender Spazierweg führt durchs Nonntal, eines der ältesten Siedlungsgebiete Berchtesgadens, wo man viele typische Beispiele traditioneller alpenländischer Architektur, geschmückt mit bunten Fresken der Lüftlmalerei, studieren kann. Nach rund 1 km in nordöstlicher Richtung erreicht man das Renaissanceschloss Adelsheim mit dem **Heimatmuseum.** ›Verleger‹ nicht im buchtechnischen Sinne, sondern Leute, die Waren von hier nach da verlegten, waren die Distributoren für das zweite große Handelsgut nach dem Salz, das Berchtesgaden in alle Teile Europas lieferte: die Erzeugnisse des Holzhandwerks, darunter die bunt bemalten, überaus leichten und praktischen Spanschachteln. Seit dem 16. Jh. ist die **Berchtesgadener War'** verbrieft, und wie vielseitig, funktional und zugleich hübsch gearbeitet die Spanschachteln, das Holzspielzeug, Flöten und Hausrat waren, zeigt die Ausstellung im Heimatmuseum. Fasziniered sind auch die Arbeiten der **Boandlschnitzer**, die aus Elfenbein, aber auch aus Rinderknochen die kompliziertesten und filigransten Gegenstände schnitzten: Vom zerlegbaren Auge über Kämme, Fingerhüte und sogar Flohfallen ist im Museum eine erstaunliche Sammlung dieser alten Kunst vertreten, die 1879 mit dem Tod des letzten Beinschnitzers in Berchtesgaden ausstarb. Neben diesen beiden Schwerpunkten zeigt das Heimatmuseum **Marionetten** des Bauchrednes Gabriel Gailler (1838–1917), zu seiner Zeit ein berühmter Theatermann, **Skulpturen** und **Schnitzarbeiten** von Berchtesgadener Holzbildhauern aus den letzten 500 Jahren, **Trachten, Votivgaben** und **Alltagsgegenstände** aus dem Berchtesgadener Raum. Die Sammlung des aus Berchtesgaden stammenden Volkskundlers Rudolf Kriss (1903–1973) zeigt Votivgaben und Devotionalien aus dem Alpenraum, dem südlichen Europa und

Berchtesgaden

Sehenswert

1 Kirche Unsere Liebe
Frau am Anger
2 Kurhaus
3 Basilika St. Peter und
Johannes der Täufer
4 Schloss
5 Marktplatz
6 Hirschenhaus
7 Schloss Adelsheim
8 Schaubergwerk
Berchtesgaden

Übernachten

1 Hotel Bavaria

Essen & Trinken

1 Schwabenwirt
2 Bräustüberl
Berchtesgaden

Einkaufen

1 Berchtesgadener Handwerkskunst
2 Enzianbrennerei
Grassl

Aktiv & Kreativ

1 Para-Taxi

Abends & Nachts

1 Aschauerweiherwirt

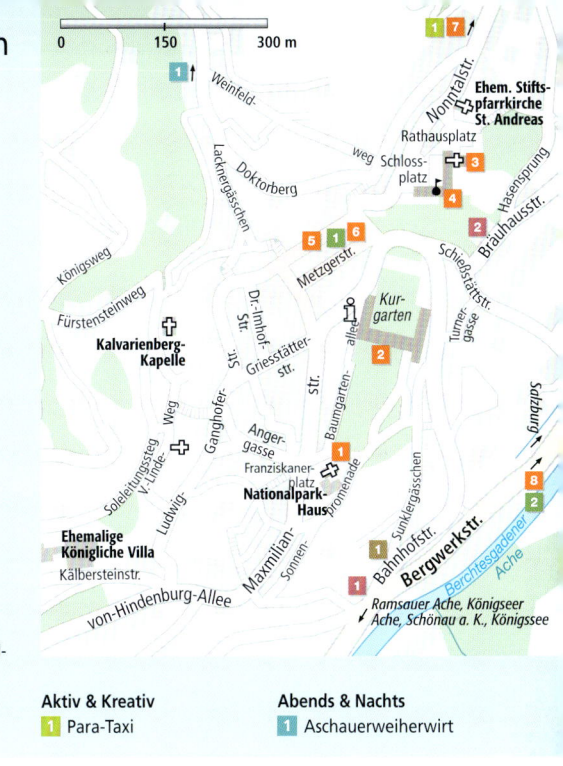

sogar aus dem christlichen Äthiopien. Angeregt durch so viele schöne Dinge kann der Besucher dann im Museums-laden aus der Berchtesgadener War' auswählen.

Schaubergwerk Berchtesgaden **8**

Bergwerkstr. 83, Tel. 08652 600 20, www.salzzeitreise.de, Mai–Okt. tgl. 9–17, im Winter tgl. 11.30–17 Uhr, Dauer der Führung 45 Min.
Ein Besuch im Schaubergwerk ist nicht nur für Erwachsene interessant, son-dern auch ein Riesenspaß für Kinder. Das fängt schon mit der ›Verkleidung‹ an – die Besucher werden in Berg-mannskluft gesteckt und per Gruben-bahn ins Innere des Haselgebirges be-fördert, in dem seit 1517 Salz ab-gebaut wird. Dann geht's durch still-gelegte Sinkwerke und Stollen, teils über Holzbahnen bergab rutschend zu einem bunt illuminierten Salzsee, den man auf einem Floß überquert. Das Bergwerk ist übrigens immer noch in Betrieb, jährlich werden 600 000 m^3 Sole gefördert und später in der Neuen Saline von Reichenhall zu Salz verar-beitet.

Übernachten

Romantisch – **Hotel Bavaria 1**: Sunk-lergässchen 11, Tel. 08652 966 10, www.hotelbavaria.net, DZ ab 80 €. Das zentrumsnah gelegene Haus bietet komfortable Zimmer, einen schönen Wellnessbereich und ein reichhaltiges Frühstücksbuffet.

Lieblingsort

Watzmann von unten ▶ O 12

Über die Frage, von wo aus betrachtet der Watzmann am eindruckvollsten erscheint, scheiden sich die Geister. An der Straße von Bischofswiesen nach Maria Gern reckt er sich wie der Rücken eines urzeitlichen, unter der Erde lauernden Drachen über die Wiese, schroff gezackt, herrisch, drohend und zugleich lockend. Generationen von Bergsteigern sind seinem Ruf erlegen, viele haben dafür mit dem Leben bezahlt. Mich hat's nie auf seinen Gipfel gezogen, denn von hier unten ist der Blick auf ihn doch viel schöner.

Essen & Trinken

Gutbürgerlich – **Schwabenwirt** **1**: Königsseer Str. 1, Tel. 08652 20 22, tgl. 10–22 Uhr, Hauptgerichte um 10 €. Große Gastwirtschaft in Bahnhofsnähe mit gemütlichem Biergarten. Zu den bayerischen Spezialitäten zählen Semmelknödel und Biersuppe.

Klassiker – **Bräustüberl Berchtesgaden** **2**: Bräuhausstr. 13, Tel. 08652 97 67 24, Mo–Sa 10–1, So 11–22 Uhr, Hauptgerichte um 9 €. Urig und beliebt bei Einheimischen wie Touristen, deftig-bayerische Kost und selbst gebrautes Bier.

Einkaufen

Bunt – **Berchtesgadener Handwerkskunst** **1**: Schlossplatz, Mo–Fr 9–12, 14–18, Sa 9–12 Uhr, http://berchtesgadener-handwerkskunst.de. Von der Spanschachtel über Puppenstubenmöbel bis hin zu Wandbildern – alles beste Berchtesgadener War'.

Bitter – **Enzianbrennerei Grassl** **2**: Salzburger Str. 105, Mai–Okt. Mo–Fr 8–18, Sa 8–14, Nov.–April Mo–Fr 8–17, Sa 9–12 Uhr, www.grassl.com. Seit 400 Jahren Berchtesgadener Platzhirsch für alles, was mit Enzianschnaps zu tun hat.

Aktiv & Kreativ

Wandern – **Touren im Nationalpark:** Die Nationalparkverwaltung organisiert winters wie sommers geführte Wanderungen, z. B. zur Beobachtung der im Schutzgebiet nistenden Adler; Programm erhältlich im Nationalpark-Haus oder bei der Tourist-Information.

Fliegen – **Para-Taxi** **1**: Locksteinstr. 21, Tel. 08652 94 84 50, 0700 72 72 82 94, www.parataxi.de. Tandemflüge mit dem Gleitschirm, je nach Dauer und Ziel ab 150 €.

Abends & Nachts

Fetzige Stimmung – **Aschauerweiherwirt** **1**: Aschauerweiherstr. 85, Bischofswiesen, Fr/Sa 20–3 Uhr. Der Wirt beim Schwimmbad legt an den Wochenenden Rock 'n' Roll auf!

Infos

Tourist-Information: Kur- und Kongresshaus, Maximilianstr. 9, 83471 Berchtesgaden, Tel. 08652 944 53 00, www.berchtesgaden.de.
Nationalpark-Haus Berchtesgaden: Franziskanerplatz 7, Tel. 08652 643 43, www.nationalpark-berchtesgaden.de, tgl. 9–17 Uhr. Informationen zum Nationalpark, Wanderkarten.

Bahn/Bus: Hauptbahnhof, Bahnstraße, Tel. 118 61, von hier verkehren RVO-Busse (www.rvo-bus.de) u. a. zum Dokumentationszentrum Obersalzberg und an den Königssee.
Obersalzbergbahn: Bergwerksstraße, Tel. 08652 25 61, www.obersalzberg bahn.de, Mai–Okt 9–18, im Winter 9.30–16.30 Uhr.

Rund um Berchtesgaden

Obersalzberg ▶ O 12

S. Entdeckungstour S. 272.

Maria Gern ▶ O 12

Nordwestlich des Nonntals erreicht man über Lockstein- und Gerner Straße bergauf nach 4 km das **Wallfahrtskirchlein Maria Gern,** dessen Lage auf einer Anhöhe über dem Gernbach alleine schon begeistert. Zwiebelturm und hohes Satteldach überragen das auf ellipsenförmigem Grundriss anstelle einer älteren Kapelle errichtete Gotteshaus (1708–1710). Im Innern haben Stuckateure und Freskenmaler wie der Salzburger Joseph Schmidt und Christoph Lehrl aus Höglwörth einen üppigen Rahmen für das Gnadenbild der Maria (Wolfgang Huber, 1666) geschaffen. Die Madonna wird im Jahreszyklus in immer neue Prunkkleider gehüllt; wie verehrt sie heute noch ist, beweisen die vielen Votivgaben. Gegenüber der Kirche befindet sich übrigens die Werkstatt von einem der letzten **Böllermacher** Oberbayerns: Seit über 20 Jahren fertigt er die rustikalen, nur mit Pulver geladenen Handfeuerwaffen, die in Bayern beim Salutschießen abgefeuert werden. Auch wenn man nicht die Absicht hat, sich einen Böller zuzulegen, lohnt ein Blick in seine Ausstellungsvitrine (Gerner Str. 12, Tel. 08652 614 91).

Ramsau ▶ N 12

Das Bilderbuchdorf liegt rund 14 km westlich von Berchtesgaden im Tal der Ramsauer Ache. Hier locken nicht nur der 2607 m hohe **Hochkalter,** der idyllisch zwischen Bergen gebettete Hintersee und der beliebte Soleleitungs-Wanderweg, sondern auch die **Wallfahrtskirche St. Mariä Himmelfahrt am Kunterweg.** Eine Viertelstunde auf dem Kunterweg, dem Pfad für das Kleinvieh, bergauf erreicht man dieses Kleinod des bäuerlichen Rokoko. 1731–1733 erbaut, ersetzte es eine ältere Kapelle, deren Gnadenbild der Maria in den Hochaltar integriert wurde. Warum die Fürstpröpste von Berchtesgaden diese Kirche stifteten, wird im allegorischen Deckengemälde dargestellt: Maria, Augustinus und ein

Ohne Alpenkitsch – Hotel Rehlegg

Das Traditionshaus in wunderschöner Panoramalage in Ramsau hat angebaut und sich große, lichte, modern-alpenländisch eingerichtete Zimmer geleistet, die einfach wunderbar geschmackvoll sind und jeglichen Alpenkitsch vermissen lassen. Zum Haus gehören ein komfortables Wellnesscenter und ein hervorragendes Restaurant (Best Western Berghotel Rehlegg, Holzengasse 16–18, Ramsau, Tel. 08657 988 44 44, www.rehlegg.de, DZ ab 130 €, Restaurant tgl. 12–14, 18.30–21.30 Uhr, Hauptgerichte um 15 €).

Blitze schleudernder Engel triumphieren über die Lutheraner (die 1733 aus Berchtesgaden vertrieben wurden).

Ein beliebter **Wanderweg** führt in eineinhalb Stunden von der **Wimbachbrücke** (Mai–Ende Okt., Eintritt 1,50 €) auf schmalen Holzstegen durch die **Wimbachklamm** und danach durchs Tal bis zum ehemaligen Jagdhaus der Fürstpröpste, dem **Wimbachschloss.** Hier kann man einkehren, bevor man sich auf den Rückweg macht (s. u.).

Essen & Trinken

Herrlicher Blick – **Wimbachschloss:** Ramsau, Tel. 08657 343, Mitte Mai–Ende Okt. tgl. 9–18 Uhr, Hauptgerichte um 9 €. Das 1784 erbaute Schlösschen diente den Fürstprobsten und Wittelsbachern als Jagdhütte. Heute ist es ein beliebtes Ausflugsziel mit schnörkelloser bayerischer Küche sowie Blick auf Watzmann und Hochkalter.

Auf Entdeckungstour

Obersalzberg – die dunkle Seite des Idylls

Bis 1933 waren die Pensionen in herrlicher Sonnen- und Panoramalage am Obersalzberg eine beliebte Sommerfrische, doch dann wandelte sich das Ferienidyll in das ›Führersperrgebiet‹, eine hoch gesicherte, aus Gästehäusern, Kasernen und Bunkern bestehende Anlage um Hitlers Berghof. Heute klärt die Dokumentation Obersalzberg über die Geschichte auf, während ein paar Schritte weiter Ewiggestrige Parolen schmieren.

Reisekarte: ▶ O 12

Planung: Dokumentation Obersalzberg, Salzbergstr. 41, Tel. 08652 94 79 60, www.obersalzberg.de, April–Okt. tgl. 9–17, im Winter Di–So 10–15 Uhr, letzter Einlass 1 Std. vorher; Bus zum Kehlsteinhaus April–Okt. 8.55–16 Uhr alle 25 Min., Tel. 08652 20 29, www.kehlsteinhaus.de

Zeit: ein halber bis ein ganzer Tag

Im Mai 1923 besuchte ein gewisser Herr Wolf einen gewissen Dr. Hoffmann im Gebirgskurhaus am Obersalzberg. Hinter Letzterem verbarg sich der völkische Schriftsteller und Herausgeber des »Völkischen Beobachters«, Dietrich Eckart, Ersterer war Adolf Hitler, Vorsitzender der NSDAP. Wahrscheinlich wurde hier der Plan für Hitlers ersten – gescheiterten – Putsch am 8. November 1923 geschmiedet und wohl auch die Idee einer zweiten Regierungszentrale geboren.

Landidyll als NS-Kulisse

Zehn Jahre später war der Obersalzberg nicht mehr wiederzuerkennen: An die 50 teils durch Zwang angeeignete Gebäude waren abgerissen und durch neue Häuser für die wichtigen Vertrauten Adolf Hitlers ersetzt worden; es gab eine SS-Kaserne und ein Bunkersystem. Der ›Führer‹ präsentierte sich, umgeben von blondbezopften Madeln und einem treuen Schäferhund erfolgreich als heimat- und volksverbunden. Das Ende brachten am 25. April 1945 britische Bomben: Die Ruinen wurden bis auf die Fundamente abgetragen, nur das Hotel zum Türken wurde seinem ehemaligen Eigner Karl Schuster zurückgegeben. Er galt als politisch Verfolgter.

Zwischen Dokumentation und Kommerz

Von 1949 bis 1996 nutzten die Amerikaner den Obersalzberg als Recreation Center. Nach ihrem Abzug stellte sich die Frage der weiteren Nutzung. Längst war der Berg zum Ziel für Touristen wie für die rechte Szene avanciert, die in den Überresten des Berghofs Kerzen entzündete und im Geheimen die Bunker erkundete. Die Bayerische Staatsregierung wollte das touristische Potenzial des Obersalz-

bergs nutzen, ohne die Vergangenheit zu tabuisieren: In unmittelbarer Nähe des ehemaligen Berghofes entstand ein Luxushotel (heute Intercontinental Berchtesgaden), ein Stück davon entfernt thematisiert die ›Dokumentation‹ Rolle und Bedeutung des Obersalzbergs in der NS-Zeit.

Im Innern der transparenten, auf den Fundamenten des Gästehauses Hoher Göll errichteten Dokumentation sind Schriftstücke und Fotografien des Grauens zu sehen. Sie konfrontiert all jene, die hier oben Erholung und landschaftliche Schönheit suchen, mit den historischen Hintergründen. Sie offenbart, wie die Führungsriege im Schatten von Hohem Göll und Untersberg gelebt hat, was in diesem Idyll geplant wurde und sie gestattet einen Blick ins Bunkersystem: Graue, schmucklose Wände und eine knappe Informationstafel schaffen eine kühle, neutrale Atmosphäre, die jedem Hauch ›brauner‹ Nostalgie entgegenwirkt (s. links). Das Konzept findet Anklang; 2007 empfing die Dokumentation ihren millionsten Besucher.

Gasthof mit prekärem Untergrund

Wie viele Besucher wohl das Hotel zum Türken etwas unterhalb bereits gezählt hat? Ein schöner Bergbauernhof, Geranien und Petunien auf den Balkonen, Lüftlmalereien über den Fenstern – nichts unterscheidet den Türkenwirt (Hintereck 2) von anderen Bergpensionen bis auf das Schild »Eingang zu den Bunkeranlagen«. Diesen Eingang nutzten ausgiebig jene ›Touristen‹, denen die Vorstellung, eine Gestapo-Gefängniszelle zu besichtigen, einen besonderen Kick gab. 2007 enthüllte ein heimlich gedrehtes Video des Fernsehmagazins »Kontraste«: Die Bunkerwände waren mit Naziparolen beschmiert, am Kiosk wurden Nazipropaganda und -devotionalien verkauft. Von einem verantwortungsvollen Umgang mit der Nazi-Hinterlassenschaft keine Spur! Der bayerische Finanzminister, Eigentümer der Obersalzberg-Grundstücke (bis auf das des Türken), erstattete Anzeige. Berchtesgadens Gemeindeamt versuchte, dem Gasthof die Lizenz zu entziehen. Die Eigentümer wehrten sich heftig. Heute sind die Wandschmierereien zwar verschwunden, auch die Werbung zur Besichtigung von Gräuelstätten wie der Zellen. Ein schaler Nachgeschmack aber bleibt.

Diktator mit Höhenangst

Der stellt sich auch beim Anblick des Kehlsteinhauses ein, nach der schwindelerregenden Fahrt über die wahrhaft kühn in den Fels gesprengte, 6,5 km lange Straße, die mit fünf Tunneln und nur einer Kehre 700 m Höhenunterschied überwindet. Für viele Amerikaner ist ›Eagle's Nest‹ so wie Heidelberg Pflichtprogramm beim Deutschland-Trip. In Berchtesgaden hat sich sogar ein Spezialveranstalter mit diesen Touren etabliert. Vom Parkplatz unterhalb des Kehlsteinhauses bringt ein goldener Lift Besucher die letzten 124 m durch Fels hinauf zum Haus, dem »Gipfel der Macht«, wie es ironisch auf der Homepage des Kehlsteinhauses heißt. Hier oben, in 1834 m Höhe und mit 200 km Fernblick nach allen Seiten, hätte Hitler sich tatsächlich auf dem Höhepunkt seiner Macht fühlen können, hätte er nicht unter Höhenangst gelitten und diesen Ort – ein Geschenk der Partei zum 50. Geburtstag – nach Kräften gemieden.

Bei Schweinebraten mit Knödeln und Kraut – *roast pork with dumpling and sauerkraut* – und dem zugegebenermaßen fantastischen Rundblick können die Gäste des Restaurants im Kehlsteinhaus die verschiedenen Möglichkeiten, mit der Vergangenheit umzugehen, noch einmal überdenken: da ist zum einen die historisch-wissenschaftliche Mahnung, zum anderen die gewissenlose Vermarktung um jeden Preis und, drittens, die Umdeutung eines Symbols der Gewaltherrschaft in ein zweisprachig beworbenes Touristenziel. Übrigens: In den Fundamenten des Berghofs werden immer noch Kerzen entzündet – aber angeblich deutlich weniger als früher.

Aufklären und zum Nachdenken anregen soll die Dokumentation am Obersalzberg

Nationalpark Berchtesgaden!

▶ N/O 13

Das 210 km² große Naturschutzgebiet wurde 1978 eingerichtet und bedeckt Teile der Berchtesgadener Alpen mit Gipfeln wie dem Watzmann (2713 m), dem Hochkalter (2608 m), dem Hohen Göll (2522 m), dem Jenner (1874 m) und dem rund 2300 m hohen Kalk-Hochplateau des Steinernen Meeres. Schmale Täler greifen weit hinein in die hohen Gebirgsstöcke und bilden stellenweise tiefe Klammen, so die Wimbachklamm bei Ramsau (s. S. 271). Charakteristisch ist der zu scharfen Zacken und Gesteinstürmen erodierte Kalkfels der **Berchtesgadener Alpen,** dessen Schroffheit Bergsteiger und Wissenschaftler bereits früh faszinierte: 1798 hielt sich Alexander von Humboldt zu Vermessungsarbeiten hier auf, ein Jahr später gelang dem aus Slowenien stammenden Valentin Stanig die Erstbesteigung der Watzmann-Mittelspitze (2713 m). Im Jahr 1868 überschritten Johann Grill, Johan Punz und Albert Kaindl alle drei Watzmanngipfel. Den Bergsteigern folgten königliche Hoheiten und Künstler: Der heutige Nationalpark war Jagdrevier der bayerischen Könige und Schriftsteller wie Ludwig Ganghofer (1855–1920) und Maler wie Carl Rottmann (1797–1850), Ferdinand G. Waldmüller (1793–1865) und Hubert von Herkomer (1849–1914) setzten Landschaften und Menschen Denkmäler in Wort und Bild. Der Artenreichtum von Flora und Fauna ist beeindruckend: Über 2000 Pilze, 640 Flechten, 400 Moose und 1000 Gefäßpflanzen sind nachgewiesen. Neben den für das Solekochen benötigten und in Monokultur gepflanzten Fichten wachsen Buchen, Waldkiefern, Lärchen und Zirben. Zu den Bewohnern der Bergregion gehören Rothirsche, Gämsen, Auerhähne, Murmeltiere und Steinadler; ob die früher hier heimischen Bartgeier, Luchse, Wölfe und Bären wiedereingeführt werden sollten, ist umstritten (s. S. 47). Die Nationalparkverwaltung organisiert ein interessantes Umweltbildungsprogramm, so etwa das Tierspurenlesen im Winter, und will ihren didaktischen Anspruch mit dem Haus der Berge, das bis 2012 in Berchtesgaden fertiggestellt werden soll, untermauern.

Neben dem Königssee finden sich im Nationalpark viele kleinere Gebirgsseen, deren berühmtester heute der **Funtensee** ist. Südlich des Königssees in 1601 m Höhe am Fernwanderweg E 10 gelegen und eingerahmt vom Fels des Steinernen Meeres wurde er einem Millionenpublikum als Deutschlands kältester Ort bekannt: Am 24. Dezember 2001 wurde hier ein Kälterekord gemessen, minus 45,9 °C, der niedrigste Wert seit Beginn der Aufzeichnungen des Wetteramtes. Wallfahrer passieren den Funtensee jedes Jahr zur Bartholomä-Wallfahrt Ende August; Wanderer schätzen den nur 5 m tiefen See als willkommene Abkühlung. Die Enziansammler von der Brennerei Grassl (s. S. 270) besitzen am Funtensee eine Brennhütte, in der ihr wertvollster Enzian entsteht.

Königssee und Malerwinkel ▶ O 12/13

Die barocken Rundungen von St. Bartholomä spiegeln sich im glasblauen Wasser des **Königssees,** dahinter wacht die grauweiße Felswand des Watzmanns – dieses Motiv findet sich hundertfach auf Gemälden mehr oder weniger begabter und bekannter Maler und auf unzähligen Fotografien. Es ist Sinnbild für diesen südöstlichsten Winkel Bayerns und so beliebt, dass es am Nordostufer des Sees tatsächlich den **Malerwinkel,** also jenen optimalen Standort für das Abbilden dieses Motivs, gibt. Der Königssee ist mit 8 km Länge, aber maximal nur 1250 m Breite geformt wie ein Fjord. Das bis zu 190 m tiefe Gewässer ist von den hohen Felshängen – Watzmann, Steinernes Meer und Hagengebirge – umgeben und Teil des Nationalparks Berchtesgaden. An seinem nördlichen Ende liegt die Gemeinde Schönau mit dem Ortsteil **Königssee,** wo die Elektroboote zum **Kirchlein St. Bartholomä** starten. Bereits im 12. Jh. wurde eine erste romanische Kirche auf der Halbinsel erbaut. 1697 entstand dann das heutige Kircherl mit kleeblattförmigem Grundriss im Ostteil und einem einschiffigen Langhaus, das noch von der Vorgängerin stammt. 1732 wurde am westlichen Ende ein Rundbau angefügt, der wiederum den Übergang zum damals errichteten Jagdschloss und heutigen Gasthaus bildete. Der in Maria Gern (s. S. 270) beschäftigte Joseph Schmidt besorgte die zarten Stuckarbeiten, Altäre und Figurenschmuck stammen ebenfalls fast alle aus dem 17. Jh.

Eine Vielzahl reizvoller Wanderungen kann man vom Königssee unternehmen, Ausgangspunkte sind u. a. die nur bei Bedarf von den Booten angefahrene Anlegestelle **Kessel und Salet** am Südende. Von St. Bartholomä führt ein alter Wallfahrerpfad in vier Stunden zum Funtensee.

Übernachten

Urig mit Aussicht – **Berggasthof Vorderbrand:** Vorderbrandstr. 91, Schönau am Königssee, Tel. 08652 20 59, www.berchtesgaden.com/vorderbrand, DZ

ab 50 €. Der Berggasthof, in 1071 m Höhe am Brandkopf gelegen, ist ein idealer Standort für Wanderer und Tourengeher mit einigen urgemütlichen Zimmern oder einer Ferienwohnung mit Bauernstube und Kachelofen.

Essen & Trinken

Sportlich – **Jenner-Kaser:** Jennerbahnstr. 14, Schönau am Königssee, Tel. 08652 667 10, tgl. 10–22 Uhr, www.treffaktiv.de, Hauptgerichte um 9 €. Eine rustikale Gaststätte für Aktive. Vor oder nach dem Genuss bayerischer Schmankerln lassen sich hier alle möglichen Sportarten organisieren bzw. buchen, vom Skikurs übers Paragliding bis hin zum Klettern im Hochseilgarten.

Aktiv & Kreativ

Rodeln mit Profis – **Rennbob-Taxi:** Graf-Arco-Str. 20, Schönau am Königssee, Tel. 08652 97 60 69, www.rennbob-taxi.de, Ende Okt.–Anfang März, jeweils Sa, um 120 €. Auf der Königsseer Kunsteisbahn werden Passagiere im Rennbob mitgenommen: Mit 120 Sachen rast man durch den Eiskanal und fühlt sich wie der mehrmalige Bobweltmeister Hackl Schorsch, der aus Berchtesgaden stammt.

Wandern und Skifahren – **Jennerbahn:** Jennerbahnstr. 18, Schönau am Königssee, Tel. 08652 958 10, www.jennerbahn.de, Sommer 8–17.30, Winter 9–16.30 Uhr. Mit der Gondel aufs Jennerplateau, im Sommer ein Wanderparadies, im Winter ein Skigebiet zwischen 600 und 1800 m.

Wanderung auf den Watzmann – **Watzmannhaus:** Bis zum Watzmannhaus braucht man von der Wimbachbrücke (s. S. 271) nur etwa 3,5 Std. und etwas Kondition für die steilen Passagen. Dann ist man den gefährlichen Spitzen ganz nah und genießt eine herrliche Fernsicht. Nur Achtung! Nicht weitergehen! Die ›Querung‹ ist erfahrenen Klettersteiggehern vorbehalten.

Infos & Termine

Tourist-Information: Rathausplatz 1, 83471 Schönau am Königssee, Tel. 08652 17 60, www.koenigssee.com.

Königssee-Schifffahrt: im Sommerhalbjahr ab 8 Uhr etwa im 30-Min.-Takt und nach Aufkommen, Dauer der Rundfahrt ca. 2 Std., aktuelle Fahrpläne unter www.bayerische-seen schifffahrt.de.

Almabtrieb: Wenn der Graflbauer seine Rinder im September von der Fischunkelalm am Obersee holt, müssen sie auf Flachbooten über den Königssee gesetzt werden (aktueller Termin auf der Homepage der Tourist-Info).

Rupertiwinkel ▶ M/N 9/10

Für das Berchtesgadener Land war die Salzach ein wichtiger Verkehrsweg für den Transport von Salz und Holz; wie bedeutend diese Handelsroute war und wie sehr Bayern sie zu verteidigen wusste, beweisen die wehrhaften Städte am Ufer des Flusses. Im Grenzgebiet zu Österreich ging es nicht immer so friedlich zu wie heute, wo man auf der Laufener Brücke hinüberspazieren kann ins Nachbarland.

Laufen ▶ N 10

Bereits im 11. Jh. gab es hier, eingerahmt von einer Schlinge der Salzach,

einen Salzmarkt und eine Siedlung, die hauptsächlich von Schiffern bewohnt war. 1816 wurde die Grenze zwischen Bayern und Österreich entlang der Salzach und damit durch den Ort gezogen. Die in schwungvollem Jugendstil (1901–1903) erbaute **Eisenbrücke** führt vom Laufener **Marienplatz** hinüber. Laufens Altstadt mit ihren Bürgerhäusern im Inn-Salzach-Stil (s. S. 229) und den noch erhaltenen Toren der Stadtbefestigung wirkt richtig romantisch. Einen besonderen Kunstgenuss verspricht die **Stiftskirche Zu Unserer Lieben Frau,** deren romanischer Vorgängerbau aus dem 12. Jh. noch am Turm, an Portal und Säulenwerk durchscheint. Im 14. Jh. wurde sie gotisch umgebaut und erhielt im 15./ 16. Jh. einen für Bayern einmaligen, kreuzgangähnlichen Umgang, in dem besonders verdiente Bürger beigesetzt wurden. Im Innern kontrastieren die kühnen Kreuzrippenbögen, viele mit figürlich geschmückten Schlusssteinen, mit dem Barock des Hochaltars.

Essen & Trinken

Bodenständig – **Gasthaus Greimel:** Rottmayrstr. 2, Tel. 08682 371, Fr–Mo, Mi 10–22 Uhr, Hauptgerichte um 7 €. Surhaxe, Schweinebraten und andere preiswerte, bayerische Köstlichkeiten.

Tittmoning ▶ M 9

Im 8. Jh. erstmals erwähnt, war Tittmoning, 30 m hoch über der Salzach gelegen, ein Vorposten der Salzburger, die ihn Anfang des 13. Jh. mit der heute noch eindrucksvollen Burg befestigen ließen. Anders als die Nachbargemeinden verdiente Tittmoning kaum an Salzhandel und Schifffahrt; es war wichtiger Marktort für das bäuerliche Umland. 1810 wurde Tittmoning wie Berchtesgaden Bayern zugeschlagen. Welche Bedeutung der Markt hatte, wird an dem immensen, 300 m langen und zwischen 30 und 60 m breiten **Stadtplatz** deutlich, den eindrucksvolle Häuser in Inn-Salzach-Bauweise (s. S. 229) säumen. Auch die Stadtmauer aus dem 14. und 15. Jh. ist noch nahezu vollständig erhalten; den machtvollsten Eindruck hinterlässt die ab 1234 befestigte **Burg** hoch über dem Städtchen, die ab dem 17. Jh. als Sommerresidenz der Salzburger Bischöfe diente. In den historischen Räumen zeigt das **Heimathaus des Rupertiwinkels** eine wertvolle Sammlung von Schützenscheiben, Krippen aus dem 18./19. Jh. und im Prälatenstock Gemälde und Mobiliar (Besuch nur mit Führung Mai–Sept. Fr–Mi 14 Uhr, Anmeldung über die Tourist-Info, www.burg-tittmoning.de). Das **Gerbereimuseum,** das ebenfalls in der Burg untergebracht ist, erläutert die Techniken der früher in Tittmoning weit verbreiteten Lederverarbeitung (Mai–Okt. tgl. 13–16 Uhr, www.burg-tittmoning.de).

empfunden sind, geht die Fahrt von Tittmoning über Raitenhaslach bis Burghausen.

Übernachten, Essen

Gemütlich – **Florianistube:** Stadtplatz 44, Tel. 08683 10 32, www.florianistube.de, Fr–Mi 9–22 Uhr, DZ ab 65 €, Hauptgerichte ab 8 €. Wohnen mit Blick auf den Stadtplatz. Die Zimmer sind individuell und nett eingerichtet; die Küche ist bodenständig.

Aktiv & Kreativ

Salzachschiffer – **Plättenfahrten:** Buchung bei der Tourist-Information, Mai–Mitte Sept. So 14 Uhr. Auf Plätten, die den historischen Salzschiffen nach-

Infos & Termine

Tourist-Info: Stadtplatz 1, 84529 Tittmoning, Tel. 08683 70 07 10, www.tittmoning.de.

Burghausen ▶ N 8

Burghausen (18 000 Einw.) mit seiner Burg ist wohl eines der faszinierendsten und schönsten Städtchen im nordöstlichen Oberbayern. Schön wegen der geschlossenen, wunderbar erhaltenen Altstadt und der herrischen Burg, faszinierend, weil die alten Gassen einem bunten Künstlervolk Heim-

Die lange Burg von Burghausen hat's ins Guinness Buch der Rekorde geschafft

statt geben und einmal im Jahr die Jazzszene Europas an die Salzach locken.

Auch Burghausen verdankt seine Existenz dem Salz, aber nicht jenem aus Berchtesgaden und Reichenhall. Denn von dort wurde es vornehmlich nach Westen, in Richtung Bodensee und München geliefert. Das weit nördlich liegende Burghausen, auf einem von der Salzach und ihrem Altarm nahezu gänzlich umflossenen Höhenrücken, war eine wichtige Furt der Salzhandelsstraße von Hallein und verdiente gut an der Maut. Ab dem 11. Jh. als Königshof verbrieft, im 12. Jh. zunächst an Heinrich den Löwen und dann an die Wittelsbacher gefallen, wurde die Burg zur mächtigen Festung ausgebaut. Die bayerischen Landesteilungen schlugen Burghausen im 13. Jh. der niederbayerischen Linie, 1505 wieder dem Münchner Wittelsbacher Haus zu, wo die zur wohlhabenden Stadt herangewachsene Siedlung unterhalb der Festung schließlich auch blieb. Als Burghausen sein Hinterland verlor – 1779 Abtretung des Innviertels an Österreich – versank es schnell in Bedeutungslosigkeit. Erst Anfang des 20. Jh. wurden Burghausen und die umliegenden Orte aus dem Dornröschenschlaf geweckt. Der Ansiedlung von Wacker Chemie folgten weitere Chemieunternehmen, die Neustadt entstand, die Altstadt wurde saniert.

Auf der Burg

Burg/Bayerische Staatsgemäldesammlung: April–Sept. tgl. 9–18, Okt–März –16 Uhr, www.schloesser-bayern.de; Stadtmuseum: Mai–Sept. 9–18, Okt., 15. März–30. April 10–16 Uhr, www.burghausen.de/stadtmuseum

Die mit 1043 m längste Burganlage Europas hat Wurzeln, die in vorrömische Zeit zurückreichen. Sie besteht aus sechs hintereinander angeordneten Burghöfen und zieht sich den schmalen, von Salzach und Wöhrsee (ehemals Ur-Salzach) umflossenen Bergsporn hoch über der Stadt entlang. Hof für Hof spaziert man immer tiefer hinein in die Geschichte dieser Festungsanlage, die nie wirklich umkämpft war. Letztes Zeugnis des mit Türmen, Zugbrücke und Bastionen gesicherten nördlichen Zugangs ist der **Öttinger-Torturm** vor dem sechsten Hof. Gleich dahinter bekommt man im Informationsbüro einen Faltplan, der die einzelnen Höfe und die sie säumenden Bauten ausführlich erläutert. Sehenswert sind u. a. die im 15. Jh. erbaute gotische **Hedwigskapelle** im fünften Hof (leider häufig geschlossen), der **Folterturm** (4. Hof), in dem man sich vor Verliesen und Folterwerkzeugen gruseln kann, und das **Aventinus-Haus** im gleichen Hof (15./16. Jh.), benannt nach dem bayerischen Gelehrten, der hier 1509/1510 lebte. Der dritte Hof steht ganz im Zeichen von Waffenkammern und Verteidigungsanlagen (Pfefferbüchsen genannte Gefechtstürme, Büchsenmeister-Turm, Kurzer Kasten als Waffenkammer). In den vorletzten Hof führt das gotische **Georgstor** (1494), das ein bayerisch-polnisches Doppelwappen schmückt: Es erinnert an die Heirat Georgs des Reichen mit der polnischen Königstochter Jadwiga (Hedwig) 1475, die als **Landshuter Hochzeit** bis heute Anlass für ein alle vier Jahre stattfindendes Historienspiel im niederbayerischen Landshut ist (nächste Hochzeit 2013). Der armen Hedwig bekam diese Ehe nicht gut; nach der dritten Todgeburt wurde sie verstoßen und auf die Burg verbannt. Über eine Brücke und durch einen Torbau gelangt man schließlich in den **Inneren Schlosshof** mit Dürnitz (beheizbarer Raum für die Ritter), der **Kemenate** für die edlen Damen, der Schatzkammer und dem **Palas** (Fundamente 12./13. Jh., Rest 15. Jh.). Wehrhaft türmen sich die Mauern um den schmalen Hof; fast vermeint man, das Hufgetrappel der Pferde und das Klirren der Waffen zu hören. Zur richtigen Zeit, nämlich im April, gerät die Burg ins Swingen: Dann wird hier oben zur Internationalen Jazzwoche gejammt, was die alten Mauern halten. In den Räumen der Hauptburg stellt die **Bayerische Staatsgemäldesammlung** Gemälde und Plastiken der Spätgotik aus, in der Kemenate lädt das **Stadtmuseum** zu einem Spaziergang durch die Geschichte Burghausens.

Altstadt

Von der Burg führen zwei Wege hinunter in die Altstadt, der eine beginnt im sechsten Hof und endet am Stadtplatz; der andere kommt vom zweiten Hof in der unterhalb und südlich liegenden Spitalvorstadt an. Am südlichen Ende des **Stadtplatzes** begann wahrscheinlich die Baugeschichte der Siedlung Burghausen. Man vermutet, dass hier im 12. Jh. die ersten Häuser errichtet wurden. So wie sich der Platz heute präsentiert, ist er das Ergebnis eines Wiederaufbaus um 1504, nachdem ein Brand die Stadt verwüstet hatte. Spätgotische Häuser im Inn-Salzach-Stil (s. S. 229) reihen sich aneinander, zeigen zarte Pastelltöne und den Schmuck der hohen Brandmauern, die hier die Form kunstvoller Giebel annehmen. Sieger im Schönheitswettbewerb ist sicherlich das blaue, geradezu orientalisch wirkende ehemalige **Regierungsgebäude** (Nr. 108). Es wurde Mitte des 16. Jh. errichtet; der Brandmauer nehmen drei Renaissancetürmchen die Strenge. Rokoko prägt die

Fassade der **Stadtapotheke** gegenüber (Nr. 40, 1596), und im Giebel des ebenfalls im Rokoko umgestalteten **Rauchhauses** (Nr. 49, 16. Jh.) sieht man das ›Auge Gottes‹, ein von einem Strahlenkranz umgebenes Auge. Auch das **Rathaus** (Nr. 112–114) aus dem 14./15. Jh. ist imposant, wurde später allerdings klassizistisch überformt. Sowohl die **Pfarrkirche St. Jakob** als auch die **Studienkirche St. Joseph** am gegenüberliegenden, nördlichen Ende des Stadtplatzes zeigen nur noch in einigen Ausstattungsdetails ihren gotischen bzw. barocken Ursprung. Der letzte Stadtbrand im 19. Jh. hat beide so schwer beschädigt, dass ein neugotischer Wiederaufbau erfolgte.

In die Grüben

Nach Süden und bergab schließen sich an den Stadtplatz die **Grüben** und **Spitalvorstadt** an. Ab dem 12. Jh. lebten und arbeiteten in der Grüben Hand- und Kunsthandwerker in ständiger Bedrohung durch Überschwemmungen der Salzach. Das einst so lebhafte Viertel war lange verwaist, die spätgotischen Häuser verwahrlost, bis sich Künstler und Kneipenwirte der ›Unterstadt‹ annahmen, renovierten, Läden, Restaurants und Pensionen eröffneten, sodass die Grüben heute weitaus lebhafter und malerischer wirkt als die ›Oberstadt‹ um den Marktplatz: Im **Malerhaus** (Nr. 142, 17. Jh.) residieren beispielsweise die Altstadt-Pension und die Disco **Moloko**. Das **Uhu** ein paar Schritte weiter ist eine der beliebtesten Kneipen und das **Café am Bichl** (1408) mit seinem schönen Freisitz kocht nicht nur köstlich, sondern verkauft auch edle regionale Nahrungsmittel (alle drei s. S. 282). Im alten Straßenpflaster eingelassene Metallplatten erinnern an Jazzgrößen wie Woody Herman und Klaus Doldinger, die Burghausen die Ehre gaben.

Mein Tipp

Dirndl-Traum

Seit 1824 handelt Familie Barbarino aus dem Friaul im Haus 116 am Stadtplatz: früher mit Wein, Salz, Tabak und Wertpapieren. Erst 1953 eröffneten Anton und Gretl Barbarino im biedermeierlich ausgestatteten Laden ein Tachtengeschäft. Die traumhaft schönen Dirndl kombinieren Traditionen aus dem Salzburger Land und aus Oberbayern (Stephan Barbarino, Stadtplatz 116, Mo–Fr 9.30–12.30, 14–18, Sa 10–13 Uhr, www.barbarino-burgausen.de).

Übernachten

Historisches Flair – **Hotel Post:** Stadtplatz 39, Tel. 08677 96 50, www.altstadthotels.net, DZ ab 100 €. Mit moderner Ausstattung, WLAN und beliebtem Restaurant.

Lebhaft – **Altstadt-Pension:** In der Grüben 142, mobil 0171 369 39 38, www.familie-matusch.de, DZ um 60 €. Die freundliche Pension besetzt mehrere Häuser in der unteren Altstadt.

Essen & Trinken

Stilvoll – **Burgcafé:** Burg 46, Tel. 08677 87 73 40, Di–Fr 11–23, Sa 10–23, So 10–18 Uhr, Hauptgerichte um 11 €. Pfifferlinge mit Semmelknödeln und Apfelstrudel schmecken im Café-Restaurant.

Bayerisch mit Aussicht – **Bayerischer Hof:** Stadtplatz 45/46, Tel. 08677 978 40, tgl. 11–14, 17.30–22 Uhr, Hauptgerichte um 9 €. Gutbürgerliches Restaurant mit Tischen auf dem Stadtplatz, gehobene bayerische Küche.

Alternativ – **Café am Bichl:** In den Grüben 162, Tel. 08677 91 39 93, Di–So 9–22 Uhr, Hauptgerichte ab 6 €. Hausgemachte Kuchen, frische Salate, Toast und Schmalzbrot in angenehm-luftigem Ambiente.

Abends & Nachts

Szene – **Café Uhu:** In den Grüben 140, Mo–Do 16–24, Fr 16–1, Sa/So 13–24 Uhr. In der gemütlichen Kneipe trifft man sich zum Ratschen und Feiern.
Indie und Reggae – **Club Moloko:** In den Grüben 144, Fr 22–3, Sa 21–3 Uhr, www.clubmoloko.de. Hier tobt an den Wochenenden die junge Szene bei Themenabenden und Cocktails.

Infos & Termine

Tourist-Information: Stadtplatz 112, 84489 Burghausen, Tel. 08677 88 71 40, www.burghausen.de.

Bahn/Bus: Bahnhof, Bahnhofsplatz, Tel. 118 61. Verbindungen über Mühldorf nach München. Zur Altstadt fährt der Citybus Nr. 1. Bus: Bahnhofsplatz; RVO-Busse in die Orte der Umgebung (www.rvo-bus.de).

Internationale Jazzwoche: im April, genaue Termine und Programm unter www.b-jazz.com.

Rund um Burghausen

Raitenhaslach ▶ M 8

In der **Klosterkirche** von Raitenhaslach in einer Salzachschlinge 5 km südlich von Burghausen lernt der Besucher, dass Religion von Inszenierung lebt: Ein blauroter Brokatvorhang, gerahmt von blauen und roten Säulen umschwingt die Bühne des Altars. Johann Baptist Zimmermann drapierte den Stuck und Johann Zick aus Ottobeuren schmückte die Decke mit farbenmächtigen Fresken. Ein grandioser Auftritt, den Barock und Rokoko hier zelebrieren – der romanische Korpus der Zisterzienserkirche ist kaum noch zu erkennen.

Essen & Trinken

Himmlisch – **Klostergasthof:** Raitenhaslach 8, Tel. 08677 97 30, tgl. 11–21 Uhr, Hauptgerichte um 10 €. Schräg gegenüber von der Klosterkirche sitzt man besonders schön auf der Terrasse zur Salzach hin: Lammhaxn, Obazda und Fleischpflanzerl stehen auf der Tageskarte.

Altötting ▶ M 7/8

Den 20 km von Burghausen entfernten Wallfahrtsort besuchen jedes Jahr Hunderttausende von Pilgern. Seit 748 ist die Existenz der **Gnadenkapelle** verbrieft. Errichtet wurde sie wahrscheinlich noch früher, und es gibt Vermutungen, dass hier ein christliches Heiligtum eine ehemals germanische Kultstätte – das *thing* findet sich im Ortsnamen wieder – übernahm. Das heute im Allerheiligsten aufgestellte Gnadenbild der Schwarzen Muttergottes mit Kind stammt sicherlich nicht aus dieser ersten Zeit des Wallfahrtsortes; vielmehr wird es auf das Jahr 1330 datiert.

Die schlichte **Marienkapelle** besteht aus der ursprünglich errichteten Rotunde mit dem Allerheiligsten und einem daran angebauten Langhaus.

Dunkle Farbe und schwarzer Marmor in der Rotunde lassen den silbernen Schrein des Gnadenaltars erstrahlen, in dessen Zentrum die Schwarze Madonna, eine durch Oxidation und Kerzenruß geschwärzte gotische Maria aus Lindenholz, das Jesuskind im Arm hält. Wie viele Heilungen und Errettungen aus der Not diese Madonna vollbracht hat, belegen die Votivbilder in der Kapelle und deren Umgang, in dem die Pilger traditionell die Kapelle betend umrunden. Viele tragen dabei ein hölzernes Kreuz auf dem Rücken. Das älteste erhaltene Votivbild von 1501 hängt im Langhaus.

Neue Schatzkammer und Wallfahrtsmuseum

Kapellplatz 4, www.neueschatz kammer.de, Dez., März–Okt. Di–So 10–16 Uhr
Nur am Rande sei auf die anderen Sehenswürdigkeiten des Wallfahrtsortes hingewiesen: die spätgotische **Stiftspfarrkirche** mit dem sensenschwingenden »Tod von Eding« auf einer Schrankuhr sowie auf die **Neue Schatzkammer** und das **Wallfahrtsmuseum** mit dem kostbaren »Goldenen Rössl«, ein 62 cm hohes, aus Gold gearbeitetes Marienaltärchen aus dem 14. Jh.

Marktl am Inn ▶ N 7

Am 19. April 2005 wurde der in Marktl bei Altötting geborene Joseph Kardinal Ratzinger in Rom zum Oberhaupt der katholischen Kirche gewählt und nicht nur Bayern, sondern ganz Deutschland geriet in Verzückung. Das **Geburtshaus von Papst Benedikt XVI.** am Marktplatz wurde nach langem Hin und Her als Museum gestaltet, in dem das Leben des Papstes dokumentiert ist (www.marktl.de, Mitte April–Okt. Di–Fr 10–12, 14–18, Sa/So 10–18 Uhr).

Bitten um Gottes Gnade: Pilger mit Holzkreuz in der Altöttinger Marienkapelle

Abtei Scheyern 108
Achendelta,
    Naturschutzgebiet 246
Ahornboden, Großer 213
Aktivurlaub 26
Alpen 44
Alpengarten 188
Alpengut Elmau 187
Alpspitze 182
AlpspiX 182
Altenstadt 6, 153, **155**
Altmühl 122
Altmühltal, Naturpark
    6, **125**
Altötting 282
Alz 244
Ambach 133
Amery, Carl 15
Ammer 153, 159
Ammerland 132
Ammermündung 142
Ammerschlucht 6, **158**
Ammersee 6, **142**
Ammertal 162
Ampermoos 142
Anastasia, Zarentochter 239
Andechs 6, **144**
Angeln **26**, 209
Anreise 20
Apotheken 33
Ärztliche Versorgung 33
Asam, Cosmas Damian 63,
    88, 105, 113
Asam, Egid Quirin 63, 83,
    88, 105, 112, 113, 163
Asam, Hans Georg 105, 203,
    214, 215
Aschau im Chiemgau 247
Auerberg 161
Ausrüstung 17
Auto 20, 21

Bad Reichenhall 7, 256, **258**,
    262
Bad Tölz 7, 194, **196**
Bad Wiessee 215
Bahn 20, 21
Ballonfahren 26, 246
Bären 47
Bauerngolf 236
Bauerntheater 70
Baum-Hochseilgarten,
    Übersee 227, 246

Behinderte 35
Benediktbeuern 7, **163**, 194,
    203, 222
Benediktenwand 204
Berchtesgaden 7, **265**
Berchtesgadener Land
    7, **256**
Berg 132
Bergwelt Karwendel 185
Bernbeuern 161
Bernried **137**, 138, 162
Bevölkerung 39
Bier 25, **76**
Bierbichler, Sepp 133
Bierbichler, Annamirl 133
Biermösl Blosn 74
Blauer Reiter 153, 168, 194,
    210
Blaues Land 6, 152, **168**
Blumenberg, Fossilien-
    steinbruch 107, **125**
Botschaften 33
Bräuche 30, 67
Brotzeit 24
Buchheim Museum der
    Phantasie 126, **138**, 162
Buchheim, Lothar-Günther
    138
Burghausen 7, 257, **278**
Bus 20, 21

Camping 23
Canyoning 26
Chiemgau 7, 226, **228**
Chiemgau-Marathon-Loipe
    227, **254**
Chieming 246
Chiemsee 237
Christ, Lena 15
Cuvilliés, François de 63

Dachau, KZ-Gedenkstätte
    6, **104**
Dammkar-Freeride 173
Dießen 126, **145**
Dietramszell 195, **202**
Diplomatische Vertretungen
    33
Dirndl 281
Dokumentation
    Obersalzberg 273
Donau-Urtal 122
Donauauen 120

Echelsbacher Brücke 158
Eibsee, Naturhochseilgarten
    180, 181
Eichstätt 6, **123**
Eisschnellauf 254
Eisstadion Inzell 254
Enghausen, Kruzifix von
    105
Essen und Trinken 23

Fahrrad 17, 21, 26
Fall 213
Federkielsticker 194, **220**
Feiertage 33
Feldafing 141
Ferchensee 185
Ferien auf dem Bauernhof
    22
Ferienhäuser 22
Ferienwohnungen 22
Feste 30, 69
Feuchtwanger, Lion 15
Fisch 24
Fischer, Johann Michael
    63, 146, 161, 163, 165,
    203, 231
Fleisch 23
Floßfahrten **26**, 244
Flugzeug 20
Flying Fox 28
Förster Liesl 195, 224
Franz Marc Museum, Kochel
    am See 205, **212**
Fraueninsel 239, 240
Freilichtmuseum Glentleiten
    171, **212**
Freising, Dom Mariä Geburt
    6, 81, **105**
Fremdenverkehrsverbände
    15
Froschhausen 211
Füssen 190

Gaißacher Schnablerrennen
    201
Ganghofer, Ludwig 15, 65,
    195, 196, 213, 214, 215,
    219, 275
Garmisch 176
Garmisch-Partenkirchen
    7, **174**
Gästekarte 23
Geld 33

Gemüse 24
Geografie 38
Geschichte 38, **40**
Gesundheitsvorsorge 33
Glatt, Martina 248
Gleitschirmfliegen **27**, 270
Glentleiten,
    Freilichtmuseum 171, **212**
Gmund 215, **221**
Golf 27, 127
Graf, Oskar Maria 15
Grainbach 227, 237
Grassau 252
Großer Ahornboden 213
Großer Gott von Altenstadt
    153
Großweil 212
Gstadt 242
Gudden, Dr. Bernhard von
    57
Gulbransson, Olaf 195,
    214, 215

Hallertau 38, **49,** 108
Hausham 221
Heiliger Berg, Andechs
    6, **143**
Herrenchiemsee 7, 226,
    238
Herreninsel 238
Herrsching 143
Herzogstand 204
Herzogstandbahn 208, 209
Hochkalter 7, 271
Hochries 236
Hochseilgarten 28
Hoher Göll 7, 256, 273, 265,
    275
Höllentalklamm 181
Holzknechtmuseum,
    Ruhpolding 227
Hopfen 49
Hopfenmuseum Wolnzach
    107
Hotelbewertung 22
Hotels 22
Huber, Prof. Kurt 73
Hutmacher 194, 220

Iffeldorf 163
Informationsquellen 14
Infos im Internet 14
Ingolstadt 6, 106, **112**

Inn 7, 194
Innschifffahrt 235
Internet 33

Jachenau 206
Jennerbahn 276
Juden 58
Jugendherbergen 23
Just, Renate 15

Kajak **27**, 153, 159
Kaltenberger Ritterspiele
    151
Kampenwandbahn 251
Kandinsky, Wassily 205,
    211, 212
Kanu **27**, 125
Karten 33
Kartoffeln 49
Karwendel 7, 172, **185**
Kesselbergstraße 208
Kiem Pauli 73
Kinder 34
Kini s. König Ludwig II.
Kitesurfen 29
Kleidung 17
Kletterwald Blomberg 195
Kletterwald, Garmisch-
    Partenkirchen 173
Klima 16
Kloster Andechs 6, **144**
Kloster Benediktbeuern
    7, 163, 194, **203,** 222
Kloster Ettal 189
Kloster Seeon 243
Klosterkirche Steingaden
    155
Knödel 24
Kochel am See 205, **212**
Kochelsee 7, **204**
König Ludwig I. 56
König Ludwig II. 57, 132,
    187, 238
König Ludwig II.-Museum
    238
König Ludwig III. 57
König Maximilian I. 56
König Maximilian II. 57
König Otto I. 57
König-Ludwig-Weg 158
König-Maximilian-Weg 225
Königshaus am Schachen
    172, **186**

Königssee 257, **275**
Kraudn Sepp 202
Kreuth 222, **223**
Kultur 38
Kur 28

LaBrassBanda 75
Landsberg am Lech 6, 127,
    147
Langlauf 17, 29, 213, 254
Laufen 277
Lautersee 185
Lech 6, 126
Lenggries 201
Lesetipps 15
Leutstetten 130
Loisachmoor 194, **210**

Malen 28
Malerwinkel 276
Mann, Thomas 196
Marc, Franz 211
Marc, Maria 211
Maria Gern 270
Marktl am Inn 283
Marktoberdorf 161
Miesbach 221
Mietwagen 21
Mittenwald 7, 173, **182**
Montez, Lola 56
Motorradfahren 21
Mountainbike 28
Müllner Peter 249
Müllner-Peter-Museum 251
München 6, **80**
– Adressen 95
– Alte Pinakothek 93
– Alter Hof 90
– Altes Rathaus 83
– Asamkirche 84
– Botanischer Garten 95
– Deutsches Museum 89
– Dom Zu Unserer Lieben
    Frau 84
– Englischer Garten 92
– Feldherrnhalle 92
– Frauenkirche 84
– Fünf Höfe 91
– Glyptothek 94
– Heiliggeistkirche 89
– Herz-Jesu-Kirche 80, **96**
– Hofbräuhaus 90
– Isartor 89

Register

– Jüdisches Zentrum Jakobsplatz 88
– Karl-Valentin-Musäum 89
– Karlstor 84
– Königsplatz 94
– Kunstareal 81, **93**
– Lenbachhaus 94
– Ludwigstraße 92
– Marienplatz 83
– Marstallmuseum 95
– Moriskentänzer 83
– Münchner Residenz 91
– Nationaltheater 91
– Naturbad Maria Einsiedel 81
– Neue Pinakothek 93
– Neuer Botanischer Garten 95
– Neues Rathaus 83
– Olympiagelände 94
– Petersbergl 83
– Pinakothek der Moderne 93
– Sammlung Brandhorst 93
– Schloss Nymphenburg 95
– Schrannenhalle 89
– Sendlinger Tor 84
– Siegestor 92
– St. Michael 84
– St. Peter 83
– Stadtmuseum 88
– Viktualienmarkt 81
– Zeltdachklettern 81, 94
Münter, Gabriele 205, 211, 212
Münterhaus 169
Murnau 169, 211
Murnauer Moos 153, 171
Museum der Phantasie 126, **138**, 162
Museum Münterhaus 169
Musik 73
Musikantenstammtisch 202

Nationalpark Berchtesgaden 256, **275**
Natur 38
Naturhochseilgarten, Eibsee 181
Naturkunde- und Mammut-Museum, Siegsdorf 246
Neubeuern 235

Neuburg/Donau 120
Neuschwanstein 190
Nordic Walking 158
Nördliches Oberbayern 6, **106**
Notruf 34
Nußberger Weiher 162

Oberammergau 7, **191**
Obersalzberg 256, **272**
Öffnungszeiten 34
Ohlstadt 212
Osterseen 134, **137**, 163
Outdoor-Sportarten 17

Paartal 6, 112
Papst Benedikt XVI. 283
Paragliding 252
Partenkirchen 177
Partnachklamm 181
Passionstheater, Oberammergau 192
Peißenberg 153, **159**
Pensionen 22
Penzberg, Moschee 163
Pfaffenhofen 108
Pfaffenwinkel 6, 63, **152**
Plättenfahrten **26**, 257, 278
Politik 39
Polling 6, 162, **165**
Possenhofen 141
Prälatenweg 152, **160**
Prien am Chiemsee 238

Rabenden 243
Radtour Auf den Spuren des Blauen Reiters 170
Radtour um den Starnberger See 127
Radwandern, Schliersee 224
Raisting, Erdfunkstation 147
Raitenhaslach 257, **282**
Ramsar-Feuchtgebiet Ammersee 142
Ramsau 271
Rauschbergbahn 254
Reisekosten 34
Reisen mit Handicap 35
Reisezeit 16
Reit im Winkl 7, 227, 228, 247, **253**
Religion 39
Rennbob-Taxi 276

Ried 211
Riegsee 211
Rinser, Luise 16
Rißtal 213
Rodeln 276
Rohrbach, Carmen 16
Rokoko 61
Rosenheim 227, **228**
Roseninsel 127, **141**
Rott am Inn 231
Rottach-Egern 195, **215**
Rottenbuch **159**, 162
Rotwand 223
Roubaud, Franz 239
Rundreisen 18
Rupertiwinkel 256, **277**
Russenhaus 211

Sachrang 249, **251**
Säckler 194, **220**
Salz 256, 262
Salzach 257
Samerberg 235
Sandizell 112
Schaubergwerk Berchtesgaden 257, **267**
Schiff 21
Schleierfälle 159
Schleißheim, Schloss und Flugwerft 104
Schliersee 223
Schliersee-Ort 223
Schloss Amerang 243
Schloss Elmau 173, 187, **189**
Schloss Grünau 120
Schloss Herrenchiemsee 226, **238**
Schloss Hohenaschau 247
Schloss Hohenkammer 107
Schloss Linderhof 173, **190**
Schneefernergletscher 46, 179, **180**
Schongau 154
Schrobenhausen 6, **110**, 112
Schulferien 17
Seebruck 243
Seeon 227, **243**
Seeshaupt 133
Segeln 29
Sicherheit 35
Siegsdorf 246
Simssee 231
Sindelsdorf 211

Skifahren 17, **29**, 253, 276
Skulpturenweg am Inn,
  Wasserburg 235
Souvenirs 35
Spargel 49
Spartipps 34
Spitzing 225
Spitzingsee 224
Sport 26
Sprache 39
St. Bartholomä, Königssee
  276
St. Servatius auf dem
  Streichen 252
Städtereisen 17
Staffelsee 6, 170
Starnberg 129
Starnberger See 6, 126, **129**
Staugefahr 17
Steinadler 48
Steinbock 48
Steingaden 6, **155,** 161
Streichenkapelle 252
Suppen 24
Süßspeisen 25
Sylvenstein 213
Sylvensteinstausee 213

Tassilolinde 168
Tauchen, Walchensee 209
Technologieparks 52
Tegernsee 195, **214**
Tegernsee-Ort 214
Telefonieren 35
The Notwist **75,** 165

Thoma, Ludwig 16, **64,** 195,
  196
Tiroler Ache 246
Tittmoning 277
Tölzer Land 7, 194, **196**
Törwang 235
Tourismus 39
Trachten-Informations-
  zentrum 222
Traunstein **245,** 256, 264
Tutzing 137

Übernachten 22
Urfeld 208
Urschalling 227

Veranstaltungen 30
Verkehrsmittel 20, 21
Viktualienmarkt 89
Volksmusik 74
Volkstheater 70
Vorderriß 213

Walchensee 204, **208**
Walchensee-Ort 209
Walchenseekraftwerk 205
Wallberg 219
Wallfahrtskirche Maria Aich
  153
Wallgau 182
Wanderkarten 29
Wandern 17, **29,** 253, 257,
  270, 271, 276
Wank 182
Wasmeier, Markus 223

Wasserburg am Inn 7, 226,
  232
Watzmann 7, **268,** 276
Watzmannhaus 276
Weilheim 162, **165**
Welfenmünster 161
Wellheim 122
Wellness **28,** 261
Wellnessreisen 17
Wendelstein 225
Wendelsteinhöhle 225
Wessobrunn 63, **166**
Wetter 16
Wetterstein 7, 174, 176,
  182, 187
Wieskirche 6, 152, **157,** 161
Wildbad Kreuth 223
Wildsteig 158
Willibaldsburg 107, **124**
Wimbachbrücke 271
Wimbachklamm 257, 271
Wimbachschloss 271
Windsurfen **29,** 209
Winklmoosalm 253
Wintersport 29
Wirtschaft 39
Wittelsbacher 54
Wolnzach 109

Zeitschriften 35
Zeitungen 35
Zimmermann, Dominikus
  63
Zugspitze 7, 172, **180**
Zwergern 209

Das Klima im Blick

Reisen verbindet Menschen und Kulturen. Wer reist, erzeugt auch CO_2. Der Flugverkehr trägt mit bis zu 10 % zur globalen Erwärmung bei. Wer das Klima schützen will, sollte sich – wenn möglich – für eine schonendere Reiseform entscheiden. Oder Projekte von *atmosfair* unterstützen: Flugpassagiere spenden einen kilometerabhängigen Beitrag für die von ihnen verursachten Emissionen und finanzieren damit Projekte zur Verringerung des CO_2-Ausstoßes in Entwicklungsländern *(www.atmosfair.de)*. Auch der DuMont Reiseverlag fliegt mit *atmosfair!*

Abbildungsnachweis/Impressum

Abbildungsnachweis

Bildagentur Huber, Garmisch-Parten-kirchen: S. 204 (Römmelt); 90/91, 152 re., 156/157 (Schmid); 62

Bilderberg, Hamburg: Titel (Martin); S. 66 (Schmid)

DuMont Bildarchiv, Ostfildern: S. 76, 127 li., 145, 194 re., 225 (Krewitt); 49, 264 (Widmann)

Friedrich Köthe, München: S. 8, 80 li., 96, 98, 183, 257 li., 262

laif, Köln: S. 31 (Adenis); 107 li., 123 (Back); 278/279 (Riehle); 229 (Standl); 51, 56 (Steets); 44/45 (Zahn)

Look, München: S. 47 (age fotostock); 11 u. li., 73, 80 re., 81 li., 85, 93, 102/103 (Firmhofer); 27 (Greune); 227 li., 255 (Strauss); 151 (Streubel); 55, 160 (Werner); 172 li., 180/181 (Wiesmeier)

Mauritius Images, Mittenwald: S. 9, 186 (go-images); 232/233 (image-broker/Heine); 64 (imagebroker/Siepmann); 201, 215 (Römmelt)

Picture-Alliance, Frankfurt am Main: S. 52 (dpa/Gebert); 74 (dpa/Hase); 58/59 (dpa/Kneffel); 70 (dpa/Mächler); 259 (dpa/Schindler)

Michael Riehle, München: S. 10 alle, 11 o. li. und re., 11 u. re., 106 li., 106 re., 110/111, 116, 126 re., 134/135, 138, 140, 153 li., 167, 175, 195 li., 206/207, 210, 216/217, 220, 226 li., 240/241, 248, 250, 256 li., 268/269, 272, 274

Otto Stadler, Geisenhausen: S. 67, 68, 78/79, 126 li., 130/131, 152 li., 164, 171, 173 li., 191, 194 li., 197, 245

Thomas Stankiewicz, München: S. 12/13, 36/37, 222, 236/237, 283

Abbildungen der Herz-Jesu-Kirche in München auf den Seiten 80, 96 und 98 mit freundlicher Genehmigung des Erzbischöflichen Ordinariats München

Kartografie

DuMont Reisekartografie, Fürstenfeldbruck
© DuMont Reiseverlag, Ostfildern

Titelbild: Kirchturm von Rottach-Egern am Tegernsee

Hinweis: Autorin und Verlag haben alle Informationen mit größtmöglicher Sorgfalt geprüft. Gleichwohl sind Fehler nicht vollständig auszuschließen. Alle Angaben erfolgen ohne Gewähr. Bitte, schreiben Sie uns! Über Ihre Rückmel-dung zum Buch und über Verbesserungsvorschläge freuen sich Autorin und Verlag: **DuMont Reiseverlag,** Postfach 3151, 73751 Ostfildern, info@dumont reise.de, www.dumontreise.de

1. Auflage 2010
© DuMont Reiseverlag, Ostfildern
Alle Rechte vorbehalten
Lektorat/Redaktion: Anne Winterling
Grafisches Konzept: Groschwitz, Hamburg
Printed in Germany